本书为国家社科基金重大项目
"儒家道德社会化路径"
（项目批准号：16ZDA107）
的阶段性成果之一

人伦、耻感与关系向度

The Role Ethics, Shame and Dimensions of Interpersonal Relations

南京话"抬了混"可谓生动揭示了"混江湖"的秘诀：一个人能走多远，未必在于其脚力，而在于是否有人给他抬轿子。

清康熙五彩人物将军罐·四妃十六子图
本书作者藏品

北京大学出版社
PEKING UNIVERSITY PRESS

图书在版编目（CIP）数据

人伦、耻感与关系向度：儒家的社会学研究 / 翟学伟著. —北京：北京大学出版社，2022.6
ISBN 978-7-301-32897-2

Ⅰ.①人… Ⅱ.①翟… Ⅲ.①儒家–哲学思想–研究 Ⅳ.①B222.05

中国版本图书馆 CIP 数据核字（2022）第 030477 号

书　　名	人伦、耻感与关系向度——儒家的社会学研究 RENLUN、CHIGAN YU GUANXI XIANGDU——RUJIA DE SHEHUIXUE YANJIU
著作责任者	翟学伟　著
责任编辑	董郑芳
标准书号	ISBN 978-7-301-32897-2
出版发行	北京大学出版社
地　　址	北京市海淀区成府路 205 号　100871
网　　址	http://www.pup.cn
新浪微博	@北京大学出版社　@未名社科–北大图书
微信公众号	ss_book
电子信箱	ss@pup.pku.edu.cn　　dzfpku@163.com
电　　话	邮购部 010-62752015　发行部 010-62750672　编辑部 010-62753121
印 刷 者	北京中科印刷有限公司
经 销 者	新华书店
	730 毫米 ×1020 毫米　16 开本　28.75 印张　406 千字 2022 年 6 月第 1 版　2022 年 6 月第 1 次印刷
定　　价	119.00 元（精装）

未经许可，不得以任何方式复制或抄袭本书之部分或全部内容。
版权所有，侵权必究
举报电话：010-62752024　电子信箱：fd@pup.pku.edu.cn
图书如有印装质量问题，请与出版部联系，电话：010-62756370

自序

当我还是一名普通的大学教师时，心中对教授职位充满敬意。不料一次与一位教授聊天，却让这份敬意打了折扣。他说：一个人真正的学术之路是从当上教授开始的，因为你如果一心只想评职称，就免不了会花心思来揣摩当教授的捷径，诸如什么时髦就写什么，什么易于发表就研究什么。而好的学问是要沉下心来运思的，急不得，也催不得。可评职称好比"催命符"，它会逼着你拿出一堆应景的成果来充数。唯有教授职称评上了，心定了，才会回到自己想做的研究上去。而就在我听得更加向往这一职位时，他话锋一转，又道：其实你真当了教授也就写不出什么了。既然（评）上了教授，那么各种约稿、讲演和会议邀请，会让你忙得不亦乐乎，就算怎么糊弄，都会有期刊、出版社、读者、听众买你的账。你忘乎所以，穿梭于各种学术会议，结识各方名流，时不时参评各类奖项、课题，被人恭维，久而久之也就被惯坏了，忘了自己的实际水平。可见，当教授好似一个学术陷阱，究竟是个人学术生命的开张还是结束，不得而知。

我从小在南京长大，常听一句本地话叫"抬了混"。我觉得这句话真是形象至极，生动揭示了"混江湖"的秘诀。它的含义是一个人能走多远未必在于其脚力，而在于是否有人给他抬轿子，或者说，一个人能否混出名堂，不在于有没有本领，而在于有没有人脉。小时候读《水浒传》，看到那么多英雄好汉拜倒于宋江脚下，怎么也不能理解。或许那个年纪的我，只崇拜那些武艺高强之人。直到走上了社会学之路，学习了社会学的知识，才知道，一个人自己有没有本事有时候不是最重要的，更多的时候，要有人给他捧场。由此说来，"抬了混"实在是点出了中国人做人做事的一条法则，让那些原本高大上的社会学理论在这里搁浅，还不如一句地方土话说得明白。受此法则的激发，我自打步入社会学研究领域起，就放弃了对"正统社会学"的追随，沉浸于"人情与面子"研究不能自拔。说实话，选定这样的方向，就开始和自己过不去了。原因在于，它既不受人待见，又没有理论指引；既无法做定量研究，又难以寻觅到一些完整而真切的个案（更多的是耳濡目染、所见所闻）；既不可能成为热点，又不洋气。好在我终于当上了渴望已久的教授，便可以对各种非议置之不理，继续扩大战场，最终延伸到了对儒家与中国社会的"关系"的思考上来，即本书的主题。

  本书的核心概念虽是"儒家"，却又不是一部研究儒家思想的著作。我们当下对于儒家的研究，需要溢出史华兹在其《古代中国的思想世界》中曾说的：关于孔子，我们还能说什么呢？这意思是说，关于儒家，该说的都已说完了，如今的儒家研究要么把前人的观点换成自己的话重说一遍，要么得益于百年前的文言转白话，把原本不易看懂的话再发挥一遍。这是人文研究的窘境，却还不是社会科学的现状，因为关于儒家究竟如何锻造中国社会，形塑中国人，尤其在现代化的进程中，或在改革开放与全球化中，其根源性影响是否存在，似乎还有很多话没说，更多方面还是空白。从思考方式上看，这涉及我们是从儒家看社会，还是从社会看儒家。对于前者，我们很容易固守用既有的思想体系来研究它，尽管这样的既定体系也会有一期、二期、三期等划分，但套路是不变的，都是对思想演变的阐释，却不怎么关注给社会及后世带来何种影响。而从后者出发，那就是无论社会变迁到哪一步，我们都想看一看这些变化在深层次上是否依然会同儒家思想产生连接。原本，这一研究方式应该成为社会学或社会科学的思考议题，可遗憾的是，这类近代才从西方进入中国的学科对此问题一直提不起兴趣，学者对此的认识似乎不是在思想史方面谈，就是回到史学中去详加考证。

的确，目前有关思想和社会的议题在很大程度上为哲学与史学所包揽。哲学由思想史、伦理学、文化研究等来把持，它们往往不怎么讨论社会，只考虑把其中的思想意涵及其脉络说清楚。如果一定要说这样的研究也同社会相关，那么它更可能是为了探讨某种特定思想而不得不交代其时代背景。但交代背景毕竟算不上关心社会本身。史学虽说关注社会，看到了历史有其自身的演变轨迹，并没有与思想兴衰同步并进，却又不过是回到史实中描述与阐述罢了。

当哲学（或经学）与史学研究涵盖思想与行动的所有议题时，我们将会满足于这两套研究路径，直至有一天我们意识到其实社会科学也是有份的。我们这才有机会思考：如果社会科学关注这一主题，那么会是什么样子呢？我的预想是，社会科学一旦介入，将在很大程度上改变人文学科的解释框架，因为：回到思想史，单纯地考察思想本身即研究的结束，思想对行动的指导和左右是被假定的，不需要真的关心实际情形如何；而回到史学，对思想与行动的研究更多地会在某些特定历史人物身上展开，例如，考证一个（些）历史人物（儒学者）的家庭背景、成长经历、受过哪种思想流派的影响，再联系其重要的行为表现，便可看出思想与行动之间的关联性了。但这些都不是社会科学研究的问题。考察一种思想或者一个人的历史作为，在社会科学框架中是没有多少意义的，因为这是对个人的，不是对社会的。社会科学的兴趣点在于社会中绝大多数成员的社会行为倾向，以及与此相关且稳定的运行模式，包括社会规范、制度、法则及机制等，并最终触及它的社会结构与文化预设。在社会科学的思考方式中，一个历史人物的想法能否实现，并被社会接受，不在于这个人如何想，而在于这个社会有没有这样的生态条件与运行基础。比如，儒家思想不容易被草原民族接纳，就在于其人口的流动性；而儒家思想能够在汉族中生根，就在于其农耕性。虽然，社会机制的运行也可能受到背后某一特定的乃至于个人思想的左右，但它们不是明显的因应性关系。或者我们不妨具体地说，儒家思想中的很多教诲也是落空的；历史上的很多个人壮举也是不成功的。有的观点在儒家思想内部看很重要，被思想史强调，却未必影响过社会；有的观念并不正宗，却影响了社会。可见，民众习性与正统思想之间有落差，有鸿沟，也有变异。于是乎，从社会科学框架中看到的思想与行动之关系，与从思想或者历史中看到的，应该是不一样的。人们或许会问：社会史和文化史能否看到相同点呢？我的回答是，它们会有部分重合地带，但其研究的视角和解释问题的重点却不相同。这是近来史学吸纳社会科学发生转向的部分缘由；当然，社会学如何面向思想史与历史学，也需要反思。一种只关注实证性的学科亦有必要与思想和历史对接，以产生对其文明形态思考的纵深感，否则如果单以现实为题材的社会学如此这般地忽视它们，会导致其研究除了数据及其肤浅的解释外，显得那么的"没文化"。比如说，社会科学的研究需要概念，尤其实证主义强调概念需要明确界定，且有可操作性，否则就不可能进行下一步的经验研究。在这一点上，中国本土的大多数概念都会就此搁浅，因为它们基本不能界定，更不可能操作化。由此一来，许多从事社会学研究的学者为了坚守实证主义往往会牺牲本土概念，不得不照搬西方的概念和量表。看起来，这种做法似乎解决了定义和操作问题，也国际化了，可在无形中也失去了我们对自身历史和文化的思考。

自 序

社会学甚至社会科学不关注文化史，主因是该学科产生于工业化的社会。至此，农业和工业或传统与现代被设置成了二元对立的关系。在这样的框架中，传统社会更多的是一个陪衬，是用来凸显现代文明的。而这一面向所带来的方法论结果是社会学内部的方法之争。也就是说，由工业化导致的城市现象刺激了一些学者更迫切地想通过收集数据来呈现人口、居住、婚姻及就业和失业乃至于犯罪等的特征，从而带动了实证主义的崛起，尤其是统计方法受到追捧，而较为传统的文献法、民族志、口述史、个案研究之类逐渐式微。显然，这不是说后者在方法论上没有新的发展，也不意味着实证主义自身没有反省和改进，而是说其他方法几乎均敌不过实证主义的优势，且其使用者需要不停地为方法的合法性做辩护，而不像实证主义者那么理直气壮，那么闲庭信步。当然在这一点上，心理学家尤为极端，他们早就放弃了"心灵""精神""心理"或"意识"等概念，也几乎不给不做实验或测量的学者留活路。除非你事先宣布你做的是心理学史，也就是说，只要你承认自己是做历史的，那么该学科就会放你一马。这样的研究方式加上计算机模拟，直接导致了三大传统心理学流派的"寿终正寝"。或许，实证主义者也别高兴得太早，脑科学、大数据、新算法、脑机接口技术等也正在做取而代之的准备。到那时，眼下的心理学研究也将遭遇同样的结局。就这一点来说，社会学是幸运的。社会学的研究对象几乎天然地决定了它基本无法实验，而只能使用比经济学方法"低"端得多的统计描述和分析，即使现在社会学有了大数据和算法，我们也依然可以说人心难测，社会前景难以预料；再者，社会学的大度也在于，它几乎承认社会现象中还有许多无法变成数据加以计算的内容，让我们意识到"行动""意义""领会"及"解释"等的研究价值，从而造成统计上的"说明"和诠释上的"理解"，并各有自己的研究路数和不同的目标。毕竟，"生活"既有可统计的一面，也有"意义"的一面。这一点在中国文化中尤甚，即它固有的比兴思维很容易导致其中的大量生活需要用"象征"来解读。例如，以阴阳构成的意象世界，明显是意义的世界。再联系到日常生活，吉祥的寓意引导着老百姓的意义世界。此点也反映在收藏界常说的一句话中：有图必有意，有意必吉祥。

于是，社会学内部有所谓的理解社会学或现象学社会学，而作为理解社会学大师的德国社会学家韦伯，在对世界文明的比较中也很想知道，儒家说了什么，如何影响了中国文明的进程。当然，韦伯这里所关心的儒家，不是思想史层面上的儒家学说，而是（宗教）社会学意义上所讨论的思想、制度与行动之间的复杂关系。他试图回答的问题是：儒家文明为什么没有产生西方文明中出现的那种理性化？这一宏大主题的提出给社会学研究如何从思想揭示社会，或从社会回溯思想留下了空间，也为社会学用非实证的方法看世界提供了可能。这是我写此书的合法性基础，也避免了因儒家能否成为社会学的议题而产生的争议。

其实，即使本书不以西方社会学经典研究做后盾，也会走到类似的道路上去。这是社会学本土化使然，也是构建中国社会学本土理论的需要。我多年的研究体会是，要想认清中国人为何这样生活、这样行动，乃至于社会为何一定要这样建构，最终多多少少都会追踪到儒家思想（当然不是全部）上。也就是说，我们在研究中国人的社会行为模式时，会发现儒家的实际影响；在构建本土社会学理论架构时，会一再触及儒家强调的基本理念。于是，如何在儒家与中国人的行动及社会自身的运行之间建立一种逻辑关联，成了我的学术使命。

此书以"儒家"为中心的另一个原因是，我目前正在承担一项国家重大课题："儒家道德社会化路径研究"（项目批准号：16ZDA107）。这个课题让我在个人兴趣的基础上，更加自觉地关注儒家研究的各种动态。大体就我本人阅读到的有限文献而言，目前这一课题依然归属哲学与史学的讨论，或者被国学研究所覆盖。也就是说，儒家道德社会化路径这一课题本身是被当作思想史、哲学、伦理学与历史学的问题来展开讨论的。但既然我的学科背景让我在破题中有了社会学的意识，那我自然想在这一领域一试身手。只是我深知，其中也潜藏危机，即如果我换了学科视角和研究框架却没什么收获，不过是把老调子重弹了一遍，那就还是应该把此议题还给人文学科。可如果换了视角，多多少少看到了人文学科没有看到的问题，解释了其他学科没有解释清楚的现象，甚至对儒家自身有了新的认识，那就应该感到庆幸了，因为这使得"社会学如何本土化"——这一总是高悬于空中的浮泛争论——有了一个坚实的落脚点。我希望本书能为此做些努力。尽管一切只是尝试，甚至会贻笑大方，但不试怎么知道呢？

这次结集，我将我最近发表的论文分成两大部分：一部分是从社会学角度审视儒家有哪些方面值得研究；另一部分是研究受儒家影响的社会具有什么样的运行方式。还有一点需要交代的是，在这次结集中，我很想保留原来论文发表时的摘要。从大多数已出版的文集来看，似乎惯例是把原来的论文摘要省去，让读者直接阅读正文。但我的看法是，互联网时代，读者已经养成了看短文的习惯，一见长文就会生厌。而摘要的最大用途在于，读者可以先从这里迅速了解文章大意；如果没有兴趣，就可跳过，而不至于看到一半才想放弃。所以，我把各篇摘要改成了"导读"。

我长期从事中国人与中国社会的"关系"研究，这次新冠肺炎疫情暴发会不会给人类的社会交往方式带来一次重大的调整，比如人们更加依赖虚拟社会或微信朋友圈中的交流，以及从面对面互动走向人与机器人的生活关联，尚无法预测。只从眼下各国所发生的戴口罩争论，便可深切感受到，这一简单得不能再简单的事件背后也连接着各自的传统、体制与执念。它从一个侧面告诉我们，中国"抗疫"的成功不单是紧急状态下的成功。突发问题看似紧急，但人们所采取的应对策略与自身的文明积淀有着密切的联系。因此，此次疫情再一次告诉我们，研究中国社会、文化与行为方式的意义重大。希望这部文集的出版，能让更多读者从社会科学角度关心中国人与中国社会，并意识到有了自己的理论和概念，的确有益于加深对自身社会文化的认识和理解。

翟学伟

2020年8月8日初稿

2021年春节期间修订于

江苏镇江宝华山麓寓所

目录

理论与方法篇
儒家的社会学研究

儒家的社会理论建构 / 003

儒家人伦进入社会科学研究后，演化成了"关系本位"。本文据此进一步提出，关系本位的内在建构是"对偶生成"，而中国人之观念与行动均可在此基础上推演，并同其他思想流派构成互补或排斥的关系。

儒家伦理与社会秩序 / 037

儒家最经典的表达"修齐治平"显示出，中国社会理论的建立方式是一个从微观到宏观的连续体。其整体性表现为，微观社会行为受到宏观社会结构的牵引，宏观社会结构又限定微观社会行为的方式和方向，从而构成一个有漏洞的葫芦形模式。

伦：中国人之思想与社会的共同基础 / 065

在与西方社会学一系列概念的对话中，本文指出，中国社会与文化中的"伦"有自己的内涵与外延。中国社会的运行法则不需要借助西方概念进行分析，而需要深入理解"伦"的思想性及其对社会规范和现实的影响。

孝：试论儒家道德的社会实践 / 113

"孝"所承担的社会学意义在于由其"报本反始"内涵形成的纵向意义上的"感恩"模式。该模式下，整个社会沿着家谱化、情理交融、地方网络、权威至上等方向延展，从而对社会起到整合的作用。

儒家的关系自我及其困境 / 161

儒家的自我是关系中的自我,一个有个体欲望的"现实我"的形成,需要时刻遵循"伦理我"的规范。这样的"自我"又必须在由纵向等级与横向亲疏所构成的"轴"上得到理解。

"语言游戏"与作为社会学方法的训诂学 / 185

比较哲学中的中国人之关联思维与西方哲学中的语言转向,为中国社会学寻求本土方法提供了可行性思路,而传统训诂学及其现代延展,可以成为寻求中国社会的运行法则之重要方法。

实践篇
儒家影响下的日常生活

中国人的人情与面子:框架、概念与关联 / 213

研究"人情"与"面子",不能脱离中国社会与文化脉络而只将其作为两个抽象概念,其含义和运行方式深嵌于中国人的地方网络。基于地方网络运行来理解人情与面子,可以分辨其区别与联系,并可以追溯到儒家的"耻"与"名"的人性预设。

人情与制度:制衡抑或平衡? / 237

人情与制度是冲突的,还是相安无事?本文通过一项个案研究表明,中国的制度设计及其操作层面均贯穿着人情法则。这一特点极易造成社会运行中人情与制度并行及其名实分离。

耻感与面子:差之毫厘,失之千里 / 261

罪感文化、耻感文化和面子文化分别代表了三种文化类型。其中,最难以区分的是耻感文化与面子文化的差异。结合个人亲身经历,本文深入比较了"耻感"与"面子"在社会运行中的根本性差异,据此可以对日本人与中国人的日常生活获得新的认识。

"亲亲相隐"的再认识 / 297

"亲亲相隐"背后的文化预设是关系先于个人的假定,由于"五伦"的运行方向十分确定,因此其间的道德内含也具有回归关系的特点,并非只在个人层面上论是非。

关系与谋略:中国人的日常计谋 / 321

谋略是由中国文化脉络所滋生的一种心智及行为,其假设前提是人心相通,且社会互动方式为固定关系,人们据此在日常生活中表现出隐忍、情境中心及"玩阴招"等阴性特点。可见,谋略不是博弈。

爱情与姻缘:两种亲密关系的模式比较 / 351

基于关系向度研究亲密关系,可以将其分为爱情婚姻和缘分婚姻。前者的亲密性靠个体的吸引力、理想化与激情来维持;后者则靠命定、般配和外在强制力来维持。立足这两种模式,比比皆是的婚恋现象均可得到解释。

附录 我的本土研究三十年 / 389

本文对作者从事社会学本土研究的立场、观点及不同时期的理论探讨进行了回顾与总结。

参考文献 / 433

儒家的社会学研究

理论与方法篇

儒家的社会理论建构

对偶生成理论及其命题

【导读】儒家的人伦思想在中国近现代学术史上已逐步走入了社会科学范畴。其中,"关系本位"成为社会学家研究的核心。然而,对于"关系"的理论建立是否需要借助西方社会理论或放入本体论与认识论去讨论,关系到该理论建构的方向选择。有研究表明,以天人合一为框架的中国文化偏重关联宇宙论,即以阴阳关系构成来认识世界。本文就此提出,儒家社会理论是由"对偶生成"为起点而建立起的一种具有价值导向性的关系运作理论。

本文作为全书的开篇,可视为"儒家的社会学研究"的总论。其中许多论述需要对中西方文化、哲学、历史及思维方式有一定的了解,如果读者感到深奥难懂,可以先读书中其他文章,最后再读此篇。笔者的研究历程也是先写了后面的论文,才写此篇。由于本文内容具有总纲统领性,故在编排上放在了首篇的位置。

"儒家"在中国思想史或者学术史上经常被表述为一种"思想""伦理""道德""文化""传统""学说"或者"智慧"等,却几乎和"理论"不沾边。或许我们可以直截了当地断言,儒家不是什么理论。可是,为什么儒家思想不能转化成理论?答案乃在于理论的本意源于西方学术内部的一种研究表述。从古希腊哲学到自然科学的产生再延伸至社会科学,虽然理论的内涵在不断调整,但基本含义、限制性条件及其要求是能够得到确定的。所谓理论,必须具备一组陈述、自洽的逻辑推演与检验过程。自然科学对理论成立的要求非常高,而社会科学则相对较低。尤其在社会学领域,大量的所谓理论其实并不符合上述要求,只是有比较强的理论论述方式。近代以来,随着西风东渐,儒家一直在与西方学术体系的碰撞中寻求自身的位置,即分别被放入哲学、伦理学、政治学、法学、教育学、心理学乃至于管理学,被假想为一种东方理论的根苗,或被当作中华文明最核心部分来同西方文明对话。所有这些,似乎也在暗示儒家具有理论性的内涵。当然,即便如此,儒家本身最终还是没有被当作理论来对待,因为儒家本身是一系列相对松散的对话与警句,而后人的解读则更多的是考辨、解析及阐释。

儒家作为传统、思想或者学说给人的印象是教诲式的,并在后来发展出语录化的解读特征。它在应然层面告诉人们怎么做是对的,至于为什么这样做是对的,其背后本有一套中国人认识世界的基本观念以及时代背景。只是一旦该学说被抽离出那个时代及其语境,它的含义将随着另一个时代的到来而任由后人来释义和发挥了。在这样的历程进入中西方学术交流之后,我们已不能停留于从哲学或文化的比较层面来认识儒学。社会科学的诞生与发展,包括其间的社会学学科的形成,逼迫我们对其内在的假设和逻辑推演及其所构造的真实社会进行一种社会科学化的研究。这样的研究之所以重要是因为,首先,中国学术需要与世界学术对话,而非停留于文化意义上的弘扬或批判;其次,儒家内部的一些学术争论长久不衰,部分原因在于其理论内涵不够清晰。诚然,儒学内涵不清晰不是儒学者自身的问题,因为儒家本身就不是作为理论而扬名于世的,但如果后人不能从理论上澄清一些问题,那么许多研究极易"站队"或情绪化,而唯有对儒家的内在机理进行社会科学化的研究,才有机会看到其逻辑和边界。如果说儒家成为理论是可能的,那我们将有可能从社会科学方面获得一种本土性的知识,而不是止步于修齐治平的道德教化或现代性转化的泛谈之类,并且这将有利于建立起中国社会科学的自身话语体系。

一、儒家的社会学研究及其问题

众所周知,儒家在漫长的历史演变中业已成为一个内容繁杂、支系较多并与其他思想合流的思想体系。它与现代学科的结合更多的是哲学、政治哲学及文化研究。本文所要涉猎的社会学部分,是贯穿儒家整个发展历程的伦常方面。而从社会学的视角来看待儒家,不单是说我们要用社会学的视角和方法去研究儒家,而是进一步期待这样的研究发生一次研究范式的转换,即这里不是要把儒家这一部分内容放入社会学的概念体系再叙述一遍,而是需要实现从"应该是怎样的"到"为什么应该是怎样的"以及"是怎样的"的转变,以此挖掘儒家伦理的社会学根基并最终形成儒家社会理论。

当然,从目前的许多讨论来看,这样的转变对中国学者来说意味着诸多的学术思维调整与学统的改变。直至今日,这样的转变也未完成。这里暂且撇开国学与西学间的重重障碍不论,单论近代以来中国在西方列强面前所饱受的"屈辱",就能预料到不少学者一开始是试图借西学打击儒学的。这一倾向发端于引进西学及社会学的严复,接着,谭嗣同在《仁学》(1899)中用"以太"(自然科学)对儒家思想进行猛烈的抨击，康有为在《大同书》中诟病家族主义，以及梁启超在汇合成集的《新民说》（1902—1906）中将儒家伦理斥为"私德"，等等。在此之后，陈独秀、吴虞等在《新青年》（1916—1922）发表了一系列痛批儒家的文章，以至于近十几年来在哲学界发生的"亲亲相隐"大辩论，也部分带有这一传统的延续。而这一路下来的传统其实也在提醒我们，许多争议因无法获得对儒家的原理性认识而缺乏说服力。所幸的是，近代以来的西方思潮也带动了部分中国学者开始以新的眼光看待儒家伦理所包含的学理，终究开启了社会科学研究的新路径。

对此进行论述的第一人是蔡元培，他在留德之际就写出了《中国伦理学史》（1910），并在书的"绪论"中以西方社会科学的方式对此书进行了定位。他说："盖伦理学者，知识之径途；而修身书者，则行为之标准也。持修身书之见解以治伦理学，常足为学识进步之障碍。故不可不区别之。"[1] 类似的观点还有傅斯年的《中国学术思想界之基本误谬》（1918）等。至胡适写成《中国哲学史大纲》（1919）之际，儒家思想已被看作"人生哲学（伦理学）"，以"人生在世应该如何行为"而区别于宇宙论、知识论、教育哲学、政治哲学与宗教哲学。就此定义来看，胡适一方面接受了西方社会科学的分类，另一方面将儒家归结为人生方面，这让我们有理由认为，他所谓"应该如何行为"的话题涉及了社会学的范畴。当时，蔡元培对此书给予的评价是"证明的方法""扼要的手段""平等的眼光"及"系统的研究"。[2] 单从这几点来看，儒家思想本身已经转变成为社会科学研究的对象。几年后，身为哲学家的冯友兰将《中国之社会伦理》（1927）[3] 一文发表在当时

---

[1] 蔡元培：《中国伦理学史（外一种）》，北京：商务印书馆 2010 年版，第 5 页。

[2] 胡适：《中国哲学史大纲（卷上）》，载姜义华主编：《胡适学术文集　中国哲学史》上册，北京：中华书局 1991 年版，第 2 页。

[3] 参见冯友兰：《中国之社会伦理》，载冯友兰：《三松堂全集》第 11 卷，郑州：河南人民出版社 2000 年版。

的刊物《社会学界》上，暗示儒家伦理可以是一个社会学的问题。几乎在同一时间，潘光旦通过对儒家思想与社会生物学的比较，把儒家人伦思想取名为"孔门社会哲学"。相应地，儒家的"伦理思想"也被"社会思想"的说法取代。[1]另外，冯友兰已开始用"理论"来研究儒家的婚丧祭礼（1928）[2]；李安宅则用社会学研究了《仪礼》与《礼记》（1930）[3]；瞿同祖探讨了"中国法律之儒家化"（1948）[4]；而潘光旦（1948）认为，儒家所重视的人伦纲常就是社会学需要讲解的社会关系[5]，他尝试融合两者，提炼出了对应于"social adjustment"的"位育"之概念[6]。其实，真正提及"儒家社会理论"的第一篇论文恐怕是冯友兰写出的《在中国传统社会基础的哲学》（1948）[7]，此文中多次使用了"社会理论"一词。只可惜，后人很少关注到。

但值得焦虑的是，以一种"思想体系"作为社会学的研究对象，本来不是社会学这个学科应有的任务，所以上面大量思想论述多少是将中国社会本身或者儒家的制度化方面裹挟其中，而不是将之分离出来的。直至费孝通接受了西方社会学的功能论，才基本实现了将社会现实区别于其思想，得到了以社会学科自身看待儒家影响下之中国社

---

[1] 参见潘光旦：《生物学观点下之孔门社会哲学》，载潘乃谷、潘乃和选编：《潘光旦选集》第2集，北京：光明日报出版社1999年版。

[2] 参见冯友兰：《儒家对于婚丧祭礼之理论》，载冯友兰：《三松堂全集》第11卷，郑州：河南人民出版社2000年版。

[3] 参见李安宅：《〈仪礼〉与〈礼记〉之社会学的研究》，上海：上海人民出版社2005年版。

[4] 参见瞿同祖：《中国法律与中国社会》，北京：中华书局2003年版。

[5] 潘光旦：《社会学者的点、线、面、体》，载潘乃谷、潘乃和选编：《潘光旦选集》第3集，北京：光明日报出版社1999年版，第479页。

[6] 潘光旦：《生物学观点下之孔门社会哲学》，载潘乃谷、潘乃和选编：《潘光旦选集》第2集，北京：光明日报出版社1999年版，第8页。

[7] 参见冯友兰：《在中国传统社会基础的哲学》，载冯友兰：《三松堂全集》第11卷，郑州：河南人民出版社2000年版。

会的新视角。[1]

　　细审儒家伦理进入社会学研究的这一历程，最引人注目的当数中国学者从中提取出来的"关系性"特征。所谓"关系性"，源自儒家对"人伦"的重视以及由此而产生的社会主导性影响，正如梁启超（1927）所指出的："中国专注重人与人的关系。中国一切学问，无论那一时代，那一宗派，其趋向皆在此一点，尤以儒家为最博深切明。""儒家哲学，范围广博。概括说起来，其用功所在，可以《论语》'修己安人'一语括之。"[2]胡适（1919）则说"儒家的人生哲学，认定个人不能单独存在，一切行为都是人与人交互关系的行为，都是伦理的行为"[3]。这一论断历经潘光旦至费孝通再到梁漱溟，都没有改变。所以梁漱溟（1949）最终说出了一句总结性的话语："伦理本位者，关系本位也。"[4]自此，"关系本位"是中国社会学对儒家研究所定下的基调，且其他相关研究也一再体现着这一特色，比如胡先晋（"胡先缙"为误译）的"面子"研究[5]、杨联陞的"报"研究[6]、许烺光的"情境中心"说[7]、乔建的"计谋"研究[8]、金耀基的"人情"研究[9]及张

---

[1]　翟学伟：《再论"差序格局"的贡献、局限与理论遗产》，《中国社会科学》2009年第3期；翟学伟：《伦：中国人之思想与社会的共同基础》，《社会》2016年第5期。

[2]　梁启超：《清代学术概论　儒家哲学》，天津：天津古籍出版社2003年版，第100页。

[3]　胡适：《中国哲学史大纲（卷上）》，载姜义华主编：《胡适学术文集　中国哲学史》上册，北京：中华书局1991年版，第83页。

[4]　梁漱溟：《中国文化要义》，上海：上海人民出版社2003年版，第109页。

[5]　参见胡先晋：《中国人的脸面观》，欧阳小明译，载翟学伟主编：《中国社会心理学评论（第二辑）》，北京：社会科学文献出版社2006年版。

[6]　参见杨联陞：《"报"作为中国社会关系基础的思想》，张晓丽译，载费正清主编：《中国的思想与制度》，北京：世界知识出版社2008年版。

[7]　参见许烺光：《美国人与中国人》，沈彩艺译，杭州：浙江人民出版社2017年版。

[8]　参见乔建：《建立中国人计策行为模式刍议》，载杨国枢主编：《中国人的心理》，台北：桂冠图书公司1988年版。

[9]　参见金耀基：《人际关系中的人情之分析》，载杨国枢主编：《中国人的心理》，台北：桂冠图书公司1988年版。

德胜的"秩序情结"说[1]等，都是"关系"研究的具体展开。它们深化了"关系"对揭示中国人社会生活的重大意义。

而真正将"关系"作为一个独立概念并加以社会科学化，源自20世纪80年代中国台湾与香港学者推动的社会与行为科学本土化。所谓独立概念的意思是说，从这一时间开始中国社会学者不再将"关系"与"人际关系""社会交往""角色互动"及"社会交换"等概念混为一谈，重启了中国社会学本土化之可能。在这一过程中，杨国枢的"社会取向"[2]、何友晖等的"关系取向"与"关系主义"[3]及黄光国的"儒家关系主义"[4]等概念，都对"关系"进行了反复论述。其中，直接以儒家社会理论之名来讨论关系议题的学者是金耀基，他从20世纪80年代开始持续地对儒家伦理中的关系、关系网、人情和面子等进行社会学式的讨论，以勾勒出儒家与中国人实际生活之间的联系以及社会学所可能实现的范围。[5]另外一个重要学者是黄光国，他在20世纪80年代提出了"人情与面子"的社会学模型[6]之后，近年又直接提出了"儒家关系主义"概念。当然，如果说这一概念有什么意义，或许就是将"儒家"与"关系主义"叠加在了一起，而其内涵则是空泛的，似乎只是便于概括近些年来从社会科学角度提出的有关中

---

[1] 参见张德胜：《儒家伦理与秩序情结——中国思想的社会学诠释》，台北：巨流图书公司1989年版。

[2] 参见杨国枢：《中国人的社会取向：社会互动的观点》，载杨国枢、余安邦主编：《中国人的心理与行为（1992）》，台北：桂冠图书公司1993年版。

[3] 参见何友晖、陈淑娟、赵志裕：《关系取向：为中国社会心理方法论求答案》，载杨国枢、黄光国主编：《中国人的心理与行为（1989）》，台北：桂冠图书公司1991年版。

[4] 参见黄光国：《儒家关系主义：哲学反思、理论建构与实证研究》，台北：心理出版社2009年版。

[5] 参见金耀基：《关系和网络的建构——一个社会学的诠释》，载金耀基：《中国现代化的终极愿景——金耀基自选集》，上海：上海人民出版社2013年版。

[6] 参见黄光国：《人情与面子：中国人的权力游戏》，载黄光国、胡先缙等：《面子——中国人的权力游戏》，北京：中国人民大学出版社2004年版。

国人关系取向的各种研究。用作者自己的话说，他希望比以往学者所建构的理论模型有较大的"可外推性"，而且可以预测或解释许多新的现象。

小结以上儒家伦理进入社会学的研究历程，我们可以看到，作为中国人日常生活原则的儒家伦理，一方面在社会学的研究中站稳了脚跟，另一方面尚有许多悬而未决的问题有待探讨。应该说，将儒家应然层面的"伦理"还原为实然层面的"关系"，是儒家社会理论建构迈出的最坚实的一步。学者在其中所看到的是，关系本位不同于个人本位，关系主义方法论不同于个体主义或集体主义方法论，"报"的交换不同于社会交换，而由此派生出来的人情、面子与社会网络（圈子）等特征，都将关系研究深化到了西方社会学理论尚无力涉足的领域。但我们也应该看到，目前的关系研究是在一些零散的概念或者专题的研究中展开的。中国社会学人目前所能做到的只是把这些零散的研究统统归于儒家的或关系取向的含义之下，却没有构建起一种统领性的框架，将其组合成一种真正的儒家社会理论。再者，目前关系研究的所谓理论化其实更多的是借助西方社会学的各式各样理论来言说的。如果我们不求助于西方理论，关系自身的理论性便不能成立。比如，金耀基的研究更多的只是社会学看待儒家的一些洞见；黄光国的人情与面子模式，说起来是一种理论模型，但支持其理论的法则却是符号互动论、社会资源理论、社会交换理论与社会正义论，如果抽掉这样一些理论，那么人情和面子理论剩下的是什么呢？几乎只是两个缺乏内涵的本土概念；如今"关系"研究的新套路是嫁接上西方的"社会资本"理论。当然，笔者从不否认上述研究自有其合理之处，只是此类研究路径一旦形成（事实上早已形成），一些中国社会学中原本可发生的理论问题就不再会发生。正因如此，比较一下由西方理论自身发展出的"自我""理性""价值""情感""个人主义"等一系列概念，即可看出"关系"研究更多的是在描述性上呈现其特征的。如果不借助西方理论，这样的特征就往往停留于文化性的解释，诸如"家族制度""血缘和地缘""熟人社会"以及"乡土社会"等；另一种常见做法是直接将儒家伦理与现实关系运作分作自变量与因变量，从而让其构成解释与被解释的关系。

二、儒家"关系"理论化的出发点

本文所要解决的问题是：儒家这套伦理体系的社会学根基及其理论自身何在？为了实现这一目标，本文在研究策略上倾向对儒家伦理做社会理论化的处理。换句话说，我认为对儒家伦理做文化性的解释不是社会学研究的方式，这一路径因弥漫于哲学、伦理学、历史及文化研究等诸多领域，而无法看出社会学研究所承担的独特贡献。当然，本文所侧重的这一研究策略也不意味着不涉及文化。我们知道，西方社会学理论的背后就是西方文化，他们的一系列社会学概念追溯下去都是由西方文化支撑的。因此，本研究中所谓的偏重，只是对社会学本土研究内部只看重文化解释的纠正，以此取得同西方社会学平等对话的地位。或许，如果我们优先寻求到一种"关系构成"的方式，反而更能据此看出其自身的文化特征在哪里。

讨论儒家伦理的社会理论化，首先需要论证的是儒家同社会学是否有着相似的关注点？例如，潘光旦的"中和位育"说，源自《中庸》的"致中和，天地位焉，万物育焉"。《中庸》还有言"极高明而道中庸"，也就是说，再高明远大的圣人之道也是从日常生活开始的。所谓："君子之道，费而隐。夫妇之愚，可以与知焉，及其至也，虽圣人亦有所不知焉。"(《中庸·第十二章》) 这一思想延续到宋代在朱熹那里被反复强调，例如他说："道者，日用事物当行之理。"(《中庸章句集注》) "只是眼前切近起居饮食、君臣父子兄弟夫妇朋友处，便是这道理。"

(《朱子语类》卷十八《大学五或问下》）在儒家看来，与其在高深抽象的意义上论述自己的学说，不如回到生活细节中去做一些日常实践，只有在极为普通的日常生活实践中加以体会，道的含义才能显现，即"本立而道生"（《论语·学而篇》）。据此，以今日学术内部眼光来看，我们是否可以这样理解：儒家的"日常人伦"或"人伦日用"的背后是有理论关怀的？所谓："唯天下至诚，为能经纶天下之大经，立天下之大本，知天地之化育。夫焉有所倚？……苟不固聪明圣知，达天德者，其孰能知之？"（《中庸·第三十二章》）"诚"，既连接修齐治平，也连接格物致知，后者用今天的话来讲，就是知识探究了。当然，儒家希望从"器"中认识"道"，其目的不在于知识建构本身，是寄希望于人人皆可以开悟的境界。只是对于当下研究者而言，也不妨说理论建设与"达道"有异曲同工之妙。那么，什么样子的生活是日常生活呢？虽然它包括起居饮食，但最重要的部分就是自己与他人相处的恰当方式。一旦相处方式出了问题，那么便不可能"达道"。

孔子对"人伦"与"达道"的关系思考，有其时代背景。孔子生于乱世，礼崩乐坏是孔子所亲身经历的。儒家倡导"仁""义""礼"，目的在于为社会秩序之恢复寻求一剂良方，正如荀子所说："先王恶其乱也，故制礼义以分之。"（《荀子·王制》）从这一点上看，儒家学说在很大程度上正如同今日之政治理论或社会理论。如果站在中国文化的全局上来看儒家思想，我们还可以发现中国传统中的其他自然哲学，诸如天文、地理、术数、历法等，基本上都是为政治而展开的。政治治理的核心靠儒学，儒学的核心是纲常，纲常的核心是人伦。显然，这是一个由自然观向政治观再向社会观直至人伦观步步收拢之过程。一言以蔽之，儒家思想构成的基本思路是，天下兴衰在政治，政治治理在日常，日常关键在人伦，而日常人伦议题正好可以落入现代社会学的议题。当然，从学术的角度来讲，社会学的主要任务是研究，而儒学不但自己提供学术观点，并且还身体力行，进而成为中国知识分子的一贯传统。可遗憾的是，尽管儒家的核心内容符合社会学的议题，但从如此重要的议题中为何发展不出中国本土社会学的气象呢？西方理论的强势影响也许是外在因素，但更主要的原因在于我们不知道如何摆放儒家的应然与社会学研究所要求的实然。综合本文上述的研究回顾，看似儒家伦理进入了社会学的研究，似乎也讨论理论问题，但我们依然看不出这样的理论之立足点在哪里。社会科学本土化的学者对此进行的是模糊化的处理。而我认为，儒家的社会理论是什么面貌，关键在于儒家伦理还原为实然性的"关系"后怎么办。

  如何对待实然性，是一个实在论的问题。讨论这个问题，首先得回到西方哲学的本体论与认识论上去。在中国古典哲学中，为了求得与西方哲学的比较与对话，熊十力、李泽厚、陈来等曾分别提出过"体用不二""情本体""仁本体"等概念。这些概念在内涵上虽然区别于西方，却终究要陷入实在性意思的改变或含混。[1] 另外，"情本体"固然看重人伦日用，但终究得还原到个体性上去讨论。[2] 在西方，本体论是"存有"或"是"（being）的形而上学问题。它在儒学中如何？这从利玛窦向西方介绍儒学时算起便是个难题。西方学者虽然对儒家的看法与评价褒贬不一，却试图想知道它的本体论和认识论是什么。比如，莱布尼兹对中国的"理""气"及"天"等概念做过"神学"比较研究[3]；黑格尔指出，儒家因缺乏个人普遍意志的思考而不具有实体性，故最终只能停留于具体的社会关系[4]。帕森斯也说：

---

[1]　参见丁耘：《哲学与体用——评陈来教授〈仁学本体论〉》，载复旦大学上海儒学院编：《儒学与古今中西问题》，北京：生活·读书·新知三联书店2016年版。

[2]　李泽厚：《李泽厚对话集——中国哲学登场》，北京：中华书局2014年版，第85页。

[3]　莱布尼兹：《论中国哲学》，载陈乐民编：《莱布尼兹读本》，南京：江苏教育出版社2006年版，第252—255页。

[4]　黑格尔：《哲学史讲演录（第一卷）》，贺麟、王太庆译，北京：商务印书馆1959年版，第164—166页。

> 儒学以它几乎是纯粹的道德学说,是没有任何明确的形而上学基础的实践准则的汇集而闻名。孔子与形而上学的思辨毫无关系。对于他来说,形而上学的思辨是无用和空洞的。对于来世没有任何确定的兴趣,也没有任何拯救的概念。儒学为了今世生活而关心今世生活,舍此除好名声以外别无所求。[1]

其实,以回到本体论和形而上学上来讨论儒家思想,是对中国文化的曲解。从葛兰言在《中国思维》(1934)一书中首次提出"关联思维"始,葛瑞汉、李约瑟、艾兰、史华兹(也译史华慈)、安乐哲等都试图摆脱本体论来研究中国文化。郝大维、安乐哲认为,中国文化对宇宙的认识不在因果思维框架中[2],它虽讨论宇宙秩序,但不讨论宇宙秩序的因素为何。史华兹明确指出中国思想中没有化约主义:"中国古代对超然地、精确地观察自然毫无兴趣"[3],而是形成了"关联宇宙论"(Correlative Cosmology)。这种宇宙论不是追问世界的本源与本质,却是从包含世界所有自然秩序的"道"中回到孔子所重视的社会秩序上来。

平心而论,我们不能说在西方思维中没有发生过关联性思维,只是由于这样的思维总是无法满足于现实中的异样,因此无论是对基督教思想而言还是对科学思想而言,更有效的因果关系最终还是取代了关联思维。可是在中国这一边,关联宇宙论在其文化当中是被当作一种亘古不变的正当性来加以维护的,进而导致现实世界中与此设定不符合的部分会被舍弃或忽略。马克斯·韦伯认为:"这世界的宇宙秩序

---

[1] 帕森斯:《社会行动的结构》,张明德等译,南京:译林出版社2003年版,第611页。

[2] 郝大维、安乐哲:《期望中国:中西哲学文化比较》,施忠连等译,上海:学林出版社2005年版,第51—66页。

[3] 史华慈:《论中国思想中不存在化约主义》,张宝慧译,载许纪霖、宋宏编:《史华慈论中国》,北京:新星出版社2006年版,第34页。

被认为是固定而不可违反的,社会的秩序不过是此一秩序的具体类型罢了。"[1] 史华兹看到:

> 在礼的概念背后,隐含着某些假定,它类似于西方"自然法"概念中的某些假定。其假定之一就是,认为人类世界和非人类世界存在永久性的"自然"秩序(道)。就人类社会而言,这种道是一种规范性的东西——它告诉我们人类社会应当是什么样子,西方的自然法概念所说的是如何使现实与所谓自然秩序相符合的问题。而在儒家那里,这种秩序首先表现为儒家所维护的现实社会结构。这种社会结构基本是一张人际网。[2]

由此观点而可能构成的对社会科学方法论的挑战是,价值判断所规定的社会行为方式如何能被客观化地研究?但无论如何,"道"不是指西方哲学讨论的本体论,因为当"道"作为一种无所不包的秩序时,就没有古希腊哲学所追求的"实在"。[3] 葛瑞汉通过比较指出:

> 中国人偏爱的未分之物的名称仍然是"道"。如果我们自己倾向于把"道"看作一个绝对实在(Absolute Reality),那是因为我们的哲学大体上具有对存在、实在与真理的诉求,而中国人的问题总是:"道在何方?"中国思想家孜孜于探知怎样生活,怎样治理社会,以及在先秦末叶怎样证明人类社会与自然宇宙的关联。至于何为真实、何为存在,眼睛可睹,耳朵可闻,触觉可感,又

---

[1] 马克斯·韦伯:《中国的宗教 宗教与世界》,康乐、简惠美译,桂林:广西师范大学出版社 2004 年版,第 220 页。

[2] 史华兹:《论中国思想中不存在化约主义》,张宝慧译,载许纪霖、宋宏编:《史华慈论中国》,北京:新星出版社 2006 年版,第 44 页。

[3] 同上书,第 29 页。

何问题之有？[1]

可见，"道的形而上学只关心'变化'而无异于'本质'，只困惑于'如何变'（how becoming）而无惑于'有什么'（what is there）。或者说，有什么就是什么，这只是一种给定的存在状态，而重要的是存在的无穷可能状态，恰如老子所言'道可道非常道，名可名非常名（可因循之道便不是根本之道，可定义之概念便不是根本概念）'"[2]。安乐哲在总结了许多西方学者对中国文化的讨论后小结道：

> 人的本体性构成"存在"与儒学的"做人"人生，这二者的根本不同，人们一直未曾给予足够关注；而结果却是，人们毫不觉察地将儒家的脚，用鞋拔子穿到希腊的鞋子去。……近些年考古发现的文献令人振奋……
>
> 这些考古文献为我们提供了更多文本证明，确认了儒家"关系构成"的"成人"观念，也是对于将人视为互不联系"存在""质性"认识的人观念的一种根本分别。这种在儒家"仁"，与自古希腊以来根本性个人主义之间，所做的分别且具有的哲学含义，是很让人信服的、具有持久力量的。如果我们不认识这一差别，那么我们会继续根据儒家传统所没有的假设推定，并将其"理论化"。[3]

---

[1] 葛瑞汉：《论道者——中国古代哲学论辩》，张海晏译，北京：中国社会科学出版社2003年版，第258—259页。

[2] 赵汀阳：《天下的当代性：世界秩序的实践与想象》，北京：中信出版社2016年版，第65—66页。

[3] 安乐哲：《儒家角色伦理学——一套特色伦理学词汇》，孟巍隆译，济南：山东人民出版社2017年版，第101页。

安乐哲的这一判断寻求到了一个儒家理论研究的原点。我们不妨进一步指出，西方人对世界的认识是要在因果思维框架中去探索并解释；而中国人是要在关联思维框架中去设定并实践。既然儒家思想所制定的社会行为没有本体论与认识论所关心的"存有"或"是"的问题，自然也就没有理论上要回答的"知"的问题。换句话说，儒家的"知"不是去认识社会秩序的存在方式及其原理，而是要人人去实践其设定的目标，即"克己复礼为仁"（《论语·颜渊篇》）。

可我们对此理论建构的难题在于，当中国社会学的研究已经把儒家伦理关系转变成实然中的关系构成时，这点是否符合西方学术中所讨论的本体论和认识论呢？我个人的看法仍然是，不行。对于一种关系构成的"存有"或"是"的问题，在本体论中是可以回到"原子""个人""自我""意志"这样的概念中去的，由此西方社会学讨论关系时的基本单位是"个体性"，而涂尔干想反对的只是把社会本身作为一种实在。如果一种哲学假定社会构成的背后是个人，个人的背后是自我，那么这样的自我需要被设定为或者是主观能动性的生物体，或者是具有"自由意志"的灵魂，从而导致他的心灵、理性、非理性和选择性等活动。这些活动看起来是多元化的，可在其"多"的后面有一个"一"，即存在一个抽象独立的主观性个人。这样的个人在现实中具有无数种遭遇，那么社会学就应该在其中寻求导致此等遭遇背后的社会法则及其原理是什么。可是，儒家眼中的关系是返回不到独立自主的个人身上去的。人与人的关系因被放入一个"天人框架"中而消解了对个体性的回归，也就是说儒家的宇宙假设是以关系为前提的。它试图从关联宇宙论推出以两人组合为起点，再从两人关系角色推论社会构成，进而也将个体性问题屏蔽掉了。葛瑞汉在回溯这一思维形成的背景时说：

> 这时的思想趋势是杂家（调和论，syncretism），兼采诸子百家

有益成分的帝国行政设置与意识形态的组合，与从公元前 100 年前后开始居于主导地位的儒学。一个有意思的新奇事物是关联宇宙建构的引入，这最初是天文学家、占卜者、乐师、医师与其他这些以外的能工巧匠的本职范围。正是通过一种基于阴阳（Yin and Yang）与五行（Five Processes）的宇宙论，这种宇宙论经由道德与自然范畴的关联而把人类道德纳入宇宙秩序，在人有机会把自身作为一个道德中立宇宙（moral neutral universe）中的唯一例外来反思之前，天与人之间危险的鸿沟在中国已经被填平了。[1]

将中国人的这种宇宙论与西方文化相比较，我们可以发现彼此看社会的不同视角。西方文化的视角是从宗教或者数理（逻辑）来探究宇宙的。它所留下的问题是，上帝未有设计人间社会，可当成凯撒的事留给人类自己去解决。这是韦伯所讨论的：

> 在儒教伦理中所完全没有的，是存在于自然与神之间、伦理要求与人类性恶之间、原罪意识与救赎需求之间、此世的行为与彼世的报偿之间、宗教义务与社会－政治的现实之间的任何紧张性。[2]

而这一视角最终推动了现代科学的产生，也就是通过科学研究来探究世界的奥秘。于是，整个西方文化的导向都在于发现自然与社会运行的法则。由此而发展出的社会科学也通过理论化的方式来寻求人类社会自身运行的法则。这一导向带给社会学研究的意义就是尽可能用客

---

[1] 葛瑞汉：《论道者——中国古代哲学论辩》，张海晏译，北京：中国社会科学出版社 2003 年版，第 356—357 页。

[2] 马克斯·韦伯：《中国的宗教 宗教与世界》，康乐、简惠美译，桂林：广西师范大学出版社 2004 年版，第 220 页。

观化的手段和工具来发现、描述及预测社会是如何运转的。然而,关联宇宙论没有走出这样的认识论。孔颖达在《周易正义》的序中说道:

> 夫《易》者,象也。爻者,效也。圣人有以仰观俯察,象天地而育群品,云行雨施,效四时以生万物。若用之以顺,则两仪序而百物和;若行之以逆,则六位倾而五行乱。故王者动必则天地之道,不使一物失其性;行必协阴阳之宜,不使一物受其害。故能弥纶宇宙,酬酢神明。宗社所以无穷,风声所以不朽,非夫道极玄妙,孰能与于此乎?

显然,在这种思考框架中,宇宙与社会运行法则是事先定好的,人的作为就是依照这样的法则行事。这样一种论述其实是一种人文主义的视角,它一方面来自人对万物的直觉观察与联想,但另一方面又具有强烈的价值判断。葛瑞汉意识到:

> 具有人中心观(man-centred perspective)的中国偏爱于用原始科学为其建构世界观,而西方延期选择了宗教,并限制原始科学对自然现象的解释。中国人选择的是一种问题的全盘解决,即把自己置于世界之中又使世界服务于自身的目的;西方为宗教保留了前者而为后者留下以待日后用自己的方式解决的空间,这也许有利于现代科学的最终出现。[1]

从以上的讨论中,我们可以看到,无论是西方宗教还是科学研究,自然规律、社会运行及其人间交往的规则是一系列有待探索的问题,需

---

[1] 葛瑞汉:《论道者——中国古代哲学论辩》,张海晏译,北京:中国社会科学出版社2003年版,第358—359页。

要无数学科及其理论来不断推进,由此获得关于自然与人的知识。而中国文化所呈现的特点是,从宇宙直至社会运行,其法则都是给定的。它已被圣哲找到、设立而毋庸置疑,当然还可以进一步发展或细化,但重心已落在如何实践方面。由此一来,儒家伦理理论化的重点不是寻找社会运行的法则,而是如何理解、贯彻以及这样的法则在实践中如何发生。意识到了这一点,我们便能发现中国人为何总是将心思放在变通、权宜与计策上,而不是对社会规则本身的探索与应用上。

从方法论上看,这一转向所带来的疑惑是,既然"关系"已通过中国社会学者的努力回到了实然层面,为何要再次回到儒家里面去讨论其规定性?这不是又将实然问题回到应然问题上去了?我的回答是,如果放弃了这样的设定性探寻就意味着儒家社会理论本身不成立。这是其他社会学者研究儒家伦理时无路可走,不得不求援于西方理论的主要原因。因为此时此刻的社会学讨论将不得不回归个人(agency),不得不讨论其主体本身的各种行动,不得不讨论"社会互动"如何发生等,而这些已与儒家伦理没有关系了。因此,所谓儒家社会理论,其现实的"关系"构成方式总是连接着儒家对此问题的设定。我在此不得不称之为社会学研究的典范转移(paradigm-shift)。

三、儒家社会理论的基本框架

从文化性上解释中国人的关系,人类学家和社会学家均看到了宗族制度、五服或人伦,尤其是五伦的重要性。社会学者沿着这一思路,在占据语言优势的情况下,还将五伦进一步放大到"十同",即同宗、同乡、同人、同僚、同事、同门、同学、同伙、同胞、同志。由"同"所建立的关系理论属于社会学意义上的同质性理论,但中国人在此中所追求的关键其实是同中求异。在这一方向的研究中,最好的理论是许烺光提出的"父子轴",因为父子轴在差异性线索上可以推断出中国文化的基本特征,比如纵向、血缘、等级、孝道等,以此比较于西方文化中的"夫妻轴",可以推断出横向、契约、平等、崇尚爱情等。[1]所谓"轴"即"dyad",指两人关系组合。许烺光用"轴"来比较中美文化差异,看起来是受到"公设"方法的影响,但其背后的思考逻辑则含有关联思维的特点,即从父子关系推论出中国社会运行的基本方式。只不过许烺光的研究比较偏重关系组合出的内容方面,而我在下面试图建立的理论起点将从关系结构开始,即关联宇宙论的演化方式如何构成中国人的关系形式,由此得出,关联思维的起点与展开是从包含父子关系在内的一系列"对偶性"发端的。[2]

首先必须指出的是,中国社会文化之建构性无论是思维抑或审美,均体现为"对称原则",比如老子在《道德经》中说:

> 天下皆知美之为美,斯恶已;皆知善之为善,斯不善已。故有无相生,难易相成,长短相形,高下相倾,音声相和,前后相随。

中国文人在词章修辞学习中也极为重视对仗。随意从儿童的《声律启蒙》中选一段,就可以读到:

> 春对夏,秋对冬,暮鼓对晨钟。观山对玩水,绿竹对苍松。冯妇虎,叶公龙,舞蝶对鸣蛩。衔泥双紫燕,课蜜几黄蜂。春日园中莺恰恰,秋天塞外雁雍雍。秦岭云横,迢递八千远路;巫山雨洗,嵯峨十二危峰。

---

[1] 许烺光:《文化人类学新论》,张瑞德译,台北:南天书局2000年版,第118—121页。
[2] 葛瑞汉:《论道者——中国古代哲学论辩》,张海晏译,北京:中国社会科学出版社2003年版,第378页。

更不用说日常生活中司空见惯的对联了。其他如建筑形式及家具、艺术品设计与摆设等,都有此要求。其源头在于《周易·系辞·上》说的:

> 天尊地卑,乾坤定矣。卑高以陈,贵贱位矣。动静有常,刚柔断矣。方以类聚,物以群分,吉凶生矣。在天成象,在地成形,变化见矣。

> 是故,《易》有太极,是生两仪,两仪生四象,四象生八卦,八卦定吉凶,吉凶生大业。

在这样的对偶性关系中,阴阳是对偶的根本,即"一阴一阳之谓道"。阴阳虽殊,无一以待之。在阴为无阴,阴以之生;在阳为无阳,阳以之成。故曰"一阴一阳"也。[1]这就是说,符合道的现象和事物都是需要成对的。虽然道本身是虚无的,可若想从无到有,就不能单一。如果单一,就如同什么都没有。为了让事物现形,只有通过事物之间的对偶性才可以把道的含义表达出来。谭嗣同也说:"'仁',从二从人,相偶之义也。'元',从二从儿;儿,古人字,是亦仁也。'无',许说通元为无,是无亦从二从人,亦仁也。故言'仁'者不可不知'元',而其功用可极于'无'。"[2]因此,儒家所谓的"关系"不是泛指任意事物间达成的"relationship",而是特指"对偶""对称"或"匹配"。对偶关系的基本要素是差异性,如果两事物只对称而无差异,那只能叫成双。这就是说,中国人所要表达的"关系"是有限定性的。它的整个思考都是在一种可谓"对偶中的差异性"理论框架中展开的对此

---

[1] 刘玉建:《〈周易正义〉导读》,山东:齐鲁书社2005年版,第373—374页。
[2] 加润国选注:《仁学——谭嗣同集》,沈阳:辽宁人民出版社1994年版,第4页。

关系构成的论证及实践。其基本命题组合可以表述如下：

Ⅰ：世界发生与显形是由 x 和 y 的对偶性生成的，而不是任意由 x 和 x 或者 y 和 y，以及包含了 x 和 y 之间的各种可能性生成的。对偶性必须在关系中建立，而不能还原到 x 本身，或 y 本身。由此一来，世界的构成方式不是原子化的，社会的构成也不能还原为个人身体、自由意志或理性选择，而只能是关系化的存在。以此作为出发点，关系是个体存在的前提，它的规范性条件限定着该社会对个体的定义和理解，而不是相反。在这样的世界框架中，x 或 y 的含义需要从对方获得认识，而非那种寻求自身的本质。关系构成一旦回归个体，那么交往则会有无限的可能性，这是西方社会互动学说的出发点。所以，对偶性关系限定是一种文化对宇宙的定义，不是古希腊几何学所体现的公理。其正当性来自自然秩序，在直观上呈现为天地、日月、昼夜及春夏秋冬的运行，即"常识理性"[1]，而对于这一看似不证自明的现象，无论是古希腊哲学还是基督教都希望解释为什么会这样。可在中国人看来，以此常识性类比法则可以关联出人类生活应有的面貌：

> 有天地然后有万物，有万物然后有男女，有男女然后有夫妇，有夫妇然后有父子，有父子然后有君臣，有君臣然后有上下，有上下然后礼义有所错。夫妇之道，不可以不久也，故受之以《恒》。（《易传·序卦传》）

以西方求索事物发生发展的规律来看，阴阳对偶性产生世界虽是事实，但不是唯一的事实，更不用说天地、日月等不过是人们在地球上的某个位置上所得到的认识；同样，配偶性繁殖也未必是繁殖的全

---

[1] 金观涛、刘青峰：《中国思想史十讲（上卷）》，北京：法律出版社 2015 年版，第 137 页。

部,动植物中也有单细胞繁殖及无性繁殖。显然,单纯地作为一种文化上的定义来追溯西方传统,那么无论是回顾古希腊哲学家提出的四元素说,即土、风、水、火,还是"创世纪"中所谓上帝造万物以及造人,并从男人身上取下肋骨来造女人,对偶性现象都没有出现。而在中国,阳阴五行说的重点不在于回答世界的组成元素是什么,而是指包括人自身在内的世界无不以各元素相互对偶而匹配(相反相成):木克土、土克水、水克火、火克金、金克木;木生火、火生土、土生金、金生水、水生木。由此可见,对偶间的差异性是中国人认识整个世界的基本出发点,也是其推广和解释社会的起点。

Ⅱ:对偶从物性上看具有时空上的或事物间的彼此匹配、对应、相吸或互济等特性,并可以从功能上得到彼此间产生的稳定性。比如天"长"地"久"之所以可能,就是因为天地符合这样的关系。由此类推,人间的对偶之稳定性也可以此方式获得。无论是五伦还是三纲六纪,均因符合这一框架才使自身拥有了自然法般的永久合法性。这也表明儒家不关心那种短暂而松散的随意性关系组合,后者完全构不成儒家定义的世界。

Ⅲ:人间的对偶性以天然之情,也就是亲情为根本。人类的本性原本变化多端,单就中国思想而论,其中既有杨朱的爱自己,也有墨翟的"兼爱",而儒家则把人际的天然之情设定为人应有的"孝亲"。所谓孝亲,是指任何一个生命来到人世间都是其父母恩赐的结果。[1] 这一结果所产生的连环效应是子女要以恩情的方式回报,以此实现亲情间的双向循环。由此,儒家强调的"仁"不是西方意义上的"爱"。"爱"是个体性的,一个人可以爱上帝,爱自己,爱他人,但"仁"之"爱"是指"亲"。"亲"之情必由两人关系而发生。"仁者,人也,亲亲为大。"(《中庸·第二十章》)《说文》中有"仁,亲也",进而发生"亲亲之

---

[1] 翟学伟:《"孝"之道的社会学探索》,《社会》2019年第5期。

杀"等是亲情的自然现象。虽说儒家的关系构成理论本身可以看作理性主义，但它在运行机制上却以亲情为本，而亲情的发生与培养又只能处于对偶的差异性之中，比如夫妻、父子、兄弟姊妹等。作为人的本能之"情"，它原本是喜、怒、哀、惧、爱、恶、欲，但上升为对偶性情感后就会有"父慈，子孝，兄良，弟悌，夫义，妇听，长惠、幼顺，君仁，臣忠"（《礼记·礼运》）。那么如果一个人由着自己的本性而生活会怎样呢？答案是他会受其本能欲望驱使，为满足私欲，出现争利、争斗。即使不产生这些行为，独善其身也是可悲的，所谓"欲洁其身，而乱大伦"（《论语·微子篇》）。由此，人之情必须要在正面的价值导向上进行规训，让情感在关系构成中有所指引。《礼记·礼运》接着有：

> 故圣人之所以治人七情，修十义，讲信修睦，尚辞让，去争夺，舍礼何以治之？饮食男女，人之大欲存焉。死亡贫苦，人之大恶存焉。故欲恶者，心之大端也。人藏其心，不可测度也。美恶皆在其心，不见其色也，欲一以穷之，舍礼何以哉？

在儒家看来，不讲"孝悌"，回到本能欲望，最终将导致人间有序的生活不复存在。亲情培育的根本在于："尤贵乎能持久，能始终如一。"[1] 其运行模式则为报答、感恩、"亲亲相隐"或"父之仇不共戴天"等。

Ⅳ：儒家伦理中的角色对偶不同于西方所谓的角色互动论，因为其结构中自带高低和上下之分。表面上看，x 和 y，或 x 与 x 及 y 与 y 之间在关系构成上都可以发展出角色，但其内涵有所不同。首先，对

---

[1] 潘光旦：《生物学观点下之孔门社会哲学》，载潘乃谷、潘乃和选编：《潘光旦选集》第 2 集，北京：光明日报出版社 1999 年版，第 11 页。

偶性互动只强调互动之间的差异对称，而排斥其他类型互动，比如男人与男人、女人与女人及平辈之间，或同伴之间等，因为这样的互动方式会造成互动的随意性，即没大没小、没上没下。荀子说"群而无分则争，争则乱，乱则离"（《荀子·王制》）。可一旦能以父子、兄弟（也是男人间）、姊妹、婆媳（也是女人间）、长幼（可以是男人间或女人间）来互动，秩序就能得以保证。由此一来，对偶所生成的角色互动总是分辨式的（见后页命题V）。它不断地在用等差的方式构成家人、亲人、同族、同乡等之间的对偶关系，甚至中国人对"人"的文学式表达也是"男人的一半是女人"，却不会将其比喻成来自不同的星球。其次，对偶间的彼此所要求的内在完整性导致关系构成不能以消灭对方为目的，只能以对方存在为前提。这一特点常见于中国武侠小说作家的描绘，也就是说，彻底消灭对手也意味着自己练就的一身功夫再无意义。最后，这样的关系构成所产生的意义也意味着人世间没有永远的赢家和输家，赢的意思是指一个人或一个家庭在世上取得暂时的优势，而关系持续所带来的下一代的较量将会重新开始。世间没有笑到最后的人。唯有保证关系永续才有未来，其他一切都是被看成此一时彼一时，三十年河东三十年河西。所以对偶关系不是静态的，它始终处于动态的或互为转换中。动态与转换之意说明，x 和 y 的角色并不固定，x 在流变中会成为 y，y 在流变中会成为 x。比如，儿子会成为父亲，而父亲也是儿子；赢家也会输，输家也会赢。因此，角色更多的是由对方、情境与境遇所决定，而不由自己的性质所决定的。处于情境中的角色虽然也有自己的地位和身份上的属性，但更为突显的是其背景性和脉络观的意义，从而角色概念自带戏份、应变与世故。反观西方的互动理论，它所讨论的角色更关注其人格或者身份认同。其重点在自我的发生、身份确认与自我实现方面，也可以讨论自我与地位、角色之间是什么关系等。而此类角色研究即使存在角色对偶性，其意义也往往被忽略。这点造成了西方社会互动的出发点均从个体"对等性"或"平等性"开始，此时，其间发生的地位不平等只来源于个人拥有的社会资源及其控制。而儒家所讲的不平等则是先赋规范性的，儿子再有资源也得听从老子的。显然，一旦现实层面的人际互动溢出对偶性框架，中国文化便会把这类生存样态都看作不合理的、负面的，或非人般的（见后页命题Ⅵ）。尤其是如果关系在真实世界回落到个人，该文化也倾向用贬义形容之，比如孤单、孤独、孤苦伶仃、顾影自怜、孤芳自赏、孤立无援、无依无靠、无家可归、自以为是、我行我素等。

Ⅴ：对偶性关系角色无法勾勒出一个人与任意他人的互动框架，其重心只能落在彼此身份地位的辨认上。为何差异性是重要的？因为差异性会带来对偶关系中的主次与尊卑。为何对偶是重要的？因为对偶可以始终建立彼此"互以对方为重"，并"产生均衡"。[1] 由此，身份差异性的认定在儒家伦理及其实践中是必要条件，比如中国人在任何场合都需要排座。身份与地位彼此相当反倒失去了交往的均衡（见命题Ⅵ），只能再衡量彼此的辈分、年龄、性别、入职先后及亲疏远近等，直至最终找到各自的差异性以回到均衡性上来。所以说对偶是五伦、三纲五常或亲亲、尊尊的社会运行规范的根基，是"礼制"背后的根本假设。从这点出发，中国文化中的"礼"是内嵌于等级社会及其行为系统的，而不是一种外在化的礼仪规定。儒家与法家的不同即在于是对行为规范做内化处理，还是靠外化式的奖惩。表面看来，礼制可以用典章来做强制性的规范，但其运行总是内在化的。由此，"礼崩乐坏"不是有典章没人执行，而是对偶中的差异性不复存在。对此，儒家有着深刻的认识。《论语》中"有子曰：'其为人也，孝弟，而好犯上者，鲜矣；不好犯上，而好作乱者，未之有也，君子务本，本立而道生。孝弟也者，其为仁之本与？'"（《论语·学而篇》）子曰：

---

[1] 梁漱溟：《中国文化要义》，上海：上海人民出版社2003年版，第109—110页。

"人而不仁，如礼何？"（《论语·八佾篇》）这些忠告都在反复强调等级的内生性。所谓有了"君君，臣臣，父父，子子"，才能名正言顺地行事，"名不正，则言不顺；言不顺，则事不成；事不成，则礼乐不兴；礼乐不兴，则刑罚不中；刑罚不中，则民无所措手足"（《论语·子路篇》）。

VI：对偶关系的确保，造成群体中不可能出现两个相似度极高的人。相似度越高，就越可能发生争斗，反之则越和谐。《荀子·王制》说："夫两贵之不能相事，两贱之不能相使，是天数也。""隆一而治，二而乱。自古及今，未有二隆争重而能长久者。"（《荀子·致士》）所以中国有句至理名言是"一山不容二虎"，也就是说互动双方是否相似是关系构成不同走向的逻辑起点。由于西方的社会学理论设定的 x 具有任意关系组合的特征，那么相似度极高的情况就很容易发生，这点在其社会价值观的生成上就会演化成，一个人要在平等、自由、契约、竞争、冲突或个人权利保障中寻求出路，而其中所发生的权力关系也更多的是力量的对比。莱布尼兹在比较西方思想与儒家思想时指出，一种千真万确的"人与人相互为狼，这条格言完全符合人类的实际"[1]。可是将此格言放入儒家社会却是另一番景象，人们可以彼此相敬如宾、和乐融融。韦伯进一步指出：

> 宇宙秩序的伟大神灵显然只在于企盼世间的和乐，尤其是人类的幸福。社会的秩序亦如此。只有当人能将一己融入宇宙的内在和谐之中，那么心灵的平衡与帝国的"祥和"方可且当可获得。[2]

---

[1] 莱布尼兹：《中国近事》序言，载陈乐民编：《莱布尼兹读本》，第 292—293 页。
[2] 马克斯·韦伯：《中国的宗教 宗教与世界》，康乐、简惠美译，桂林：广西师范大学出版社 2004 年版，第 319 页。

这就是说，差异性的匹配方式导致的价值方向将沿着"和为贵"的方向走。要实现所谓"和"，就得"和而不同"，就得允许彼此的高低不同和各自的差异。而深藏于其中的权力运作更多的则是权衡或权谋。与此同时，权衡与权谋又总离不开关系的复杂性（见命题Ⅶ）。

Ⅶ：关系对偶在时间的长河中是无始无终的，是一种生生不息的理念。其含义是开放性的，而组织的含义则是封闭的。关系的开放性导致，它只关注能不能连上关系，而不考虑在纪律上允不允许。组织的封闭性必须要求确认成员资格，并为组织目标的达成阻断同外界的联系。关系的开放性也很容易发展成关系的谱系化，并在客观上产生家族或形成地方性势力。处于关系中的人们往往需要上追始祖，引发"慎终追远"之凝聚，并通过世代延续来扩张现时的社会网络。这一模式不但发展于宗族、村落，也发生于江湖、帮派与师承关系之中。最终，"派系""山头""圈子"和"人脉"成为这一社会运行的基本特征。再者，位于关系网络中的人们都不希望关系在自己身上结束，导致传承成为网络社会的首要问题。由同一祖先传递下来的关系一旦发生单传是极为危险的，多线性的传递虽然化解了中断的危险，却带来了关系自身的复杂性，即亲疏远近和盘根错节。于是制度化地解决关系的复杂性成为必然，而宗法制与服制顺理成章地成为理顺其复杂性的核心制度，也和诸命题一并确立了男性中心的地位。不过，男权优势只是规范性的，它在特定情境及动态中始终为阴性发挥保留极大的空间。关系的网络化会导致该社会成员的组织观念淡化，所谓"没有不透风的墙"即表示这样的社会无法实现组织严密性。当然，受环境或特定目的的影响，比如关系延伸限度、地域、方言或信任度等，关系的封闭性也相对存在。

Ⅷ：作为一种给定的天人框架，虽然说其内在的运行是动态的，但是其框架本身的维持却显示了超稳定的特征。人们的价值目标为此设立，行为方式由此限定。按照亲亲、尊尊的原则，纵横交错的社会网络将按照横向轴与纵向轴两条线延伸。横向轴的重点是由由近及远的血缘地缘构成,纵向轴的重点是由触及上天、鬼神、先人及上下尊卑的等级构成,但两者在运行中却彼此包含。亲亲包含尊尊,尊尊里也有亲亲。由此在运行系统中产生了两个价值导向:亲亲首先强调的是以家为核心而扩展出去的关系共同体,人们彼此间建立的亲密关系将导致资源共享或共摊,以此发展为价值观上的有福同享、有难同当;尊尊的侧重点则是等级差异,即认为社会的划分有贤和愚、富贵和贫贱、劳心和劳力、上流社会和平民社会之分。故人与人之间的阶层落差是理所当然的,但却可以在动态性中通过个人努力与关系运作,尤其是读书实现向上流动。由此一来,社会财富共享与阶层不平等之间构成了张力并维持着必要的平衡。社会阶层的悬殊在于人的先天与后天两个方面,也对应命定与时运两个方面。这两个方面同时运行,会给人生、家庭和王朝带来兴衰和起落。所谓"生死有命,富贵在天"(《论语·颜渊篇》)、"谋事在人,成事在天"(《三国演义》中诸葛亮语)、"一命二运三风水,四积阴功五读书"、"命里有时终须有,命里无时莫强求"(《增广贤文》)等均是这一框架的写照。接受这一框架的人即"安身立命"乃至"认命",而"革命"之含义丰富,其基本含义即打破这一框架。

四、中国人对儒家关系构成的实践

讨论完儒家社会理论的规范性框架,我们回答了"应该是怎样的"背后的"为什么应该是怎样的"的问题。现在可以回到该理论实践问题上来,也就是它"是怎样的"的问题。正如前文所述,在这样的转化过程中,儒家社会理论研究的重点已不在社会运行的法则上,而是在这套法则产生的结果方面。我们知道,儒家学说虽然在中国社会一直占据主导地位，但这不意味着儒家怎样教诲，中国人便会怎样行动。迫于生存环境的压力、自利行为与自身的各种欲望，尤其是权力欲，中国人希望在这样的框架中寻求适合自己的行动策略。当然，由于儒家伦理的正当化与制度化，中国人由此形成的行为逻辑不会走向与其抵触、抗争与冲突的方面，而会走向协调、附和与利用的方面，进而最终形成一种"权宜性"的行动框架。我早在另一篇论文中提出了对此框架的理解：

> 一个真实社会的建构（social construction of reality）是一个自主的行动者与社会规范结构相权宜的产物。也就是说，当社会个体无形或被迫地接受社会先于自己的那些社会角色和社会位置，而个体在其规范的制约下又有自己的意图要表现时，他会采取一种同社会结构相变通或相权衡的行为方式来行动。这时的社会个体关注的问题是，他如何能将自己主观意图或计策同外在规范调适起来，即既能在行动的规范上不显得违反制度的合理性，但同时又实现自己意图的策略性介入。而这一行动的结果往往会造成形式上的名实相符和实际上的名实分离。[1]

我认为，这样的行动框架现在看起来，就是儒家社会理论的实践框架。在此框架中，儒家社会理论的实质性内核会转移到以下几个方面。

首先，从思想资源的利用方面来看，用儒家来解决中国社会现实问题是远远不够的，因此中国文化始终少不了道家、法家、兵家以及外来佛家的补充，而近代以来则以西方思潮的冲击为主。中体西用或西体中用，最后发展出相互补充还是全盘否定等，都引发了社会的价值碰撞与动荡，对照出儒家自身的局限，也引发了社会自身的变迁与现代

---

[1] 翟学伟：《个人地位：一个概念及其分析框架》，《中国社会科学》1999年第4期。

性走向。但无论如何，上述大部分补充进来的思想往往是超日常的，而在日常人伦方面依然是儒家资源占主导。这是儒家社会理论的研究仍然可以解释现代中国日常生活的理由，或者说当许多宏大的社会问题被还原到微观层面上来寻求答案时，我们看到的依然是儒家的人伦框架。

其次，对偶生成出来的角色等级化，并不是像儒家自己预想的那样理顺了人世间的关系。这套规范系统一旦运行，至少还有三方面的余地，首先最为突出的是五伦中的朋友关系。从儒家社会理论来看，朋友作为其中的一伦，实际上是给差异性对偶留下了一个口子。所以很多有关儒家人伦的论述，有时不得已只强调四伦。但无论如何，儒家将朋友列为其中一伦是有其深意的：（1）朋友关系看似平等，但放入儒家的关系框架内依然符合差异性对偶，比如视朋友为兄弟，或拜把子或将朋友分成新故等。（2）根据前文对 x 和 y 的关系设定，朋友关系因缺乏角色对偶最容易走向关系的任意性。这点导致在中国社会（或江湖），一切不受等差限制的关系都只能往朋友上靠，造成"朋友"一词在中国人交际中的泛滥。但儒家留下这样的余地，其实是对人性中真性情的放逐，其中包括真情的流露：交心、畅所欲言，人生有一知音或知己等，因为这等真情实感唯有关系平等才能实现。（3）朋友角色因缺乏差异性，很容易起到"去角色"的作用，即表明彼此感情深厚到无法再用角色规范来互动，从而走向"私交"或"私情"，这成为中国人关系中的另一种价值追求（义气）。所以，朋友在五伦中虽然极为特殊，但反映出儒家理论本身的圆融，或者对人性的另一种理解。尽管这样的余地在儒家伦理中不占主导，却很容易在实际生活中成为主导。例如，今日中国社会关系既非传统社会那样依赖君臣父子或亲亲尊尊，也并未达到一般性（市场化与法制化）互动，而演变成更大范围的朋友网络，或者说，中国人的许多事业成功很大意义上来自"中国式的合伙人"。

再次，中国人为了自己的生存与儒家伦理所妥协出来的真实关系就是"人情"和"面子"。[1] 以往我们单纯从既有的社会学角度看待人情和面子研究,似乎认为它们无足轻重。可一旦对儒家社会理论深入理解和推论就能发现,它们给中国人生展现出一个非常重大而广阔的社会运作空间,以至于不认识它们,就无法认识中国人的特性。[2] 为什么其他社会的人际互动几乎不讨论人情和面子?那是因为如果没有对偶关系的稳定构成,就可以不需要这样的互动方式。人情和面子实在是儒家社会理论的现实表达及实际延伸,因为只有它们在运行,中国人才能找到维系彼此社会生活的现实感及其意义。其基本内涵在于,人情虽来自对偶关系所形成的感情设定,但其稳固性并未真依赖儒家所谓天然之情来维系,而是靠一套内在的价值培养与外在的心理强化。这就是"报"的思想建立,"太上贵德,其次务施报"(《礼记·曲礼》)。其运行方式是在互惠中形成"互欠",进而使得处于人情网络中的人们都受制于这一困局,但其功能则在于礼尚往来可以持续地运行下去。而面子的源头是儒家所强调的"名"或"节",它连接着一个人在其社会网络中的身份和地位,也连接着耻、自尊与品行,转化为中国语言的通俗表达就是"脸"。在对偶性关系中,因为一个人被要求保持其特定地位与德行,故"脸"的形塑显得极为重要,而当"脸"所连接的这些特征无力支撑或失去时,尚须维持的"脸"其实就转化成了极富戏份的"面子"。这点造成了中国人行为方式上的名实分离及形式主义盛行。可见,人情与面子是儒家伦理的变异,是其规范性框架在关系实践中产生的结果。

最后,任何关系框架都限制不住谋略的发生。正如前文所言,由于儒家伦理是沿着应然的、规范的和适宜的方式行走,它的既定性和

---

[1] 参见黄光国:《人情与面子:中国人的权力游戏》,载黄光国、胡先缙等:《面子——中国人的权力游戏》,北京:中国人民大学出版社 2004 年版;翟学伟:《人情、面子与权力的再生产(第二版)》,北京:北京大学出版社 2013 年版。

[2] 翟学伟:《伦:中国人之思想与社会的共同基础》,《社会》2016 年第 5 期。

规则性导致它属于阳性理论，而它的反面是该理论中由没有言说到的、私下的或在规范运行中自行处置的部分。有关关系中的阳面和阴面，我们可以通过下象棋的比喻加以理解，大凡有关棋面上的角色和规则都是阳面的，但这盘棋如何谋划布局则是阴面的。这点决定了儒家充其量也只能讨论中国人日常生活中的一半内容，另一半内容是其无论如何规范都不可能规范到的部分。关系谋略不属于儒家思想，因为有这样心机的人统统被儒家斥为"小人"。儒家强调做人要光明磊落，要堂堂正正。但正是这样的人品最容易被人算计，最终催生出了谋略的使用。这一方面的研究是由胜雅律开启的[1]，乔建将其带入社会学本土化[2]，但始终被大多数学者所忽略。

对偶所发生的差异性价值导向性曾抵制过佛教的传播，也阻挡过基督教的入侵，因为后两者均不提倡这一理念。它还可以解释为何普通的陌生人关系很难进入儒家的视野，即为何我们将中国社会定义为熟人社会。以往我们给出的文化解释是，因为中国人崇尚家族主义、重视血缘和地缘，而更准确的解释应该是，陌生人关系不具有可辨认的对偶关系所需要的差异性要件。失去了这样的要件，也就等于失去了一整套用来交往的法则。反之，为何儒家一再期待将父子与君臣、孝悌或亲亲尊尊推广至社会乃至天下？就是因为，希望天下所有关系都能用差等性建立起来。子曰："弟子入则孝，出则弟，谨而信，泛爱众，而亲仁。"（《论语·学而篇》）对于《孝经·天子》中的"爱敬尽于事亲，而德教加于百姓，刑于四海"一句，唐玄宗的批注是"则德教加被天下，当为四夷之所法则"。可见，对偶生成理论是一个由微观推论宏观的理论，而不是微观与宏观相分离的理论。

---

[1] 参见胜雅律：《智谋》，袁志英、刘晓东等译，上海：上海人民出版社 2006 年版。
[2] 参见乔建：《建立中国人计策行为模式刍议》，载杨国枢主编：《中国人的心理》，台北：桂冠图书公司 1988 年版。

五、结论

通过上述论述，我们可以大致勾勒出儒家社会理论的基本面貌：儒家社会理论的主体构成是由中国文化所塑造的圣人对宇宙观的设定，被假定为由阴阳相互构成的动态结构而演绎出来的生活世界。这一框架一经产生便持久而稳定地影响着中国人的政治、社会及文化生活的方方面面。

阴阳互构的宇宙观所建立的儒家社会理论可以称为"对偶生成理论"。该理论的基本内涵是对人与人的关系做匹配化的差异性处理，故此排斥社会个体化倾向，更不倾向以自我构建社会互动的研究路径，同时也排斥任意性的，尤其是对等性的社会互动，进而体现出自身关系的差等性及整体性特征。这一框架的最大特点在于社会的秩序化与和谐化。而当这一具有价值倾向的关系学说获得中国社会文化中的统治性地位时，儒家伦理本身即成为一套被普遍认同的社会规则。相应地，中国人的社会行为原理也从学理意义上的规则寻求转向对其运作及其所带来的效用或结果研究方面。但较为遗憾的是，一旦这样一套社会规则开始实践，这一看似设计周全的理论框架便遭遇了许多解决不了的社会难题。因此，一方面，该规范性框架的统治性地位仍然不可动摇，另一方面，它需要借助其他思想资源加以补充。而回到社会实际的儒家伦理已经被现实中的中国人发展成一种权宜型的行动框架，以便于其处理自身利益与儒家伦理之间的关系，其最为重要的操作框架就是人情与面子的理论，甚或不可避免地把做人与谋略贯穿其间，造成社会运行中的阳面与阴面。由此，儒家社会理论的建构应是由其规范性框架与行动性框架合成的完整体。它既有其超稳定的秩序性，又充满了内在的活力，而这样的活力还需要放入动态机制去理解，即在这样的社会中，安于现状的耐受力和期待未来改变并存，认命与机遇、等待与拼搏同在。而任何试图固化或扁平化此社会的努力最终都会归于失败。

从文化类型上看,儒家文化的形成主要是和农业生态文明相勾连的。现代化的中国在很大程度上已经脱离了这样的文化背景,导致了儒家文化的整体性衰落。尤其自辛亥革命以来,儒家思想在建制上已经离我们远去,成为"游魂"。[1] 但也正因为儒家不再企望在建制上发挥其主导性作用,日常人伦才成为其最后的防线或根基。此时此刻的对偶关系构成及其变异会广泛地沉淀于中国人日常生活的各个方面,并充盈于整个社会和政治系统的运行之中,导致制度化的体制背后依然贯彻着"关系"的运行特点。因此,单从这方面看,中国人的基本生活面与儒家并没有断裂,这也使得该理论的建构对中国人与中国社会仍有相当强的解释力。当然,随着市场化、城市化和互联网时代的来临,人与人的各种关系也在发生全面而深刻的改变,需要更新的理论加以解释。但不可否认的是,儒家社会理论是众多有关人间关系理论中的重要一支。由于它在两千多年来的运行中固化了中国人与中国社会的诸多特点,因此自然会成为当下中国社会学理论发生的基础与源泉。

(原载《社会学研究》2020 年第 1 期。)

---

[1] 余英时:《儒家思想与日常人生》,载余英时:《现代儒学论》,上海:上海人民出版社 1998 年版,第 243 页。

儒家伦理与社会秩序

【导读】对儒家伦理的讨论在很长时期内都处于国学范围,其中的缺陷显而易见,即如果不能以社会学视角来对待,它就始终是一种无法落地的研究。儒家最经典的表达是"修身、齐家、治国、平天下",其实这在社会学中是一个由微观向宏观推演的过程。而儒家的意图正是希望借助这一连续性来实现社会从微观秩序向宏观秩序的扩展。由此,我们从中得到的一个相应的社会学视角是,本土社会学理论中的微观与宏观是一个连续统,最终在整体观上造成:微观上的社会行为受到宏观社会结构的牵引,而宏观上的社会结构将限定微观社会行为的方式和方向。有了这样的视角和研究框架,我们自然不会按照现有西方社会学的概念和理论去研究中国社会秩序问题,而是从中寻求一种葫芦形的儒家制度化结构。借此结构,中国人有何社会动机与出路,以及社会层级如何建立,并维持其既具动态性又具超稳定性的完整系统,都变得清晰可见。

一、引言

中国传统伦理与社会秩序的话题，很少或很难成为中国社会学的一个关注点，似乎应属于中国思想史、哲学、伦理学以及文化研究的范畴。显然，这样的划分同当代人文社会科学的分科有关，即由于当今的学科归类，学术界倾向把一个原本可以成为社会学研究的话题给过滤或切割掉了。正如大量的研究方式所呈现的那样，由于目前人文与社会科学业已形成的顽固分类体系，社会学已成为一个倾向用实证方法研究现代社会、关注现实问题的学科。退一步讲，即使有学者还是想把儒家问题纳入社会学科加以讨论，可现有的社会学框架、理论及其概念等也无法与其对接，国学与西学两套话语与体系是无法对接的壁垒。倘若我们抛开这些阻隔，儒家思想的社会学话题或许就是研究儒家社会秩序理论，或者说，儒家思想的落实以及给中国社会带来持久影响的方面，不在其心性与修身，而在其秩序设想。这也是不少非社会学者在讨论儒家时多少喜欢往社会学上靠的部分原因。他们可以理直气壮地靠上去，其理论源头主要来自德国社会学家马克斯·韦伯的《儒教与道教》研究。

回顾中国社会学自身的发展，一批早期留洋的社会学家当初是重视儒家的。他们当时尚有中国传统教育的根基，自然在探讨中国社会学问题时会自觉不自觉地回到儒家上来。其中成就斐然的学者当数潘光旦，他在社会学中提出的"位育说"便来自《中庸》的"致中和，天地位焉，万物育焉"[1]。而他有关"伦"的重要研究[2]也启发费孝通

---

[1] 潘光旦：《说乡土教育》，载潘乃谷、潘乃和选编：《潘光旦选集》第3集，北京：光明日报出版社1999年版，第372页。

[2] 潘光旦：《说伦字》，载潘乃谷、潘乃和选编：《潘光旦选集》第1集，北京：光明日报出版社1999年版，第350—353页。

最终孕育出了一个属于中国社会学的概念——"差序格局"[1]，而更加早期的探索，则是李安宅对《仪礼》与《礼记》的社会学研究[2]。另外，梁漱溟有关中国文化和儒家文化方面的论述中也不乏社会学式的思考。[3] 这一传统后来亦有所继承，比如社会学家金耀基对人情、关系乃至于儒家社会理论等问题的研究[4]，张德胜关于儒家伦理与秩序情结的研究[5]，林端始终关注的儒家伦理与中国传统法律文化的关系[6]，以及黄光国近来提出的儒家关系主义概念[7]。虽然儒家在中国大陆的社会学研究中处于边缘地带，但朱苏力、吴飞、周飞舟、翟学伟等还是从纲常[8]、五服[9]、"亲亲尊尊"[10]以及人情与面子[11]等入手，将儒家文化做成了一个社会学的议题。

---

[1]　费孝通：《乡土中国》，北京：生活·读书·新知三联书店1985年版，第25—28页。

[2]　参见李安宅：《〈仪礼〉与〈礼记〉之社会学的研究》，上海：上海人民出版社2005年版。

[3]　梁漱溟：《乡村建设大意》，载《梁漱溟全集》第1卷，济南：山东人民出版社1989年版；梁漱溟：《中国文化要义》，载《梁漱溟全集》第3卷，济南：山东人民出版社1989年版。

[4]　参见金耀基：《中国社会与文化》，香港：牛津大学出版社1993年版。

[5]　参见张德胜：《儒家伦理与秩序情结——中国思想的社会学诠释》，台北：巨流图书公司1989年版。

[6]　参见林端：《儒家伦理与法律文化：社会学观点的探索》，北京：中国政法大学出版社2002年版。

[7]　参见黄光国：《儒家关系主义：哲学反思、理论建构与实证研究》，台北：心理出版社2009年版。

[8]　苏力：《纲常、礼仪、称谓与社会秩序——追求对儒家的制度性解释》，载陈来、甘阳主编：《孔子与当代中国》，北京：生活·读书·新知三联书店2008年版，第177—202页。

[9]　吴飞：《从丧服制度看"差序格局"——对一个经典概念的再反思》，《开放时代》2011年第1期。

[10]　周飞舟：《差序格局与伦理本位——从丧服制度看中国社会结构的基本原则》，《社会》2015年第1期。

[11]　参见翟学伟：《人情、面子与权力的再生产（第二版）》，北京：北京大学出版社2013年版。

既然社会学可以研究儒家，那么比较于现代社会学的研究方式，我认为目前思想史、哲学、伦理学及文化方面的儒家研究有以下几个特征。

第一，主义讨论多，问题研究少。今日思想文化界对儒家的种种议论，包括它的过去、当下与未来，总体感觉就是主义谈得太多。学者热衷于把儒家放入什么马克思主义、自由主义、保守主义、人本主义、物质主义、理性主义、功利主义、社群主义、普遍主义等来讨论。这种主义之争，或者是在儒家思想里面翻找普适、民主或自由主义的思想，或者是将其放入西方的各种主义进行比较，更多的意味是对西方的形形色色的思想或学派进行批判，其目的在于为儒家的正当性进行辩护，而缺乏对儒家自身、儒家在中国历史（不是思想史）中的作用之研究，或者说，缺乏对儒家本身的各项落实可能的现代性思考。

第二，价值观、意识形态与思想文化乃至乌托邦是讨论的重点，并带有明显的为其正名或弘扬的意味。这一点表面上看起来似乎很"正"，很"高大上"，但实际上却同以往中国国民性的讨论非常相似，即还没有搞清楚真实的问题，就急于批判或赞美。例如，五四运动以来我们始终没有学者写出 R. 本尼迪克特（R. Benedict）那样讨论日本国民性的《菊与刀》（也译《菊花与刀》），却不乏撰文对中国人进行谩骂或吹捧，一会儿是"丑陋的"，一会儿又是"优秀而伟大"；而儒家问题的讨论则表现为，从独尊儒术到新文化运动中"打倒孔家店"，"文化大革命"中大批孔子，再到如今一下子华丽转身，变成到处是《论语》心得、国学热、国学班，甚至恨不能把儒学提升为儒教。我这里所谓的搞不清"真实的问题"，不是说讨论者不懂儒学，也不是说儒学研究者不内行，而是说我们更多的是拿历朝历代的孔子思想同西方文化或者当前的意识形态对话，而儒家与中国真实社会的关系究竟怎样，却很模糊。

第三，显然，儒学在一种倡导与拯救的意义上被提出，自然是热情大于思考，构想多于直面。论战和讨论大都集中于儒家的境界、精神、气质与社会理想，但在很多方面缺少论证。儒家作为一个学说本来就是观念性的、理念性的和期待性的，换句话说，其"应然"的方面特别强烈，而社会学只重视"实然"，或在实然的基础上讨论社会建构。如果说儒家思想在"实然"上是落空的，那么理想的讨论有何意义？社会学的发问是，在一个处处讲究实惠、实利与功利的社会，或者在一个缺乏宗教的国度，尤其在一个信仰缺失的年代，思想是行动吗？观念是事实吗？口号能当真吗？如果学者把两者混为一谈，就会让很多讨论变得比较混乱。

第四，当然，社会学也同意观念、思想、价值、意识形态等对社会与个人的生活实践与行为方式是有重要影响的，但因为文化学者只关注思想部分，大量的讨论不是自说自话，就是将学术与生活区隔，而其中的复杂关联则被回避了。目前对于价值观的社会影响研究，实证主义能够给出的方法就是问卷调查，而文化学者的方法则偏重主观认定。可是，在一个口号、决心和表态的社会，问卷调查的真实性在哪里？主观认定的依据又在哪里？虽然西方心理学者对态度与行为的关系做过不少心理学实验，并有实验结果，但我本人还是很怀疑的。理由是，西方个人主义的价值取向维系着他们的表里基本一致，而对中国人则不好说。其实，我们对很多事情的精准认识，未必建立于严格的实验基础之上，却建立于我们的熟悉以及日常的感知。[1]

---

[1]　以上小结主要是从阅读这些文章中得出的：《儒家邮报》；哈佛燕京学社、三联书店主编：《儒家与自由主义》，北京：生活·读书·新知三联书店2001年版；陈来、甘阳主编：《孔子与当代中国》，北京：生活·读书·新知三联书店2008年版；秋风：《儒家式现代秩序》，桂林：广西师范大学出版社2013年版；等等。

二、本土社会学视域中的儒家议题

以我个人之见,实验研究数据与现实观察实在是难分伯仲。比如美国传教士明恩溥对中国人与中国社会的深入观察与思考,也很精彩。他在一百多年前曾发问:

> 中国人所缺少的并不是智性能力,也不是忍耐精神、实践能力和乐观性格,他们的这些品质都非常杰出。他们所缺少的是品格和良知。有些中国官员经受不住贿赂的诱惑,做了错事,还以为这永远不会被发现,因为"天知,地知,你知,我知"。不过,有多少中国人能顶住压力,不举荐自己显然不能胜任的亲戚去担任公职呢?请想象一下这种拒绝会导致的家庭后果,每个中国人都害怕面对这样的后果,这难道还有什么可奇怪的吗?然而,中国人在将理论上的道德引入这个领域时做何感想呢?看到这种依附关系和任人唯亲在中国的官场、军界和商界盛行,还会为中国的看门人和警察不忠于职守而感到惊奇吗?[1]

大量的学术研究和日常观察告诫我们,中国人名实分离的特点[2]极为明显:想归想、做归做,说归说、行归行,口号的巨人、行动的矮子是一种常态的和被普遍接受的行事方式。而名副其实、言行一致、表里如一、知行合一则是一种奢望。

思想观念与社会现实之间的巨大落差,给文化研究者带来的焦虑依然是重建儒家思想,重提儒家伦理,重塑君子人格,或者说,正因

---

[1] 明恩溥:《中国人的气质》,刘文飞、刘晓旸译,上海:文汇出版社2010年版,第310页。

[2] 翟学伟:《人情与制度:平衡还是制衡?——兼论个案研究的代表性问题》,《开放时代》2014年第4期。

为中国到了这般田地,儒家才是改造中国的良方,既可以拯救中国人的灵魂,也可以恢复中国社会的良好秩序,还可以培育出大批的正人君子。而这一落差给社会学者带来的思考则是,儒家同现实社会究竟是什么关系?如果有影响,影响在哪儿?如果发挥作用,在哪儿能发挥作用?事实上有没有指导性?同样,社会学者还应该思考,社会自身的基础在哪里、力量在哪里?它是接受这样的学说,还是抵制、权变、消解或扭曲这样的学说?等等。关于这些问题,一个不沉醉于道德理想的学者既可以回到传统事实中去思考,比如了解一下"明朝那些事儿",也可以回顾中国近代化以来儒家思想被抛弃以后的社会重大变革。而我这里只想引用三百多年前的一个外国观察家的描写。这就是法国耶稣会士让·巴普蒂斯特·杜赫德(Jean Baptiste du Halde)在《中华帝国全志》一书中的一个疑惑:

> 看到如此众多天生不安分,极端自私自利,且又一心想发财的人民,竟然被为数不多的官员管得服服帖帖,实在是不可思议。[1]

很短的一句话,却深藏许多中国社会的关节点。在它的前半句中,我们看到,在几百年前的中国,远远没有什么市场经济,人们却也一样地天生不安分。他们为何不安分?他们那个时候就极端自私自利了,一心想发财。这同今天一些中国人有什么两样?再看,后半句则道出了儒家实践中的一些缩影,也就是说制度化了的儒家社会,竟可以让为数不多的官员(这是一群饱读四书五经却不懂社会治理的读书人)

---

[1] 此句引自《中华帝国全志》,作者为杜赫德(1674—1743,对应中国朝代时间为清康熙十三年至乾隆八年)。他本人虽未到过中国,但不乏对中国社会精辟的见解。这句话所表达的历史时段,也并非一定指明清,比如社会学界的谢宇、董慕达在《天地之间:东汉官员的双重责任》(《社会》2011年第4期,第1—28页)一文中将其追溯到建立了官僚体制的汉代,并对此进行了实证研究。

来治理这些百姓，竟取得了相当可观的效果。在这句话里，社会学想讨论的理想和现实、学说和实践、制度和运行的一系列问题，大体有了着落。

从社会学意义上看"社会秩序"，它实在是一个比较宽泛的概念，很少有社会学理论直接讨论。但从某种程度上讲，几乎一切社会学的研究议题最终都是对于如何建立社会秩序的思考。比如，美国早期社会学家 C. 库利（C. Cooley）所著的《人类本性与社会秩序》（*On Self and Social Organization*）便几乎无所不包地阐述了从人类的生物遗传到自我形成，再到社会竞争与合作的过程[1]，而 J. 埃尔斯特（J. Elster）的《社会黏合剂：社会秩序的研究》（*The Cement of Society: A Study of Social Order*）讨论的则是集体行动与社会规范的关系[2]。真正企图在社会秩序上建立理论的学者是 T. 帕森斯（T. Parsons），他所建立起来的庞大的结构－功能主义，其实就是对社会整合与社会秩序基础的研究，或者说，帕森斯所做的努力都是在回答 T. 霍布斯（T. Hobbes）提出的一个问题：为什么社会不存在所有人对抗所有人的战争？[3] 为此，他不满于经济学对社会秩序的忽略[4]，重点译介了 V. 帕累托（V. Pareto）、E. 涂尔干（E. Durkheim）和韦伯的作品。这意味着，经典社会学家曾研究过的各项社会学议题在帕森斯眼中都是关于社会秩序的诸问题。为此，社会学便把"社会秩序"定义为"任何社会中所存在

---

[1] 参见查尔斯·霍顿·库利：《人类本性与社会秩序》，包凡一、王源译，北京：华夏出版社 1999 年版。

[2] 参见乔恩·埃尔斯特：《社会黏合剂：社会秩序的研究》，高鹏程等译，北京：中国人民大学出版社 2009 年版。

[3] 戴维·贾里、朱丽娅·贾里：《社会学词典》，周业谦、周光淦译，台北：猫头鹰出版社 1999 年版，第 491 页。

[4] 彼得·汉弥尔顿：《派森思》，蔡明璋译，台北：桂冠图书公司 1990 年版，第 62 页。

的社会期望和社会结构的稳定模式,以及这个模式的维持"[1]。目前国内学者讨论儒家的社会秩序更多的是其社会期望部分,他们洋洋洒洒地发表议论,也往往连带出精神秩序[2]、政治秩序、经济秩序、生活秩序等,却较少涉猎社会结构及其稳定的模式,而后者显然更为重要。

我以为,儒家社会秩序的模式维持可以分为两个层次:一个是其宏观的社会结构,一个是其微观的行为方式。有了这两个层次,我们既可以收拢一下"社会秩序"的概念,又可以在方法论意义上体现我一贯主张的连续统的视角。[3] 我们知道,社会秩序的建立应该有一个逻辑起点,比如现在学术界也在讨论顶层设计,那么儒家有关伦理及其秩序阐述的起点在哪里?儒家最经典的表达方式是"修身、齐家、治国、平天下",显然,这是一个由微观向宏观推演的过程。在这样一种思考方式中,微观与宏观之间是连续的,而我们从中得到的一个相应的本土社会学视角是,微观与宏观是一个连续统,两者之间的贯通将是儒家社会理论的一种认识论基础。由此一来,我所想建立的儒家社会秩序理论是:微观上的社会行为受宏观社会结构的牵引,而宏观上的社会结构将限定微观社会行为的方式和方向。进而,这样一种视角和研究框架,也就决定了我不会按照现有西方社会学的概念和理论去研究儒家的社会秩序问题。

---

[1] 戴维·贾里、朱丽娅·贾里:《社会学词典》,周业谦、周光淦译,台北:猫头鹰出版社1999年版,第622—623页。

[2] "精神秩序"是秋风的一个说法,这里只表明有这样的提法,并不表示我明白它的含义。见秋风:《论国民精神秩序之重建》,载秋风:《儒家式现代秩序》,桂林:广西师范大学出版社2013年版,第62—81页。

[3] 翟学伟:《人情、面子与权力的再生产(第二版)》,北京:北京大学出版社2013年版,第47页;翟学伟:《关系特征:特殊主义抑或普遍主义》,载翟学伟:《中国人的关系原理——时空秩序、生活欲念及其流变》,北京:北京大学出版社2011年版,第65页。

三、儒家的制度化及其实践

我们知道,即使没有儒家的论述,任何其他有关社会秩序的研究一样既可以在微观层面上,也可以在宏观层面上。微观上的秩序讨论把个体的教化和道德看得十分重要,由此"学习""修养""教化""规范""境界"等是其核心概念。回到儒家的说法,也就是"诚""仁""信""德""智""礼"等对个人人格的成长十分重要。学习和修养的不同带来了做人境界上的一组概念:"圣人""大丈夫""君子"或者"小人"等。假如这一层面的学习做人和社会教化是行之有效的,那么由此而来的宏观社会构成便简单了许多,它所呈现出来的宏观社会特征便是由个体特征叠加而来,即所谓《礼记·礼运》上的大同社会之描写:

> 故人不独亲其亲,不独子其子;使老有所终,壮有所用,幼有所长,矜寡、孤独、废疾者皆有所养;男有分,女有归。货,恶其弃其于地也,不必藏于己。力,恶其不出于身也,不必为己。是故谋闭而不兴,盗窃乱贼而不作。故外户而不闭,是谓大同。

可关键的问题在于,一个家长、一位老师、一个上级至多一个团体可以坚信自己的孩子、学生、部下、成员是优良的或可调教的,但我们不能因此推论说,按照同样(或不同)的培养模式,所有人都可以学好或调教好。这一假设随着社会规模的扩大而越来越不成立,即所谓"林子大了什么鸟都有"。儒家当然明白这样的道理,否则怎么会有"小人难养"呢?为此,要想实现更多的人来遵循社会秩序,唯一的方法只能来自外部的社会控制,即社会设立"礼"和"法",混合的说法就是"礼法",尽管关于"礼"和"法"哪个更重要,在中国传统思想中有激烈的争论。礼法的现代混合说法就是不同层级的制度,包括规矩、礼仪、伦理、风俗、规定、章程和律法及其相应的机构等。换句话说，如果儒学不能自觉地走到制度化的层面，那不要说社会上会出现什么圣人和大丈夫了，恐怕连独善其身的君子都会很少。

可见，儒家在学说上是从格物致知开始推导的，但它最终不再停留为一种学说，最终还是建立为一种事实上的社会架构，正是有赖于汉朝以降的统治者与知识分子的制度化努力。制度一旦建立，就有了其操作化的机会，社会秩序便在其中。作为汉代以来的统治者，儒家要实现制度化，首先要完成的是将百花齐放的学派变成一花独放的意识形态，而这一步的理论贡献则是由精通阴阳术的董仲舒所建构的天人关系理论实现的，从而为儒学的合法性打下了基础。天人关系理论实际上就是把社会秩序建立在自然秩序之上，进而使得和谐成为一切政治与社会治理的核心。回顾一下中国的历史，儒家及其制度化的部分[1]，包括家族主义（宗族制度）、皇权统治（官僚体制）、科举考试（选举与教育制度）与社会等级制（社会关系、称谓与礼仪及其控制）等。至于修齐治平、内圣外王、君子人格之类，更多地停留在口头上。当然，即使对儒家的制度化方面，历来许多学者也进行了大量的研究，而我要探讨的问题是，当儒家的这些社会事实被堆放在一起的时候，中国传统社会在宏观上呈现出一种什么样的结构以及我所谓的连续统表现在什么地方呢？

为此，这里先借用黄仁宇的一个比喻，他认为：

> 如果学者不怕文词粗俗的话，则是这社会形态，犹如美国所谓"潜水艇夹肉面包"（submarinesandwich）。上面是一块长面包，大而无当，此即文官集团。下面也是一块长面包，大而无当，此

---

[1] 比较详细的讨论参见干春松：《制度化儒家及其解体》，北京：中国人民大学出版社2003年版。

> 即是成万成千的农民，其组织以纯朴雷同为主。中层机构简单，传统社会以"尊卑男女长幼"做法治基础，无意增加社会的繁复。上下的联系，依靠科举制度。[1]

这样的划分如果用图形来表示，很像一个倒砌的金字塔，也就是说，上面的大头是中央机构。它庞大、繁杂与臃肿，然后越往地方（下），机构越简陋，人员也越少。直至县衙只剩下几个人，却掌管着全县人口的大小事务。这样的结构便会造成杜赫德观察到的大多数民众被极少数官员管束的情景。为了进一步在社会框架意义上认清这一点，我借美国社会学家韩格理（Gary G. Hamilton）画出的图来做说明，见图1[2]：

分位	礼	权势	中间人
皇帝（天子）	顺乎天理	纠正官吏行止并建立和谐	宦官、宫仆奴隶、皇亲国戚
身份间隔			
官	忠君	教化百姓并惩治恶行	胥吏、衙役、师爷、乡党
身份间隔			
平民百姓士、农、工、商	孝顺父母 侍奉夫君	教育（以及处罚）妻子及子女	家仆、长工、亲戚、中人
身份间隔			
	夷狄，或非伦理行为	不具有合法独立的权势	无，但本身为其他分位者当作中间人

图1　近代中国的身份层级概观

---

[1] 黄仁宇：《放宽历史的视界》，北京：中国社会科学出版社1998年版，第61页。
[2] 韩格理：《中国社会与经济》，张维安、陈介玄、翟本瑞译，台北：联经出版公司1980年版，第117页。

在各个等级和职位分明的人事关系中,穿插着许多韩格理所谓的中间人,他认为"中间人":

> 由于缺乏明确的角色(地位),因而,这些人不必依从精确而预先决定好的道德原则,使他们成为在政治秩序中,精确界定的团体身份间隔之间,非常有用的特殊人物。在中国,外人成为内在角色间,很重要的中间人,可联系身份地位之间的间隔。差使在政治团体中没有地位的人员,可以促进角色间的沟通,而不致使任何一方丢脸(或感到没有面子)。[1]

中国大多数朝代的政府都会对官员的职责和行为有较严厉的律法条令,但官僚组织结构所拥有的特权又导致了律法与权力之间的矛盾。这样的矛盾一直存在着,直至今日中国政府依然倡导要把权力关进制度的笼子里。从实际情况来看,权力的欲望和制度的限制往往是借助"关系"来弥合的。假如一个官员因为受贿害怕被查处或受牵连,就需要官官相护,而面子与人情将在其中发挥重要的作用。

由于中国农耕社会的基本特征是宗族、血缘和地缘,国家政府为了避免裙带关系、任人唯亲和办事不公,建立了官员任职的回避制度。该制度要求官员上任不得在本地为官。可这依然避免不了人情和面子的作用。通常情况下,新官一上任,地方的士绅就忙碌起来:迎接、拜访、宴请、套近乎,而一个外地官员带着几个办公人员和幕友、长随要想在当地站稳脚跟,又需要当地的乡绅的支持。关于士绅(中国绅士)的性质问题,一般史学家都把他们看作平民之中社会等级最高的阶层,即所谓的四民(士、农、工、商)之首。然而,我们考察一

---

[1] 韩格理:《中国社会与经济》,张维安、陈介玄、翟本瑞译,台北:联经出版公司1980年版,第124页。

下这一阶层的人员组成，便可以发现士绅是无论如何都同官僚沾得上边的形形色色的人物。张仲礼认为："绅士的地位是通过过去的功名、学品、学衔和官职而获得的，凡属上述身份者即自然成为绅士集团成员。功名、学品和学衔都用以表明持该身份者的受教育背景。官职一般只授给那些其教育背景业经考试证明的人。"[1] 还有一部分不走正途而走异途的绅士是指那些捐纳而获得功名的人。[2] 周荣德在其士绅的研究中也基本上沿用了这个定义。[3] 但如果说这个定义包含士绅阶层，可能是不完整的，相比较而言，吴晗的定义范围更广。吴晗认为：

> 官僚、士大夫、绅士是异名同体的政治动物，士大夫是综合名词，包括官僚绅士两专名。官僚绅士必然是士大夫，士大夫可以指官僚说，也可以指绅士说。官僚是士大夫在官时候的称呼，而绅士则是官僚的离职、退休、居乡（当然居城也可以），以至未任官以前称呼。例如梁启超以举人身份，在办学堂、办报、办学会，非官非民，可以做官，或将要做官。而且已经脱离了平民身份，经常和官府来往，可以和官府合作。
>
> 绅士的身份是可变的，有尚未做官的绅士，有做过多年官的绅士，也有做过了官的绅士，免职退休，不甘寂寞，再去做官的。做过大官的是大绅士，做过小官的是小绅士，小官可以爬到大官，小绅士也有希望升成大绅士，自己即使官运不亨，还可以指望下一代。不但官官相护，官绅也相护，不只因为是自己人，还有更复杂的体己利害关系。譬如绅士的父兄亲党在朝当权，即使不是

---

[1] 张仲礼：《中国绅士——关于其在19世纪中国社会中作用的研究》，李荣昌译，上海：上海社会科学院出版社1991年版，第1页。

[2] 同上。

[3] 周荣德：《中国社会的阶层与流动：一个社区中士绅身份的研究》，上海：学林出版社2000年版，第3页。

权臣,而是御史之类有弹劾权的官咧。更糟的是居乡的宰相公子公孙,甚至老太爷、老岳丈,一纸八行,可以摘掉地方官的印把子,这类人不一定做过官,甚至不一定中过举,一样是大绅士。至于秀才、举人、进士之类,眼前虽未做官,可是前程远大,十年八年内难保不做巡方御史,以至顶头上司,地方官是绝不可怠慢的。[1]

吴晗的这个定义是从官僚的角度出发的,而且在叙述中把官僚家族成员也划进了绅士的范围。这是理解中国社会复杂性的一个要点,也回应了明恩溥前面的顾虑,即一个帝王、一个官员想成为君子也许是可能的,可他如何安顿他的一大家人?更有可能的是,如果他的父母、丈人、子女,尤其是夫人不愿意家里有这样一个带不来任何实惠的正人君子,怎么办?这点看似稀松平常,但几乎是中国政治得失的一个关键性的社会学问题。

四、儒家的社会与政治图景

士绅是民又是官,如果用我上面提出的连续体的观点来看,他们便成了连接官民之间关系的一个环节。由于它本身是夹在官民之间,因此其身份上既有官的特征,又有民的特点。如果我们说它是官,那么它就不叫士绅,而应有个官衔的名称,拿官俸,并奉命管理什么方面;如果我们说它不是官,那么它可能是准官,可能是告老还乡的官,也可能是朝中当官者的家属成员。可见功名、学品、学衔等是就乡绅的资格而言的,但士绅不完全是通过这个资格来认定的。如果我们把上面的这一群人说得模糊而形象一些,那就是中国人所谓地方上的"有

---

[1] 吴晗、费孝通等:《皇权与绅权》,北京:生活·读书·新知三联书店 2013 年版,第 62—63 页。

头有脸"的人物。当我们单纯讨论儒家学说的时候,是讨论不到以上很多话题的,可是一旦我们要实现儒家学说,并将其设计为可落实的制度,再由一群活生生的人(社会阶层)共同来实践、操弄或者玩弄,这就不是一个儒学的问题,而是中国人的生存智慧了。所以,我的看法是不要把思想研究与现实研究割裂开来,不要把宏观与微观划分开来,也不要把中国社会与中国人当作两个不同的主题来分头研究。为此,我自己画出的中国社会结构与行动图示,见图2:

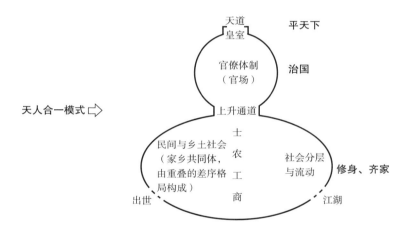

图2 葫芦模型:儒家社会的构造与政治图景

这个模型很像一个葫芦。中国人喜欢说"葫芦里卖的什么药",以表示"不可思议","不明白"的意思。那么中国人的社会构造与行动所构成的这个葫芦里卖着什么药呢?首先,这是一个修身、齐家、治国、平天下的模型,也贯穿了天人合一的理念,因此其运作不单靠法令条例来维系,更多贯穿着一套儒家的伦理原则。葫芦分上下两截,表明中国社会分两大阶层(社会集团),中间由一个通道连接起来。上层是官僚,下层是百姓,中间的通道是科举考试。这样的结构意味着,一个国家中没有永远的官僚和百姓,因为阶层之间(和西方中世纪的贵族或者印度的种姓不同）是流动的，轮换的。每一个人、每一个家庭或者每一个群体的现状不体现未来，人人都有上升的空间，人人也都有下降的可能。从总体上看，这样的社会是不安分的，社会充满活力、竞争和冲突，也几乎为每个人提供希望，或孕育着造反和改朝换代之可能。没有一个家庭或个人认为自己永远被踩在脚下，每一个人都坚信有时来运转的那一天。但无论如何，社会整体保持着宏观和微观的秩序，一个家族也往往举全家之力，在让一个人获得成功的同时带动一家人跟着成功，至少是分享成功的果实和荣耀。由于这一结构的影响，每一个家庭都把"造人"也就是生育看得最为重要。从理论上讲，不断地供给生命，就具备了向上拼搏的资本。由于考试规定只能是男性，因此生子才是其家庭希望的基础。如果这样的希望最终在一个败家的男人身上破灭了，那么只要他能继续造人，这样的希望之火就会再次燃起。不过，这样的活力也有例外：首先，皇室是世袭的。其次，看破红尘的人将走出这个模式，成为中国的隐士和出家人。还有一种人，他们最终成为江湖侠客。他们不按社会章程办事，不守社会规范，经常越轨，打家劫舍。但其不同于地痞、无赖与流氓的地方在于，他们有江湖道义，有中国底层民众所欢迎的义气、公平观乃至正义观。

从图1可以看到，士绅阶层是这个结构中的关键，它连接着官与民的关系。士绅权威的重要性来自这样一个基本事实：对于庞大的官僚机构，组织再严密、分工协作再细、等级层次和规章制度再严格，也不过是一个官治官的体制。面对黎民百姓，直接打交道的是知县。所谓"天下治权始乎州县"（《皇朝经世文编》卷23）。这一层面很像葫芦的束腰部分，表明此层面的官员人数极少，却又连接着四民之首，而四民之首又是为数很少，或即将为官，或同官有紧密关系的群体。正是在这一点上，乡绅的地方性作用便凸显出来。他们既有学问，又土生土长。他们要么有做官的经验，要么即将做官，要么告老还乡，有的老部下甚至家人尚在朝中做官，再加上他们在地方上已经具有的声望和权势，如果知县不利用他们，甚至得罪了他们，那么这个知县将面临离任的危险。

真正的平民位于葫芦的底部，但依照这一结构设计，这里却也是中国未来达官贵人生成的土壤，谁也无法预测身边的发小、邻居、伙伴在不久的将来能否一步登天，成为国家的栋梁。而实现这一目标的唯一通道，就是发愤读书，参加科举考试，即《神童诗》所谓："朝为田舍郎，暮登天子堂，将相本无种，男儿当自强。"可见，宏观社会的结构等级序列是含有流动性的，而微观社会（家族内）等级制的维持则是一套等级递进补偿机制。在这套机制中，一个人撇开自身聪慧和勤奋，主要靠辈分来体现尊卑关系，但每个人都会沿着这种关系一步一个台阶。所谓补偿的意思是说，如果每个人都按部就班地一步一个台阶地往上走，那么每个人的一生都会经历卑，也一定会得到尊。若将家庭和社会连成一片来看，一个家庭最终在社会上能走多远，还有赖于其成员在社会上的奋斗情形，即求取功名的情况。这便是中国人都懂得的"一人得道，鸡犬升天"的道理。从更为宏大的社会运行上来看，以一代人的成功来表明成功，不算成功，中国人的成功观念是动态而持久的。一个家庭在社会上处于底层完全不必气馁，只要有了下一代，新的较量又会开始，直至他们的下一代超过了其他家庭才告一段落。一些研究中国国民性的学者认为中国人的性格中存在两面性，比如像鲁迅所讲的"主子"和"奴才"，其实不是一个简单的心理学上所讲的双面人格问题，而是在一种人人都处于等级序列中的社会里，一个人的言行不可能是一致的，而是情境的，多变的。

最后，我们再来讨论一下乡里生活中的等级。乡里的行政管理组织若以宋代保甲制度为例，可以看出该制度要对家户人丁注册进行管理，通常是十村有一甲长，十甲有一保长，但这并没有严格的规定。甲长和保长的选择比较复杂，年龄辈分、能力品德、知书达礼、调解能力、家族势力、同官府的关系、地区称王称霸者等都有可能成为影响因素。一般来说，士绅不担任这些职务，一方面他们对此不屑一顾，另一方面他们往往更愿意充当这些职务的幕后人，而不直接走到前台来。虽然有此职务的人也是高人一等，但由于中国乡村宗族势力的影响，通常许多乡村事务是由族长来操办，反而轮不到他们发话。[1] 乡里的日常生活中发生得最频繁的就是纷争和调解，前者最典型的形式是争讼和械斗，比如为山林、田地、水利、婚姻、财产、坟地等发生争讼和械斗。按照萧公权的研究，纠纷出现后，官府和民间都会介入调解，但官府更愿意民间有人来充当调解人。[2] 也许受乡村自治和家族家规的传统影响，民间也总是有人自愿出来做"和事佬"。在乡土中国，调解看似需要评理，但评理评的是情理，而非绝对的公平正义。情理的评法更多的是看中间人的身份和来头，也就是他的权威以及他同双方的关系，即不偏心。如果他够资格担当此任，那么双方就得给他这个面子，否则得罪他或者失去他保护的那方会有更大的麻烦。杜赞奇（Prasenjit Duara）在分析满铁调查资料时发现，中国农村的农民在从事借贷、租佃和买卖土地等契约关系时都离不开一个中间人，以减少纠纷或降低违约风险，这个中间人一般是双方都熟悉的、信得过的或在地方上最有权威的村领袖。杜赞奇敏锐地意识到，中国人所讲的面子就在其中，也就是说面子同信任和权威有关。[3] 面子作为中国乡村的一种习惯法，本身就是一种无字的契约和担保。任何一个有声望的或有权威的人都不希望当自己充任中间人时双方感到不保险。

---

[1] 参见杨懋春：《近代中国农村社会之演变》，台北：巨流图书公司1980年版，第45页。

[2] 萧公权：《调争解纷——帝制时代中国社会的和解》，载刘梦溪主编：《中国现代学术经典·萧公权卷》，石家庄：河北人民出版社1999年版，第856—857页。

[3] 杜赞奇：《文化、权力与国家：1900—1942年的华北农村》，王福明译，南京：江苏人民出版社1996年版，第169页。

五、儒家社会行为的法则

儒家伦理的论证逻辑，是从微观进入宏观的，比如：个人如何，社会就如何；在家如何，在国就如何。在社会学中，角色关系及其地位始终是一个微观社会学的话题，但儒家在任何社会层面都没有放弃对角色关系的讨论，理由是在一种连续统的思维方式中，微观角色与宏观结构是互通的，其互通的方法便是"连锁推论"[1]，也是中国传统思维所坚持的天人合一中的同理性原则。借用韩格理给出的模式，见图3：

图3 传统中国国家结构

从图3中，我们可以清楚地看到，中国社会治理关系是一个有层级却又自足的治理模式，每一种关系中既有层次的高低与联系，又有自我的封闭性，而唯一能够让这样的模式生效的法则便是"和谐"。或者说，如果每一个层级都在自己的地盘中以和谐为准则，那么天下太平；如果低级层次和谐，高级层次不和谐，那么天下是不稳定的；如果高级层次和谐，低级层次不和谐，那么高级层次通过权力可以治理低级层次。

---

[1] 连锁推论，即"method of chain reasoning"，费正清在《美国与中国》一书中对此有些议论。参见 J. K. Fairbank, *The United States and China*, Harvard University Press, 1983, p.77。

为了实现各个层次的和谐，汉代以后的儒家正统是所谓的"君君、臣臣、父父、子子"，董仲舒概括为"三纲五常"（"君为臣纲、父为子纲、夫为妻纲"和"仁、义、礼、智、信"）。其源头即周朝礼制的根基是"亲亲，尊尊"。而儒家思想获得至尊的地位之后，亲亲和尊尊则更加牢固地建立在了天人关系理论的合法性上。比如在董仲舒看来，在人伦关系中，君臣、父子、夫妻三种关系是最主要的，而这三种关系中存在天定的、永恒不变的主从关系：君为主、臣为从；父为主，子为从；夫为主，妻为从。作为天理，三纲皆取于阴阳之道。具体地说，君、父、夫体现了天的阳面，臣、子、妻体现了天的阴面；阳永远处于主宰、尊贵的地位，阴永远处于服从、卑贱的地位。

既然儒家社会秩序要从微观着手推导，那么个人与个人的关系显得至关重要。在乡土社会，个人与个人关系的最合理之处在家，在亲情，而家中的最大亲情莫过于父子关系（当然这是一种文化的定义，父权制社会的定义是父子关系，其他文化定义也可以是母子关系或者其他关系），父子关系如何则需要一个最为根本的规范。儒家认为这个规范应该是"孝"。虽然在儒家的思想体系中有一个更为重要的根本概念即"仁"，但如何把握以及实现"仁"呢？《论语》开篇就给出了一条实践"仁"的道路，有子曰："其为人也孝弟，而好犯上者，鲜矣；不好犯上，而好作乱者，未之有也。君子务本，本立而道生。孝弟也者，其为仁之本与。"（《论语·学而篇》）"孝"字的最初含义本是同上尊祖先、下亲子孙有关，也就是所谓事亲，而儒家需要用力之处在于借助连续统的推论方式，将父子关系延伸到治国平天下的层面。

孝的社会学含义非常丰富，可惜少有人在此意义上进行研究。大体而言，孝首先具有交换的含义。在中国文化中，一个生命来到人世，不是生物性的自然结果，而是父母的一个家世贡献，具有恩典性。个体面对这样一种行为，即使在有生之年孝敬父母，也难报答。这种思维向前推，便推到他们的第一位祖先那里，因为没有他，便没有他的一切后代。此时的孝便从生理上的爱惜自己转到了心理与行为上的顺从、敬重、服侍等方面。可见，一个生命只有明白了这个贡献，其一生才会身体力行地报答父母的养育之恩，并期待他的后人也一样地对待他自己。在这一观念影响下，中国传统社会的婚姻往往以生育为目的，男女结合的目的就是保证香火的延续，而非个人幸福。《礼记·昏义》上说："昏礼者，将合二姓之好，上以事宗庙，而下以继后世也。"孝的一种更高级层次依然属于社会交换的范畴，它主要体现在个体对家族的成就方面，包括其德行、地位、成就、财富、权力等给家族所带来的利益，正如《孝经》上说："立身行道，扬名于后世，以显父母，孝之终也。"

通过上面的分析，我们大致可以把孝分为三个层次：第一层次是结婚生育，可以算是生理层次；第二层次是尊敬和顺从父母及崇敬自己的祖先，是心理层次；第三层次是有地位和财富甚至权力或因某一业绩载入史册，是社会层次。显然，在这三个层次中，"不孝有三，无后为大"是最重要的，因为一个家族再有钱有势有地位，如果没有后人接续，本身就已经失去了所有的意义。这也是赵岐的释注，即谓阿意曲从，陷亲不义，一也；家贫亲老，不为禄仕，二也；不娶无子，绝先祖祀，三也。三者之中，无后为大。

孝所贯彻的交换方式导致中国人关系上的遵从权威和等级秩序。虽然在微观层面上，儒家处处体现出个人品德提升的重要性，但这并不意味着儒家重视个人，或曰"道德个人主义"。儒家的道德性特征在于它凸显了德性所形成的关系性特征。关于这一点，无论是亲亲、尊尊，还是君君臣臣、父父子子，或者是仁义直至孝道，无一不是关系式的表达。或者说，加强关系性对社会秩序的建立，是儒家学说的重要特点。这个特点导致儒家更加重视一个极其重要的社会学概念——"伦"或"人伦"。潘光旦通过对儒家经典的细致爬梳，发现将"伦"最终整理为五伦的是孟子，而后来的儒家中虽然还有其他角色关系，但的确都无法突破五伦所涵盖的关系。[1] 如何看待这一问题？我以为，系统而深入地分析五伦，将可以看出中国传统社会行为法则及其对当代中国社会的影响。[2] 而这里需说明的只是，五伦在很大程度上是对孝悌的继承和放大，也就是把父子关系和兄弟关系进一步扩展到政治、社会和性别等领域，为三纲五常的实施提供了社会基础。

然而，再清楚的秩序原则，回到现实中都会打很多折扣，会产生许多妥协和权宜之计。比如虽然儒家思想强调男性中心，但在母子关系中，权威在哪里？按照等级原则，母亲可以教训儿子，可是按照性别原则，儿子可以教训母亲。于是，历朝历代，中国现实社会演变出来的潜规则是辈分优先原则。当性别权威和辈分权威发生冲突的时候，应该采取辈分优先原则（这一点同儒家的"三从"相抵触）。[3] 我们不要小看了这些日常琐碎的原则调整，一旦将其推论到国家层面，中国历史的命运就将为此改变。比如晚清时代的慈禧与同治、光绪皇帝的关系，正是靠着这个原则，慈禧才实现了以母亲的优势来剥夺皇帝的权力，并让自己成为中国政治与社会的主宰者的。更为普遍的现象也可以参考中国民间广为流传的"二十四孝"，其中许多感人的故事，不是父子关系的孝，而是母子关系的孝。而在中国历史上，无论是被尊为天子的最高统治者"皇帝"（如汉景帝），还是许多达官贵人（如唐朝的李道枢、宋朝的范仲淹），即使他们在社会上权倾一时，在家都是服从母亲权威的。再比如，儒家强调的另外一个概念是"君子"。"君"原本是一个社会地位的概念，可被儒家定义成一

---

[1]　潘光旦：《说"五伦"的由来》，载潘乃谷、潘乃和选编：《潘光旦选集》第1集，北京：光明日报出版社1999年版，第371—394页。

[2]　关于这一点，参见本书中《伦：中国人之思想与社会的共同基础》一文。

[3]　王玉波在《中国古代的家》（北京：商务印书馆1995年版，第60页）中和萨孟武在《红楼梦与中国旧家庭》（长沙：岳麓书社1988年版，第43页）中都认为，女性长辈在家中的权威要比男性晚辈高。

个道德的概念。这个概念最通常的理解就是为人要正直,要有原则,要讲气节。可是"叶公语孔子曰:'吾党有直躬者,其父攘羊,而子证之。'孔子曰:'吾党之直者异于是。父为子隐,子为父隐,直在其中矣。'"(《论语·子路篇》)这里面的困境在于儒家一方面强调道德,一方面强调孝。但这两种之间有时会有冲突。[1]如果一个人坚守道德,那么他对任何错误行为都应该批评,谁犯了法,要站出来指证;如果一个人坚守孝道,那么他对自己的父亲等亲人、家族长辈,首先要保护,当他们犯错误的时候,就不能指出或告发。孔子对于处理道德困境和现实问题所给出的答案,最终让我们得到一个重要的社会学启发,即在中国,"做人"真正讲究的不是君子人格,而是等级中的"关系""人情"和"面子"。人情与面子的法则的根基不在于人的理性,更不在于西方人性论者讨论的平等和自由,而在于"情本体"。[2]如果我们不从"情"出发来领悟中国人的关系和人情,便无法理解中国人理性的局限性,也无法理解中国为什么出现不了个人主义,更理解不了为什么"面子问题"在中国社会比儒家制度化问题重要得多。进而,社会学家如果要讨论儒家与社会的关系,话题不会再关心"正人君子"有多少,而会关心"伪君子"是如何产生的;或者"耻感"文化本是儒家的传统,可为什么在现实中变成了"面子"的文化;再者,我们还看清楚了在西方社会科学框架中,当"孝"被定义为具有交换性的时候,似乎依然是一个具备"理性"特征的概念,但在揭示"情本体"时,它更多的是一个"报"的概念。

---

[1] 有关"亲亲相隐"的问题,在中国儒学界也有激烈的争论,社会学的讨论可参见本书中《"亲亲相隐"的再认识——关系向度理论的解释》一文。

[2] 李泽厚、刘绪源:《中国哲学如何登场?——李泽厚2011年谈话录》,上海:上海译文出版社2012年版,第99页。

六、结论

在本文即将结束之际,我想先回到前面提到的明恩溥那里,虽然他的身份是美国公理会的传教士,但一些学者还是把他的《中国人的气质》这本书看作一部带有社会学性质的书。他在该书快要结束的时候写道:

> 我们已经谈到了儒学高尚的道德属性。我们乐于相信,儒学造就了许多道德高尚的人。这也是这样一个如此杰出的道德体系所应该给出的结果。但是,它对此类人物的造就是否达到了一定的规模,是否保持着同样的水平呢?任何一个人的真实性格,都可以通过对下面三个问题的回答被揭示出来:他与他自己的关系如何?他与其同胞的关系如何?他与其崇拜对象的关系如何?……我们用这些测试题来测试当今的中国人时会得出什么样的答案来:他与他自己、与其他人的关系都是缺乏诚信的;他与其他人的关系是缺乏利他主义的;他与其崇拜对象的关系是多神论、泛神论和不可知论的。[1]

中国传统社会在儒家的指导和影响下,何以会是这样的局面?是因为那个时代的儒家已经面临解体了吗?明恩溥给我们讲了一个故事:

> 孔子、老子和佛陀一日在神仙国里相遇,悲叹这样一个事实,即在这些退化的年代中,他们出色的教义在这个中央帝国似乎没有任何进展。经过一番长时间的讨论,他们认为其原因就在于,

---

[1] 明恩溥:《中国人的气质》,刘文飞、刘晓旸译,上海:文汇出版社2010年版,第309—310页。

他们的教义尽管备受赞赏，但是如果没有一个恒久的楷模，人类就无法去实践这些教义。因此，他们做出了这样的决定，每个教派的创始人都要化为人身，下凡到人间，去寻找一个可以担此重任的人，这个计划被立即付诸实施。在人间徘徊了一阵之后，孔子遇见一位德高望重的老人，不过，在圣人走近的时候，这位老人并没有起身，只是请圣人坐下，与他谈起了古代的教义以及这些教义在当今被忽视、被执行的情况。言谈之间，老人显示出他有关古人学说的渊博知识，也体现出了非常开阔、深刻的判断力。这使孔子感到非常高兴。一番长谈之后，孔子打算离去，但在圣人起身离开的时候，老人却没有起身。孔子找到了一无所获的老子和佛陀，把自己的经历告诉了他们，建议他们去轮流拜访那位坐着的哲人，看看他对他们两人的教义是否像对孔子的教义一样精通。老子非常兴奋地看到，这位老人对道教的熟悉几乎不亚于老子本人，其口才与热情也堪称典范。和孔子一样，老子也看到了这样一个事实，尽管这位老人一直保持着一种最为谦恭的态度，可他却始终没有站起身来。现在轮到佛陀了，他也获得了同样惊奇而又可喜的成功。老人依然没有起身。但是他却表现出了对佛教内在含义的深刻洞察，这是许多年都未曾见到的。

　　这三位宗教创始人相聚讨论，他们一致认为，这位罕见的、令人赞赏的老人就是他们要找的人，他不仅可以介绍"三教"中的每一种，而且还可以证明"三教的确同一"。为此，他们三人结伴，再次来到老人面前。他们解释了他们上一次造访的目的，他们说老人的智慧激起他们崇高的希望。三种宗教都想通过老人来获得振兴，最终被付诸实践。这位老人仍然坐在那里，恭敬而又专心地聆听着，然后答道："尊敬的圣人们，你们的善行像天一样高，像海一样深。你们的计划充满智慧，令人赞叹的深邃。但是，你们不幸选错了你们希望去完成这项伟大改革的代理人。我的确仔细研读过《道德经》和其他的经书。我的确对这些经典的崇高和完整略知一二。但是,有一个情况你们却没有考虑到,或许是你们没有注意到。我的腰部之上才是人,腰部之下却是石头做成的。我擅长从各种不同的观点来讨论人的责任,但我的身体构造是如此的不幸,使我永远也无法把其中任何一种观点付诸实践。"孔子、老子和佛陀深深地叹息了一声,就从人间消失了。从那天起,他们再也不去努力寻找那个能在其生活中展示三种宗教之教义的凡人了。[1]

如果说思想家、哲人、伦理学家和文化研究者的任务是,去塑造中国人在人格乃至灵魂上如何成为一个大写的"人"的话,那么请给社会学家留出一席之地,或者社会学家自己也应该抢占这一席之地,因为社会学很想讨论一个人格完整、灵魂高尚的智者为什么会站不起来?这篇论文给出来的理由是,儒家幻想的世界当然是美好的,可两千多年的实践,历经历代统治者和知识分子的传承和改变,包括制度设计以及相应的落实(比如科举考试的内容、家庭制度中的孝道实践)等都没有将一个智者的双腿架起来,然后走起来。那么,智者下半身的沉重石礅是什么呢?是我给出的葫芦模型中的"官本位"与"家本位"及其融合,它们在微观上还表现为无法界定的权力和盘根错节的关系网络,进而一并合成中国社会中的动态而复杂的等级秩序。而源源不断地供给它们的心理动力则是差序格局式的"私利"和"私情"。何谓"差序"?它就是由"己"发出的等差之爱、亲疏远近,也是推己及人和忠恕,其作用当然不是让这位智者站起来、往前走,而是要么让读书人坐而论道,要么让官员"用屁股决定脑袋"。

---

[1] 明恩溥:《中国人的气质》,刘文飞、刘晓旸译,上海:文汇出版社2010年版,第304—305页。

请注意，儒家学说是没有能力同这样的社会基础分道扬镳的，它需要这样的社会基础，也因为有这样的基础，它才实现了从学说到行动的过渡；同理，有了这样的基础，"公天下"走到后来就成了"家天下"，进而导致公与私之间的分合构成了中国社会运行的真正动力。[1] 而儒家的话语及其实践的奇妙之处，便是让它们合为一体，或者说它们在"差序格局"的概念中处于连续的、同一性的关系中。倘若我们还是想细细分辨其中的微妙，那就得看坐而论道者拥有什么样的学科背景了，"公天下"常被思想文化学者使用，"家天下"常被社会学者使用，其间的关键点只有在创建一套中国社会科学的概念和理论后才有机会看得清楚。可见，当我们在不同的学科中来诠释或再造儒家的时候，真正的儒家问题已经被这些学术的修辞给掩盖了。

（原载《新政治经济学评论》2017年第33期。）

---

[1] 翟学伟：《中国社会的"大公平观"及其运行模式》，载翟学伟：《中国人的关系原理——时空秩序、生活欲念及其流变》，北京：北京大学出版社2011年版，第261—288页。

伦：中国人之思想与社会的共同基础

【导读】关于"伦"字及其含义究竟属中国传统社会思想还是社会构成方式，以及它在中国社会学研究中占有什么地位，存有许多重要而未尽的讨论空间。本文首先梳理了近代以来中国重要思想家及社会学家的见解，尤其是他们对"五伦"的认识，以此廓清"伦"的社会学含义。接着在此基础之上，通过与西方社会学中关于自我、角色、社会网络、社会分层及不平等等方面的比较与对话，提出了"伦"自身所包含的意义、公理、相关定理及其在现实社会中的运行与变异。通过对"伦"之社会学含义的层层解读，本文将有助于明晰中国人与中国社会的基本特质、相应的运行方式及其机制，以寻求一种解读中国人与中国社会的新途径。

> 关于孔子,我们还能说什么呢?
> ——史华兹:《古代中国的思想世界》

一、引言

在三十多年来的华人社会与行为科学本土化研究中,思想体系与社会结构或个人行动的关系成为一个困惑,当我们研究中国人与中国社会时,经常援引儒家经典来表明中国人与中国社会的特征。似乎儒家这样说,中国人便会这样做。同样的问题其实也困扰着西方的汉学家。[1] 那么,是思想限定人的行为方式或社会结构受制于思想之指导,还是社会归社会、思想归思想,它们各有所指、各有其意?又或是它们会构成一种复杂的关联?[2] 本文这里所谓的思想是指,在一特定历史时期由一个或一群思想家提出的产生社会影响的一套学说和价值体系,而非普通个人或民众产生的零散智慧、思考、见识,也非一个民族之思维方式,因为在现实生活中,人的有意识的行动总是离不开个人经验中形成的见解和谋划。但对于一种被称为思想的东西,其层次显然更高级,更系统,更具有内在的逻辑关联性,以至于可以成为一系列主张、一个学派或者一种主义及意识形态等。讨论这一问题之所以重要,是因为它关系到学者在研究中国人与中国社会时从哪里入手是妥当的。或者说,如何处理两者的

---

[1] 费正清编:《中国的思想与制度》,郭晓兵等译,北京:世界知识出版社2008年版,第13页。

[2] 罗伯特·K.默顿:《社会理论和社会结构》,唐少杰、齐心等译,南京:译林出版社2006年版,第688—724页。

关系，直接关涉到如何真实地认识中国人与中国社会。假如这两者被看作倾向一致，那么通过儒家或其他什么思想来认识中国人与中国社会，将是一种有效的路径；假如两者倾向不一致，那么无论我们如何深入领会某种思想，结果都将误导人们对真实世界的理解。

这里以"关系"研究为例。研究中国人的所谓"关系"，或许可以走儒家思想路线。所谓三纲五常、忠孝节义等实际上都是在谈关系原则，同时我们也可以举出大量的生活实例，来证明儒家思想对中国历史与现实生活的实际影响。的确，冯友兰、潘光旦等学者认为，儒家思想不是空言，而是落实在行动上的[1]，今日中国台湾和香港的社会科学家也有这样的研究倾向，比如黄光国的"儒家关系主义"[2]，金耀基的"关系"和"人情"的研究[3]等，都是拿着儒家之言来讨论中国人之行。又或许，社会生活本身告诉我们，中国人热衷于讲"关系"，与儒家没什么关联，"关系"不过是一种很现实的生存方式和技巧，是乡土社会自身的一个显著特征，也是"裙带""走后门""找靠山""攀附权贵""拉帮结派"等的同义词，亦是中国式腐败的根源之一；又有一种偏于价值中立的研究取向来自西方社会学的"社会网络"概念，抱此概念的学者几乎不去理会什么儒家思想，而是直接在计量的层面研究中国人的社交网络及其社会资本[4]。再比如，中国思想史层面有许多"公"与"私"、"义"与"利"、"君子"与"小人"的议论。这些议论往往将中国人的人格说得正气凛然，但如果把这些大道理和中国人的实际做法做对比，会让人觉得这一路下来

---

[1] 潘光旦：《儒家的社会思想》，北京：北京大学出版社2010年版，第133页。

[2] 参见黄光国：《儒家关系主义：文化反思与典范重建》，北京：北京大学出版社2006年版。

[3] 参见金耀基：《中国社会与文化》，香港：牛津大学出版社1993年版。

[4] 参见边燕杰主编：《关系社会学：理论与研究》，北京：社会科学文献出版社2011年版。

的言辞不过是在"唱高调"。

以上困惑似乎可以交给各个专业去处理,可实际结果往往是不了了之。比如,交给哲学便是讨论理论与实践的关系,甚至套入上层建筑与经济基础的相互作用;交给社会科学便是通过实证研究在事实层面看到某种思想的真实影响;交给社会心理学或心理学来研究,便是回到个体上来考察在一个人的社会化或者成长中,思想究竟能给个体什么样的指引。就社会科学而言,这一关联就转化成为所谓千百年前的那些思想怎么落实在一个活生生的个人的行动中?[1]而一旦这样一种原本属于知识社会学的问题转化成社会科学中的实证研究,其思想本身就被降为时下流行的"价值观"、"态度"或"心态"、"认知"或"知识库"之类的概念,反推之,即使实证研究包含对"价值观""态度""心态""认知"等的讨论,其中也几乎没了思想的踪影,留下的只是个体行动者的理性。作为一种学科假定,心理学、现象学社会学及微观经济学等大都持有这一主张。

本文无力穿插于不同学科之间来寻求一种更加合理的解答,只坚信如果某种思想可以发挥实际社会影响,就应该存在一种思想与社会互为转换的机制,更进一步说,应该存在一个共同的基础面。这个基础面是思想转化为社会运行或者社会运行形塑思想的桥梁或平台。为了在社会学意义上讨论这一问题,本文不打算限定所讨论的思想是否一定归于儒家或其他什么思想,但其根基应是中国人的社会生活方式,只不过其中一些方式为儒家所强调而已;同样,本文也不限定这一思想为古代传统,因为虽然近代以来西风不断吹拂,但大都如过眼烟云,此根基依然坚实。假以时日,如果这个根基动摇了,那么就不是讨论"儒家"或者"传统"如何变迁的问题,而是得重新掂量中国人与中国

---

[1] 杨中芳:《试论如何深化本土心理学研究:兼评现阶段之研究成果》,载杨国枢主编:《本土心理学研究》创刊号,台北:桂冠图书公司1993年版,第148—154页。

社会中的"中国"二字，即成为今日中国社会学家迫不及待地讨论的所谓全球化与现代性之类的问题了。

二、"伦"的社会学发现

在中国社会学史上，有些社会学大家提出过的重要见解几乎未引起今日社会学人的重视，遑论继承。比如就中国社会之文化和历史而论，一种叫作社会学的学科应该研究什么呢？估计最普通的回答就是，研究这个学科的教科书里所提到的篇章内容。其中隐含的另一层意思就是，研究西方社会学家给我们圈定的那些范围。可实际情况并非如此。在社会学进入中国初期，第一代社会学家就高瞻远瞩地担负起了将这一舶来品转化为国人重新认识自己、世界（天下）之视角和方法的重任。其中的翘楚是潘光旦。他通过对儒家社会思想长期的积累和思考，指出在中国寻求到的与"社会学"之意相对贴切的概念有"群"和"伦"两个字。的确，社会学刚进入中国时被译为"群学"，比如斯宾塞的《社会学研究》被严复译为《群学肄言》，后来因受日文翻译影响，改叫"社会学"。由"群学"改为"社会学"，虽有翻译与社会风气的原因，但确也同中国学者对"合群"的阐述与期待密切相关，即在当时"群"的讨论有君民一体、平等合力之意，而梁启超在《新民说》中感慨中国人未有这样的特征。比较而言，"社会"二字含义更加丰富，有四民阶层及其有关秩序的意思。[1] 潘光旦很惋惜于英文"ethics"，即一种讨论道德的学科抢先被译成了"伦理学"。如果这个英文词不被译者捷足先登，那么"社会学"

---

[1] 参见冯凯：《中国"社会"：一个扰人概念的历史》，载孙江、陈力卫主编：《亚洲概念史研究》第二辑，北京：生活·读书·新知三联书店 2014 年版。

在中国的更好译法应该是"伦理学"或者"伦学"[1]，顺着这一意思推想下去，也许今日所谓"伦理学"只能叫"道德学"或"义理学"，因为唯有社会学才更适合研究"伦"之原理，好比物理学研究"物"之原理一样。潘光旦指出："所谓社会之学的最开宗明义的一部分任务在这里，就在明伦，所谓社会学之人化，就得从明伦做起。注意到了这样的一个起点，社会学才可以幸免于'人之为道而远人，不可以为道'的讥评。"[2]那么从学理上讲，为何明伦那么重要？潘光旦的理由是，孔学中的仁义忠孝是模糊不清的，可"伦"字的含义却是清晰可辨的，它可以连接中国社会思想与西方近代以来的社会科学所讨论的各种内容。[3]

我想，"伦"之所以可以是社会学的内容而非只是中国思想史上的一个概念，显然不只是因为它含有儒家所倡导的规范社会关系之意，或体现了儒家的为人处世之道，而是说它有自己的社会原理及社会事实方面的展示与特征。那么是什么样的展示和特征呢？潘光旦对此下了一番功夫。在其一系列的大纲讲义及有关论文中，他重点讨论了伦的演化。最为集中的讨论是其三篇前后呼应的论文：《说"伦"字——说"伦"之一》《"伦"有二义——说"伦"之二》及《说"五伦"的由来》。在第一篇中，潘光旦的重点是研究中国字"伦"的含义。由字进入，而非从儒家倡导进入，其深意在于说明其社会根基是中国文明，而不限于儒家的阐述。为考察"伦"字，他采用了训诂法，其基本做法即拆字分析和同部首字排列，以便从根本上认识"伦"字的发生学。首先从拆字上看，"伦"的关键是"仑"，仑（侖）的组合是"亼"和"册"。前者是条理之合，后者是条理之分，进而"仑"的意思就是条理和秩序。如果将此字与其他偏旁组合，就有了偏旁那一层意义的条理或序次。比如

---

[1] 潘光旦：《儒家的社会思想》，北京：北京大学出版社2010年版，第252页。
[2] 同上书，第264页。
[3] 潘光旦：《优生原理》，北京：北京大学出版社2010年版，第216—219页。

"论",言字旁,那就是说话有条理,引申为辩论;"沦",水字旁,表示水纹、文貌,也表示序列;"纶",绞丝旁,有纲、琴弦之意;"抡",提手旁,有择的意思,引申为选择和辨别;"伦",人字旁,表示人的类别和关系。依此不断地排列组合,我们从中得出"伦":"既从人从仑,而仑字又从亼从册,亼是合,册是分,自条理或类别的辨析言之是分,自关系与秩序的建立而言之是合,便已包含了社会生活的全部。"[1]

有了第一篇讨论做基础,潘光旦在第二篇中则开始讨论"伦"的社会学含义。大体上看,通过对中国大量古籍文献,尤其是先秦文献的梳理,潘光旦发现"伦"有三层含义:一是泛指事物方面的条理、道理;二是指类别;三是指关系。三层含义为何只说有二义?因为伦所表示的条理、道理过于泛指,以后就不大使用此义了,由此一来,伦的社会学含义就是指人的类别与人的关系的意思。关于这两层意思,潘光旦主张它们可以被看作因果关系和静态与动态的关系。其中类别决定着关系,即没有类别就无所谓关系,或者说,关系一定是先确定了类别,才可以产生的相互影响、相互联系;而静态是表述一种类别的品质或者属性,动态则是两个类别之间实现了辨识性的、自觉性的交往。为了证明"伦"有这两层意思,潘光旦引用并统计了大量的中国古人在书中的用法,说明这两种用法都是存在的,只不过在使用时间上有先后,开始的时候是作类别讲,后来关系的含义越来越明显;亦有作者的偏向,如荀子偏重在类别上使用"伦",而孟子偏重在关系上使用"伦"。或许是因为儒家,特别是孟子所起的作用,现在对"伦"字的理解,基本上都是关系的含义。但潘光旦指出这是件遗憾的事,因为他认为类别很重要,也就是人群总有品性、人格、才能等方面的差异。这些差异及其教育即所谓社会学的人化。如果没有这样的品质差异,那么社会学对人的讨论就相当于在说一群蚂蚁、一群蜂、一群

---

[1] 潘光旦:《儒家的社会思想》,北京:北京大学出版社2010年版,第254页。

羊或者一群狼。这点构成了他对当时西方社会学的批判，因为西方社会学对人的假定也就是一群分子化的人，其社会学的含义就是讨论这群人如何在特定的社会文化环境中适应或改变的问题。[1] 所幸的是，中国的"伦"字所展示的基本含义可以修正这样的谬见：

> 类别事实上既不会不有，流品也就不能不讲，因为人是一种有价值观念而巴图上进的动物。《礼记》上说："拟人必于其伦"，那伦字显而易见是指的流品或类别。历代政治，最注意的一事是人才遴选，往往有专官管理，我们谈起这种专官的任务来，动辄说"品鉴人伦"，那伦字显而易见又是指的类别与流品，近来我们看见研究广告术的人，讲起一种货物的优美，也喜欢利用"无与伦比"一类的成语，那伦比的伦字当然又是静的类别而不是动的关系。[2]

潘光旦将"伦"字拉回到类别上来谈，其实也是为他论述儒家思想的生物学基础做准备。在他看来，孔门哲学中的人文思想和生物学之进化论的观点是吻合的。这就是它们都认可物种内部的差异性，简言之，都是人，可人跟人不一样。潘光旦引孔子的话：

> 生而知之者，上也；学而知之者，次也；困而学之，又其次也；困而不学，民斯为下矣。（《论语·季氏篇》）

又引孟子的话：

> 夫物之不齐，物之情也。或相倍蓰，或相什百，或相千万。

---

[1] 潘光旦：《儒家的社会思想》，北京：北京大学出版社2010年版，第217页。
[2] 同上书，第257—258页。

子比而同之，是乱天下也。(《孟子·滕文公章句》)

他再引荀子的说法：

> 分均则不偏，势齐则不壹，众齐则不使。……夫两贵之不能相事，两贱之不能相使，是天数也。势位齐，而欲恶同，物不能澹，则必争。争则必乱，乱则穷矣。先王恶其乱也，故制礼义以分之，使有贫富贵贱之等，足以相兼临者；是养天下之本也。(《荀子·王制》)

由潘氏所引的这些论断，尤其是荀子的这段话，完全有理由视荀子为中国乃至全世界的第一位社会学大家。我后面的讨论将再次回到他这里。

不过，在潘光旦讨论社会差分的问题时，也遇到了解读上的疑惑。他发现，中国文字里最早用"伦"表示关系出自《春秋谷梁传》的隐公元年，上有"兄弟，天伦也"一语，可在同类的书中或在同时代的其他作品中，父子、君臣等关系却没有用"伦"来表示。这是否说明那时人们并不认为父子、君臣等属于伦的范畴？潘光旦自己的解释是，君臣不在其列好解释，但父子不在其列则说不通，甚至怀疑"伦"字演化成关系，开始时只是碰巧，到孟子才被有意识地发扬下去的。[1] 我的看法是，《说文》对伦的解释是"辈也"。既然那时的"伦"尚未用于父子（长辈和晚辈）的关系，说明"辈"固然有上下辈的意思，却也有同辈或平辈的意思，也就是说，天伦的含义最早可能是在平辈中使用的。何为"天伦"？兄弟关系的特点是同胞血缘，其实这对"伦"来说是一个麻烦，也就是兄弟之间缺乏性别、辈分、亲疏等区分，但

---

[1] 潘光旦：《儒家的社会思想》，北京：北京大学出版社2010年版，第262页。

又不能相同对待,因为兄弟之间的等差在宗法制体系中极为重要,无兄弟等差,便没有宗法[1],进而导致同辈关系中也得强调"伦",而这里的"伦"在表示"关系"的同时,依然得突出有别。可见,"伦"在向关系之意转化中依然在强调差异。的确,在中国人的关系交往中,辈分和年龄始终是两个并行不悖的分辨要素。从这样一番讨论中可以看出,即使"伦"从类别向关系转化,但依然保持着分类的含义。其大致演变方向是,类别导致差异,差异引发分辨,有分辨才可以顺利互动。《论语》开篇就谈"孝悌",说明了孔子那个时代不但重视纵向的父子之道和君臣之节,还相当重视横向的兄弟之序。随着"伦"的关系含义越来越广泛,当父子最终被列为伦之首的时候,"伦"字在分类上又有了天伦、大伦和人伦之分。通常父子、君臣不用"天伦",而用"大伦"。比如《孟子·公孙丑章句下》有:"内则父子,外则君臣,人之大伦也。"钱穆的看法是,血缘关系的都可以用天伦,非血缘的就是人伦,比如夫妇是在人伦当中。[2]

三、"五伦"的社会学探讨

其实,"伦"的社会学发现本身就意味着西方的学术观照。自西学进入中国以来,儒家的伦理思想一再被重新解读。比如,自谭嗣同的《仁学》、康有为的《大同书》及梁启超的《新民说》,多少已看出作者在西方文明下的反思。而更为明显的讨论是从胡适开始的。胡适

---

[1] 刘伟:《基于兄弟伦理考察儒学与社会主义的关系》,《开放时代》2016 年第 1 期,第 62 页。

[2] 钱穆:《晚学盲言》上,桂林:广西师范大学出版社 2004 年版,第 223 页。

面对中国传统学术，率先提出了"重新评估一切价值"[1]的观点。他在《中国哲学史》中把儒家的伦的思想看作一种"人生哲学"，以区别于他对哲学划分出的宇宙论、知识论、教育哲学、政治哲学与宗教哲学[2]，他尤其回避把人生哲学归结为伦理学，似乎想说五伦里面不但有伦理，还有行为动机、道德习惯、教育涵养与感化以及模范人格等作为个人与社会的标准[3]，显然这些方面足以说明五伦中蕴藏着社会和心理的含义。当然，胡适在论"伦"的词义时，也看到了其中的"类""道理""辈分"和"关系"。他说：

> 人与人之间，有种种天然的或人为的交互关系。如父子，如兄弟是天然的关系。如夫妇，如朋友，是人道的关系。每种关系便是一"伦"，每一伦有一种标准的情谊行为，如父子之恩，如朋友之信，这便是那一伦的"伦理"。儒家的人生哲学，认定个人不能单独存在，一切行为都是人与人交互关系的行为，都是伦理的行为……因为儒家认定人生总离不开这五条达道，总逃不出这五个大伦，故儒家的人生哲学，只要讲明如何处置这些伦常的道理，只要提出种种伦常的标准伦理。[4]

由胡适开始，从中西文化之比较的角度对五伦做反省成为当时学者的一项重要议题。柳诒徵在《明伦》（1924）一文中对五伦所具有的现代性进行了辩护，比如他认为，君臣不限于天子与诸侯、皇帝与宰

---

[1] 胡适：《新思潮的意义》，载《胡适选集》，天津：天津人民出版社1991年版，第110页。

[2] 胡适：《中国哲学史》，载姜义华主编：《胡适学术文集 中国哲学史》上册，北京：中华书局1991年版，第9页。

[3] 同上书，第82—87页。

[4] 同上书，第83—84页。

相的关系，其实是指各式各样的上下级关系，而且五伦中所表达的相互性也比西方的"互助"概念要深厚得多，等等。[1] 也正因为五伦涉及的核心是社会关系及其伦理，作为哲学家的冯友兰对五伦的思考才发表于当时的《社会学界》（1927）杂志上。不过，冯友兰的思考依然摆脱不了哲学的味道，他阐述的重点是概括地讨论五伦如何变为纲纪及其背后的阴阳之道，并以西方哲学做参照，点出了五伦之道同霍布斯理论的相似处，也点出了五伦犹如柏拉图的理想国，只是一种概念，而非现实，即父之名则含有慈，君之名则含有明。但在现实中，一个具体的父亲或者君主却未必一定慈爱或者英明。换句话说，如果一个现实的父亲不慈爱，一个现实的君主不英明，儿子、臣子是否还得孝忠？他的结论是，儒家所谓守住孝忠是"名"的需要，是一个人应尽的本分，而不视具体个人情况而定。这就引申出，所谓守住名节不是针对具体特定之个人来讲的。[2] 而陈寅恪在《王观堂先生挽词并序》（1928）一文中似乎看到了王国维有这样的节操，于是在挽词中将由五伦演变而来的"三纲六纪"作为中国文化的定义，并认为"其意义为抽象理想最高之境，犹希腊柏拉图所谓 Idea 者"[3]。无论如何，从学术讨论的转换性来看，五伦不但涉及中国文化核心，还逐渐成为中国社会学内容的关键。比如李安宅在《〈仪礼〉与〈礼记〉之社会学的研究》（1930）中，将五伦当作"社会关系"概念处理，并一一做了描述和介绍。从李安宅的参考文献中可以看出，冯友兰的观点对李安宅

---

[1] 柳诒徵：《明伦》，载孙尚扬、郭兰芳编：《国故新知论——学衡派文化论著辑要》，北京：中国广播电视出版社1995年版，第407页。

[2] 冯友兰：《中国之社会伦理》，载冯友兰：《三松堂学术文集》，北京：北京大学出版社1984年版，第88页。

[3] 陈寅恪：《王观堂先生挽词并序》，载孙尚扬、郭兰芳编：《国故新知论——学衡派文化论著辑要》，北京：中国广播电视出版社1995年版，第418页。

有一定的影响。[1]

五伦话题发展到贺麟那里，已经有了较为全面的社会学式的见解。面对西方文化对中国传统文化的冲击，以及礼教被看作"吃人"，贺麟在《五伦观念的新检讨》(1940)一文中对五伦进行了辩护乃至于赋予其新意。他总结性地说：

> 以上所批评阐明的四点：（一）注重人与人的关系；（二）维系人与人之间的正常永久关系；（三）以等差之爱为本而善推之；（四）以常德为准而皆尽单方面之爱或单方面的义务。这就是我用披沙拣金的方法所考察出来的构成五伦观念的基本质素。要想根本上推翻或校正五伦观念，须从推翻或校正此四要素着手；要想从根本上发挥补充五伦观念，也须从发挥补充此四要素着手。此外都是些浮泛不相干的议论。为方便起见，综括起来，我们可试给五伦观念下一界说如下：五伦观念是儒家所倡导的以等差之爱、单方面的爱去维系人与人之间常久关系的伦理思想。[2]

有关贺麟的五伦论述的评价以韦政通最为精当，但同时也指出了贺麟的问题：首先，五伦中的等差之爱是推不出普遍之爱的，因为等差之爱总是由己出发的，而不同于基督教的超越了自己和家人的爱，也推不到爱仇敌的地步；其次，用柏拉图的理念、概念来理解"父"和"君"这样的概念，忽略了父或君都是一个人，有人的弱点，当五伦中的三伦上升为三纲的时候，外在的强制性由此产生，这在实践中有导致权威者肆无忌惮的可能[3]，其实这一点也是对冯友兰关于名

---

[1] 参见李安宅：《〈仪礼〉与〈礼记〉之社会学的研究》，上海：上海人民出版社2005年版。

[2] 贺麟：《文化与人生》，北京：商务印书馆1988年版，第62页。

[3] 韦政通：《伦理思想的突破》，成都：四川人民出版社1988年版，第15—17页。

节问题的批评。同样的讨论还出现在张东荪的《知识与文化》（1946）一书中。他认为：

> 柏拉图在《理想国》上所谓护国的武士与执政的哲学家以及平民都在一个国家各尽其职分。中国人的"君""臣""夫""子""夫""妻"完全是各为一个"函数"或"职司"，由其互相关系，以实现社会的全体。故君必仁，臣必忠，父必慈，子必孝。如君不仁，则君不君；臣不忠，则臣不臣；父不慈，则父不父；子不孝，则子不子。等于目不能视便是盲，目盲则不能再成为目；耳不能听便是聋，耳聋则不能再成为耳。此种君臣父子的职司是等于乾、坤、巽、离、坎、兑、震、艮，在宇宙上各有定位一样。这便是以宇宙观直接应用于社会与政治。大概古代人们所以需要宇宙观之故乃是目的于确定社会秩序。换言之，即对于社会秩序作一个"合理的辩护"（rational justification），以便容易使人们相信。其实以人之有君臣父子等于宇宙之有乾坤坎兑，乃是一种"比附"（analogy）。但须知比附方法在思想上功用是最大的，因为它具有暗示力（suggestive power）。古代人思想未进步，自然最喜欢使用比附方法。[1]

当然，张东荪吸取的西方社会科学养分中有不少是社会学的。关于五伦的社会学方面，他在《理性与民主》一书中有进一步的发挥，认为中国的社会组织是一个大家庭套着多层的无数的小家庭，构成家庭的层系（a hierarchical system of families）。中国五伦就是中国的社会组织；离了五伦别无组织，由此每个人都能在其中找到自己的地位

---

[1] 转引自张汝伦编选：《理性与良知——张东荪文选》，上海：上海远东出版社1995年版，第286页。

和职责。而这样的社会没有个人的观念,组织也是以天然性配合而成的。[1]

以上哲学家关于五伦之思想层面的讨论让我们得出的初步结论是,五伦是中国人所讲究的社会关系,这样的社会关系首先来自自然的或生理的,所有关系有各不相同的"情谊",有爱的等差,有单面的义务,并由此连接成一个社会,而其关系构成的合法性则在于它们符合阴阳之道,但也同西方一些哲学大家的理论观点相通。

以社会学家的身份来看五伦,潘光旦的《说"五伦"的由来》(1948)一文的重点是探讨这五种关系,看似既定、本该如此的,但在中国文化史上有一个不断演变和确认的过程,即有千锤百炼之势,由此也有"五常""五典""五教""达道"的说法,或者说这五种关系作为一个稳定的集合并不见于先秦及汉唐的文献,很多情况下只有父子、兄弟或者父子、君臣等并列的二伦,亦有加上夫妇并列的三伦;还有不谈朋友,只有四伦的表述,直至宋代才出现五伦并举的提法,到明代开始传播,直到清代被明确下来。众所周知,所谓"人伦"有五的最早、最完整表述是由孟子提出的,但《孟子·滕文公章句上》的原话是:"使契为司徒,教以人伦,父子有亲,君臣有义,夫妇有别,长幼有序,朋友有信。"孟子虽然点明了这五种关系是人伦,但没有说人与人的关系是否就这五种。由于他并未明确说明,因此后人不免添加或减少,间或有所调整,包括顺序,又或者将其中的几种关系加以突出而做其他表述,比如"三纲"(父为子纲、君为臣纲、夫为妻纲)及其延伸,比如"三纲六纪"("六纪"为诸父有善,诸舅有义,族人有序,昆弟有亲,师长有尊,朋友有旧)。尤其比较特别的地方是,师生关系在中国文化传统中十分重要,但并不在五伦关系中。潘光旦的很大一部分工作就是希望对这些方面都做出鉴别与讨论。潘光旦的另一项工作是

---

[1] 张汝伦编选:《理性与良知——张东荪文选》,上海:上海远东出版社1995年版,第436页。

考察中国古籍中的所有人间"关系"含义的用法，他一共整理出23种关系，见表1[1]。

表1 从不止五伦到五伦为止

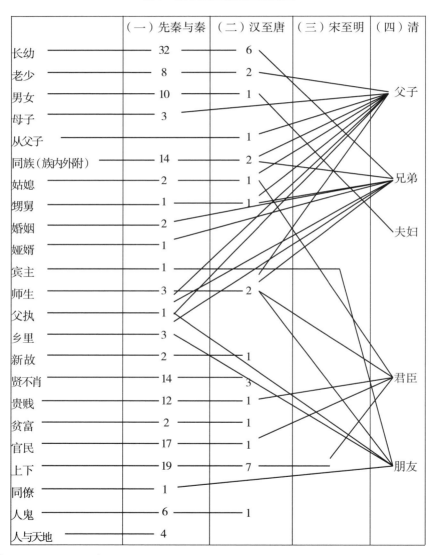

---

[1] 潘光旦：《儒家的社会思想》，北京：北京大学出版社2010年版，第278页。

表 1 所要表明的是大量的五伦关系以外的人伦关系。它们主要出现于先秦至唐，以后几乎就没有了。至于后来为何不再探讨，主要是因为它们基本上都能被五伦涵盖。至于那些装不进五伦中的关系，比如天地人关系、人鬼关系已不属人与人的关系，而贫富关系则不构成伦的关系，因为其中不存在交往。贤不肖和新故等涉及第三方的评论，比如一个人评价另一个人是贤，还是不肖，是新，还是故，也不在伦之列。由此一来，我们可以很肯定地说，五伦就等于中国人之人伦。但依我之见，天地人关系与人鬼关系也是中国人伦中的重要关系，关于这点，我在下文讨论。应该说，潘光旦所细述的"五伦"的由来、源流、旁支、汇总及其不同时代的变化与重点，为我们寻找中国的社会思想源流提供了非常重要的根据和见地。但我以为其不足之处与其他思想家类似，仍然偏于思想本身。

或许有关五伦的议题对中国现代化伊始或者社会学中国化来说都十分重要，致使梁漱溟在《中国文化要义》（1949）一书中给中国社会特征做了一个结论：中国是一个"伦理本位"的社会。[1] 梁漱溟的这个结论既是集上述学者之大成，又是他独立思考十多年的结果（也就是说"伦理本位"的提法最早在其《乡村建设理论》（1937）中就已在酝酿了），因为他所做出的这个结论既需要考虑伦理本位同个人本位、社会本位及家庭本位含义的分辨，又得在思想和现实层面比较伦理本位与西方文化中那种重视国家、组织与个人方面的差异。尤其值得欣慰的是，这一提法将"伦"从儒家思想的议论中脱离出来，把它变成了一个讨论中国社会特征的议题。虽然梁漱溟不是一个社会学家，但其《中国文化要义》中的大部分讨论均是中国人与中国社会以及中国社会学中的应有议题，构成了我们从社会学上思考中国人之社会结构与行动的基础。

---

[1] 梁漱溟：《中国文化要义》，上海：上海人民出版社 2003 年版，第 94 页。

四、"伦"的社会学含义：从思想向结构的转向

总体而言，包括潘光旦在内的一批学者都在力图凸显伦理思想的社会性方面，但思想、观念与伦理的痕迹依旧。对于社会学的研究，其更为艰巨的任务是，找出"伦"的真实的社会性表现究竟在哪里？虽然潘光旦对此的重要提示是生物学中的许多观点与孔门社会哲学的暗合，但随着社会学科自身的发展与更新，其中还有不少地方值得深究，因为要想证明社会学（而非社会思想）移植到中国后可以叫作"伦学"，我们终将要回到"伦"是如何展现其社会学中的结构与行动的意义的。同时，这也有利于反观，若将西方社会学所重视的结构与行动放入中国文脉，如何可能得到一种"伦"的视角乃至理论？

走出这关键性一步的学者是受潘光旦学说影响的费孝通。为此，我们先来考察一下费孝通的贡献。他说：

> 以"己"为中心，象石子一般投入水中，和别人所联系成的社会关系，不像团体中的分子一般大家立在一个平面上的，而是象水的波纹一般，一圈圈推出去，愈推愈远，也愈推愈薄。在这里我们遇到了中国社会结构的基本特性了。我们儒家最考究的是人伦，伦是什么呢？我的解释就是从自己推出去的和自己发生社会关系的那一群人里所发生的一轮轮波纹的差序。"释名"于沦字下也说"伦也，水文相次有伦理也。"潘光旦先生曾说：凡是有"仑"作公分母的意义都相通，"共同表示的是条理，类别，秩序的一番意思。"（见潘光旦《说伦字》《社会研究》第十九期）[1]

---

[1] 转引自费孝通：《乡土中国》，北京：生活·读书·新知三联书店1985年版，第25页。

在这一段话中，我们清楚地看到费孝通的差序格局是怎么来的。为了进一步表明这一点，我们再来看潘光旦当年上"儒家的社会思想"课程时用的讲义提纲。在"伦字二义"的提纲中，有这样的介绍：

> 淪，水波为沦，从水侖声。《诗·伐檀》，"河水清而沦漪"，传，"小风水成文转如轮也"；《韩诗章句》，"从流而风曰沦，沦，文貌"，《尔雅·释言》，"沦，率也"，按犹律也，类也，大率也。《释名》，"沦，伦也，水文相次有伦理也。"[1]

也就是说，从"伦"到"沦"，再到水波纹，最后到差序格局的提出，是一个水到渠成的表述，是一个古老的中国文字在现代中国社会学概念中的变种。我认为其中最难能可贵的转换不是这里只用了一个现代概念来替换了中国的"伦"字，而是费孝通明确地指出了差序格局乃是"中国社会结构的基本特征"。这一表述其实意味着，一种儒家社会思想性的讨论从此开始向中国社会结构性研究迈进，即此时的"伦"已不再局限于从字义到儒家社会思想方面的论述，而是走到真实的社会特征中。至于这个社会结构是什么样子的，费孝通接着说：

> 伦重在分别，在礼记祭统里所讲的十伦，鬼神、君臣、父子、贵贱、亲疏、爵赏、夫妇、政事、长幼、上下，都是指差等。"不失其伦"是在别父子、远近、亲疏。伦是有差等的次序。在我们现在读来，鬼神、君臣、父子、夫妇等具体的社会关系，怎能和贵贱、亲疏、远近、上下等抽象的相对地位相提并论？其实在我们传统的社会结构里，最基本的概念，这个人和人往来所构成的网络中的纲纪，就是一个差序，也就是伦。礼记大传里说："亲亲

---

[1] 潘光旦：《儒家的社会思想》，北京：北京大学出版社 2010 年版，第 52 页。

也、尊尊也、长长也、男女有别,此其不可得与民变革者也。"意思是这个社会结构的架构是不能变的,变的只是利用这架构所做的事。[1]

在这一段文字中,我们看到由"伦"到"差序格局"再到"中国社会结构特征"所要实现的关系运行重点,正是其差序性以及由此造成的分别。请注意,这里的"差别"所表达的意思同"伦"在思想中表示的差别有较大的不同。"伦"在思想中的差别是类别上的,比如潘光旦刻意强调流品,强调出类拔萃、人才有高低,而回避等次上的差别。但费孝通这里的"差别"就是强调关系等级和远近。上面提到,潘光旦说"仑"字从"人"从"册"所体现的分合是社会生活的所有内容,而我们在此又看到唯有将"伦"字的关系之意深化为类别与等级,"伦"字才能涵盖社会学所研究的所有内容。

现如今,中国社会学界在讨论差序格局时大都将其放入中国人的关系网、社会网络及社会资本研究去重新阐发。但由于这样的嫁接性阐发,又或许是两类概念自身带有的共同特征,社会网络研究与差序格局研究面临的共同问题都是偏重对社会关系格局做平面性理解,这点在相当程度上限制了我们对"伦"字本意的思考。在差序格局方面,由于差序用水波纹做比喻,因此级差的含义被抹去了[2],最终人们只能在其中看到亲疏远近的特征,尽管后来的学者想将其含义挖掘出来[3]。而社会网络的研究所面临的问题也比较类似,比如原本在一个社会结构或组织结构内部,诸如"共同体""科层制"等的级差是显而易见的,但改成社会网络的视角后,等级式微,突显的则是"节点"

---

[1] 费孝通:《乡土中国》,北京:生活·读书·新知三联书店1985年版,第25页。
[2] 翟学伟:《再论"差序格局"的贡献、局限与理论遗产》,《中国社会科学》2009年第3期。
[3] 阎云翔:《差序格局与中国文化的等级观》,《社会学研究》2006年第4期。

(node)[1]、"结构洞"[2]或者"小世界"(small world)[3]等的重要性,或平面网络信息的流向及信任关系。即使社会网络中也有等级和权力的问题,但从平面上看到的高位者的权威性更多的有赖于网络集中度的体现[4],又或者可以用"幂律"(power law)概念来弥补这一缺陷。总之,在中国人与中国社会的研究框架中,差序格局与社会网络研究的合并倾向,很容易导致级差的消亡。如果以"亲亲、尊尊"来审视,就是"尊尊"不见了,只留下了"亲亲"。

所以要想讨论"伦"字中所体现的社会结构方面的类别与等级,可以与之做比较的是社会交换理论。社会交换理论的重点既包含了微观层面的个体位置及其互动,也包含了位置不同产生的互动差异导致的宏观社会结构,尤其是社会不平等的形成。为此,这里有必要先回到彼得·布劳(Peter Blau,也译彼特·布劳)的研究假定上来。布劳认为,真实的社会结构来自社会位置的分布,而社会位置可以划分为类别参数与等级参数,见表2。[5]

---

[1] S. Wasserman, and K. Faust, *Social Network Analysis: Methods and Application* (New York: Cambridge University Press, 1994); J. A. Davis, and M. S. Mizuhi, "The Money Center Cannot Hold: Commercial Banks in the US System of Governance," *Administrative Science Quarterly*, 44, 1999, pp. 215–239.

[2] R. S. Burt, *Structural Holes: The Social Structure of Competition* (Cambridge, MA: Harvard University Press, 1992).

[3] S. Wasserman, and K. Faust, *Social Network Analysis: Methods and Application* (New York: Cambridge University Press, 1994).

[4] B. Kapferer, *Strategy and Transaction in an African Factory* (Manchester: Manchester University Press, 1972).

[5] 彼特·布劳:《不平等和异质性》,王春光、谢圣赞译,北京:中国社会科学出版社1991年版,第14页。

表2 结构参数的基本类型

类别参数	等级参数
性别	教育
种族	收入
宗教	财富
种族联盟	声望
氏族	权力
职业	社会经济背景
工作地	年龄
住地	行政权威
工种	智力
婚姻状况	
政治联盟	
国籍	
语言	

据表2，比较肯定的地方是，社会位置上的特征可统统归入这两种参数，至于其中这些参数，不同社会文化可以根据自己的特点进行增减。布劳的重点是想说，有了这两种不同类型的参数，就可以推演出社会结构的异质性与不平等，而其很多社会学的理论命题都是从中得出的，并可以被大量的实证检验。

但我关注的问题是，布劳划分出来的结构参数无论怎么看，都没有"差序"的意思，而如果用"伦"来表示类别与等级，就会出现"差序格局"。这是否意味着，"伦"在类别与等级上形成的运行法则，同布劳看到的许多类别与等级的一系列理论命题是不一样的？尽管布劳在社会微观层面已经考虑到了同心圈和交叉圈的交往特征[1]，但差序

---

[1] 彼特·布劳：《不平等和异质性》，王春光、谢圣赞译，北京：中国社会科学出版社1991年版，第188页。

性依然很难出现。我想,如果这个问题有了答案,那就等于说中国社会结构乃至其行动的特征将得以显现。

五、伦与西方社会学相关理论的比较

从社会学上讨论五伦,我们首先直观看到的是它们由五对角色组成。这点似乎非常适合套入社会学的角色理论去理解,比如符号互动论、结构性角色理论、戏剧理论等,当然布劳的社会交换理论也没有忽略从角色开始推演更为宏观的社会结构。他说:

> 社会结构的组成因素本身也是社会结构。客观的社会结构由各种社会结构组成,而后者依次又由社会结构组成,以此类推,直到最后,小群体的微观结构由个人的角色组成。类别参数以下面两种方式将个人角色和由这些角色构成的微观结构与宏观结构联系起来:多样的交错群体联盟和参与其所属的较大群体联盟。[1]

可我认为,将中国人的角色关系及社会结构套在符号互动论中去讨论,并由此从微观上升至宏观,会导致我们对中国人与中国社会的误读。首先这里面存在一个逻辑起点的问题。按照西方社会学的符号互动原理,讨论角色的起点在于自我的形成,衔接的是 S. 弗洛伊德(S. Freud)、W. 詹姆斯(W. James)、C. 库利(C. Cooley)及 G. 米德(G. Mead)等的"自我"概念。这是一种个体的出发点;而讨论五伦的角色起点则在于个人发生的自然属性。这是一种关系的出发点。其衔接

---

[1] 彼特·布劳:《不平等和异质性》,王春光、谢圣赞译,北京:中国社会科学出版社1991年版,第187页。

的是《易经》及儒家学说的宇宙假定。也就是说，在中国这边，有关伦所要讨论的起点是，一个人是哪里来的，而非一个人的自我是哪里来的。最为常识性的回答是：由父母所生。可见一个人来到人世间首先得益于男女结合、生育。于是，没有夫妇一伦便没有后人，有了后人就有了父子一伦，然后就有了家族生命的延续。这是中国思想家在讨论五伦的合理性和正当性的时候，都必须着重强调的问题。那么，五伦关系确立后，接着就是排序。从关系比例上看，所有人都能常识般地看出这是一个强调家本位的排列组合，因为一共五种关系，家庭成员关系占了三种。至于哪对角色排在第一位，却又不是简单地依照男女结合才有后代而将夫妇关系排在第一位。中国历史上的大多数朝代都刻意地将父子排在最前，即使有时父子不在最前，也是君臣排头位，而不是夫妇。这样的刻意性正是在暗示：另一种关系顺序比生理性的或者想当然的顺序更重要。潘光旦对此总结道：

> 家庭为社会的核心，而父子兄弟的关系又为家庭的核心；所以在前后四个时代里，这两伦始终占有优越的地位，父子一贯的占第一位或平分第一位；兄弟于一度平分第一位之后，始终占有第二或第三位。夫妇与朋友二伦，在绝对的地位上虽始终只分占第四第五（夫妇在第一期曾占第三位），但并举的机会却一贯递增，到得最后一期，便几乎与前面的三伦可以分庭抗礼，并驾齐驱。[1]

这样的顺序安排显然是想表明，在父权与君权的中国社会，纵向的关系比横向的关系重要，而更为重要的是父子关系所具有的逻辑推广性，许烺光由此提出了他的父子轴及一系列中国人社会行

---

[1] 潘光旦：《儒家的社会思想》，北京：北京大学出版社2010年版，第276页。

为的基本特征。[1] 按照钱穆的观点，"中国全部文化传统乃尽在此五伦中"，五伦中"唯父子一伦最其主要，而孝道则亦为人道中之最大者"。[2]

讨论至此，我们还是先回到布劳的两类参数来分解一下五伦中的各伦归属。出于不同文化语境上的考虑，这里先把五伦转换成英文中的五对角色关系来做一种比较，它们是："father and son" "elder and younger brothers" "husband and wife" "sovereign and subject" "friend and friend"。[3] 从这五种角色关系的英文词来看，elder and younger brothers、husband and wife、friend and friend 等所表达的是各自角色间的互动，属于类别参数；father and son、sovereign and subject 因含有年龄上的或者职位上的上下关系，属于等级参数。其实如果我们划分得更加西化一点的话，father and son 也可以是类别参数，因为 father and son 也几乎平等，而唯有 sovereign and subject 才有等级地位。但回到中文语境来看：父子、兄弟、夫妇、君臣、朋友，除了朋友一伦的含义模糊以外，其他四伦都不是在说交往双方对等的角色类别，而是指尊卑，是等级参数。依照中国宇宙观中的阴阳关系，从天地到父子，尊卑是先定的，而非互动出来的结果。人与人之间只有先明白地位之差才可以互动，否则就叫"乱了""反了"或"没大没小"。换句话说，如果我们在英文语境中来认识人与人之间最为重要的五种关系，很自然地就会在类别参数中来认识此种社会关系及其发展出来的社会结构，但中文的"伦"所表示的关系，则不是角色互动那么简单，而是序列优先（primacy of order）。比如英文的"brother"一词，加上"elder"和"younger"，无论如何也没有等级的含义，但中文的"兄弟"以及

---

[1] 许烺光：《文化人类学新论》，张瑞德译，台北：南天书局 2000 年版，第 118—121 页。

[2] 钱穆：《晚学盲言》上，桂林：广西师范大学出版社 2004 年版，第 223 页。

[3] 这里的五伦译法是冯友兰在《中国哲学简史》英文版中的译法。见冯友兰：《中国哲学简史》，赵复三译，天津：天津社会科学院出版社 2007 年版，第 322 页。

由称呼上的"弟"到行为方式上的"悌"（有时也作"弟"）便都含有明确的等级及其相应的依从性行为。如果说，中国人中的其他关系基本上是五伦的放大，或者说中国社会是由这五伦延展开来的，那么就等于说整个中国社会就是一个含有级差的社会。

这里需要注意的是，所谓的社会级差不是社会学中的"社会等级"或者"社会分层"之意，后者属于宏观社会结构性的讨论，它考虑的主要是职业分布、教育水平、经济收入以及社会声望等。[1]它也不是韦伯对社会等级的划分，诸如财富、权力和荣誉等。[2]表面上看，财富、权力和荣誉与中国人所要表达的级差很相似，但这三者其实是从个体性视角上看到的，不是从关系视角上看到的。比如说，如果一个人在社会上拥有财富、权力和荣誉，而此人的父亲没有，那么从社会学的地位分布指标上看，儿子的社会等级就比父亲高，这是从社会统计意义上得出的，而在理论上也是将父亲和儿子各作为一个独立的人来测量的。但在"伦"的视角下，情况就不一样了，即便一个人通过个人奋斗拥有了这些，他的地位还是没有他父亲高，因为伦的含义想表示的是，此人的社会地位再高，他也是他父亲的儿子。在伦的理论中，父亲地位比儿子高预示着在特定的关系网络中，一个人的成就连接着由近及远或由高到低的不同相关者与之共同分享以及由此引起的带动作用。这就是所谓伦对关系的先定性。可见，我要强调的级差是中国人在社会关系上设定的一套特定的社会关系构成方式，而非分层与流动的方式。反过来说，中国人所建构的社会不是在从自我到角色再到社会的框架中逐渐展开的，也不是在社会交换中根据交往双方所

---

[1] 参见边燕杰、吴晓刚、李路路主编：《社会分层与流动：国外学者对中国研究的新进展》，北京：中国人民大学出版社2008年版；谢宇：《认识中国社会的不平等》，《社会》2010年第3期。

[2] 马克斯·韦伯：《经济与社会（下卷）》，林荣远译，北京：商务印书馆1997年版，第260页。

拥有资源的差异而得到的权力以及不平等。当然，"角色"概念也有事先设定好每一个人的位置之意，即表明个人一来到世上便被套入预先设定好的位置。所不同的是，社会学的角色含义是交往中的"类"，而伦的角色含义是交往中的"等"。比如在类别参数中，"孙子"的意思是一种和"爷爷"相对应的角色，而在等级参数中，它的意思是低下、低等、无地位、被贬斥等，通常用于骂人，反之，"老子"就是自我抬高的意思。

以这样的视角来看布劳的类别参数和等级参数，那么布劳准备用来推论的几乎所有类别参数在中国将全部变成等级参数，诸如性别、种族、氏族、职业、工作地、住地、工种、婚姻状况、国籍等（其中宗教与政治联盟在中国社会相对缺乏）。我们现在重新思考，如果一个社会只剩下以等级参数做划分，那么布劳由类别参数推导出的许多社会异质性的命题均难以成立；如果关系中的不平等是先定的，那么权力的形成或许不来自交换双方的社会资源差异，而来自秩序本身的需要。关于儒家思想内涵中是否有平等的含义，历来有些争议，现在又有学者在探讨儒家社会主义及儒家宪政民生主义时再次提出儒家关于人的平等性问题[1]，并以《论语》中的"不患寡而患不均"为证[2]。其实儒家的"均平"思想不是用来表达人人平等的意思，而是一种分配原则，即一个长者或者高位上的人面对同一伦中的若干成员应当采用均等的方式进行资源分配，或者即便一个人不在高位，只要他明白以己为中心的关系分亲疏远近，他就可以用这一原则在同一层关系中做相同的资源交换或分配，又在另一层关系中做另一种相同的资源交换或分配。[3] 或者换一种说法，即使儒家希望中国人在分配资源时

---

[1] 甘阳等：《专题：儒学与社会主义》，《开放时代》2016 年第 1 期。

[2] 秋风：《儒家式现代秩序》，桂林：广西师范大学出版社 2013 年版，第 231 页。

[3] 翟学伟：《中国人际关系网络中的平衡性问题：一项个案研究》，《社会学研究》1996 年第 3 期。

要等量地考虑每一个人，也不是说由此就能在伦理上得到平等的关系。父母子女或兄弟姐妹每日在餐桌上得到的饭食一样，或者一人不到，全家人都不开饭，或者父亲在处理家庭内部矛盾时能够一碗水端平，但这都不意味着一家人的社会关系是平等的。学界关于平等的讨论固然有经史关系问题和先秦与汉以降的演变问题，但从动机上讲，更多可能是研究者太企求儒家能和社会主义结合。退一步讲，即便有些学者说的有理，有关平等的话题依然是思想层面的讨论，有些思想来源更多的涉及墨家与法家。而从思想与社会之关系上看，从儒家思想到中国社会制度，再到历史与现实生活，无论是经史关系，还是先秦与汉以降，或是从宗法到帝国，中国都没有过平等的社会基础，太平天国时也没有，至于许多社会或家庭成员中是否蕴藏着这样的期待与反叛，我在下面讨论。关于中国社会的级差问题，瞿同祖说：

> 儒家思想以伦常为中心，所讲在贵贱、尊卑、长幼、亲疏有别。欲达到有别的境地，所以制定有差别性的行为规范。"名位不同，礼亦异数。"贵贱、尊卑、长幼、亲疏各有不同。此种富于差别性的规范即儒家所谓礼，亦即儒家治平之具。故《礼记》云："礼辨异""所以定亲疏，决嫌疑，别同异，明是非。"荀子谓"人道莫不有辨，辨大于分，分莫大于礼"。又谓"礼者养也。君子既得其养，又好其别。曷谓别？曰贵贱有等，长幼有差，贫富贵贱皆有称者也"。[1]

由此基本观点，瞿同祖对五伦的认识主要是：

---

[1] 瞿同祖：《中国法律与中国社会》，北京：中华书局2003年版，第355页。

> 我们应当注意伦常与社会差异及礼的关系。第一，所谓伦常纲纪，实即贵贱、尊卑、长幼、亲疏的纲要。贵贱关系极为繁复，君臣足以概括之。家族中尊卑关系也不止一种，最重要的为父子、夫妻，最尊莫如父，妇人以父为天。长幼的关系则有兄弟。所以君臣、父子、夫妇、兄弟、朋友五种社会关系，只是从千万种社会关系中提纲挈领归纳所得的五种最重要的范畴而已。人与人的社会关系，皆不能轶出此种范围，家族的、政治的、社会的关系皆在其中。五伦之中除朋友一伦处于平等地位外，其余四种都是对立的优越与从属关系……[1]

请注意这段表述大致包含了前述五伦的各基本观点：一是五伦囊括了几乎所有关系和等级（因为贵贱也可以放进去）。二是五伦涵盖了家族、政治和社会，那就是说，中国社会各个方面，尤其是重要方面都是用等级参数划分的。三是朋友一伦似乎有可能成为平等观念及其实践的突破口。按照"伦"的含义，朋友关系应该罩在兄弟关系中看，但如果不做这样的处理，那么朋友之间的对等性（或者叫作平等关系）将意味着"伦"之内含的消失，这点我会在下面讨论。

如果说西方社会学微观中的一些关于"角色""互动"以及"社会交换"等概念，或者宏观中的一些分层的、异质性的和不平等的等概念，均不可用来检视五伦的含义的话，那么五伦自身含义中是否可以产生出一些社会运行意义上的公理及定理呢？我个人以为，这是中国社会学研究可以尝试去做的事情。而本文前面遗留下来的一些问题，比如天地人关系、人与鬼神的关系、社会所蕴藏的反叛情绪、朋友的对等性等及其他未尽的讨论，都可以借助五伦中的相关定理找到答案。

---

[1] 瞿同祖：《中国法律与中国社会》，北京：中华书局2003年版，第300—301页。

六、伦之定理及其演变

综合上述"伦"所呈现出来的种种特征以及我个人的思考,我认为,五伦大致含有一个中国文化所认定的"公理"和"五个定理",这里所谓的公理与定理只表明中国人将此视为天经地义之意,而非科学意义上的一再被验证正确的那一部分,故属于借用,亦相当于"公设",而实证主义社会学需要的命题或者假设可以包含在各个定理之中。

公理:宇宙运行法则与社会运行法则同一,因此天地法则所预设的尊卑关系构成了人际与社会的尊卑关系,故人伦的等差性是先定的与自然的:

> 天尊地卑,乾坤定矣。卑高以陈,贵贱位矣。《易经》

> 故《易》者所以断天地,理人伦,而明王道。是以画八卦、建五气,以立五常之行;象法乾坤,顺阴阳,以正君臣、父子、夫妇之义;度时制宜,作为罔罟,以佃以渔,以赡民用。于是人民乃治,君亲以尊,臣子以顺,群生和洽,各安其性。(《周易正义·卷首》)

荀子说:

> 君臣、父子、兄弟、夫妇,始则终,终则始,与天地同理,与万世同久,夫是之谓大本。(《荀子·王制》)

> 是故夫礼,必本于大一,分而为天地,转而为阴阳,变而为四时,列而为鬼神,其降曰命,其官于天也。夫礼必本于天,动而之地,列而之事,变而从时,协于分艺。(《礼记·礼运》)

董仲舒说：

> 礼者，继天地，体阴阳，而慎主客；序尊卑、贵贱、大小、之位，而差外内、远近、新故之级者也。（《春秋繁露·奉本》）

可以这样认为，五伦之所以成为中国社会文化的基本内涵，不止在于儒家对五种基本关系的原则性制定，还在于其合法性建立于中国农业文明认可的自然法则之上。由此相应生成五个定理。

定理Ⅰ：关系不对等。所谓关系的不对等即由交往双方地位差异来构成交往的基础，其基本特征表现为权威者与服从者。这一点在管理学中有过讨论。[1] 中国语言中出现的大量的关于"孝""敬""忠""顺""服""从""乖"等词语，都是这一关系的体现。要想实现这样一种不对等的关系，交往双方在交往之前必须辨识双方的辈分、年龄、性别、职务、职位、入师门先后等，或了解一种更为综合的"资历"概念。既然"人道莫不有辨"（《荀子·非相》），如果双方没有预先做这样的辨识，便无法建立有效的互动，甚至如何称呼对方也成为麻烦。在这样的关系中有一种观点认为，至少先秦的儒家思想在五伦上是讲对称性的，所谓父慈子孝、兄良弟恭、君贤臣忠等。但我认为，这是混淆了对称性和对等性。所谓对称性的含义是指交互性（reciprocity），也就是有来有往，或者叫礼尚往来，也叫"施报"关系。其意义在于交往不是一个人单方面做出的行为，而是要求对方有回应行为。可不对等的意思是说双方交往的方式有差距，有的规范行为只能是上对下，有的规范行为只能是下对上。比如儿子对老子下跪，但老子不对儿子下跪。关于

---

[1] R. F. Silin, *Leadership and Values: The Organization of Large-scale Taiwan Enterprise* (Cambridge, MA: Harvard University Press, 1976).

这样的差异，钱穆的一个解释是："父慈"是带有生物性的，是有限度的，而"子孝"是社会性的，是无限度的。又或者父不慈是可以的，但子不孝是不可以的。[1] 另外一个学术争议是主体性的问题：关系不对等压抑交往者的主体性吗？这一争议的关键在于主体性是否指个体性。如果这里讨论的是唯有独立的个体性才有主体性，那么中国文化的确缺乏，但如果所谓主体性是一个人在交往中要有自己的主观性或主动性，那么位于差序格局中的"己"恰恰具备这样的主观性或主动性[2]，看起来一方是施威，一方是承受，其实承受方是会采用计谋、面子等策略的，或者在关系上会使用权力的再生产等[3]。总之，所谓不对等定理是说，所有处于政治、社会或家庭中的成员应该在不对等的关系中来确定自己的行为方式，同时中国文化在此结构中还用相应的称谓将其固定下来，比如学会"叫人"是中国人社会化的重要一课。[4]

谭嗣同在其《仁学》中非常重视朋友一伦，认为有了这一伦，其他四伦皆可以废，其理由正在于，它是五伦中唯一平等的关系。明儒钟惺也说"五伦惟朋友曰交"。这里的"惟"（唯）字说明了其他四伦的先定、裹挟及从属性关系，而"交"字则表明了它有平等、对等及个体性等特点。从朋友关系来看，实际的发展方向可以隐喻性地分为是"血"还是"水"。中国文化对两人亲密有"血浓于水"的比喻。所谓"血"自然指血缘，即如果两人友谊发展为亲兄弟一般，有过"结拜""投名状"等，那朋友就是兄弟；如果两人友谊被喻为"水"，比

---

[1] 钱穆：《晚学盲言》上，桂林：广西师范大学出版社 2004 年版，第 207 页。

[2] 金耀基："金序"，载张德胜：《儒家伦理与秩序情结》，台北：巨流图书公司 1989 年版，第 8 页。

[3] 参见翟学伟：《人情、面子与权力的再生产》，载翟学伟：《人情、面子与权力的再生产（第二版）》，北京：北京大学出版社 2013 年版。

[4] 苏力：《纲常、礼仪、称谓与社会秩序——追求对儒家的制度性理解》，载陈来、甘阳主编：《孔子与当代中国》，北京：生活·读书·新知三联书店 2008 年版，第 189 页。

如"君子之交淡如水",那就是北宋文人王回在《告友文》中说的"亲非天性也,合非人情也,从非众心也。群而同,别而异。有善不足与荣,有恶不足与辱","同异在我"。的确,钱穆为了论证五伦有平等性倾向[1],也喜欢谈朋友关系,认为:

> 夫妇父子兄弟三伦限于家,君臣一伦限于国,为朋友一伦,在全社会中仅有选择自由,亦仅有亲疏远近之斟酌余地,而其影响亦至大,有非前四伦之可相拟者。[2]
>
> 人之相友,唯在此心,唯此赤裸裸的一心,志相同,道相合,外此当各无所挟,乃得成交。人生中心情最乐,事业最大者,莫过于此,所以朋友得与父子夫妇兄弟君臣共成为五伦。[3]

虽然在儒家关于五伦的讨论中没有普通人或陌生人的交往,但朋友一伦中的一些基本特征很接近普通人交往的特征:一切由己。这时,所谓朋友关系,便真正有机会产生"心"的发现。按照儒家的设想,五伦中原本所有关系都应该有诚、有善,但却因为外在的地位强制性,已经分辨不出其本心何在,而朋友则不受这样的强制性所困。一个人以何人为友,完全在自己的目的、品味、志向或心情。由此也就最能看出一个人的人格、德行或者欲念等,当然也就映射出了一个人的自我。这便是西方社会学理论建立起的符号互动论的社会基础。只是儒家对朋友的要求更偏重道德。有了这样的特征,朋友关系便成为"伦"与"不伦"的一种过渡。它一方面在很大程度上摆脱了伦的先定性,另一方面又很容易滑向随心所欲,即所谓"朋友之于人伦,其势若轻,而所系为甚重"(《性理会通·人伦》)。同时由于等级性消失了,如

---

[1] 钱穆:《晚学盲言》上,桂林:广西师范大学出版社2004年版,第220页。
[2] 同上书,第225页。
[3] 同上书,第215页。

果道德感没有发生，那么朋友关系就意味着松散与无序，同样也预示着许多潜在的危险。正因如此，儒家对朋党、小人喻于利等都非常排斥。而事实上，当一切由己的互动发生时，已避免不了中国人在朋友一伦演变出许多复杂的社会乃至政治现象，即《汉纪·武帝纪》中所谓"奔走驰骋，越职僭度"。或者说，朋友一伦为中国人走出"伦"的框架埋下了伏笔。

定理Ⅱ：生物性优先。所谓生物性优先是指级差社会对生物性的尊重或者制度性安排，而非社会由着人的生物性来行事。其优先性在于：从宏观层面看，该定理认为每一个人都存在先天性的差异，比如智力、能力、年龄、性别、出身等。这些差异是社会差别性的基础。再者，前文已经表明，由伦到五伦的各种关系中，最为重要的关系是血缘关系，即亲亲为大，亲亲之杀，由此社会关系的展开或延伸将以血缘关系或者"亲"为起点，同时也蕴含了"情"在社会运行中的重要作用，而其他社会关系将以此起点为摹本进行复制，诸如家国同构、以孝治天下等。从微观层面看，生物性优先还表现在，辈分、年龄、性别等是体现各种等差关系的最后依据。当各式各样的等差项汇聚在一起而导致其自身交往标准出现矛盾乃至混乱时，最终可以正本清源的等差项则是回到辈分和年龄上来。通常情况下，辈分往往用于家族内部的等差之分，年龄用于家族以外的等差之分，这样的划分理由是辈分及其在名字中的标识在族内是清楚的，而在族外是不清楚的。其次，辈分、年龄或者性别作为分辨差等的依据有时也是矛盾的。比如很常见的母子关系，在性别优先性上是男性优先，在辈分优先性上是女性优先，进而导致等差序列的混乱，那么这时又应该遵循辈分优先；而当族外的社会关系复制自家庭关系时，对于陌生人的称呼如爷、伯、叔、奶、娘、姨、婶、嫂、姑、兄、弟、姐、妹等，所暗示的很难指辈分，而是指年龄差距。由此，生物优先性的最重要的方面是父系亲缘和辈分（年龄）系统，比如五服，而一个"孝"字，正涵盖了这两方面的特点。这一定理的一个反论则是中国人对"乱伦"的高度敏感。此词的本义指乱了辈分,但又引申为因婚配所构成的血缘与代际序列对"性爱"关系有种种限定,所谓乱伦是指对这一限定的突破。中国人的脏话大多从中滋生和延伸。

定理Ⅲ:地位递进或轮替。在一种相对封闭的且理想的等级设计中,最好的方案就是每个人都从低位起步,然后一步一个台阶,最终达到高位。从社会的意义上讲,虽然国家实行的宗法制度是这样设计的,但更大的运行空间只能在家族内部,其基本机制就是辈分与性别上的区分。由这两项指标,每一个家族成员都清楚地知道自己在什么位置上,然后随着自己年龄的增长、辈分的提高和婚姻,就可以有序地发生变动。这样一种地位递进方式凸显的是人生地位的动态性。在这样的动态性上来理解公平或平等则是一种新的视角。在西方社会,所谓公平或平等是静态而平面的,也就是在一个特定的时空点上,我们可以来看制度、法律或分配原则等的设计是否一视同仁、是否公平或公正,比如父子间、夫妻间、白人与黑人间、健全人与残疾人间等,如何平等。但中国人所理解的公平或平等更倾向从纵向的以及动态上来衡量[1],也就是说如果每个人在一生中都经历过由低位向高位的移动,就算公平或平等,比如父亲做过儿子,君做过臣,婆婆做过媳妇等,由此忠恕之道或者凡事从情本体出发。动态上升机制成了中国人的人生动机,即没有人希望自己停留在原有的地位,其上升与否构成了人本身的意义。正因如此,当这样的心理机制扩大到官僚体制中时,权力斗争将不可避免。只不过,当家族内部的等级递进进入社会层面时,儒家讨论的重点则转向贵贱,相应的,递进的方式也转化为"学习",即所谓"学而优则仕"(《论语·子张篇》)。

---

[1] 参见翟学伟:《中国人的大公平观》,载翟学伟:《中国人的关系原理——时空秩序、生活欲念及其流变》,北京:北京大学出版社 2011 年版。

荀子云："我欲贱而贵，愚而智，贫而富，可乎？曰：其唯学乎！"（《荀子·儒效》）当然，这种通过"学"来实现仕途的理念最终有赖于科举制的出现才完善起来，它使得天下所有人几乎都可以通过这样的方式来改变社会等级与阶层，进而达到家内与社会的两套动态机制同时运行，以实现由微观到宏观的社会不平等。

当社会上的所有人都处于不平等地位及其变化中时，这一结构导致的结果是，社会共识很难从级差之外得到。如果一个社会有类别参数，那么很多社会共识就从类别参数中达成，比如不同民族、性别、宗教、群体或者阶层的人群通过协商或者斗争来实现一种共识，或随着不同时代的变迁出现类别与等级的归属性之争，比如男女平等话题就是希望能将性别从等级参数归入类别参数。可是当所有社会成员都位于高低等级中时，从等级之外来获得一种异质性的或同质性的立场很艰难，更多可能是从等级内部来孕育社会价值。这就极易产生两种持久而稳定的对峙立场：位于高位的人希望维护和享受等级优越，因为他们经历了等级递进的过程，体验过低位的生活，尝过等待与忍耐的滋味，属于熬出头的群体；而位于低位的人则厌恶这样的等级秩序，他们渴望平等，希望无拘无束，或者激进地想使自己成为优越方来主导互动关系。这样的对立出现后，为何中国人的五伦关系依然具有超稳定性呢？因为任何机制的实际运行都是由权威主导的，而坚持维系这一机制的正好均是不对等关系中的权威者。同时又让低位者宽慰的是，他们根据定理Ⅲ，也有出头之日，由此一来，安分守己、按部就班、甘心忍受、听天由命会成为最常见与最合理的行为方式；可一旦这样的合法性被质疑或被否定，即出现哈贝马斯所谓的合法性危机，那么最先起来反叛或造反的人群则必定是不对等关系中的低位者。[1]

---

[1] 参见尤尔根·哈贝马斯：《合法化危机》，刘北成、曹卫东译，上海：上海人民出版社2000年版。

看一看中国近现代革命或者"文化大革命"造反群体的特征，就可以看出青年人、贫贱者（无产阶级）乃至女性等作为革命的主体或积极分子不是偶然的。他们结合自己的身世所能理解的"革命"往往就是打破这一等级排序，把自己或同属地位的人解放出来，其间的称谓也改变为同志或战友。

定理Ⅳ：下位恒常性。根据定理Ⅲ，一个人一生在理论上总有机会走到家族，或者地方乃至国家的高位，前者是确定无疑的，后者则是做个"土皇帝"或"皇帝轮流做，明天到我家"，以及"三十年河东三十年河西"的信念。但无论一个人一生如何奋斗，该定理表明，一个人永远不可能成为绝对意义上的最高统治者，尽管现实统治者是存在的。即无论一个人如何借助先赋性或获致性，比如长寿，或在家族中辈分最高或者成为地方霸主乃至一国之君，都不能自视为权力顶峰。讨论这一点需要再次回到公理上去。中国文化为天人合一的文化，人与人的关系不仅是人间关系，而且还是天人关系。当天人关系把人同"天"衔接时，人的地位将始终处于低位，人间统治者也不过是"天子"而已。不仅如此，人与人的关系也不是指一个个有生命者所构成的社会世界，而是指一个人通过同自己的"祖先"相联结，构成的人与先祖、鬼神之宇宙系统。由此一来，一个不断期待上升中的个人在天地与鬼神间无论如何都处于低位，由此造成这一社会的文化核心价值是永恒且无尽的"尊""敬""祭""拜"。B. I. 史华兹（B. I. Schwartz）意识到：

> 在祖先崇拜中发现的社会秩序，其强有力的典范作用也许深刻地影响了整个"精英文化圈中的"社会政治秩序和宇宙秩序中的宗教观。在家庭内部，亲属成员无论是在此岸世界还是彼岸世界，都在一个角色关系网络中而被凝聚到一起。理想上讲，该网络是由宁静的、和谐的鬼神、仪式礼节支配的。在这里，秩序的价值最为重要。作为一种宇宙的隐喻，它表示了高高在上的神的

权威之下，家庭性的和谐而凝聚起来的实体与能量的世界。作为一种社会政治秩序的模型，它所反映的是一种以清楚界定的角色和地位，并且从理想上讲是通过神的体系而凝聚在一起的网络。[1]

史华兹在此还小心翼翼地区分：西方文化中理性主义或者还原主义是将鬼神驱逐出合理性的范畴，但中国文化中不是。这是一个宇宙秩序的整体。杨庆堃认为：

> 为了理解政治伦理信仰运作的社会心理机制，我们可以把它们分成三类：有关于天、地和冥界的信仰；对被神化的个人的信仰；以及对孔子圣人及其文昌神的信仰。第一类信仰起的作用是把神灵世界整合成一个有权威的等级系统，像政治伦理价值一样强化普遍道德，由于背后有自然力的权威，所以得到民众的普遍信仰。第二类信仰通过神化有贡献的人物来支持政治伦理价值。第三类信仰通过神圣化儒学正统和士绅（scholar-official）阶级，使之成为整个政治伦理价值系统的主导。[2]

我以为，从社会控制与整合的双重功能来讲，敬天、敬地、敬鬼神、敬祖先等一方面遏制了最高权威者的极度膨胀，另一方面也构成了所谓的"用死人压活人"。而这一定理在很大程度上也反映在：毛泽东概括的全部封建宗法思想和制度是政权、族权、神权与夫权。[3]

---

[1] 本杰明·史华兹：《古代中国的思想世界》，程钢译，南京：江苏人民出版社2004年版，第30—31页。

[2] 杨庆堃：《中国社会中的宗教：宗教的现代社会功能及其历史因素之研究》，范丽珠等译，上海：上海人民出版社2007年版，第147页。

[3] 毛泽东：《湖南农民运动考察报告》，载《毛泽东选集（一卷本）》，北京：人民出版社1967年版，第31页。

定理Ⅴ：微观与宏观的连续性推论。五伦中包含父子关系推君臣关系，兄弟关系推朋友关系，而差序格局之所以对中国社会有很好的解释力，正是因为它符合这一定理。从实际操作上看，一方面亲疏远近是推出来的，另一方面修身、齐家、治国、平天下也属于连锁性推论。关于推己及人这一方法，我在其他论文中有详细的讨论。[1] 可是，把这样的推论与五伦放在一起看，很容易看出一个问题，那就是角色一方面虽体现着微观的社会互动，但另一方面又承担着中国人对宏观社会结构的建构和理解，由此，宏观社会是由微观社会推出的，而所谓推论出来的社会构成毕竟不是社会事实。从实际情况来看，角色所看到的宏观社会在很大程度上只是一个想象的共同体，而实际的社会运行方式将由个体相连接（personal relationship）。这一连接结果因为定理Ⅱ的作用，极易导致团伙、圈子、山头、派系或关系网的发达，而很难从正式的组织、国家的角度来考虑相关事宜。比如在中国，一些机构、企业或社团能够运营得相当成功，不是得益于其组织架构和制度，而是得益于领导者个人的能耐和网络。一旦领导者离任，或者没有合适的接班人，又或者领导之间不和而导致其中一人带走一干人马，组织都将瞬间面临危机乃至轰然倒塌。

或许我们在此要提出一个尤为根本的社会学问题：中国社会何以要忽视类别参数，一味地依照等级参数来构建呢？我想对这一问题，可以借中国古代杰出的准社会学家荀子的观点来回答：

> 夫贵为天子，富有天下，是人情之所同欲也，然则从人之欲，则势不能容，物不能赡也。故先王案为之制礼义以分之，使有贵贱之等，长幼之差，知愚、能不能之分，皆使人载其事而各得其

---

[1] 翟学伟：《儒家的社会建构——中国社会研究的视角与方法论的探讨》，载翟学伟：《人情、面子与权力的再生产（第二版）》，北京：北京大学出版社2013年版，第43页。

宜，然后使穀禄多少厚薄之称，是夫群居和一之道也。……故曰："斩而齐，枉而顺，不同而一。"夫是之谓人伦。《诗》曰："受小共大共，为下国骏蒙。"此之谓也。（《荀子·荣辱》）

水火有气而无生，草木有生而无知，禽兽有知而无义；人有气有生有知亦且有义，故最为天下贵也。力不若牛，走不若马，而牛马为用，何也？曰：人能群，彼不能群也。人何以能群？曰：分。分何以能行？曰：义。故义以分则和，和则一，一则多力，多力则强……

故人生不能无群，群而无分则争，争则乱，乱则离，离则弱，弱则不能胜物。故宫室不可得而居也，不可少顷舍礼义之谓也。能以事亲谓之孝，能以事兄谓之弟，能以事上谓之顺，能以使下谓之君。君者，善群也，群道当则万物皆得其宜，六畜皆得其长，群生皆得其命。（《荀子·王制》）

这一番议论清晰地论述了一个社会何以要讲人伦之根本。它首先是出于人人都希望生活安定，都有对社会之乱的恐惧。而从人性上讲，人人又不可避免觊觎权力，或有富甲天下之欲望。为了让社会得以整合，行动有序，生活安定，最好的办法就是对人群进行区分。所谓区分从表面上看好像指社会分工，其实儒家思想的深意是，每个人根据他的资质尽可能地去做适合自己的事情，这样社会就正常地运行起来了。如果没有这样的分别，那么人人向往权力和财富，一定会引发争夺，进而导致社会大乱，最终自取灭亡。由此得出的结论是，唯有等差有别的社会才是有序的、和谐的、强大的，反之，齐平的社会恰恰会发生动乱，导致弱势及消亡。

七、余论:"伦"所构成的中国社会特质

以上关于"伦"的研究留给现代社会学的一个思考点是,在现代性的框架内,以等差方式构成的社会是否公平合理,以及如果社会平等化是否就意味着无序?对于这样的问题,中国学界的处理方式是一再试图论证儒家思想中有平等思想,而当此论述很难成立时,又转而论证等差之爱式的平等。[1] 可是,从"伦"的社会学分析框架上来看,儒家的所谓平等思想是不存在的,包括孟子的"人皆可以为尧舜"或民贵思想也不是平等的思想。若以西方公平正义的价值理念来衡量,也可以直接回答:它是不公平,不合理的,但这只是一个表层的认识。其实西方人所寻求的平等社会主要来自天赋人权的价值理念。以这样的理念面对社会自身客观上的不平等,会导致不断的抗争,进而产生阶级矛盾,或者说西方的平等思想所带来的社会构成主要是阶级的、结社的、族群的斗争,社会性的、组织性的、人际的冲突或者底层的、弱者的、边缘者的反抗乃至于各式各样的社会运动。而中国人所认可的从微观直至宏观的各式各样的等差,带来的则是社会的有序与和谐或者只是表面上的和谐乃至面子上的维系。对于一个追求和谐的社会来说,等差恰恰是基础,无论是微观的家庭或组织内部,还是宏观的社会地区与阶层,只要个人、家庭、组织、地区等各尽其职、各尽其能地在自己的位置上做事,即实现了"和而不同"的理想。"和谐"(harmony)一词的至关重要的隐喻是:一首美妙动听的乐章不能是齐奏或齐唱,而应是乐曲之分谱、不同器乐之分奏、不同声部之协力,最终回归总谱,并在一个指挥家的指挥下完成。当然,和谐本身所需要的和弦又是有自然律(天命)的。而所谓平等则表示,在机会均等的条件下,人人应该争当主唱,人人争奏同类乐

---

[1] 甘阳等:《专题:儒学与社会主义》,《开放时代》2016 年第 1 期。

器或者人人争抢乐团首席，进而激发起成就动机或者自我实现，表现于外的行为便是竞争或者斗争。由此可见，当社会假定人有等差时，该社会向往的是整体性和谐，而君王考虑的核心点是如何国泰民安；当社会假定人生来平等时，该社会向往的是必须赋予个人以平等、自由与权利，而当权者的相应治理方式是民主制度。所谓民主，即包含了国家在统治意义上必须确保社会中应有斗争、竞争与反抗的机制的意义。[1]

与等差社会相关的另一个重要问题是，如何来实现、运行和维护这样的社会运行呢？显然主要不靠法律，也不靠各种大小不一的社会制度，而是"礼"。"礼者所以定亲疏，决嫌疑，别同异，明是非也。"（《礼记·曲礼上》）礼者，"序尊卑、贵贱、大小之位，而差外内、远近、新故之级者也"（《春秋繁露·奉本》）。宋代理学大家周敦颐的说法则更加与五伦相配合："礼，理也；乐，和也。礼，阴也；乐，阳也。阴阳理而后和，君君、臣臣、父父、子子、兄兄、弟弟、夫夫、妇妇，万物各得其理，然后和。"（《通书·礼乐》）史华兹认为："'礼'的终极目的是要赋予等级制与权威以人情的魅力，但肯定也意味着要维护并澄清它的基础。"[2] "礼"在社会学意义上很容易被理解成一套规范、规则或者制度之类。其中的误区在于，一旦"礼"成为规则或制度，那么礼对"情""和"之贡献恰恰就会降低，很容易导致"同而不和"。郝大维和安乐哲认为：

> 尽管最初礼引导实行者进入具有稳定性的社会关系——这些关系的已经认可的形式被广泛接受——这些礼却并非只是沉淀于

---

[1] T. Skocpol, and M. P. Fiorina, *Civic Engagement in American Democracy* (New York: Russell Sage Foundation, 1999).

[2] 本杰明·史华兹：《古代中国的思想世界》，程钢译，南京：江苏人民出版社2004年版，第69页。

文化传统中的、正确的特定的标准，该传统也不只是以可预计的方式帮助塑造它的参与者。礼还有创造性的方面。从这个意义上说，它们的激励作用大于其禁止作用。礼告诉参与者什么是恰当的，这只是针对这样的情况：礼是由他来实行的。礼除了其所有的规范的社会型式之外，还有其他开放的结构，它是个性化的，为了适应每一个参与者的独特性和品质，而被重新加以规定。……

各种实行礼的活动，其个性化的程度各不相同，而结果是，它们所确立的身份形成了层级关系系统。这些身份构成了一种社会脉络（social syntax），它通过各种顺应模式的协调产生意义。[1]

依我之见，在中国文化中，"礼"一开始曾作为制度运行过，这就是它作为"祭"的体制之际[2]，可一旦作为日常人伦，其制度性将大打折扣，因为制度运行本身不可避免地带有普遍主义的特点，它要求成员必须整齐划一地按照相关典章规范去做。虽然，我们不妨说这是"礼"的要求，而且在现实社会中也不乏其例。比如韩国文化和语言，非常刻板地重视年龄、辈分以及由此衍生的年级、资格、先来后到等，而不顾其余，致使其社会关系井然有序。[3] 可是在中国，"礼"却被赋予了创造性或者灵活性。那么，礼为何要有创造性或者灵活性？因为制度本身的性质决定了，它无法考虑情境，无法考虑具体情况，无法考虑每个人的感受，更无法做到事无巨细。既然"伦"所设定的是处处

---

[1] 郝大维、安乐哲：《汉哲学思维的文化探源》，施忠连译，南京：江苏人民出版社1999年版，第278—279页。

[2] 李泽厚：《新版中国古代思想史论》，天津：天津社会科学院出版社2008年版，第335页。

[3] 李圭泰：《韩国人在想什么1》，赵莉译，南京：南京大学出版社2015年版，第176—177页。

要求差等分别，那它的运行只能是具体、细致、无时无刻、无处不在的。以法的框架看制度，整齐划一是制度的内涵，设立的章程只能在一般层面考虑问题。有此内涵的制度一旦实施，礼所想实现的效果便荡然无存。而以礼的框架看制度，一方面作为制度来运行，礼只想表明这是一套行为系统，人人不可例外，但人人事事均不相同，个体需要掌握礼的精神实质，以便在任何不可预测的情况下依然维系和谐与秩序。另一方面，所谓礼制之"制"的意思更多的是指人人必须遵循，但究竟遵循什么，就得看自己位置与他人位置的关系。"规定"与"规矩"看起来只有一字之差，但意思不同。规定不存在懂不懂，就是照着做；规矩则必须要懂，否则即使按章办事，亦可被斥为不懂规矩。可见，礼是因人而异，因情而异，因地位而异，需要个体考虑得体、恰当，有分寸，会拿捏。或者说，礼所关注的不是它能否成为制度，而是它能否实现和谐。如果答案是能，那么它可以被视为一套制度规范；如果答案是不能，那么它需要不断地根据情境进行调节，灵活变通，直至和谐为止。由此来看，"礼"的实质是带有情境性和创造性的，这一特征总是同个人相联系，即所谓"一日克己复礼，天下归仁焉"（《论语·颜渊篇》）。必须引起注意的是，当社会秩序的维系内嵌于社会级差时，外在制度设置往往是多余的，尽管它有背书的作用，却未必是社会或组织实际运行的依据。仅当"礼"的运行失效时，外在制度即刻生效。这种即刻生效本身，也说明了所谓的情境性和灵活性。很多情况下，中国人谈"做人"，不是指学习规范，而是指学会摆正自己的位置。一个人在社会或组织中不明白制度，但懂得上下关系和左右逢源，必定深受上司赏识和同事欢迎；反之，一个人不会"做人"，只知道按章办事，便会被斥为不通人情世故，不懂为人处世之道。

接下来的一个问题是，社会分层的视角以及其中所发生的社会流动是否会摧毁中国人的等差之分？关于这一点，更加凸显的问题其实不在社会分层与流动方面，而在于独生子女政策的实施将多少改变这样的家庭秩序，或者说，没大没小的地位意识是在独生子女身上出现的。回到社会分层与流动上来看，社会流动的发生不会给等差带来多少变化。其主要原因是等差是一个由微观到宏观的研究视角，而非一种宏观社会学的视角。从宏观社会学的视角来看，各个个体或者群体的社会地位随着改革开放、城乡二元关系的打破和教育资本的获得等，发生着各式各样的社会流动，但这些流动基本上未触及微观上的等差关系。比如无论个体流动到何种地位，等差理论关心的都是，他还在父子不对等的关系中吗？或者他的流动是否也含有孝的行为，以带动其家人向上流动？他依然会在组织、官场、职场、商场中区分长辈与晚辈或者新老资格吗？他的生活网络里有亲疏远近吗？他见到比他位置高的人会俯首帖耳、马首是瞻吗？等等。可见，等差关系的起点正是以两人关系（dyad）所看到的社会，无论宏观上如何变化，"伦"的研究视角与理论总是从两人关系开始延伸。

还有一个必须思考的问题是，一种被西方心理学反复强调的人格或者西方政治学、社会学及经济学连篇累牍提及的理性，为何在中国学术传统中难寻踪迹？通过本文对"伦"的研究，我发现，学术研究是否凸显人格或理性主要在于该文化对个体性如何假设。在一个以等差构成的社会结构中，的确很难发现人格或者理性有何作为（但这并不意味着该社会中没有人格或者理性）。当社会把个人安顿于等差关系中时，即便他有人格或自我，也难以独立施展，更多的时候还受到压制。在很大程度上，处于等差中的个人被要求学会克制和忍让，即要做到"温、良、恭、俭、让"（《论语·学而篇》），而克服"克、伐、怨、欲"（《论语·宪问篇》）。如果我们一定要从这样的社会中挖掘出人格与理性来，那么它们往往依附特定的地位，而非特定的个体而表现。比如，中国人可以通过人格特点来识别一个人的地位，而非此人的性格，并坚信后者会随着地位的改变而改变，诸如飞扬跋扈、趾高气扬、目中无人、唯唯诺诺、低三下四、巴结奉承等。同样，所谓

"任性"在中国的语境中也不是人格意义上的由着性子做事，而是指权力赋予其任性之可能。可是在一个以原子式个体为假设所构成的社会中，人格是指一个人的特质及其表现力，诸如智力、情绪、认知、能力等，往往决定或影响着他的生活、工作与事业的成败。可见，当研究差等社会中的所谓人格时，不能简单与西方心理学中的人格含义画等号。

现在，所有的问题都将集中于，依照儒家所担心的核心问题，如果关系不对等性是社会秩序的保证，那么偏重对等性交往真地会产生无序现象吗？这里其实涉及一种西方思维具有的关于超越性的共识。[1] 这样的共识基础便是信仰与理性：两个在现代社会看来极为重要而常见但中国社会相对缺乏的部分。回到操作层面则是，游戏规则是否高于游戏者？答案应该是肯定的。西方人做人做事喜欢先立规则，比如契约、法律、章程之类，而规则一定，每一个人均是规则的履行者。可这样的规则过程与程序很难被中国人接受，因为如果行动被要求整齐划一，"礼"就运行不起来了。在中国人的观念中，制度是死的，人是活的，有了差等关系，秩序已在其中，至于那些外在的制度性规定，不能没有，但无真正的约束力。

应该说，在现今中国社会，讨论"伦""礼"及"差等"这样的古老概念，似乎非常陌生，很不合时宜，但我们一旦深入下去，便会发现它们正是中国人行为方式与中国社会运行的内在逻辑所在。在中国，许多问题看似非常西化和现代化，但一到关键的、重要的时候，这样的模式便会自动运行起来。比如，计划经济中的干部行政级别及其相应的待遇便是差等社会的变种；而如今的市场化原本可以冲击中国社会的差等观念，但实际情况是，强劲的差等动机导致中国人借市场化

---

[1] 郝大维、安乐哲：《汉哲学思维的文化探源》，施忠连译，南京：江苏人民出版社1999年版，第193页。

之机对社会差等重新洗牌，形成令人难以置信的贫富差距，并带动许多人希望从中占得先机，这是整个社会人心"浮躁"的根源所在。其实，对"伦"的真正的威胁来自互联网，年轻人更倾向在互联网上交流，正是因为这种交流方式能将个体的、性格的、偏好的、情绪的、无所顾忌的、没大没小的、自由自在的特征体现出来。

至此，我的基本观点是，社会中的个体原本存在性别、年龄、个性、智力、出身、能力等的各种先天性差异性事实，这些差异性事实很容易构成社会性差异性事实，进一步演化为相应的社会结构。儒家尊重这些事实，认可这些差异，并在此基础上设计了一套思想体系，以此来勾画一条修齐治平的路径，最终实现社会和谐；而西方社会与政治思想当然也看到了这些事实，但它们更倾向反其道而行之，企图在价值理念和制度安排上努力缩小这些天然或后天的差异，让每个人都活得有尊严。这就是两种社会的文明特质。比较而言，儒家思想的构建更倾向顺应并强化和规范民众的行为来得到一种社会建制，而西学则想通过设立一套平等或正义的理念来改造这样的社会，因此也就有了所谓的社会进步的学说。

（原载《社会》2016 年第 5 期。）

孝：试论儒家道德的社会实践

【导读】思想转化为行动，有一套复杂的传导机制，也伴随着思想本身在操作上的现实改变。由于"孝"的观念及其实践在中国历史文化中极为重要，故可以作为一个重要范例加以考察。从社会学角度来研究孝，主要任务是探讨其运行的社会方式，包括它如何从儒家思想转化为中国人的行动并对社会产生真实的影响与建构。"孝"的本意在于事亲，但儒家将其同"仁"连接，进而成为仁的实现路径。至此，从仁至孝，可以看作一种从思想到行动的过程。在此过程中，孝所承担的社会学意义在于，其因"报本反始"的含义而构建起天人认知框架。这一框架的基本运行方式即由亲子关系而形成的互报模式与情感的角色化。其基本核心依据在于其关系设置上的不对等性所产生的下一代对上一代的歉疚与报恩。孝一旦运行，会导致中国人将其整个社会生活集中于家族谱系、社会温情化、伦理导向、关系网络、权威至上等方面，进而可以起到整合社会的作用。可以说，孝所形成的社会特征是中国社会最稳定的传统。虽说新文化运动以来其主导性已经式微，但其社会底色依旧。

一、引言

思想之争如果仅限于思想界,那是思想家自己的事。自古以来,中国思想家几乎都想做的事是,用其思想影响国策。一旦君主采纳了某种思想,思想便越出了思想界,成为治国理念和意识形态,甚或转化为相应的制度规范,自然也会影响广大民众。从春秋战国时期的"百家争鸣"到汉代的古今经文之争,从"黄老之术"到独尊儒术,从佛教传入中国到宋明理学直至明清思想家的激辩,在根本上莫不如此。不同思想轮番登场,曾有过不同的作为。当然,影响最大且最为持久的还是儒家思想。只是,无论何种思想,即使赞同这一思想的君主通过威权施压,强力推行,要想真正影响社会,都还是困难重重,因为与物质和技术进步相比,改变人的观念或者社会习性是社会变迁中最艰难的部分。这需要有一系列的制度保证措施和教化路径。比如,儒家在中国的影响就借助了礼仪、选官、考试、庙堂与家族制等,而教化本身也需要寻求有效(说教、通俗化)的方式或方法。儒家思想产生如此大的影响,其门道也在于它在漫长的历史长河中形成了这些条件,而其他思想要想达到如此效果,多少得搭载儒家,或合流,或妥协。本文在此试图以其中影响最为持久的"孝道"入手,具体考察儒学概念是如何从思想转化为行动的,以窥探中国社会之基础性的运行方式。

从古至今,有关"孝"的研究可谓汗牛充栋,但古代知识分子的思考方式主要是对它的阐述、讲解和宣扬,至于当代研究,则偏重在价值层面进行说理,包括辩护或批判,抑或在实证层面进行考辨,主要集中于哲学、思想史、伦理学、历史学、宗教与文化等领域。近期这一议题进入心理学,显示出此方向的开拓需要社会科学的介入,因为唯有改变原有的研究惯性,才有机会获得新的问题意识乃至新的发现。当前,心理学方面的研究偏重"孝"的态度测量。[1] 从其意图来看，主要是观测当今民众有关价值的变迁。那么，假如"孝"进入社会学，会获得什么样的思考和结论呢？或许，这里的重点不在于做类似心理学的量化研究，而是理论性的发现，即什么样的文化设定会产生"孝"的运行，以及孝的运行会产生什么样的社会结果。可颇为遗憾的是，迄今为止，这方面的研究比较鲜见。一种直观的理由可能在于社会学研究现代社会，而"孝"是传统社会的产物，和现代社会多少显得格格不入。更深层次的原因或许在于当下的社会学研究框架容不下对"孝"的讨论，也就是说，我们不知道"孝"可以归为社会学的哪种领域、哪种机制、哪种概念、哪种理论和哪种方法。本土心理学将其等同于社会心理学中的"态度"加以测量，颇显无奈和迫不得已，说明"孝"尚不能作为独立的概念来使用。如果再从社会学角度来研究"孝"，它会是一种什么样的概念或者理论？或许，生搬硬套地将其等同于一个既有的概念，或拆解为多种面向做单向度的研究（比如服从、敬重等），又或者，索性不让此议题进入社会学，让从事思想文化的学者继续去讨论，都是解决的办法。但这类研究意向的根本缺憾就是，几乎不触及"孝"对真实社会的建构，只一味地考察其价值的内在性及对社会的可能性影响。

由此，本文试图寻求一种"孝"的社会学研究框架。虽说中国传统学术中本没有社会学，但这不意味着中国历代知识分子不思考社会学式的话题与实践，诸如此类的课题还包括"礼""义""伦""群"等。既然传统学术中没有社会学，那我们对此展开的社会学思考将意味着对现有社会学的扩张，也是为中国社会运行方式的自洽性解读寻求可

---

[1] 参见杨国枢：《孝道的社会态度与行为：理论与测量》，载杨国枢：《中国人的心理与行为：本土化研究》，北京：中国人民大学出版社2004年版；杨国枢：《孝道的心理学研究：理论、方法及发现》，载杨国枢：《中国人的心理与行为：本土化研究》，北京：中国人民大学出版社2004年版。

能。至于为何一定要从社会学角度来研究"孝",答案即在于,笔者在多年的研究思考中意识到,"孝"既是一个链接思想与行动的概念,又是中国社会构建及其运行的关键所在。回溯整个中国历史,为什么历朝历代的帝王都连篇累牍地强调这个概念?为什么中国传统社会要在最大可能范围内不遗余力地宣扬和贯彻孝道?又为什么新文化运动要从它的反面开始起步?我们能够给出的浅显回答是,因为它太重要了,它是历代帝王治理天下所能够想到的又能名正言顺地加以实施的根本方法。如果答案大致如此,那么这显然不是一个思想史的回答,而是一个社会学的回答。的确,仅从中国传统思想方面来考察,"孝"没那么重要,甚至此方向的研究几乎不涉及这一话题。

既然"孝"之重要性无论如何都体现于社会建制及其运行方面,那么我们的考察重点也应该在其社会影响与社会事实方面。首先,可以注意的地方是,为何中国社会长期达成的共识是"百善孝为先"?而在"正史"及地方志当中,大都列有"孝友传"(或孝感、孝行、孝义传等);再实地考察一些文化古村落,也树立着"节孝坊"。又以《孝经》为例。自汉朝以后,官方为此建立了专门机构,诸如设博士、学官,在郡县建学校,将其作为小学课本等,即所谓"汉制使天下诵《孝经》,选吏举孝廉"(《后汉书·荀爽传》);六朝时期《孝经》火爆,多位帝王亲自宣讲并立其他讲者为学官;隋唐以《孝经》颁行天下,亦有孝悌力田科举名目,唐玄宗本人则细心加注《孝经》,并将此书刻于巨石之上,有让其永久流传之意;时至宋朝,宋太宗认为,"千文无足取,若有资于教化,莫《孝经》若也"(《宋史·李至传》),至此,社会上还广泛出现了诗文、乡约、家训等教化形式;金元时期,帝王一方面部分继承了上述做法,另一方面又定出了国子学制,凡读书必先读《孝经》;明清时期以降,经史并重,"孝"已被普及为"二十四孝"、《百孝图》、《女二十四孝》等蒙养读物,并以绘画、戏曲、说唱等形式广泛教化于民间。以上历史都在表明:"《孝经》在历史上具有其他典籍无可比拟的特殊地位。它既是最重要的经典文献，又是最普及的通俗读物；既被看作人伦百行的纲纪，又被当作科举仕宦的阶梯，影响之深远，其他书不可同日而语。"[1] 又有学者就整个中国历史发展情况指出："中国社会是澈始澈终，为孝这一概念所支配的社会。中国社会是以孝为基础而建立起来的。孝侵入于中国社会的每一部门，渗透到中国人的一切生活中。从中国社会的一切活动，从中国人的一切生活，我们都可看出孝的影响。孝影响了中国社会的一切，中国社会的一切生活习惯，皆充分表现着孝的实践。"[2]

二、孝：从思想回归行动

思想之导向性既然要影响国策，那么中国思想家的思考方式就很少是纯理性的思辨，而是思想与日常的融合。正因为有这样的融合，许多学者很容易简单而粗率地理解为，思想影响人的行为是理所当然的，思想言论即行动方式，或思想与行动之间具有一致性。他们在研究中往往把思想家的言论直接等同于民众的生活原则。这一点造成这样一种情形：我们明明说的是生活，却连篇累牍地引经据典。更为遗憾的是，一旦高层决策者也有类似想法，便会想当然地以为，抛出一种思想，全民就会跟着行动，而全然看不到思想可以被当作口号，被曲解、应付或为己所用，又或者要么成为空谈、套话，要么说一套、做一套乃至阳奉阴违。

其实，思想要能有效地教化于人或转化为人们的日常言行，需要

---

[1] 胡平生译注：《孝经译注》，北京：中华书局1996年版，第23页。
[2] 谢幼伟：《孝与中国社会》，载罗义俊编：《理性与生命》，上海：上海书店出版社1994年版，第509—510页。

一套非常复杂的社会机制和传导阶梯。[1]大体而言，它们会有三个层次逐级传递：第一个层次是国家出于统治需要从思想体系中获得部分资源，将其意识形态化，此时思想的完整性会打折扣，在实际过程中还可能融合其他有利于国家的思想。第二个层次是在此基础上以制度化的形式加以贯彻，比如礼制、法制、官制、学制与生活规范等，通常情况下，这一类制度往往只是影响文化群体，因为学习与贯彻这样的制度，将有利于其自身的文化再生产。第三个层次则是生活层次。在相当长的历史阶段中，由于这一层次的民众以文盲居多，故在此层面，思想的影响力在于其能否化为日常礼俗及规矩，包括婚嫁丧葬、节庆礼仪、乡规民约等。大体而言，思想越往底层走，越容易出现大传统与小传统的问题，而不同观念和信仰的混杂也容易导致亚文化的出现。从更为现实的角度出发，这一层次的大多数人是否认同某种思想，其出发点在于自己的实利需求，很少再有人坚守某种思想的纯洁性，比如，儒家在价值层面建立的"孝"可能在此转化为各种求子或早生贵子方面的信仰或民俗。总之，一种思想的传导过程一旦成为意识形态，就将不再完整。到了制度层面，一些精神内涵因无法操作会被抛弃，而在抵达民间以后，民众又会依据自身的条件和利益对此做大幅度调整。

在中国文字中，"孝"字最早出现于金文，由一省略的"耂"（老）字与"子"字组合，表示晚辈对长辈在物质和精神上的帮扶或敬重的关系，其比较成熟的观念主要形成于周朝，却根源于殷。根据胡适对"儒"的探源，"儒是殷民族的礼教的教士"[2]，其遗留下来的传

---

[1] 参见王汎森：《思想是生活的一种方式——中国近代思想史的再思考》，北京：北京大学出版社2018年版。

[2] 胡适：《说儒》，载姜义华主编：《胡适学术文集　中国哲学史》下册，北京：中华书局1991年版，第641页。

统即祖先教,也就是从事祭祀活动。所以,原始的儒是从担纲"尊祖敬宗"活动开始的。由于当时社会采取的是大家族制,人们对始祖的认同远大于自己的亲生父母,许多礼仪更集中于对祖先的崇拜。孝之所以从宗教性的活动中转化为道德规范,是因为它能实现"慎终,追远,民德归厚矣"(《论语·学而篇》)。也如《中庸》所说:"郊社之礼,所以事上帝也。宗庙之礼,所以祀乎其先也。明乎郊社之礼,禘尝之义,治国,其如示诸掌乎!"(《中庸·第十九章》)从而达致社会教化之目的。"孝"原本作为一个尊祖敬宗的概念,其道德意义比较宽泛,含义涉及祖妣、宗室、父母、兄弟、婚媾、朋友乃至于神灵,其内涵大致为"孝养"。而孝的观念与行为方式发生变迁,是由宗法制的衰亡直至礼崩乐坏而引发的。其基本变化即从大同社会的"人不独亲其亲"转为小康社会的"各亲其亲"。此时此刻,孝之内涵的窄化使孝的基本含义一方面只限定于侍奉父母,另一方面也混杂于其他"民德"之中,也就是说,孝是若干品德之一。直至孔子时代,孔子将其与"仁"相连接,才开启了孝的新篇章。《论语》开篇中便有:

> 有子曰:"君子务本,本立而道生。孝弟也者,其为仁之本与!"(《论语·学而篇》)

> 子曰:"弟子入则孝,出则弟,谨而信,泛爱众,而亲仁。行有余力,则以学文。"(《论语·学而篇》)

孔子谈"仁"为何要扯上"孝"?因为他意识到,他所希望倡导的"仁"之精神与孝所遗留的基本含义之间存在高度的一致性,也就是说,"仁"的精神实质是可以借助孝来体现的,比如施"仁政"其实就是行"孝道"。由此,"孝"可以成为实现"仁"的一条可操作的路径。《孟子·离娄章句上》也说:"仁之实,事亲是也;义之实,从兄是也。"《管子·戒篇》也认为:"孝弟者,仁之祖也。"宋代二程在《二程遗书·论道篇》中则说得更明确:"仁,性也。孝弟,用也。"另一宋代学者邢昺在《孝经注疏序》中还指出,孔子面对社会的"礼崩乐坏","乃定礼乐,删《诗》《书》,赞《易》道,以明道德仁义之源。修《春秋》,以正君臣父子之法。又虑虽知其法,未知其行,遂说《孝经》一十八章,以明君臣父子之行所寄。知其法者,修其行,知其行者,谨其法"。由此可见,经孔子的思考与制定,在"仁"与"孝"之间出现了一种思想与行动上的承接关系。其中,"仁"是"孝"的精神内涵,而"孝"是"仁"的现实表现。前者属于思想范畴,后者属于路径与行动范畴。关于这一点,《周礼》亦有类似的划分:

> 以乡三物教万民而宾兴之。一曰六德,知、仁、圣、义、忠、和;二曰六行,孝、友、睦、姻、任、恤;三曰六艺,礼、乐、射、御、书、数。(《周礼·地官司徒第二》)

在此,我们可以一目了然地看到,"仁义"是德层面上的,"孝友"是行为层面的,彼此却不能割裂,更不能只在一层中发展。失去了"仁义"而谈"孝友",这样的"孝友"缺乏道德内涵;只谈"仁义"而不谈"孝友",这样的"仁义"是空洞的说教。所以《周礼正义·冬官考工记第六》说"或坐而论道,或作而行之","坐而论道,谓之王公。作而行之,谓之士大夫"。也就是说,这样的德与行不能由一个阶层来完成,得由不同的阶层来合力完成。

虽说"孝"的含义发展到儒家那里依然保持着祭拜和善事父母的意思,但因"仁"的提拔作用,孝的价值目标也更加宏伟,以至于儒家认为,即使处于日常生活中的广大民众理解不了"仁",也没关系,因为圣人也有理解不到的地方。关键还在于大道理隐藏于日常实践之中，因此说教不重要，实践最重要。换句话说，即使民众茫然不知"仁"为何物，只要在日常中贯彻了"孝"，即已收获"仁"的真谛。这就是《中庸》里说的：

> 君子之道费而隐。夫妇之愚可以与知焉。及其至也，虽圣人亦有所不知焉。夫妇之不肖，可以能行焉。及其至也，虽圣人亦有所不能焉。天地之大也，人犹有所憾。故君子语大，天下莫能载焉。语小，天下莫能破焉。《诗》云"鸢飞戾天，鱼跃于渊。"言其上下察也。君子之道，造端乎夫妇。及其至也，察乎天地。（《中庸·第十二章》）

至此，仁的实践性要求儒家倡导仁回归孝，但这毕竟是一条以德行来拯救礼崩乐坏的社会的路径，我们在下文将会看到，这样的设想在实践中未必如儒家所期待的那样，因为其间的转化环节较为复杂。这便提醒我们，社会学讨论"孝"，应该关注"孝"本身所引发的可经验性的世界。唯有通过对其经验方面的研究，才可以看到一种落地的思想会发生什么。

当然，面对如此浩瀚的相关文献资料，为了提取其社会学内涵，本文在此只选取《孝经》及其理念作为研究的文本，并在经验上考察比较定型的"二十四孝"的人物故事。以《孝经》为核心来寻求建立社会学框架，理由在于此书是"孝"之理论和思想的集大成者。它基本上继承了孔子关于孝的思想，也引导了历朝历代的各种论述及其发挥，更加重要的是，《孝经》本身也部分说出了对构建社会方面的设想。至于选取"孝行"方面的故事，主要是希望从教化层面认识孝的实践能力及其限定。虽说不少古人的行孝故事有不少杜撰之嫌，但其中依然透露出社会学想要寻找的问题和答案。

三、孝:"报本反始"之文化理念

《孝经》篇幅很小,一千八百多字,共十八章。其布局是先以开宗明义来明确"孝"之含义,然后讨论"孝"所涉及的社会阶层及其规范。接着,该书阐明了其所能发挥的社会功能,尤其是社会治理,最后回到所有这一切都得从善事父母等日常细节开始。

那么"孝"经过儒家的改造后,究竟被赋予了哪些新意呢?《孝经》上说:

> 夫孝,德之本也,教之所由生也。……身体发肤,受之父母,不敢毁伤,孝之始也。立身行道,扬名于后世,以显父母,孝之终也。夫孝,始于事亲,中于事君,终于立身。

在这段话中,《孝经》首先将"孝"明确地从其他德行中提取出来,并指出其他的优良品质也是从这里开始的。孝的完整性应该在三个层次上实现:其一是生理性的,也就是理解自己在身体上与父母有什么联系;其二是心理上的,也就是在有了生理上的联系后,需要明白自己应如何善待父母,如何服侍父母,满足父母的需要;其三是社会上的,要求一个人活着应该继承先辈之志,有所成就。所谓成就,这里不但指一个人获得政治和社会地位,而且还意味着完成先辈的遗愿,为整个家族带来了荣耀。其他文献中也有不少孝的其他层次的说法,如《礼记·祭义》中的"大孝尊亲,其次弗辱,其下能养""小孝用力,中孝用劳,大孝不匮",《盐铁论·孝养》中的"上孝养志,其次养色,其次养体"等。

与孝有关的其他品行,曾有"五教"之说,即教父以义,教母以慈,教兄以友,教弟以恭,教子以孝。仔细思考,儒家从其中选择任何一种德行,其所构造出来的社会运行都会有异。可为何儒家偏要挑出"教子以孝"作为一切道德的根本呢？换句话说，仅从"仁"的视角向下延伸，义、慈、友、恭等也都包含"仁"的精神内涵，它们为何不能当选？对此，我们只要比较一下父母与兄弟之德，就会发现这些德要么是"上对下"的，要么是平行的，而只有子对父才是"下对上"的。"下对上"之德之所以重要，根本是因为其"文化性"或者说"人性"。如果我们将人的生活还原到动物性层面，"上对下"之哺育与抚养是必需的，幼小的动物出生后一旦缺乏这一历程，将无法存活。而平辈之间一起玩耍、嬉戏也是动物界常有的现象。但是，却鲜见有动物反哺其父母的现象，更没有动物长大后在其父母年迈时为其养老送终的现象。由此，可以说，老的照顾小的，是动物本能，而小的照顾老的则是文化，是一种被教化出来的行为方式。所以，孔子认为从"孝"认识"仁"，才能以"仁"来定义"人"，即所谓"仁者，人也"（《中庸·第二十章》），而从"孝"的含义所引发出的"文化性"，也才是"礼"的实质。

有学者曾对孝的发生提出过一种"深长的时间意识"，认为人类会出现孝的举动是因为，婴儿出生时不成熟，需要父母较长期的抚养。这样长时间的抚养使得子女在有了自己的孩子后会在记忆中唤起过去的抚养。于是"孝"的契机来自：

> 在延长了的人类内时间意识中，忽然唤起、兴发出了一种本能回忆，也就是长期的，哪怕是内隐的回忆，过去父母的养育与当下为人父母的去养育，交织了起来，感通了起来。当下对子女本能深爱，与以前父母对自己的本能深爱，在本能记忆中沟通了，反转出现了，苍老无助的父母让他/她不安了，难过了，甚至恐惧了。于是，孝心出现了。[1]

---

[1] 张祥龙：《家与孝——从中西间视野看》，北京：生活·读书·新知三联书店 2017 年版，第 105 页。

以笔者所见，这样诗化的阐述对于如此关键问题的探究，只能说是浪漫的想象远大于事实本身。孝道的出现与实行在根本上不是记忆，也不是记忆交织（至于为何"养儿方知父母恩"将在后文讨论），却是儒家寻找到的一套从观念到行为的文化设计。这样的文化设计如果不是儒家学说在中国人的社会生活中被一再强化，一再普及教化于民众，一再被无数家庭代代实践，其实很容易沦落。事实也是如此，当我们回顾包括拥有悠久传统在内的中国历史与现实时，或者借助阅读历朝历代的正史和家训，我们可以看到：一方面，孝道与家范的言论层出不穷，孝行的教化意义被一再放大；另一方面，其所衬托的又是对不孝行为的警觉。经历了现代化的中国，孝的意识大大衰落，也不见其可以在记忆中被重新唤醒。这一切都说明，人类亲子关系的抚养中并无这样的记忆。如果说人类真有这样的记忆，首先说不通的就是西方文明中为何没有这样的记忆？现代人又为何没有这样的记忆？所以，孝的行为模式只能是后天建立的。尤为需要考察的历史是，孔子所处时代已是"不仁""不义""不孝""非礼"等社会乱象随时随地都在发生，孔子因其文化使命感，才会以革新者的勇气，竭力且顽强地建立起这样的价值立场，即"克己复礼为仁。一日克己复礼，天下归仁焉"（《论语·颜渊篇》）。而就"孝"本身，孔子本人就不厌其烦地说：

> 今之孝者，是谓能养，至于犬马，皆能有养。不敬，何以别乎？（《论语·为政篇》）

> 宰我问："三年之丧，期已久矣。君子三年不为礼，礼必坏；三年不为乐，乐必崩。旧谷既没，新谷既升，钻燧改火，期可已矣。"子曰："食夫稻，衣夫锦，于女安乎？"曰："安。""女安则为之！夫君子之居丧，食旨不甘，闻乐不乐，居处不安，故不为也。今女安，则为之！"宰我出。子曰："予之不仁也！子生三年，

然后免于父母之怀。夫三年之丧，天下之通丧也。予也有三年之爱于其父母乎？"（《论语·阳货篇》）

三年之丧，达乎天子。父母之丧，无贵贱，一也。（《中庸·第十八章》）

践其位，行其礼，奏其乐，敬其所尊，爱其所亲，事死如事生，事亡如事存，孝之至也。（《中庸·第十九章》）

从以上这些言论中，我们可以看到，儒家不但强调孝，而且对孝行的规定也非常具体，几乎到了事无巨细的地步。为什么？就是因为人在此点上是不长记性的，更不用说人在出生后前三年的襁褓中尚无记忆。这意味着，如果没有后天的孝之理念的强化，父母的这份爱几乎是白给的。而"守孝三年"就是孔子要求子女对父母这份爱的回敬，以体会父母三年的抚育是多么难能可贵。宰我想缩短这一时间，孔子认为这是"不仁"。试想，宰我将守孝缩短为一年都被孔子斥责为"不仁"，那么放在今天，谁还够得上"仁"？

为了孝的可行性，儒家在运行机制上建立起了一种互报模式。早在《诗经·小雅》的《蓼莪》当中，已经出现了这样的诗句：

父兮生我，母兮鞠我。
拊我畜我，长我育我；
顾我复我，出入腹我。
欲报之德，昊天罔极！

这首诗所表达出的子女报答父母之情，是儒家十分欣赏和肯定的，也成为历代家训的最重要理据。比如《袁氏世范》上有：

> 父母于其子幼之时，爱念抚育有不可以言尽者。子虽终身承颜致养，极尽孝道，终不能报其少小爱念抚养之恩，况孝道有不尽者。凡人之不能尽孝道者，请观人之抚育婴孺，其情爱如何，终当自悟。亦由天地生育之道，所以及人者，至广至大，而人之报天地者何在？

所谓互报模式的元假定是，只要母亲怀胎十月，生下了子女，子女长大成人，便默认了父母之爱的投入。于是，无论父母接下来表现如何，甚至有什么过错，重点都要放在子女该做什么上面。虽然，作为互报关系，其本身含有"父慈子孝"的双向投入之意，但我们一再看到的是孔子对父母的宽容和对子女的苛刻。《论语》上说：

> 孟懿子问孝。子曰："无违。"樊迟御，子告之曰："孟孙问孝于我，我对曰'无违'。"樊迟曰："何谓也？"子曰："生，事之以礼；死，葬之以礼，祭之以礼。"
>
> 孟武伯问孝。子曰："父母唯其疾之忧。"（《论语·为政篇》）
>
> 子夏问孝。子曰："色难。有事，弟子服其劳；有酒食，先生馔，曾是以为孝乎？"（《论语·为政篇》）
>
> 子曰："事父母几谏。见志不从，又敬不违，劳而不怨。"（《论语·里仁篇》）

《孝经·纪孝行章》也有：

> 子曰："孝子之事亲也，居则致其敬，养则致其乐，病则致其忧，丧则致其哀，祭则致其严，五者备矣，然后能事亲。"

这些言论所表达的意思都是单方面地要求子女如何对待父母，而几乎不谈父母如何对待子女，所以中国民间又有"天下无不是的父母"一说，钱穆指出：

> 父母尽可有不是，但就为子女者之心情言，父母始终是父母，不能因为其行为有不是而不认为其为父母。但亦不闻人言天下无不是的子女。则父子一伦，其间自有尊卑分别。又中国传统，教孝重于教慈。此孔孟以前已然。大率言之，慈可以有一限度，即此便算是慈。但孝则没有一限度，不能说即此便算孝。又且不慈可恕，而不孝则不可恕。老子曰"六亲不和有孝子"，正要在家庭种种不合理的逆境中完成此一分孝。[1]

何以如此？因为儒家的道理是：父母对子女的慈爱，其德深根于动物本能；而子女对父母的孝，其德根植于文化观念，即只要一条生命来到人世，就意味着其中已具备了孕育与抚养之事实，而这一不可更改的事实将引发后代的歉疚，这便是报答的依据。由于动物不具有这样的报答倾向，所以人性就在此体现。当然，对于已提升为文化意义的"孝"，其回报方式仅停留于侍奉父母方面是远远不够的，而应带有更多的社会性含义，由此孝的社会性含义越丰富，孝的实行就越艰巨。我们不妨这样认为，所谓行孝之举，是指人对自己的人性的不断考验，这样的考验在很大程度上要靠文化赋予的意志力和志向来支撑。比如，《论语·学而篇》说，"父在，观其志；父没，观其行，三年无改于父之道，可谓孝矣"，《中庸·第十九章》也说，"夫孝者，善继人之志，善述人之事者也"。故此，孔子十分强调孝中的志向问题。那么，如此难做到的事可不可以不做呢？答案是不

---

[1] 钱穆：《晚学盲言》上，桂林：广西师范大学出版社 2004 年版，第 207 页。

能，因为按照儒家对孝的运行设计，一个人不行孝所摧毁的不只是一个家庭，而是整个社会。

看起来，孝的尊祖含义在大大减少，互报模式中的最直接受惠者是父子，但其关联性引发代代追溯，"报本反始"依然不可动摇。"报本反始"引发的一个宇宙论和人生论是：本在何处？始在何时？这就是《礼记·祭义》上说的"教民反古复始，不忘其所由生也"，以及《大戴礼记·礼三本》所说的"先祖者，类之本也"。这就是说，在孝所运行出的世间框架中，从个人到人类、从一家到大家、从社会到自然都将处于连续统的关系中。《礼记·郊特牲》上说：

> 地载万物，天垂象。取财于地，取法于天，是以尊天而亲地也，故教民美报焉。

> 万物本乎天，人本乎祖，此所以配上帝也。郊之祭也，大报本反始也。

在此阐述中，天是万物"报本反始"的终极，帝作为主宰人类的人格神（从殷代的祖先神演变而来）是所有人"报本反始"的源头，而祖则是宗族"报本反始"之始。故中国人的祭拜仪式总是把天、帝及祖放在一起拜，即为"配"。《孝经·圣治章》中有：

> 天地之性，人为贵。人之行，莫大于孝。孝莫大于严父，严父莫大于配天，则周公其人也。昔者，周公郊祀后稷以配天，宗祀文王于明堂，以配上帝。是以四海之内，各以其职来祭。

从局部意义上讲，一个人的生命历程可以放入自己的家族链去理解；从全部意义上讲，人的一切所作所为都能从"天""地"与"人"

的关联中来寻求互通性的理解。

> 夫孝,天之经也,地之义也,民之行也。天地之经,而民是则之。则天之明,因地之利,以顺天下。(《孝经·三才章》)

而这段话在《左传·昭公二十五年》里是这样表达的:

> 简子曰:"敢问何为礼?"〔鲁国子大叔〕对曰:"吉也闻诸先大夫子产曰:'夫礼,天之经也,地之义也,民之行也,天地之经,而民实则之。则天之明,因地之性,生其六气,用其五行……'"

可见,孝与礼在此可以互相替代或合二为一。无论是孝还是礼,意思都是想说,单纯地就人的本身论人,恰恰论不出人性及其思想与行为,唯有放入天人关系框架中,我们才可以看出人的价值,以及人之所以为人的根本。这样的根本也在《中庸》的开篇:

> 天命之谓性,率性之谓道,修道之谓教。

这里需要顺带讨论的一个现象是,互报模式不总是正向的。虽说从仁德产生出来的孝所具有的社会行为是向善的,但这不排除社会本身在这一模式运行中有恶的可能。如果人与人的互动关系产生了敌对和仇恨,那么负向的回报模式也一样,比如,报仇雪恨、不共戴天、冤冤相报、期待报应,等等。总之,互报模式所具有的正反含义就是"有恩报恩,有仇报仇"。无论其正反运行如何,互报模式都建构出了一个"天人感通循环"的社会认知,由此形成一种"社会共情"关联系统。

如果我们以现代社会学体系来看,社会学的每一概念都有其适用领域，比如个人的社会化、家庭生活、社区、社会组织、阶级与阶层、社会结构与全球化等，按照此种划分，儒家的所有讨论或者需要将全部拆散重组，或者无处安放，但以孝本身的运行来看，它却是对天—地—人进行了一个完整的构想，其间万物应该彼此相连与相通。这是一个"天下一盘棋"的格局。在此基础上，"孝"作为一枚棋子，会让全盘皆活。《吕氏春秋》上说：

> 夫孝，三皇五帝之本务，而万事之纪也。夫执一术而百善至，百邪去，天下从者，其惟孝也。

《礼记·祭义》上也说：

> 夫孝，置之而塞乎天地，溥之而横乎四海，施诸后世而无朝夕，推而放诸东海而准，推而放诸西海而准，推而放诸南海而准，推而放诸北海而准。

当然，这显然是彻底的理想主义构想，但作为儒家的理论设计，它深深打动了统治者。

四、"孝"的情感角色化建构及运行

"孝"的内涵中自有天然的情感存在，但无论是在孝原本来自祖先祭拜还是在儒家的构想下，孝都不只反映人的自然情感，而是被提升到"礼"的规范中去表达。《吕氏春秋·孟冬纪·节丧》说：

> 孝子之重其亲也，慈亲之爱其子也，痛于肌骨，性也。

《礼记·祭义》上也说：

> 君子反古复始，不忘其所由生也，是以致其敬，发其情，竭力从事以报其亲，不敢弗尽也。

《孝经·三才章》中则写道：

> 是以其教不肃而成，其政不严而治。先王见教之可以化民也，是故先之以博爱，而民莫遗其亲；陈之以德义，而民兴行。先之以敬让，而民不争；导之以礼乐，而民和睦；示之以好恶，而民知禁。

这就是说，孝中含有爱和敬两种情感。如上所言，既然孝不来自生物遗传，也不来自深层的记忆，那么孝之发生首先来自父母给予的无限的爱。由此设定出发，我们对人生的思考就不再可能从西方热衷的"理性"开始推论，而是从中国文化极力渲染的"亲情"开始推论。从自然进化论的角度来看，父母对子女的亲情原本是动物或人的自然属性，但为了构造出"孝"的文化性，也就是为了让子女意识到，父母给予生命不是本能的繁衍和单纯的抚养，那么生育行为便被赋予了"恩情"之意。从恩情之发生学来讲，生育和抚养的自然过程是发生于天人关系框架中的一种因果链，所谓"天地者，万物之本，先祖之所出也"（《春秋繁露·观德》）。其重要的象征性仪式即中国婚礼中的"拜天地"。而曾子说："身者，父母之遗体也。行父母之遗体，敢不敬乎？"（《吕氏春秋·孝行览·孝行》）据此，明明是人的生殖繁衍，却被升华为文化情感了。

当儒家把一个人只要意识到自己是存在及成长的，哪怕身体不完整（残疾），即已证明父母之恩的存在作为一种预设来加以推论时，中西文化中对人理解上的分歧也就出现了。例如，康德想论证的是，父母未得到子女的同意就生下他们，那么也就只好负责将其抚养成人。类似的观点在美国伦理学教授诺曼·丹尼尔斯（Norman Daniels）和简·英格利希（Jane English）的文章中得到了阐述，后者被选入多本美国大学教材。[1] 于是，我们从这里回到理性，推导出孩子的出世，应该是父母反欠孩子的，既然有了这样的亏欠，父母只能按照每一个人应得的权利或者法律予以抚养和教育，直至坦然离去，建立自己的生活。[2] 而基于这样的推论，亲情的含义则完全显得多余。一旦亲情消失，感恩也一并免除。由此，我们可以得到这样的结论：父母和子女之间究竟谁欠谁，完全是一种文化上的设定。儒家以"孝"来建构家庭与社会关系，说明了"报父母之恩"才是其学说真正的基石。正如梁启超所说：

> 西人动诮我以多神，谓在教界未为进化。殊不知，我之教义以报恩之一大原则为之主宰。恩我者多，而不容以不偏，此祀事所由日滋也。既本此原则以立教义，故以此教义衍成礼俗，制成法律，于以构造社会而维持之、发达之。其所以能联属全国人，使之若连环相缀而不可解者，其最有力之主因也。是故，恩始于家庭，报先于父母，推父母所恩而及兄弟，推父母之父母所恩而及从兄弟，如是递推衍为宗族。宗族者，中国社会之成立一最有力之要素，而至今尚恃之以为社会之干之者也，又念乎非有国家，则吾所托以存活

---

[1] 详细讨论参见王庆节：《道德本分与伦理道义的存在论根基——从儒家子女孝养父母的本分谈起》，载王庆节：《解释学、海德格尔与儒道今释》，北京：中国人民大学出版社2004年版，第281—301页。

[2] 张祥龙：《德国哲学、德国文化与中国哲理》，上海：上海外语教育出版社2012年版，第49—61页。

也。故报国之义重焉。[1]

可以说，在中国社会，当需要给出一切行为的合理性最终的解释时，"报恩"便是最后的理由。它是元设定的，即一种关于生命来源的设定。在这一设定上，人（或在做人中）的第一意识就是"学会感恩"或"知恩图报"，而不能"忘恩负义"，也叫"不能忘本"。或者说，所谓报恩，是人之所以为人的最后底线。越出这样的底线，人就不再是"人"，因为"禽兽"不懂"感恩"。

于是，"恩情"成了中国人推论一切社会行为的根本，亦是私情发展为公情的基础。社会关系中也将为此发展出恩人、贵人、恩师及恩惠、恩典、恩义、恩泽、恩爱、恩宠、施恩、开恩、恩恩怨怨、恩断义绝及恩将仇报等强烈而复杂的社会情感。这些情感的社会运行导致从家庭到社会都寄期望于在社会交往中建立以恩情为导向的社会关联。而几乎所有的家长也都明白的道理是，他们自愿将自己的一生都倾注在孩子身上，期待子女的未来回报。再加上孝的层次性，所谓回报，在孝的层次上不只是侍奉，还应获得社会地位，做出成就，光大祖先，庇护子孙。同样，人们在社会闯荡中也期待贵人相助，因为恩义的发生往往能改变一个人的生命轨迹。

"报恩"所具有的前定性关系本是血亲间的"遗体"关系而产生的上下结构，但孝的运行框架所提供的推广性可以扩展到平行的或其他类型的社会关系中去，比如知遇、领养、传授、施舍、救济、救命等，所有这些都可以归结为"滴水之恩当涌泉相报"之熟语。上下结构的原型即《孝经》中"资于事父"所简化出的父子结构。父子结构可以

---

[1] 参见梁启超：《中国道德之大原》，载童秉国选编：《梁启超作品精选》，武汉：长江文艺出版社 2005 年版。

被想象成一把打开的无限延伸的伞，其纵向延伸贯穿家族链，据此延展又扩张至其他社会结构，形成尊父忠君的向心力。故此，其极为重要而深刻的文化意义值得儒家誓死捍卫。父子该如何相处，一直是儒学内部争论的一个焦点，对于《论语》中的"亲亲相隐"，历来有不同的解释，就以《孝经》本身来看，其中也有类似的观点：

> 曾子曰："若夫慈爱、恭敬、安亲、扬名，则闻命矣。敢问子从父之令，可谓孝乎？"子曰："是何言与，是何言与！昔者，天子有争臣七人，虽无道，不失其天下；诸侯有争臣五人，虽无道，不失其国；大夫有争臣三人，虽无道，不失其家；士有争友，则身不离于令名；父有争子，则身不陷于不义。故当不义，则子不可以不争于父；臣不可以不争于君；故当不义则争之。从父之令，又焉得为孝乎！"（《孝经·谏诤章》）

《荀子·子道》中也有相似的表述。但究竟把父子关系同君臣关系做相同还是不同的处理？或是孔子面对不同的学生说了不同的观点，还是历史上留下的古今伪书考中出现了问题？争议不断。而仅从"亲亲相隐"到"无违"，再到孔子在《论语·里仁篇》中说"事父母几谏。见志不从，又敬不违，劳而不怨"，以及《礼记·曲礼下》中的"子之事亲也，三谏而不听，则号泣而随之"，我们宁可相信在儒家所构筑的社会运行模型中，父子结构是无论如何也不能破坏的，包括《荀子·子道》给出的孝子不从父命的三个理由，都是在维护父子关系。相比较而言，君臣关系的破坏虽然也属严重失德，但并不动摇文化根基。我们可以有很多理由说明臣不事君的正当性，却没有任何理由说明子不从父的正当性。如果这样的理由成立，那么"孝"所建立起的文化大厦顷刻间就会坍塌，人之为人的最后的屏障就会瓦解。或许，在具体的情境下，父子"相隐"存在各式各样的可能，但讨论到最后，儒家要坚守的还是父子关系不能解体之基本立场。[1] 当然，以现代的公平正义或法治社会的价值观来看，质疑与指责是必然的。

回到父子结构本身来讲，作为一种不对等结构（亲亲，尊尊），它所具有的一套礼的设定，使得人际互动很难遵循对等性的交互原则。对等性的交互原则首先需要将互动双方还原为独立个体，即唯有先承认是两个独立个体所建立的互动，才会出现对等性的互动原则：公平和正义，也才会出现对双方各自拥有资源的考察。但不对等关系解除了对公平与正义的关注，也解除了对双方资源的考量，而将互动的建立引向了情感亏欠的问题。虽然说在平等互动关系中，由于个体天赋性与社会性（财富、地位、教育程度等）的差异，互动关系发展到一定程度也会出现不平等的现象，但这是社会结果，不是社会理念。又或者，在平等互动关系中，也一样有情感建立的问题，但没有亏欠的问题。另外一个可比较的方面是，往往需要借助一套外化的制度架构来制约和维持交互的秩序，而不对等的互动原则结构本身就能产生社会秩序。比如，对等互动可以发生合作、竞争、冲突、争论、对话等，这些都需要以制度为前提。但在不对等互动中不需要，因为地位差距所带来的权威性，导致这些现象自然消失。同样，不对等结构中所发生的情感也很少指向爱与尊重，而是转化成为单边的"孝"与"敬重"，体现出其间的情感方向有别。

那么，如何让不对等结构合理化并得以正常地运行？上文已经指出，由于儒家设计的互报模式预设了父母繁衍后代即感恩，因此子女为此而意识到的亏欠感所产生的反哺机制将影响一代又一代亲子以孝的方式做出回报。中国文化中的所谓"报答父母的养育之恩"就是从这里开始的。报答被当作一种必然的或者理所当然的前提加以预设后，

---

[1] 翟学伟：《"亲亲相隐"的再认识——关系向度理论的解释》，《江苏行政学院学报》2019 年第 1 期，第 50—59 页。

人与人之间的情感便很容易走向角色化的程式，也就是说，这样一种情感从理论上讲并不一定要求发自个人内心，而完全可以出自交往规范本身[1]，这点在胡适[2]和冯友兰看来即"正名主义"或所谓"名教"。例如冯友兰说：

> 臣为什么要忠君呢？有一种说法是：君待臣有恩，臣要报恩，若君待臣没有恩，臣也就不必报恩了。……按正统说法，君可不明，臣不可不明，父可不慈，子不可不孝。

> 宋儒说："天下无不是底父母。"这与韩愈"天王圣明"的话，一样意思，按照父的要素，父的名，父当然是慈的。按照君的要素，君的名，君当然是明的。但普通的，抽象的君父，非附在特殊的，具体的个体上；不能存在于这个具体的、实际的、实践的世界上，所以臣、子，为忠于君，孝于亲，不能不对于实际的、具体的个人，实践忠孝。[3]

此即个人情感已经转化为角色中的规范情感。由此一来，感恩的互动结构本身将构成一种张力：一方面自发的情感性始终充盈其间，另一方面又以不对等性来节制情感的泛滥，以确保溺爱、宠爱不会发生，也确保敬与尊贯穿始终。《礼记·表记》说："仁者人也，道者义也。厚于仁者薄于义，亲而不尊；厚于义者薄于仁，尊而不亲。"这点落实

---

[1] 参见韩格理：《父权制、世袭制与孝道：中国与西欧的比较》，载韩格理：《中国社会与经济》，张维安、陈介玄、翟本瑞译，台北：联经出版公司1980年版。

[2] 胡适：《中国哲学史大纲（卷上）》，载姜义华主编：《胡适学术文集　中国哲学史》上册，北京：中华书局1991年版，第71页。

[3] 冯友兰：《名教之分析》，载冯友兰：《三松堂学术文集》，北京：北京大学出版社1984年版，第61—62页。

到现实生活中,就是《颜氏家训》说的:

> 父母威严而有慈,则子女畏慎而生孝矣。

> 父子之严,不可以狎;骨肉之爱,不可以简。简则慈孝不接,狎则怠慢生焉,由命士以上,父子异宫,此不狎之道也。抑搔痒痛,悬衾箧枕。此不简之教也。

要让爱、慈、严、敬、尊都能在行动上得到集合性的体现,是一定要回到"礼"与"义"上去的。所以《孝经》说:"礼者,敬而已矣。故敬其父,则子悦;敬其兄,则弟悦;敬其君,则臣悦;敬一人,而千万人悦。"(《孝经·广要道章》)此时此刻,"义"和"礼"所发挥的指导与规范作用都是在于恰当地处置人的情感,从而使大喜、大悲或者恣意、娇惯、宠溺、狂妄、任性等受到克制。据此,中国人的社会化历程就是从小学会"尊敬""顺从""乖"。的确,从构词上看,"孝"也总是和"敬"搭配(孝敬),或者和"顺"搭配(孝顺)。它们作为个人的行为方式,即表达"孝心",作为社会的运行方式,即"孝道":

> 资于事父以事母,而爱同;资于事父以事君,而敬同。故母取其爱,君取其敬,兼之者父也。故以孝事君则忠,以敬事长则顺。忠顺不失,以事其上,然后能保其禄位,而守其祭祀。(《孝经·士章》)

情感恰如其分,其合理性最终也是在天人关系中得到解释的。《中庸》开篇写道:

> 喜怒哀乐之未发，谓之中。发而皆中节，谓之和。中也者，天下之大本也。和也者，天下之达道也。致中和，天地位焉，万物育焉。（《中庸·第一章》）

而亢仓子的一段关于"道"与"孝"的论述，可以与《中庸》的此番论述相对照：

> 闵子骞问仲尼："道之与孝相去奚若？"仲尼曰："道者，自然之妙用。孝者，人道之至德。夫其包运天地，发育万物，曲成万类，布亟性寿。其功至实，而不为物府，不为事官，无为功尸，扣求视听，莫得而有，字之曰道，用之於人，字之曰孝。孝者，善事父母之名也。夫善事父母，敬顺为本，意以承之，顺承颜色，无所不至。"（《亢仓子·训道》）

从这番论述中，我们发现，人取中庸之道所表达出来的天地位育之和，与人选孝之道运行出来的人伦达道之和是一致的。只不过，《中庸》论"情"是从更加抽象的天道上论的，而孝中论"情"是从人道上论的。

五、《二十四孝》：榜样的力量与偏差

从社会分层与社会现实来看，《孝经》所谈的孝之道理至多只能达致文化群体，而孝所承担的实际功能却是希望全社会民众都能行动起来。为了实现这一愿望，使之单纯地学习和背诵《孝经》是远远不够的，关键是要给出人物事迹，用榜样的力量来感召大众。而这样的力量首先需要天子做出表率，也就是，"爱敬尽于事亲，而德教加于百姓，刑

于四海，盖天子之孝也"（《孝经·天子章》）。颜之推说："夫风化者，自上而行于下者也，自先而施于后者也。"（《颜氏家训》）胡适也认为，"孔子的教育哲学和政治哲学，又注重标准的榜样行为，注重正己以正人，注重以德化人"[1]。作为起到表率作用的个人，儒家认为历史上的大圣人都是在孝上体现的。子曰："舜其大孝也与？德为圣人，尊为天子，富有四海之内。"（《中庸·第十七章》）子曰："武王、周公，其达孝矣乎！"（《中庸·第十九章》）"尧舜之道，孝弟而已矣。"（《孟子·告子章句下》）既然这些大圣人都是因孝而留名于后世，那么后来者，尤其是帝王将相都应该在其感召下行孝。

随着历朝历代孝行故事的增多，一些学者或者民间文人开始编撰诗歌、图册与故事集等广为宣传。经历代汇集，积攒到后来影响最大的恐怕就是流传于元明清乃至民国时期的《二十四孝》了。"二十四孝"的普及及其产生的影响力又使得好事者在此基础上编撰了《二十四孝图诗》《二十四孝图说》《后二十四孝》《女二十四孝》《前后孝行录》等；清朝同治、光绪时期的俞诚甫外加七十六篇，凑成《百孝图》，胡虎臣则将其放大至十倍，变成《二百四十孝》，这些均有广泛的影响。限于篇幅，本文只讨论《二十四孝》，因为无论是代表性（指它在孝道书籍中的地位，而非故事的代表性），还是社会影响力，此书都是其他作品不可比肩的。

以现代社会学的方法来处理《二十四孝》中的故事分类及其代表性，会面临很多棘手的问题，因为传统文化所建立的知识体系和生活方式都与现代观念不同，我们如果以现代分类来梳理孝的内涵与外延，就会困难重重。为了贴近故事本身所想传达的含义，我将从故事本身讲述的内容大致勾勒出孝道可能具有的一些特点。

---

[1] 胡适：《中国哲学史大纲（卷上）》，载姜义华主编：《胡适学术文集　中国哲学史》上册，北京：中华书局 1991 年版，第 69 页。

从教化方式上讲，古人收集孝道故事，强调的不是代表性或典型性，而是极端性，甚至是越极端越好。以现代社会学方法而论，极端的个例是没有意义的，它什么都说明不了，这样的个例一般不会发生，发生了便是特例。但回到传统社会，回到中国人的常见看法，显然事迹越极端越好，以极端的例子作为榜样，意味着普通人与之有差距。其意义在于，既然世间有人在一种行为上能做到如此的地步，我们自己就不应该为日常艰辛付出或沾沾自喜，或叫苦不迭，而应该将其看得十分平常，因为比较于这些事迹，怎么做都是微不足道的。《二十四孝》的另外一个特点是，大多数故事都倾向将人物设置在贫寒之家。这一个特点也应该引起注意。我们从现实观察中发现，所谓孝子，通常更容易出现在比较富裕的家庭，这种现象除了因为其家风及文化教养比较好外，还有一个社会学的理由是，富裕家庭更具备可传承的社会资源。说得通俗一点：儿女孝顺父母是因为双方都明白各自可控制的社会资源，比如按照西方社会资源理论，"爱"或者"服务"可以同"货物"或者"金钱"相互交换。[1] 所以，如果父辈手上拥有一定的社会资源，诸如财产、权力等，都能引起资源的传递，子女当然更容易表现出孝顺。的确，有很多中国人的生活故事说的是富裕的或知识分子家庭的子女偏向孝顺父母，也会讲述有财富的家庭的子女在分财产方面经常大打出手。但贫困人家就不同了。由于家中几乎没有值得交换或竞争的社会资源，因此爱父母或侍奉父母时并无可期待的家庭资源。那么，为何孝行的故事要从这里开始呢？这正是本文所说的，中国人的孝作为一种互报模式，是在于情感上的亏欠。因此，以贫困家庭的子女来讲述孝行，才可以看到不带有功利性的爱或服务，及情感与道义上的任劳任怨或无

---

[1]　E. B. Foa, and U. G. Foa, "Resource Theory of Social Exchange," in J. W. Thibaut, et al. ed., *Contemporary Topics in Social Psychology*（NY: General Learning Press, 1916）.

怨无悔。再者,这些故事还有一个特点是,孝往往是对人的种种考验,于是故事中会设置很多障碍,而且有的障碍不是人为的,是不可抗拒的。笔者判断,这种孝想宣扬的含义是,即使孝子当时无能为力,但如果存有一份孝心便能感动天地,这显然是以天人框架来解释孝道的力量。这不禁让人联想到中国几乎家喻户晓的"愚公移山"的故事,因为愚公并不是靠子子孙孙挖山不止而挖出一条门前的通道,而是最终感动了天帝,其将山搬走了。可见,《二十四孝》中有些故事想说的道理看起来比较荒谬,但对考察中国人之精神世界有重要的意义。

从方法上讲,虽然古人也明白故事的同质性不能太高,否则内容上会千篇一律,但究竟如何选取故事材料,《二十四孝》似乎还是无章可循,估计它是发现一个故事好、有教义,就收集一个,积少成多,最终确立了二十四个。有一种观点认为,之所以选择"二十四"这个数字,是因为中国文化中的二十四节气[1],可见,编写人认为编撰人间故事的数量也要架构于天人关系。为了便于后面的讨论,这里先把故事序号及标题(根据元代郭居敬的本子)罗列如下:

(1)孝感动天;(2)戏彩娱亲;(3)鹿乳奉亲;(4)为亲负米;(5)啮指心痛;(6)单衣顺母;(7)亲尝汤药;(8)拾葚供亲;(9)为母埋儿;(10)卖身葬父;(11)刻木事亲;(12)涌泉跃鲤;(13)怀桔遗亲;(14)扇枕温衾;(15)行佣共母;(16)闻雷泣墓;(17)哭竹生笋;(18)卧冰求鲤;(19)扼虎救亲;(20)恣蚊饱血;(21)尝粪忧心;(22)乳姑不怠;(23)亲涤溺器;(24)弃官寻母。[2]

笔者大致将这些故事主题分为三个方面。

首先,有类故事用于体现天—地—人之感通循环,包括(1)(3)(5)(8)(9)(10)(11)(12)(15)(17)(18)。其中最为典型的是故事(1)。

---

[1] 陈正宏:《漫话二十四孝》,上海:上海文化出版社1999年版,第19页。
[2] 郭居敬:《二十四孝》,载谢宝耿编著:《中国孝道精华》,上海:上海社会科学院出版社2000年版,第484—493页。

原文如下：

> 虞舜，瞽瞍之子。性至孝。父顽，母嚣，弟象傲。舜耕于历山，有象为之耕，鸟为之耘。其孝感如此。帝尧闻之，事以九男，妻以二女，遂以天下让焉。

此故事说的是中国古代圣人虞舜出身贫寒，父亲眼瞎且顽劣，母亲跋扈，弟弟傲慢，可虞舜都善待他们。当他去历山种地时，大象和鸟都来帮他。当时的帝王唐尧听说了，就派了自己的九个儿子去帮他，又把自己的两个女儿许配给他，舜还继承帝位，得到了天下。这个故事给出的深意是，孝行可以打动天地万物，打动人心，最终得到最好的结果。顺着这个故事的逻辑，就可以看到我上面列举的故事都是从孝能感化世界的某一面去讲述的。其中，故事（3）说周朝的郯子因为母亲想喝鹿乳，便将自己装扮成鹿，差点被猎人射中，后起身告诉猎人实情，猎人被感动了。故事（5）讲周朝的曾参很孝顺，家境贫困。有一次他上山砍柴，家中来客，母亲手足无措，情急之下咬了一下手指，曾参在山上感受到了，急忙赶回了家中。故事（8）说的是汉代的蔡顺在兵荒马乱时靠拾桑葚充饥，却用不同篮子分装红黑两种颜色的桑果。后来他在半道上遇到的赤眉军问他为何如此，他说红的不好吃，留给自己，黑的是给母亲的。赤眉军感动，给了他三斗白米和一只牛蹄。故事（9）说汉朝的郭巨，家里穷到了揭不开锅的地步，于是和妻子商量埋了儿子来养母亲，没想到挖坑时挖到了黄金，也就是说，他的孝行感动上天给他送来了财富。故事（10）说汉朝的董永家贫，父亲去世，无钱安葬，只好卖了自己安葬父亲，在去往买其苦力的人家时遇到一女子，愿与他结为夫妻。二人到了主人家，妻子以一个月织布三百匹的惊人速度，为其偿还了债务。在回家的路上，妻子辞别消失了。这就是《天仙配》的原型，表达出一个人有了孝心，仙女都会帮助他。故事(11)讲汉朝的丁兰小时候父母双亡,为纪念他们,刻了木头人像,每天对其保持着孝敬行为,但他妻子做出了不孝之举,拿针试着刺了一下,没想到扎出血来,丁兰知道后休了妻子。故事(12)讲述汉朝姜诗的母亲喜欢喝江水,又喜欢吃鱼,姜诗夫妻二人常为此要走六七里地。最后此事感动了上苍,他家院子边流出了泉水,味道与江河一样,也有鱼在水中供他们取食。故事(15)说的是后汉时江革因孝顺母亲而感动了想抓他做壮丁的匪兵。故事(17)是说晋代的孟宗为了生病的母亲吃到笋,冬天实在没办法弄到时,便跑进竹林抱着竹子大哭,感动了天地,竹笋长了出来,母亲吃下后痊愈了。故事(18)说晋代王祥的继母冬天想吃鱼,王祥便脱下衣服躺在冰上,没想到冰真地化了,鲤鱼也跳了上来。这些故事虽然内容各异,但都想表达一种含义,即一个人如果"至孝",可以感动天地和万物、感化社会,而在家庭内,无论父母是否健在,都有心灵感应。

其次,有类故事单指孝敬父母如何尽心尽力。上述故事(3)(9)(10)(11)(12)(15)(18)等,都将侍奉父母做到了极致。其他类似的故事还有(6)(13)(14)(16)(19)(20)(22)。其中比较典型的是故事(6):

> 周闵损,字子骞,早丧母,父娶后母,生二子,衣以棉絮;妒损,衣以芦花。父令损御车,体寒,失纼。父察知其故,欲出后母。损跪曰:"母在一子寒,母去三子单。"遂止。母闻,悔改。[1]

此类故事常见于中国人的日常生活中,有教化的含义。故事主人公闵子骞是孔子的一个学生,其后母对亲生儿子百般呵护,对他则百

---

[1] 郭居敬:《二十四孝》,载谢宝耿编著:《中国孝道精华》,上海:上海社会科学院出版社2000年版,第486页。

般欺负，但他始终尽心侍奉父母，直至赶车时出现状况。父亲知道实情后要赶后母走，但闵子骞说出的话竟然是：有这样的母亲在，就我一个人受苦，赶走了她，三个孩子都没了母亲。自此，一家人和睦。按照本文上面讨论的报恩理解，如果是亲情，那么闵子骞本可以不报后母之恩，但这个故事的深意就在于角色关系，也就是礼的重要性。《仪礼·丧服》上说："继母之配父，与因母同，故孝子不敢殊也。"其他还有，故事（13）说的是后汉陆绩六岁时去袁术家做客，在怀里藏了两个桔子，离别行礼时桔掉了出来。袁术问他为什么要拿走两个桔子？陆绩回答，因为母亲喜欢吃，要带给她。故事（14）说的是后汉黄香给父亲暖床的事。故事（16）讲述魏晋时，王裒的母亲怕打雷，死后葬在山林中，每次下雨打雷时，他都会跑到墓前陪伴母亲。故事（19）说晋朝的杨香十四岁时，父亲被虎拖走，她手无寸铁，奋不顾身地救下了父亲。故事（20）是《二十四孝》中的名篇，讲述晋代吴猛家庭贫寒，连蚊帐都买不起。夏天时蚊子叮咬父亲，他没有驱赶蚊子，而是脱下衣服让蚊子叮咬自己。故事（22）终于讲了一个婆媳关系的故事。唐朝时崔山南的曾祖母长孙夫人年事已高，牙已脱落，而他的祖母唐夫人不但每天里外伺候婆婆，而且还用自己的奶水喂她，长孙夫人身体一直很好。有一天长孙夫人病了，把全家人叫到一起，对大家说道：我没有机会报答儿媳的恩情了，你们这些孙媳也要像我儿媳这样，要孝敬自己的婆婆。

最后，还有些故事想表达的意思是，一个人无论社会地位有多高，多有名望，年纪有多大，行孝是没有例外的。如故事（2）（7）（21）（23）（24）等刻意强调了这一点。其中最为典型的有二，一个是故事（2）：

> 周老莱子，至孝，奉二亲，极其甘脆。行年七十，言不称老。常著五色斑斓之衣，为婴儿戏于亲侧。又尝取水上堂，诈跌卧地，作婴儿啼，以娱亲意。

另一个是故事（7）：

> 汉帝，名恒，高祖第三子，初封代王。生母薄太后，帝奉养无怠。母常病，三年，帝目不交睫，衣不解带。汤药，非口亲尝弗进。仁孝闻天下。

故事（2）说的是周代楚国的老莱子行孝，自己都七十岁了，还在父母面前做婴儿状，以取悦父母；故事（7）讲西汉皇帝的母亲病了，皇帝不用他人，亲自精心伺候。这两个故事都有极强的示范作用。其他故事如（21）和（24）说的都是官员弃官行孝的故事。而故事（23）则讲述宋代大名鼎鼎的文学家和书法家黄庭坚行孝的故事。虽然他当时地位显赫，但依然尽心尽力地服侍母亲，且亲手洗刷便桶，从来也不让其他人做。

这里剩下的最后一个故事（4）似乎想表达人不能忘本，或追孝、追忆之意。故事讲述孔子的学生子路，家境贫寒，常以野菜充饥，有时还要去百里以外背米回来下锅。后来他去楚国当了大官，出行时仅跟随的车辆就上百，家里囤粮堆积如山，就连他吃饭时坐的垫子也舒坦，吃饭的阵势也大，但他依然感怀过去为父母背米的日子。

可以说，《二十四孝》中的每一个故事都可以在现实生活中找到同类，即每一类故事（原本就散见于其他史书）都可以成为一种行为典范，让人效仿。不过，单以"二十四孝"的故事内容与《孝经》中给孝设定的三个层次以及孝在社会教化中所起的作用比较，多少有违初衷。例如，一个孝子如此伤害自己，如何证明自己的身体是和父母相连的？而其中最大的缺憾便是没有一个关于孝子如何立志成就伟业的故事。古人编《孝子传》中有"承志"一类，比如，汉朝司马迁写《史记》就是子承父志，东汉张仲景也因家人得伤寒病去世而立志投身于医学，做出巨大成就等。从以上这一不足可以看出，编撰者在如何领会孝的完整意义上出现了严重偏差，进而导致孝的积极向上力量不足。但在本文所给出的社会学框架中，孝行所发生的"互报模式""情感运行"及"天人框架"等是一以贯之的，我们也可以在扩充出来的《二百四十孝》中看到三个为父复仇和一个为母复仇的故事。或许，当回到历史的演进中来思考这一现象时，会发现"二十四孝"故事更多的纠缠于善事父母本身，尤其沉迷于如何通过孝来感化天地万物或者获得社会同情，本受制于其时代。《二十四孝》编写于元朝，流行于明清与民国。若以宋朝为界，宋的结束意味着儒家思想之正统的蜕变。由于其中有两个王朝是北方少数民族统治中华，明朝的统治也趋于严酷，因此孝似乎已经回归日常琐事，而非体现出从孔子到《孝经》所表述的宏大理想。应该说，"二十四孝"故事的教化更契合统治者的政治意愿。

六、孝之社会运行的讨论

讨论孝的社会运行即讨论孝行的真实社会建构与现实运行。通过上文的阐述，我们可以看出儒家思想本身所建立的孝，是试图演绎从思想直至行为的一套体系，这套体系的核心在于确立其道德内涵及教化方式。我们不妨将其看作韦伯所说的"理想型"。但也正如孔子本人在回应季康子所提出的现实问题，即"如杀无道以就有道"时所说的那样："子为政，焉用杀？子欲善而民善矣。君子之德风。小人之德草。草，上之风，必偃。"（《论语·颜渊篇》）显然，孔子心里很清楚，如果回到现实社会，并非认为社会有道，社会就真的会成为有道之社会，更不是杀了无道之人就会成为有道社会。任何时候，现实社会都是君子和小人并存。同理，我们也并非因为孔子提倡君子理想人格就能使社会中个个成为君子，当然更不能说，因为社会上有许多小人，君子的文化意义就被否定。所谓文明社会有不文明行为，不是说这是一个不文明的社会。社会学中的"理想型"意义就在于,研究者应该看到社会构念与社会现实自身之间的张力,故从思想性向下来判断现实社会,是不合理的。反之,因为现实存在而否定其社会的文化的正统性更没有道理。更为合理的表述是:因为有道,可以分辨无道;因为有君子,可以定义小人;因为讲文明,可以衡量不文明。当然,据此我们也因为儒家倡导的仁与孝,才会讨论现实中的不仁与不孝。还有一点需要强调的是,孝道自身有一个演化过程,而非自始至终比较单一地体现复杂的中华文明体系。比如,孝从宗教性转化为道德性经历了从殷周王朝到春秋战国的历史变迁。而孔子恰逢君不君臣不臣、父不父子不子的时代,儒家以仁、礼与孝来拯救世道很大程度上是一种构想。这一构想作为中华文化体系中的一家与其他思想流派,诸如道家、法家、墨家等,均有严重分歧,并在某种意义上受到攻讦。我们不能止步于以为,由于孔孟阐述了孝,因此孝道至高无上的地位就被自然而然地确定了,而恰恰应由此看到统治者的偏好及其作用。的确,在上述"二十四孝"故事中,较大比例的故事发生于汉朝,说明孝文化的地位是变化的。本文之所以要从社会学角度进入,就是因为希望能从经验世界出发,考察孝所运行的实际效果,并在一定程度上校验思想层面的争论之正误。同样的情形也发生在儒家内部,比如,孟子与荀子的思想就有较大的差异。如果回到思想界讨论差异,那么仅分辨其在哪里已经足够,但如果以社会学的观点来重新认识差异,我们或许会认为,像孟子那样试图将孝回溯到人性本善中会有一些现实难题,至少它不是社会学的方式,而荀子的论证则非常接近社会学,因为他面对时代所呈现的社会事实给出了思考。难怪受到新学洗礼的谭嗣同在《仁学》一书中的结论是:"两千年来之政,秦政也","两千年来之学,荀学也"。所谓秦政,说明法家也很重要;所谓荀学,说明真正发挥作用的思想,未必一定是孔孟。

具体而言,首先是与儒家具有同等思想地位的道家。比如,老子对孝的判断是"六亲不和有孝慈"(《老子》),这点作为对孝之倡导的反驳是符合时代背景的。而庄子则认为,"利泽施于万世,天下莫知也,岂直太息而言仁孝乎哉"(《庄子·天运篇》)。墨子认为,"天下之为父母者众,而仁者寡,若皆法其父母,此法不仁也"(《墨子·法仪》),含义是仁要寻求普遍性,通过其差等性无法达致普遍性。而且他以现实生活为例,证明百姓的善良与否是随光景而变化的(《墨子·七患》)。而直接攻评儒家孝的是法家,比如,商鞅就认为,"所谓治主无忠臣,慈父无孝子","仁者能仁于人,而不能使人仁,义者能爱于人,而不能使人爱,是以知仁义之不足以治天下也"(《商君书·画策》)。唯有法才可以解决现实问题。另外,韩非子认为家族伦理对治国无益,"严亲在围,轻犯矢石,孝子之所爱亲也"《韩非子·难二》。韩非子又说:

> 鲁人从君战,三战三北。仲尼问其故,对曰:"吾有老父,身死,莫之养也。"仲尼以为孝,举而上之,以是观之,夫父之孝子,君之背臣也。故令尹诛而楚奸不上闻,仲尼赏而鲁民易降北。(《韩非子·五蠹》)

接着,韩非子还在"忠孝"一篇中对孔孟所树立的尧、舜、汤、武的孝行进行了批驳,认为根据他们的行为举止来看,所谓儒家赋予的"仁义"不是其真有"仁德"和"仁慈",不过是讲他以什么名义去做的问题。至于孝与忠的关系,可以说韩非子的确给后人提出了一道有关儒家之社会理念与社会事实如何弥合的难题,也就是说,儒家在理想上所构想的社会理念真的可以得到落实吗?其中会有矛盾之处吗?为此,中国思想史上出现了许多争论。回到孔子的本意,孝中含有仁,忠中也含有仁,而忠中之仁来自孝中有仁。所以,只有先从父子关系中培养孝中之仁,才可以建立君臣关系中的忠中之仁。但忠孝的确不能两全是从行为上讲的,或者说,几乎所有与此有关的争执都涉及行为上的选择性。在很多情况下，由于中国社会缺乏区分两个场域的边界[1]，因此两者可以并行不悖甚至彼此统一。比如，这样的争论总发生于君臣关系中，尤其是在服务于国家还是侍奉家中父母之际。或者说，只要有行为的选择问题，由仁所建立的孝忠连续性便不存在。可见，从社会行为回归社会理念，我们只能得出这样的结论：行为方式不是价值构思的直接投射。

这点便引发了孝行的另一个深层次问题，即孝行真能回到"德之本"并延展为治国平天下的方法吗？回到经验的世界，我们能否说那些精挑细选出来的"二十四孝"故事中的人物都是实现仁的代表呢？还是不能。至少在其中较为荒诞的孝行中，我们无法体味到仁的含义，更无法理解仁者何以如此行为。冯友兰的一种解释可以用于对这一现象的讨论。他认为，合乎仁义的行为，不是仁义的行为，因为一个人如果不了解仁义，只做循规蹈矩的行为，尚不在道德层次中。[2] 显然，依照孝行规范而行孝属功利层面，充其量就是做个"好人"。"好人"的说法可以扩展为有良心、心肠好、心地善良、妇人之仁、宅心仁厚、菩萨心肠等，似乎我们从这里不能判断它一定是仁的实践。可见，在儒家的观念中，孝的实践最终是要回到"智"来进入仁的层次。可遗憾的是，以此为标准，现实社会中不孝之人有之，依葫芦画瓢之人更多，而符合这一层面的人少之又少。另一个未必成立的相关推论是，孟子在孝之感恩的基础上所建立的推恩模式，即所谓"老吾老以及人之老，幼吾幼以及人之幼"（《孟子·梁惠王章句上》）是否可能？一个人在家行孝，到社会上也会成为一个好人吗？抑或家中无老人或幼子的人，会善待社会上的老人和孩子吗？这点从孟子的性善论中很

---

[1] 尾形勇：《中国古代的"家"与国家》，张鹤泉译，北京：中华书局2010年版，第141—149页。

[2] 冯友兰：《新原道》，载冯友兰：《三松堂全集》第5卷，郑州：河南人民出版社2000年版，第17页。

难推出，但荀子的论述显得更加合理，在确立了人的自然属性或者生物性之后，他说：

> 礼起于何也？曰：人生而有欲，欲而不得，则不能无求，求而无度量分界，则不能无争。争则乱，乱则穷。先王恶其乱也，故制礼义以分之，以养人之欲，给人之求。使欲必不穷乎物，物必不屈于欲，两者相持而长，是礼之所起也。（《荀子·礼论》）

在这里，荀子得到一个"养"字，所谓养，就是教化，即以社会价值、等级规范来引导和规训人的欲望，使人的自然性转化为文化性和社会性，而所谓等级规范也是制度的必然。从这一论证方式出发，我们可以看到荀子所坚持的依然是儒家的君君、臣臣、父父、子子，区别于墨家和道家，又因强调规制性而具有法家的色彩，从而从结构意义上论述了儒家思想的合理性。因此，我认为孝的更大现实意义在社会建构方面。从儒家设计的由仁至孝的过程来看，"孝"本想解决的问题主要是德操的问题，或者说是通过一种行为方式来解决人心向善的问题，但这个问题在实践中并不明朗，尤其是我们无法判定一个人的道德是否可以从对父母之爱，而推论至社会之爱、国家之爱，却能发现这一推论可以较为成功地构建出一种家国同构推导出的天人秩序。如果教化成功，国家一方面能使民众认同这样的秩序，另一方面也克服了中华帝国自身疆域辽阔、"天高皇帝远"、官僚体制弊端丛生、政令下达不畅、法制不完备、通信不发达、交通不便利等大一统社会所面临的原生危机。我们就此也可以这样认为，一种社会治理体系越是处于疆域辽阔、政令不畅的状态，就越需要加强道德意义上的忠心耿耿。这是孝如此重要并被用以整合社会和教化社会的原因。显然，孝在此间的社会学意义是，通过几乎人人都不缺乏的且纵向上的父子关

系之伦常性,可以简便有效地统领和处置整个社会中各种复杂且具体的人事关系。韦伯曾指出:

> 对封建主的恭顺(孝),是与子女对父母的孝顺、官职层级中(下级)对上级的恭顺,以及一般人对任官者的恭顺并列的,因为孝这个共同的原则是适用于所有这些人的。[1]

就此点而论,我们不能说一种尊敬长辈或上级的行为一定来自一个人的品德,但可以说,这样的行为维持着等级秩序运行的需要,或者说等级秩序运行的需要比道德来得更加重要,也可以说,外在的、形式化的要求(礼制)比道德的要求(德治)更见效果。等级与秩序在孝行的作用下一旦建立,将导致权威至上成为可能。其优越性在大一统、凝聚力、大局观、和谐等方面都具有主导性和典范性,当然也造成了个人理性的发育不足。

从社会结构性来看"孝"的意识及其行为模式,其重心也就不再是个人德行,而是家族系谱意识的形成及其加强问题,其中每一子代可以借此途径向上寻求自己的生命之源。所以说,提倡"孝"的意识的意义在于,让一个人意识到自己从哪里来、到哪里去,包括当下自己应有什么样的担当。在这里,相比较于西方文化,一个人从哪里来、到哪里去,也是一个基本的哲学命题。由于西方哲学对于此命题的思考不是从"孝"的预设来追寻的,因此其追问的方式也随之转化成了"我是谁"这一自我根源的问题。[2] 显然,在"孝"的观念及其行为模式的推动下发展出来的社会生活无法导向个人,而是以亲情、家世、

---

[1] 马克斯·韦伯:《中国的宗教 宗教与世界》,康乐、简惠美译,桂林:广西师范大学出版社 2004 年版,第 227 页。

[2] 查尔斯·泰勒:《自我的根源:现代认同的形成》,韩震等译,南京:译林出版社 2012 年版,第 249—251 页。

家谱、宗祠等为基本。据此，人们会聚族而居，参与敬天祭祖的活动，其中也理所当然地形成了对天、地、神、鬼、阴间与阳间的信念，并顺理成章地试图通过家的运行来推动国家的运行。所有这些几乎即中华文化的主题与变奏。尤为值得注意的是，儒家认为仅仅意识到这样的血脉基础还是不够的，应该添加更多的社会和政治内涵。当然，即使一个人最终没能实现这样的社会和政治抱负也没有关系，只要他能传宗接代，也算为家族链的传递提供了保证。这便是孝文化的兜底设计。反之，未能传宗接代之家即孝文化的彻底失败。

再者，"孝"的情感建制让社会处处充满着温情，让人们倾向用情理来考虑是非，而非一味以一个理性的或确定的是非标准来评判正义。[1]在中国，政治、法律、社会制度、社会交往与日常生活等，都倾向以温情做基础，否则政府将付出巨大成本并疲于奔命。所谓"天理人情"和"法律无外乎人情"即表示中国人在考虑任何事情、从事任何事业时，都以情来推动。当然，温情的最现实表现未必是均筹划一的，因为温情更多的来自由"亲"扩展至天下的构思。而真正运行起来的温情很可能体现为更具实利的"人情"和"面子"，或体现为连孔子本人也深恶痛绝的"乡愿"，进而发展出了一整套世故性的社会运行机制，且充斥于政治、法律、经济、教育、人事、工作与交往之中。如果我们单以理性、典章与契约精神框架来理解中国之政治与社会生活，很容易就会堕入迷雾，正如明恩溥在讨论中国人的"面子问题"时所说，"问题从不在于事实，而永远在于形式。如果在合适的时机用合适的方式道出了漂亮的话语，演戏的要求便得到了满足"[2]，或许，以真相来揭示事实恰恰显得不通人情。因此，所谓人情社会并不是说，

---

[1] 乔纳森·海特：《正义之心：为什么人们总是坚持"我对你错"》，舒明月、胡晓旭译，杭州：浙江人民出版社2014年版，第28页。

[2] 明恩溥：《中国人的气质》，刘文飞、刘晓旸译，上海：上海三联书店2007年版，第1页。

一个社会当中的人们都充满温情，都重情义，而是在中性意义上说，人情让此社会缺乏对事实的追究，不倾向理性的判断，同时尤为明显的是，社会运行中一旦失去或脱离了人情，取而代之的不是回到章程或程序上来，而是冷酷无情。所以，同温情相伴随的是，人情社会始终伴随着与其相对应的冷漠和无情无义。

由"孝"的观念与行为而启动的人情与面子是沿着互报的模式发生与发展的，于是，此种社会会趋向于一种网状的社会。而儒家思想的重点也为此定出了"人伦"的基调，以维护稳定而恒常的社会伦理。由此，关系化的社会的运行在儒家的影响下总是伦理化的[1]，它轻视个人、组织、理性、契约、章程等在今日看来十分重要的社会要素。在儒家体系中，关系的伦理化和秩序化主要是靠不对等关系维系的。虽说几乎所有人类社会都存在地位差异，但也存在不对等的社会交往。只是，由孝而运行的不对等中已经失去了个体的独立性，而在关系中建立起尊卑意识与服从权威的倾向，构成主从关系或偏正关系[2]，结果是权威者自身的品质、智力、判断力与是非等容易被忽略，顺从与吹捧得到强化。又由于权威者的角色及其相应的权威性不容挑战，因此处于低位之人的品质也需要由权威者来首肯。与此同时，该社会机制中也隐含了下一代不能胜过上一代之可能，而儒家价值体系本身也是向后看的，即圣人总发生于过往。依此类推，当一个人成为祖先、先辈、开山鼻祖、发起人、祖师爷时，自然会受子孙、门徒之精神或物质上的供养，实际结果便是其门内无人敢为老不尊，否则就是辱没先人，是"大不敬"。结果，无论一个人现实的人品、能力、水平如何，最终都将化为一种完美的

---

[1]　翟学伟：《伦：中国人之思想与社会的共同基础》，《社会》2016 年第 5 期，第 1—35 页。

[2]　参见翟学伟：《在中国官僚作风及其技术的背后——偏正结构与脸面运作》，载翟学伟：《人情、面子与权力的再生产（第二版）》，北京：北京大学出版社 2013 年版。

角色符号进入列祖列宗的殿堂，供后人敬仰。只是，盘根错节的网状社会中有各自的人脉、派系或山头，其间的恩恩怨怨形成了社会间的敌视、火拼或融合。

最后，我们需要讨论"孝"的制度化及其演变出的形式化问题。依照本文前面给出的孝的思想与制度渊源，孝的礼制化作为一种仪式本身就有形式化的特征。一种行为方式为了便于运行，很容易走向程序化。孝在运行中的形式化问题与事无巨细的周礼有很大的关联。它因过于注重琐碎的规范程式，而在长时期的演变中丢失了其内在性的文化精神，其稳定性更多的依赖神圣的血亲制度。但随着天下观与宗法制的解体，纳贡不再、弑君弑父现象频出，社会道德沦丧，处于这一时代的思想者便会对国家的走向、政权的稳固性及其合法性产生激辩。孔子的基本立场是"吾从周"（《论语·八佾篇》），也就是希望恢复礼制。但作为一个伟大的思想者，他所期待的复礼不是简单的复原，而是试图打破对礼制的形式化追求。此时我们看到，孔子所想建构的正是希望在仁和礼之间寻求一种必然的联系。这样的联系必须重新追问何为"礼之本"。"子曰：'人而不仁，如礼何？人而不仁，如乐何？'林放问礼之本。子曰：'大哉问！礼，与其奢也，宁俭；丧，与其易也，宁戚。'"以及"为礼不敬，临丧不哀，吾何以观之哉？"（《论语·八佾篇》）孔子这些对礼的讨论都说明，他不看重礼的形式问题，而关切其内在性问题。如果我们把《论语》中的仁、礼和孝看作一种倒三角形的关系，我们可以看到，仁和礼的关系讨论都是思想上的"大哉问"，而只有回到孝行的层面，才可以使问题具体化。一个人在现实中行孝，可以偏重仁，也可以偏重礼。看起来，孔子本人对孝的讨论中似乎也有很多礼的要求，但他最为看重的是孝需要回到仁上面去。所以，仁也好，孝也好，孔子的文化使命在于正人心，也是要从人性。可从社会层面上看，无论是在孔子之前，还是在孔子之后，孝的形式化运行在所难免，许多现实中的人往往是为孝而孝，心中全无感恩之情。当然，形式化本身也是对真实社会的建构，依然以其自身的方式制约着人们的行动，只是离初衷已经很远了。可见，制度运行原本是有其价值理念的，但随着运行的效率化和流程化，其原本的价值理念会被淡忘，所谓"不忘初心"，正是对这一运行的反思。所以，从礼制演变为礼教，发展到晚清，儒家的制度化已僵化得无可救药。于是，以"打倒孔家店"为主旨的新文化运动终于爆发了。当然，新文化运动中的知识分子也知道他们想要打倒的"孔家店"背后还有一个真孔子。但此运动所想解决的问题已不再是延续儒家的传统，而带有很强的反叛性。

七、结论

通过上面的讨论，我们发现"孝"大约经历的是由"老"到"孝"再到"教"的过程，也经历了从宗教化向道德化的转化，因为儒家从中发现，原本为尊老敬祖而举行的祭祀活动具有教化民众、培养民德的功效。为此，儒学者一方面将过往的圣贤定义为孝的楷模，另一方面借此提供一种政教合一的社会运行体制，也就是说，孝本是自然秩序，也叫日常秩序，而儒家所要实现的是把这一社会秩序转化（设计）成一套大一统秩序，即天下秩序。作为一种从事这一转化（教化）事业的儒家体系，"孝"不过是一个实例，但却最具代表性地体现了儒家一以贯之的思维方式。在这一思维方式的引领下，所谓由孝而兴的"教"，不是特指借助一种特定的教育机构或教育方式来对民众实行教化，而是企图以其作为社会运行的基础来带动整个社会的意识形态、制度制约与日常生活。

为了在天人关系中实现从社会秩序向政治秩序的转换，儒家提升了孝的丰富性：精神层面连接上了仁；现实层面则在保留祭拜祖先的基础上，从生理、心理直至社会方面都赋予了孝新的含义，即从生命延续、侍奉与尊敬父母到继承先辈遗志，进而为整个家族链乃至于民族、国家增光添彩等方面，都给予了系统的完善。

从社会学角度考察孝的机制后，本文认为，儒家在构思理想社会时有将其价值重点回归为个人情操的倾向。它将孝作为德之本，然后以伦理关系重建社会之企图[1]，事实上未获得成功。或者说，儒家试图将个人的道德提升扩张于社会之间的构想更多的是一种理想，它所带来的实际影响则在于，其构建起的家国同构之秩序化深入人心。试想，如果儒家的教化策略不是从家开始向国及天下推论，而是从天下国家意愿向家庭内部灌输，那么这样的灌输始终面临着是否被个人接受、是否奏效的问题，而如果一种思想及其行为方式从家庭内部的成员本身的需要出发，并按照同理心来运思国家治理，就会相对容易得多。通过考察儒家这一扎根于民心的具体方法，我们发现，报本反始的文化理念、互报模式的形成，以及情感角色化的社会建构等更多的是依赖从微观到宏观所建立的不对等结构而发挥作用的。它们之间相互作用，大大降低了大一统中的社会治理及运行的成本，并将中国社会的现实运行推至家族化、伦理化、温情化、网络化与权威化方向，而启动这种复杂构造运行的最根本要素则是一种报恩机制的建立。从社会学意义上看，与其说"孝"是儒家整个社会运行理论的核心概念，不如说"报恩"或"知恩图报"才是真正开启中国社会运行的原动力。严复虽然延续了儒家的家国想象力，也说"孝者，隆于报本，得此而后家庭蒙养乃有所施，国民道德发端于此，且为爱国之义所由导源"[2]，但毕竟看到了"报本"的关键所在。恩情之奥妙即在于其所

---

[1] 何平：《孝道与周秦伦理政治》，载何平：《中国传统政治思维探源》，天津：天津人民出版社2003年版，第232页。

[2] 严复：《导扬中华民国立国精神议》，载《严复集》第2册，北京：中华书局1986年版，第343—344页。

以为的天然性而实质上的文化性。从这里启动整个社会运行，几乎在后来的儒道释的各自观念中都能达成共识。正如《礼记·曲礼上》中说的"太上贵德，其次务施报"。而通过本文的研究来看，远古之人所"贵"之"德"，是经历了儒家的思考，最终意识到也得通过"报"才生效的。这就是先有"感恩"再有"戴德"，否则人性之"德"将无法启动。报恩是儒家对人之为人的元设定，即人与禽兽的分水岭。从此开始，一切关于人事的回答就是看一个人最终能否回到知恩图报中来提问。显然，这是孝道被成功构想为能感动天地、感通万物、感化社会的基础。从这一结论中，我们发现，中国人构想的社会运行如果脱离了孝，也就等于脱离了报恩，脱离了报恩则意味着人之所以为人问题的消失，如此，社会的有序及天下的和谐也就无从谈起。

这一"脱离"含义也即"大无畏"。所谓"大无畏"，就是不怕天，不怕地，不怕鬼神，也不怕祖宗在上，更不怕对父母及长辈的大不敬。于是，所谓中国近代史上的一系列革命，所要解决的基本问题就是人需要有这样的大无畏精神。而在此疾风暴雨般的大变局中，文人学者的呐喊必须从打倒"孔教"、冲破家族制度、倡导男女和社会平等开始，也必须确立他们的最后觉悟要从冲破儒家伦理开始。[1] 此间，在真正触摸到孝之根基上的对"父母于子有恩"之反驳中，以新文化运动中的两个重量级人物——鲁迅和胡适最具典型。[2] 鲁迅在《新青年》杂志上发表了《我们现在怎样做父亲》(1919)，文中说：

> 自然界的安排，虽不免也有缺点，但结合长幼的方法，却并无错误。他并不用"恩"，却给与生物以一种天性，我们称他为

---

[1] 参见陈独秀：《吾人最后之觉悟》，载陈独秀等著，王中江、苑淑娅选编：《新青年：民主与科学的呼唤》，郑州：中州古籍出版社1999年版。

[2] 钱善刚：《无恩与有爱——五四启蒙者"父子伦"思想刍议》，《学术界》2012年第5期，第120—127页。

"爱"。动物界中除了生子数目太多——爱不周到的如鱼类之外，总是挚爱他的幼子，不但绝无利益心情，甚或至于牺牲了自己，让他的将来的生命，去上那发展的长途。[1]

而胡适的观点则来自他在1919年《每周评论》第33号上发表的白话诗《我的儿子》。诗中写道：

> 我实在不要儿子，
> 儿子自己来了。
> "无后主义"的招牌，
> 于今挂不起来了！
> 譬如树上开花，
> 花落天然结果。
> 那果便是你，
> 那树便是我。
> 树本无心结子，
> 我也无恩于你。
> 但是你既来了，
> 我不能不养你教你，
> 那是我对人道的义务，
> 并不是待你的恩谊。
> 将来你长大时，这是我所期望于你：
> 我要你做一个堂堂的人，

---

[1] 鲁迅：《我们现在怎样做父亲》，载《鲁迅全集》第1卷，北京：人民文学出版社1981年版，第132—133页。

不要你做我的孝顺儿子。[1]

鲁迅和胡适说的这番话开启了关于父子关系的再讨论，这是以当时影响中国极大的生物学及其进化论思想为出发点的。回到本文前面的讨论，所谓生物学的思想也就是动物界最为常见的"上对下"抚养。而儒家的立场则是"下对上"的。由此可见，新文化运动中的思想言论在很大程度上是对孝之元预设的翻转，具有一定意义上的回归生物科学之使命，对新文化运动的旗手来说，唯有脱离"报恩"的社会起点，中国人在观念上才能脱离旧思想的束缚，走进一个崭新的世界。

总之，"孝"曾维系着整个儒家思想体系、社会建构乃至于整个中华文明，却又在其现代性中搁浅了。在如今的社会，孝似乎离我们已经非常遥远，但只要看一看人情社会、家族意识、报答方式、权威等级的作用，就可以知道它从未走远，几乎每天都在影响与规范着我们的社会与政治生活，更不用说，中国社会还需要继续沿用"报效祖国""感动中国"来激励民众，教育下一代。中国之所以应当报效或被感动，自然离不开"社会共情"，也离不开被假定为与每一个人、每一个家庭都休戚相关的"同呼吸，共命运"的共同体。因此，孝道在饱经各个历史阶段的风雨之后看起来已成为明日黄花，但依然是中国现代性意识之底色。我们虽然可以拿着调色板在画面的高光部涂抹修改，却也应该意识到其底色依旧。

（原载《社会》2019 年第 5 期。）

---

[1] 参见胡适：《我的儿子》，载钱理群编：《父父子子》，上海：复旦大学出版社 2005 年版。

儒家的关系自我及其困境

【导读】儒家的自我观研究原属人文领域，近年来开始转入本土心理学。而从这一视角来讨论儒家的自我，可以建立一种新的解读视角。目前比较接近这一视角的理论大致有"心理社会稳态"论、"互依我"、"焦点－区域式自我"及华人自我四元论，其共性都在于表明儒家的自我是在关系中得到理解的。本着这样的基本观点，作者提出了"关系取向的自我"的研究框架。其意指儒家所预设的关系是自我的前提，进而个体的"现实我"总是需要遵循关系性的"伦理我"作为对自我的规范。而这一理解，需要将自我构成放入信仰及社会等级轴、亲疏远近轴之坐标系，以确立自我运行的模式。此模式也可以解释大我与小我、公与私、耻感以及人情与面子等中国式现象是如何发生的。

一、引言

儒家式的自我并不完全能概括中国人的自我，却大体上可以指代中国人自我之基本面，因为在中国思想领域中，有学者指出中国人的自我还应该包括道家与佛家。尽管后者在一定历史时期或在现实生活中同儒家有很大程度的融合，但其基本内涵还是有所不同的，尤其是对那些信仰者来说，似乎区分比融合更重要。但无论如何，就目前关于中国人自我研究所呈现出的特点来看，所谓中国人的自我观在很大程度上约等于儒家层面上的自我。或者说，对于儒家自我观念的认识与探讨在某种程度上构成了我们对中国人的心理与行为的基本认识。但为了不引起不必要的争论，本文将这一方面的自我研究称为儒家式的自我。

自我问题关涉一个人对自己的感知、反省与把控，同时也涉及与他人的交往方式。这点对所有社会的成员来说都是至关重要的，也是各个文化信仰体系的内核。学界对于中国人自我的认识原先是放在中国思想史、哲学史、汉学、比较哲学、伦理学或者历史学中来讨论的。自20世纪80年代以来，由于心理学本土化的推进，原本在思想、道德及文化领域讨论的一些概念开始纷纷进入本土心理学的研究视野。一些中国心理学家通过自己的专业训练对儒家及其相关概念进行了重新的定义与探索，诸如中庸、和谐、正义、忍、缘分、孝道、人情以及自我等[1]，其最主要的意图即在于借此方式强行同西方社会与行为科学的概念体系断奶，以实现中国心理学研究上的文化自觉。而在一些中国人的或儒家的概念进入心理学领域后，一个最大的转化就是需要以社会科学的视角和方法来处理这些概念，尤其是将其操作化，以便对现实中的中国人进行测评乃至建构出本土心理学的理论。

---

[1] 参见杨国枢、黄光国、杨中芳主编：《华人本土心理学（上）》，重庆：重庆大学出版社2008年版；杨国枢、黄光国、杨中芳主编：《华人本土心理学（下）》，重庆：重庆大学出版社2008年版。

我以为，中国人的自我研究是本土心理学的各个概念研究中最为核心也最为艰难的部分。虽然研究已经展开[1]，但收效尚不明显。因为相较于其他本土概念，"自我"本是一个外来语。既然如此，我们能否说中国人的社会生活中原本没有自我呢？答案几乎又是否定的。从目前大量的研究中我们看到，历史文献与生活中是有类似于中国人自我的表述的。可是如果肯定了中国人存在自我，那么我们如何进行思考？或许我们所面临的困难是：要么不知不觉地沿着西方的自我定义来认识中国人的自我，也就是说，一个研究过自我问题的学者或许会发现，"自我"的确是一个在西方文明中孕育出来的概念，它所涉及的身体、个体、人格、灵魂、精神、意志以及个人主义等，都不是中国文化原本所具有的，至少其内涵大不相同；要么试图从中国文化或儒家思想中找出一个接近"自我"的概念，如"己"。显然，研究中国或儒家的自我一开始就是一个文化比较的问题。从比比皆是的西方哲学家或心理学家那里，我们看到，自我一直是被当作人的最基本问题提出来的。可它一旦进入中国人的观念与现实世界，我们究竟想表达什么样的含义？

随着不同学科对此问题的研究的展开，已出现相当宏大的且极为根本性的文化与思想的探源。[2]目前，相当多的学者已经从不同的角度对中国文化中的自我进行了深入而系统的研究。从已问世的研究成果来看，有些观点极具启发性，为本文的相关讨论提供了思考的基础。但总体上讲，历经各自学科领域的各种阐述，我们依然看不清楚中国人自我的基本面貌。这或许同自我概念本身带有很强的主观性和诠释性有关；或许是因为中国历史上的先贤在一开始就有过百家争鸣的局

---

[1] 参见杨国枢、陆洛编：《中国人的自我：心理学的分析》，重庆：重庆大学出版社2009年版。

[2] 参见余英时：《中国近代个人观的改变》，载余英时：《现代儒学的回顾与展望》，北京：生活·读书·新知三联书店2004年版。

面，而且自我问题在儒家思想的内部也有其自身的演变；也或许中国文化史上发生过佛教传入与融合及近代以来西方文化之决定性影响，最终导致自我研究的确成为一个复杂的问题。但无论如何，这都不应该成为我们研究不出中国人自我的理由。

我认为，目前大量的思想与文化中的自我研究是在爬梳或诠释典籍或个案式的人格研究中完成的，而社会科学的研究取向在于，我们主要是通过研究对象的现实的、经验的（或者虽在历史中发生，但在今日依然具有可感知性）方面来建立其模型之可能。因此本文的一些讨论虽不拒绝非社会科学取向的任何有关自我方面的研究，但标准只有一个，那就是应该关注留存或表现在现实社会及人们日常社会行为中的依然被感知到的那部分，而非某些古代的思想言论与个别历史人物的品格。

二、不同的研究框架及模式

应该说，大多数对于可感知性的现实中国人之自我研究，包括本土心理学的研究，基本上是在文化比较的框架下完成的。其中最值得重视的几个研究框架及模式发端于20世纪80年代。这里按时间顺序简要回顾一下。

在文化人类学与心理学中的文化与人格学派高潮逐渐退去之际，夏威夷大学的社会心理学家马通礼（又译马塞勒）邀请国际上研究自我的顶尖学者合编了一部题为《文化与自我》的著作。[1] 其中，著名的华裔人类学家许烺光、哲学家杜维明等均在邀写之列。而书中关于

---

[1] 参见 A. 马塞勒等：《文化与自我——东西方人的透视》，任鹰等译，杭州：浙江人民出版社1988年版。

中国人的自我研究框架是由许烺光提出的。许烺光在文中首先希望摈弃使用心理学中的人格概念,在借鉴少部分精神分析理论的前提下,他提出了一个联系框架,即个人与其所处的社会世界有七个层次,从外层向内层逐渐递进,其中:最外层"0"是外部世界;"1"是更广泛的社会与文化;"2"是有用的社会与文化;"3"是个人的社会文化;"4"是可表意识,这部分构成了他重点讨论的部分;"5"是不可表意识;"6"与"7"属于前意识与无意识。在这样的框架中,自我处于3和4的层面,也是中国文化意义上的"做人"部分。这一区域在许烺光那里是人的心理社会稳态(PSH),而不同的文化性自我将在这一层次表现出差异。其中,中国社会凸显的是亲属关系至上,由于家人成为这一区域的永久居民,因此中国人对其他非亲非故的人不感兴趣;而美国人虽然也成长于家庭之中,但成人后即获得一种自由,进而在此区域一方面以扩大的方式建立人际关系,另一方面也关注自己的内心世界,并进入无意识;比较日本人的自我,由于日本人的家庭生活中出现了单子继承制,并引发不少家庭子女无继承权的现象,因此他们很容易摆脱家庭进入社会,建立师门组织关系。师门关系是拟亲属的关系,既不同于中国人的亲属关系,也不同于西方人比较散漫的人际关系。[1]

另一个研究框架产生于20世纪90年代初,心理学家H. R. 马库斯(H. R. Markus)与S. 北山忍(S. Kitayama)在比较东西方的自我差异后,对应提出了"互依我"与"独立我"两个概念。[2] 这两个概念的提出大大地增加了我们对东西方文化下的自我的认识。"互依我"是东方人的一个特征,更多的是表达了"关系"在此文化类型中的重要性,或者说,因为这样一种文化如此重视关系的作用,以至于"自我"

---

[1]　A. 马塞勒等:《文化与自我——东西方人的透视》,任鹰等译,杭州:浙江人民出版社1988年版,第31—50页。

[2]　H. R. Markus, and S. Kitayama, "Culture and the Self: Implication for Cognition, Emotion, and Motivation," *Psychological Review*, 98,1991, pp.224–253.

不像西方人所定义的那样是对自己和他人进行区分方面的认知，而是双方之间的融入与重叠，也就是中国人常说的不分彼此，或者叫"你中有我、我中有你"。相对于东方人，西方人的"自我"非常强调个人的独立性，无论彼此关系再怎么亲密，个人的独立性，包括自己的隐私都是需要保证的。独立性的自我在比较哲学、伦理学、文化研究中的抽象其实连接着个人主义和理性主义。而"互依我"则同家庭主义和儒家思想有密切的关联。

差不多同一时间的另一种相关理论来自东西方比较哲学上的探讨。虽然在此高度上我们未必可以直接感知这一研究，但结合上述两种框架，可以部分地理解其含义。这就是美国比较哲学家郝大维与安乐哲提出的"焦点－区域式自我"。[1] 他们对中国人自我的提炼虽并不限于儒家，也包括道家，但儒家在此自我中仍然有其特征。为了比较中西方自我的差异，郝大维与安乐哲首先认为，西方文化中的自我具有以下特征：(1) 理性的意识；(2) 还原于生理（神经化学、社会生物学）；(3) 意志活动；(4) 机体的（生物的和社会的）功能。而对照下来中国人很容易被当作"无我"的。但这只是从西方自我框架看到的一个结论。假如我们认定中国人是有自我的，那么这样的自我需要排除简单比较得出的"无心的""无躯体的""无目的的"和非意志的判断，而借助语境化方法，他们认为：

> 儒家的自我是处于环境中的，根据儒家的模式，自我是关于一个人的身份（roles）和关系的共有意识。一个人的"内""外"自我是不可分离的。就此而言，说某人是自觉的，不是说他能把他的本质自我分离出来，并加以对象化，而是说他意识到自己是别人注意

---

[1] 郝大维、安乐哲：《汉哲学思维的文化探源》，施忠连译，南京：江苏人民出版社1999年版，第3—48页。

的焦点。自觉意识的中心不是在于宾格的"我"[me]分离的"我"[I],而是在对宾格的"我"的意识。这种意识所产生的自我的形象,决定于一个人在社会中所得到的尊重。这是一种以面子和羞耻的语言把握的自我形象。[1]

在这一段表述中,我们必须注意到的几个关键点是:儒家的角色与自我的关系、主观我与客观我没有分离而产生客观我的对象化以及一个人的面子与耻感及自我的外化过程。

再一种中国人自我的研究也孕育自20世纪80年代,即心理学的本土化受到一批华人社会与行为科学家的认可与推动。而有关中国人自我的研究自然是其中绕不开的重要议题。比如杨中芳曾深入地检讨和批评中国人的自我研究过分依赖西方自我研究框架。[2]之后,杨国枢根据他提出的华人社会取向理论中的四个子取向,即关系取向、权威取向、家族取向与他人取向,建立了一个"华人自我四元论"[3],其基本含义是:杨氏首先接受了西方自我中的主体我与客体我的划分,只是认为二者的客体我不同,即西方人的"客体我"是个人取向,而中国人是社会取向,由此相应的自我也就是关系取向自我、权威取向自我、家族取向自我与他人取向自我。随着中国的现代化进程,个人取向逐渐进入中国社会,也成为中国人心理与行为的一部分。这时,若将关系取向与权威取向合并(我不能理解为何要将它们合并,或许

---

[1] 郝大维、安乐哲:《汉哲学思维的文化探源》,施忠连译,南京:江苏人民出版社1999年版,第29—30页。

[2] 参见杨中芳:《回顾港台"自我"研究:反省与展望》,载杨国枢、陆洛编:《中国人的自我:心理学的分析》,重庆:重庆大学出版社2009年版;杨中芳:《试论中国人的"自己":理论与研究方向》,载杨国枢、陆洛编:《中国人的自我:心理学的分析》,重庆:重庆大学出版社2009年版。

[3] 参见杨国枢:《华人自我的理论分析与实证研究:社会取向与个人取向的观点》,载杨国枢、陆洛编:《中国人的自我:心理学的分析》,重庆:重庆大学出版社2009年版。

只是便于在四元中讨论),就构成了现在的个人取向自我(偏西方的)、家族取向自我与他人取向自我。为了检验中国人的这种四元自我模式,杨国枢还提出了15项心理测量指标,其中包括脉络化、认同目标、自我一致性、基本动机、主要情绪、自我实现、自我概念、自尊及幸福感等方面与个人取向自我的比较。在此论述中,杨国枢对"独立我"和"互依我"也有回应,认为这一自我划分只是涉及他的自我四元论中的个人取向和关系取向,而华人自我的多元性应该比它更复杂。

  以上讨论到的中国人自我研究框架或许只是相关研究中的几个代表,但大体勾勒出了中国人自我研究在理论上所做出的努力以及多学科性、学科交叉性及多元化的倾向。其中许烺光的自我研究是从人类学的角度出发的,我本人很赞同他撇开"人格"概念来重塑中国人自我研究框架的尝试,但该探索更多的是关于自我所面对的他人群体特征,在自我本身的面向上讨论得不多。马库斯与北山忍的自我理论似乎抓住了东西方自我的最基本特点,只是我们在这样的框架内应该还需要讨论很多问题,而不是止步于这样的初步认识。在这一点上,郝大维与安乐哲的探讨是深入的。他们将中国人自我中所经验的特征回溯到与儒家自身相关的问题中去。尤其关键的是,为了反衬儒家自我的内在特质,作者对西方自我的形成及其要素等进行了高度抽象化的凝练,使人可以更加清晰地看出中国人的自我的出发点在哪里。只是由于这样的讨论过于哲学化与概念化,应然部分过于凸显,因此算不上是社会科学方面的研究。华人自我四元论是从心理学角度提出来的自我理论,但我个人认为它过于复杂,想兼顾与包容的内容过多。这个理论本身非常繁杂,其背后面临的问题是各要素(四种取向)所构成的逻辑关系在哪里,而不能一开始就先布好阵,或许这正是儒家式自我尚需要进一步探讨的原因。

  通过以上梳理我们发现,虽然这些理论彼此之间少有交集或者相互影响，但却具有两个共同特征：首先，无论研究者如何讨论中国人的自我问题，儒家思想都深藏于中国人的自我研究之中；其次，中国人的自我问题总是同他人之间有关系构成上的意味。这几乎成为不同研究框架及模式中的共识。

三、中国人的自我：预设与矛盾

我十分赞同：儒家式的自我或者中国人的自我是关系取向的自我，但问题并非如此简单。在中国人的关系研究框架内，无论将这样的自我理解成心理社会稳态中的情境中心式的、互依性的、焦点－区域式的或社会取向的等，都依然有没讨论清楚的几个内在问题，而尤为重要的是，我们对中国文化（儒家）中自我的预设与可能存在的内在矛盾尚缺乏清醒的认识。[1]

首先，关系取向的自我预设在哪里？很多学者都认为儒家式的自我需要放入关系中来理解。看起来这点没有问题，但如果进一步思考下去，就会发问：这样的理解足够解释我们对儒家式自我的认识吗？其实，以关系来理解自我也是符号互动论的基本观点。我们知道，符号互动论中的自我形成与确认属于一种"社会自我"的讨论，它来自杜威和詹姆斯的实用主义及其相应的心理学、库利的"镜中我"及托马斯的"情境中心"等概念。实用主义的基本思想即人与环境相互作用，也是杨国枢建立其社会取向的缘起（尽管他并未直接表明这是实用主义的观点）。实用主义的来源之一是进化论，其基本含义是人如何适应环境的问题，由此，杨氏指出东西方的适应模式不同。西方的适应是

---

[1] 翟学伟：《人如何被预设：从关系取向对话西方——重新理解中国人的问题》，《探索与争鸣》2017年第5期。

自主性的，中国的适应是融合性的，前者产生个人取向，后者产生社会取向；而詹姆斯的"自我"划分启发了乔治·米德对自我的再讨论，得出个人自我的最终形成也是在社会互动中完成的。[1] 在以上这些关于中国人自我的讨论中，了解符号互动论的学者都倾向认为该理论是最接近儒家学说的理论。虽然其中仍有一些微妙的差异，但是在大框架下，用符号互动论来开启儒家自我的形成有诸多合理之处，于是主观我与客观我也就经常被上述构建中国人自我理论者所套用。

但依照符号互动论的基本观点，虽然自我是在社会互动中产生的，处于互动中的个人存在却是从其生物性——身体、动作、姿势开始的。这是米德的理论与行为主义心理学相通的地方。区别在于符号互动论没有将个体停留在生物水平上：因为人有意识（心灵），通过与他人的交往，自我便形成了。这样的理论逻辑是首先预设个体的存在，然后他才可以在其社会关系中逐步发展出自我。可是，儒家对此问题的预设是反过来的。也就是说，在儒家的自我形成与实践中，是先有关系的存在，然后才有个人之自我的出现。对于这一问题的思考不同，主要在于东西方社会对人本身的解读不一样。

我们知道，对于西方人来说，人首先是作为一种身体或者生命体而存在的，这一点已经决定了一个人的生物性；而西方"culture"（文化）的原有之意，是"耕种"，或改变自然面貌，也就是指人在改变外部世界的同时也改变了自己，进而这样的改变让相关他人共享了人所创造的物质世界及非物质世界。换句话说，人间所有活动都是文化的活动，文化生活即人的全部生活；但儒家对文化的理解却不在这里。人对世界的改变当然是事实，但其中尚没有文化，只是劳作。儒家定义的文化在于教养，相近的英文为"humanlity"，是指

---

[1] 乔治·H. 米德：《心灵、自我与社会》，赵月瑟译，上海：上海译文出版社1992年版，第246页。

一个生命有机体唯有通过教化才能变成文化人。《论语·为政篇》:"子游问孝。子曰:'今之孝者,是谓能养。至于犬马,皆能有养。不敬,何以别乎?'"孟子曰:"人之所以异于禽兽者几希,庶民去之,君子存之。舜明于庶物,察于人伦,由仁义行,非行仁义也。"(《孟子·离娄章句下》)又说:"人之有道也,饱食、暖衣、逸居而无教,则近于禽兽。"(《孟子·滕文公章句上》)最终提升为:"无恻隐之心,非人也;无羞恶之心,非人也;无辞让之心,非人也;无是非之心,非人也。"(《孟子·公孙丑章句上》)由此,在中国人的生活世界中,人是分有文化和没文化、有教养和无教养的。这也是"礼"对人之所以为人的重要意义。至于无教养和无文化之人,在儒家关于人的归类中相当于"畜生":

> 鹦鹉能言,不离飞鸟;猩猩能言,不离禽兽。今人而无礼,虽能言,不亦禽兽之心乎!夫唯禽兽无礼,故父子聚麀。是以圣人作,为礼以教人,使人以有礼,知自别于禽兽。(《礼记·曲礼上》)

"畜生"在汉语中是一个贬义性极强的名词,是骂人时使用的极为严重的斥责。如果关于人及其自我的讨论从这里开始,那就意味着人无法与动物划清界限,也无法成为儒家所希望看到的那种人。由此,身体的个体性只是动物的面向,而唯有进入关系性才是人的面向。这时所谓关系上的个人身体看起来依然是自己的,但由不得自己来决定和处置,而得从关系上来加以考量。这就是《孝经》开宗明义指出的:"身体发肤,受之父母,不敢毁伤,孝之始也。"在西方关于人的知识分类中,人的基本面是其动物性(畜生)。这是西方心理学的最基础部分。很多心理学研究,包括当代最前沿的心理学研究都是想借此得到对人的最根本性认识。与此相应的,西方心理学家也就名正言顺地对白鼠或其他动物进行实验。但在儒家关于人的框架中，讨论人的动物性即贬低人的价值。[1] 正因为此差异，西方的自我是可以还原为生理性的，比如詹姆斯将自我逐级提升为"生理自我""心理自我"和"社会自我"。可在中国的语境中，人性中原始的、自然的一面，只表示此时此刻的人性尚有待教化，而儒家所要求的人性尚没有出现。此即孟子所提出的"几希"。可见，"自我"在儒家的观念里从头到尾都是一个社会性的和文化性的概念，自然，由此获得的对自我的预设也不会从个体性开始。没有了个体性的自我，也就没有在此基础上进一步抽象出的个人之自由、理性、情感及意志。或者说，当关系作为讨论人的前提时，自我的含义及运行从一开始就将沿着关系的限定。这一点我在下文中还要继续讨论。

其次，即使从关系的视角来研究中国人的自我，学者的共识中还是存在一些结论上的矛盾。比如梁漱溟认为，中国文化的基础是伦理本位，也就是关系本位。但关系本位的自我是什么样子的呢？他在《东西文化及其哲学》中曾说：

> 西洋人是有我的，中国人是不要我的。在母亲之于儿子，则其情若有儿子而无自己；在儿子之于母亲，则其情若有母亲而无自己；兄之于弟，弟之于兄，朋友之相与，都是为人可以不计自己的，屈己以从人的。他不分什么人我界限，不讲什么权利义务，所谓孝弟礼让之训，处处尚情而无我。虽因孔子的精神理想没有实现，而只是些古代礼法，呆板教条以致偏倚一方，黑暗冤抑，苦痛不少，然而家庭里，社会上，处处都能得到一种情趣，不是冷漠、敌对、算账的样子，于人生的活气有不少培养，不能不算

---

[1] 余英时：《中国近代个人观的改变》，载余英时：《现代儒学的回顾与展望》，北京：生活·读书·新知三联书店2004年版，第68页。

一种优长与胜利。[1]

而费孝通在《乡土中国》中对应西方的"团体格局",提出了中国社会的"差序格局",此概念本身也是关系性的。可他所得到的自我却是:

> 在这种富于伸缩性的网络里,随时随地是有一个"己"作为中心的。这并不是个人主义,而是自我主义。个人是对团体而说的,是分子对全体。在个人主义下,一方面是平等观念,指在同一团体中各分子地位相等,个人不能侵犯大家的权利;一方面是宪法观念,指团体不抹煞个人,只能在个人们所愿意交出一分权利上控制个人。这些观念必须先假定了团体的存在。在我们中国传统思想里是没有这一套的,因为我们所有的是自我主义,一切价值是以"己"作为中心的主义。[2]

> 我们一旦明白这个能放能收,能伸能缩的社会范围,我们可以明白中国传统社会中的私的问题了。我常常觉得:"中国传统社会里一个人为了自己可以牺牲家,为了家可以牺牲党,为了党可以牺牲国,为了国可以牺牲天下。"[3]

请注意费氏这里借用了儒家的修身、齐家、治国、平天下来反推他的自我主义结论。这意味着,一方面,他所观察到的差序格局与中国人的自我主义同儒家思想有紧密的联系;另一方面,中国社会存在的很多现实与我们经验到的社会现象却是儒家的反面。

---

[1] 梁漱溟:《东西文化及其哲学》,北京:商务印书馆1987年版,第153页。
[2] 费孝通:《乡土中国》,北京:生活·读书·新知三联书店1985年版,第26页。
[3] 同上书,第27页。

现在的问题是：我们如何来认识关系取向的自我？

四、关系取向自我的再认识

如何理解关系取向的自我预设并化解其中的矛盾？或许有不同的解决方案。是跳出关系取向的自我分析框架重回西方的自我理论，或重新寻求更好的理论，还是依然在框架内部寻找合理解释，也许见仁见智。我本人寄希望于在关系取向内部进行研究。

为了解决中国人自我研究中的种种困境，包括能否套用西方自我概念中的主观我与客观我等问题，本文将先从中国文字入手分析，就如同西方的自我其实也是借助"I"和"Me"开始一样。

在中文里，用来表达"我"的字很多。如《尔雅·释诂》：卬、吾、台、予、朕、身、甫、余、言，我也。随着汉字自身的发展与不同朝代的使用差异，现在用来表达自我含义的是身、吾、我和己。"身"作为自我，不是指自己的肉身，而是指自己，比如"自身"，而"修身"，也就是自我修养，自我修行、修道的意思。如《论语·学而篇》曾子曰"吾日三省吾身"中的"身"说的就是自我。至于"我"和"吾"的区别，本文这里不做讨论，很多情况下两者同义，另外"吾"在现代汉语中也用得极少。我们现在最需要讨论的问题是：在理解中国人的自我时，是讨论"我"的概念，还是讨论"己"的概念？众所周知，"我"和"己"都有自我的含义，但究竟有何不同，需要看一看儒家经典中什么时候用"我"，什么时候用"己"。

子曰："君子不重则不威，学则不固。主忠信，无友不如己者，过则勿惮改过。"（《论语·学而篇》）

子曰:"我未见好仁者,恶不仁者。"(《论语·里仁篇》)

子曰:"道不行,乘桴浮于海。从我者,其由与?"(《论语·公冶长篇》)

子绝四:毋意,毋必,毋固,毋我。(《论语·子罕篇》)

子曰:"吾未见好德如好色者也。"(《论语·子罕篇》)

子曰:"克己复礼为仁。一日克己复礼,天下归仁焉。为仁由己,而由人乎哉?"(《论语·颜渊篇》)

子曰:"出门如见大宾,使民如承大祭。己所不欲,勿施于人。在邦无怨,在家无怨。"(《论语·颜渊篇》)

子曰:"其身正,不令而行;其身不正,虽令不从。"(《论语·子路篇》)

子贡问曰:"何如斯可谓之士矣?"子曰:"行己有耻,使于四方,不辱君命,可谓士矣。"(《论语·子路篇》)

子曰:"君子求诸己,小人求诸人。"(《论语·卫灵公篇》)

从《论语》中关于"我""身""己"等的用法中,我们大致可以发现,中国人在表达代词的自我时都是用"我"或"吾",特指说话人自己的看法、遭遇或者感受,而用"身"或者"己",则表示一般性的自我,也就是每一个人都会有的自我。对于每一个人都可能具有的自我，孔子有其期待和要求，他希望每一个人都能实现这样的自我，比如"克己复礼"中的"己"，"己所不欲，勿施于人"中的"己"或者"其身正"中的"身"等。这时，我们还可以发现，"我"和"己"之间可以是关联的，也可以是各自的。如果一个人的"我"按照"一般我"的要求去做，那么就和"己"或"身"相关。如果"我"只是表示我的个人情况，那就和"己""身"无关。由此，我们大致得到的结论是，在儒家式的自我中，先有一个被建构出来的伦理化的或者道德化的自我，然后每一个具体的自我都尽可能去遵循或者实现这个自我。正如杜维明所说："在中国社会……对于家庭及社会的理解，乃至对人和天的关系的理解，都基于一种既定的 given，是不可改变的建构。"[1] 具体而言，每一个具体而生动的自我是有欲望（比如个人的喜怒哀乐）或者动物性的（食色，性也），这些欲望和动物性都很容易将人停留在一种低级的、与动物无法分清的层面上。如果一个人要成为真正的人，那就需要摆脱这样的欲念，按照"仁"和"礼"的要求规范去做，诸如"非礼勿视，非礼勿听，非礼勿言，非礼勿动"（《论语·颜渊篇》）。因此，我认为，儒家式的自我所关注的自我张力不在"主观我"与"客观我"的关系中，而应该在"真实我"与"伦理我"或"欲望我"与"道德我"中。主观我与客观我是个人在与他人的互动中形成而分离出来的两种自我，而现实我与伦理我则是在关系取向中的个人与他人关系中被事先预定好的一套设定。也就是说，儒家文化在关系上事先建立了一套共享的关系法则（此法则开始是礼制的，后来演化成内在的、有境界高低的，而非仅仅是典章的），然后把真实我放进去，看看谁能通过"克己"达到什么高度，由此而分出君子和小人。

---

[1] 杜维明：《现代精神与儒家传统——一套特色伦理学词汇》，北京：生活·读书·新知三联书店1997年版，第83页。

也正因为有了这样的现实我与伦理我,当两者合一时,"我"也就可以表达为"己"。比如在孟子的表述中,"我"和"己"有时难以区分:

> 孟子曰:"人皆有不忍人之心。……恻隐之心,仁之端也;羞恶之心,义之端也;辞让之心,礼之端也;是非之心,智之端也。人之有是四端也,犹其有四体也。有是四端而自谓不能者,自贼者也;谓其君不能者,贼其君者也。凡有四端于我者,知皆扩而充之矣,若火之始然,泉之始达。苟能充之,足以保四海;苟不充之,不足以事父母。"(《孟子·公孙丑章句上》)

这里的"我",既有"我"的含义,又有"己"的含义,或许表明,伦理的我与真实的我在这里合并了。

现在需要思考的问题是,"真实我"与"伦理我"之间的张力是如何形成的?我想这个问题不是精神分析理论中讨论的"本我"和"超我"的关系,即不是一种"自我的挣扎",而是一种被放入关系的自我所受到的束缚。我在前面已经预设了关系取向的自我是以关系为前提的,那么儒家对于自我的设计就不是个人优先,比如生理优先、欲望优先、自由优先、意志优先或者理性优先,而只能是关系优先。为何关系优先?因为个人所具有的自我优先之最大危险在于,它或许会摧毁人人共享的关系法则或任性地建立事先未被设定的关系,至少会改变关系的规范性,这将导致人道乃至天道消失殆尽。那么,儒家需要建立的关系究竟是什么样子的?虽然学界对此有很多讨论,如本文上面提出的几个研究框架,但我认为这样的自我应该在两条主轴上呈现:一条是纵向轴,一条是横向轴,见图1。

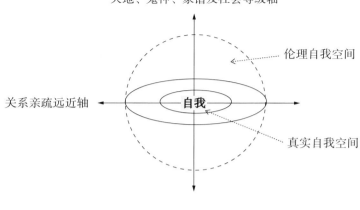

图 1　儒家式的自我

在图 1 中，纵轴是指各种观念和社会等级上的关系连接（尊尊轴），横轴是指各种亲疏远近构成的关系连接（亲亲轴）。请注意，这里的两条轴线构成的不是一个平面，而是一个立体。它旋转起来应该是一个球，而不是一个平面的同心圆。此时的自我位于这个球体的中心，但这不意味着自我是费孝通所谓的自我主义，而只意味着它是一种与周边关系的位置及处理这些关系的视角。举一个最通俗的例子，中国人常说上有老、下有小，两边还有兄弟姐妹甚至七大姑八大姨。这样的自我有一个可参考的图示，就是中国传统上的"五服"图。显然，任何一个此间的中国人都很难走到他"很自我"（只顾自己）的方面去。虽然他作为一个真实的自我有个人的打算和欲念，这本来也恰恰就是中国字"我"的含义，只是这样的"我"被"己"限定住了，无法我行我素，他本人也愿意与周围的他人互相依赖。由于上下左右的人的关系是相对固定的，其伦理又被设定好了，因此此时此刻的现实中的我所面临的处境很难是自己的内心选择，而是身不由己地同伦理我之间进行调和，也即要处理伦理我与现实我之间的张力关系。

现在，我们来检讨一下在这两个主轴中所建立的自我与前面所介绍的几个自我的框架的异同。首先，虽然在生物学意义上自我的构成具有生理性、自主性或者欲望及个人意志等，但这些自发性的自我几乎被规定性的关系所锁定，造成此时的自我是一个要考虑方方面面关系的自我，其自我表达中的情境中心倾向是不言而喻的。需要加以补充说明的是，在天人合一的思想架构中，中国人的自我不单是社会关系，而且还被构念出一种天人之际的思想，进而导致中国人的自我中也不是理性占上风，而是有对命理和命运的敬畏与遵从，也有对神仙鬼怪的想象以及对逝去祖先的庇护的寻求或争光等含义。[1] 费孝通在建构"差序格局"概念时也考虑到了这一点，比如：

> 伦重在分别，在礼记祭统里所讲的十伦，鬼神、君臣、父子、贵贱、亲疏、爵赏、夫妇、政事、长幼、上下，都是指差等。"不失其伦"是在别父子、远近、亲疏。伦是有差等的次序。在我们现在读来，鬼神、君臣、父子、夫妇等具体的社会关系，怎能和贵贱、亲疏、远近、上下等抽象的相对地位相提并论？其实在我们传统的社会结构里，最基本的概念，这个人和人往来所构成的网络中的纲纪，就是一个差序，也就是伦。礼记大传里说："亲亲也、尊尊也、长长也、男女有别，此其不可得与民变革者也。"意思是这个社会结构的架构是不能变的，变的只是利用这架构所做的事。[2]

也就是说，在费氏的理论建构中本来是有对鬼神与等级的考虑的，但是一旦用水波纹来形容他的差序格局，上述的等级便没有了安放之处，或者说两条不同的轴合并成了一条只表示亲疏远近的轴。差序格局模式的另一个大问题是，在讨论儒家式的自我之际，他为了建立"自我

---

[1] 详细讨论见杨庆堃：《中国社会中的宗教：宗教的现代社会功能与其历史因素之研究（修订版）》，范丽珠译，成都：四川人民出版社 2016 年版，第 23—45 页。

[2] 费孝通：《乡土中国》，北京：生活·读书·新知三联书店 1985 年版，第 25 页。

主义"概念以解释中国人的"私",竟然一下子跳到了儒家的反面——杨朱那里——去寻求思想依据,甚至认为儒家思想内部也存在"私"的一面。显然,费氏没有意识到,一旦差序格局中的自我中心没有了关系作为自我的前提预设,那么"私"的概念就走向了个人,也就是说这里的私只是个人的欲望,不再可能解读成占他人的便宜。可几乎每一个中国人都知道,中国人的私只表现在陌生的(没关系的)环境中,随着他人关系情境的改变,尤其当回到家庭成员关系中时,私的观念就几乎消失,变成考虑他人和为了他人。正是在这一点上,梁漱溟又走向了另一个极端,即认为中国人是无我的,其实他在此看到的是中国人的伦理我,而忽略了现实我的存在、膨胀及活跃。

现在再来看上面提及的"互依我"和"焦点-区域式自我"。虽说这两种研究框架仍然在我建构出的儒家式的自我轴心中,而我这里表达的比"互依我"更加明确,并深化了互依我的理论前提,也比"焦点-区域式自我"更具有经验性、现实性和可操作性。至于杨国枢提出的"自我的四元论",因为关系的亲疏远近轴将可以概括其中的关系取向的自我和他人取向的自我,纵向的等级轴可以概括其权威取向的自我,而两个轴可以完全包含家族取向的自我,似乎更具备中国人自我的模式化倾向,也就具有了简化其复杂性的倾向。至于许烺光提出的中国人自我是在一种相对稳定的人际关系中建立的观点,是我近来在关系向度理论中指出的固定关系向度。[1] 比较而言,我更加希望讨论这种稳定的人际关系是什么机制,会产生什么样的自我表达方式。或者说,许烺光是在文化比较中寻找中国人自我的定位,而我想说的是这样的自我内部存在的困境和张力是什么。

---

[1] 参见翟学伟:《中国人的关系向度及其在互联网中的可能性转变》,载翟学伟:《中国人的关系原理——时空秩序、生活欲念及其流变》,北京:北京大学出版社2011年版。

五、余论：儒家式自我的实践

儒家式自我的实践是一个非常复杂的话题，本需要另撰文讨论。只是在此我们已将关系自我研究框架建立起来，可以借此模式对几个联系中国人自我的重要概念做重新的探讨和认识。

首先，我们在此框架内部已经看到了儒家所期待的自我实践活动。这点可以借助上述的两种关系取向中的矛盾结论来加以认识。根据我在上面提出的伦理我与真实我的差异，我们看到梁漱溟所讨论的中国人"无我"是在伦理我的层面上论述的，"无我"实际上也就是中国人所谓的"大我"或者"公我"。[1] 在这一层面上，讨论中国人自我的表现，主要是讨论中国人应然的或儒家言说的一面，当然在现实生活中也有接受儒家思想的中国人会身体力行来实现这一点；而费孝通看到的自我主义属于"真实我"，由于真实中的自我无不透露着个人的欲念和利益诉求，因此出现同儒家思想格格不入之处，也就常被称为"私我"或者"小我"。在儒家式的自我观念中，私我要服从公我，小我要成全大我，因此在儒家伦理及其实践中总是大我压制小我。可费氏所研究的是乡土中国，或者说，社会学的主要研究目标是现实社会，而非价值体系。乡土中国的主体是农民群体，在小农经济的作用下，一家人的生存永远是第一位的。这很容易导致人们既不能回到个人利益上只顾自己，导致家庭解体，也不会站在"公我"的角度跳出家庭，以乡村或者地区为单位来考虑问题。所以具有一定程度的大我之人，恰恰是读过儒家典籍的乡绅群体，他们经常成为地方上主持公道的人；还有一个相关问题是，关系取向中的自我不能从西方个体取向中的自我的完整性上来理解。也就是说，无论是精神分析理论中的"本我"与

---

[1] 参见杨中芳：《试论中国人的"自己"：理论与研究方向》，载杨国枢、陆洛编：《中国人的自我：心理学的分析》，重庆：重庆大学出版社2009年版，第68页。

"超我",还是符号互动论中的"主观我"与"客观我",都是在自我的完整性内部来建立自我结构的,可关系取向的自我不具备个体完整性。中国人的自我本身与他人之间有较大部分的重叠地带或有一块分享的余地。儒学的重要方法便是"忠恕",而推己及人的含义正是因为关系自我中具有共享的地方,才会出现将心比心的识人途径。

中国学界始终争执不下的"公"与"私"的划界问题,在关系自我的理论框架中可以得到解释。研读儒家思想史的学者都知道,整个儒家思想长期以来一直把"崇公抑私"看作基本内容,到宋明理学则变成了"存天理,灭人欲",乃至于到明代,一些学者开始调和两者的关系[1],但也始终未能在儒学内部真正化解公私的矛盾性,而此议题也经常被具体化为义利之辨。虽说"差序格局"概念的提出已是从儒学内部走了出来,可也基本上为"公"与"私"两者关系所困。其实,如果我们回到关系自我中来看,这只不过是一个真实我与伦理我的斗争场域:私心重一点,中国人的表现就是侵占,而公心重一点的就是谦让;而更常见的行动策略是为了缓解这种自我中的张力,一个人可以面和心不和、冠冕堂皇,或者处事圆滑、八面玲珑及阳奉阴违等。当然,对于这种行为,儒家的态度是旗帜鲜明的反对,孔子一方面在道德制高点上提倡"一日克己复礼,天下归仁焉",另一方面也不得不区分"君子喻于义,小人喻于利"。只是回到现实中,人们免不了会用仁义道德来包裹自己的私心杂念。可见,儒家式的自我挣扎不是发生于自我的内在斗争,而是自我包容他人后如何在私心与公心之间做取舍。而一旦自我像个人取向的那样构成一个完整体,自我的结构便回到了主我与客我、本我与超我,与此同时,在社会的构成中公共领域与私人生活之间就泾渭分明,不存在各种关系上的牵扯。

---

[1] 参见翟学伟:《中国人的"大公平观"及其运行模式:兼同日本的"公私观"做比较》,载翟学伟:《中国人的关系原理——时空秩序、生活欲念及其流变》,北京:北京大学出版社2011年版。

其次来讨论"耻"的问题。"耻"是几乎所有人类文明的共同特征，比如害羞、耻辱、羞愧、腼腆、不好意思等，但不同文化对"耻"各有自己的理解。在西方文明中，羞耻通常联系着身体暴露的问题，当然也有自我对罪恶的感知问题。从文化比较上看，若将耻作为一种文化类型，那么美国人类学家本尼迪克特对日本人的研究极富启发。她在考察日本国民性时看到该文化特征中有大量的耻感问题，而与自己的社会比较，她得出了这样的结论：

> 真正的耻感文化依靠外部的强制力来做善行。真正的罪感文化则依靠罪恶感在内心的反应来做善行。羞耻是对别人批评的反应。一个人感到羞耻，是因为他或者被公开讥笑、排斥，或者他自己感到被讥笑，不管是哪一种，羞耻感都是一种有效的强制力。但是，羞耻感要求有外人在场，至少要感觉到有外人在场。罪恶感则不是这样。有的民族中，名誉的含义就是按照自己心目中的理想自我而生活，这里，即使恶行未被人发觉，自己也会有罪恶感，而且这种罪恶感会因坦白忏悔而确实得到解脱。[1]

在儒家经典中也出现了大量的耻感问题，我们可以认为"耻"应该是儒家讨论人性与自我的核心概念。但本尼迪克特的这番议论让我们看清楚了一个耻感文化的出发点，即它是在关系取向得到的一个自我意识，由此它不但在文化含义上区分出了与罪感文化的表现性差异，而且看到其背后的关系取向自我与个人取向自我所发生的情感与自控的面向。正是由于中国人的关系面向，社会网络在实践上成为中国人控制自我私欲的主要方式，使中国人一生希望获得一个好

---

[1] 鲁思·本尼迪克特：《菊与刀——日本文化诸模式（增订版）》，吕万和等译，北京：商务印书馆2012年版，第202页。

名声的问题得到凸显。[1]当然，耻感所产生的行为方式不仅有负面的，诸如没脸见人、无地自容、怕被人笑话之类，而且还有积极的一面，也就是说个人的成就不仅是他自己的成就，而且是关系性的成就，诸如光大门楣、为国争光，也即本土心理学研究中提到的中国人成就动机上的社会取向。[2]

我们讨论完"大我"与"小我"、"公"与"私"及耻感文化在儒家式自我中的处境，人情和面子等问题也就可以得到合理的解释了。我们说，所有关于人情和面子中的运作，都是在纵向的等级轴和横向的亲疏轴中发生的，而不像戈夫曼的戏剧理论那样是在个体身上发生的。[3]从社会学的角度来讲，人情和面子为关系取向的自我运行的外在化表现。它保护了权威者的自尊，保证了一个人不自以为是，并强化了个人的内在需要与相关他者之间必须维系感情和社会交换，当然也造成每一个人都敏感于顾及他人的感受、被他人的意愿所左右。[4]而如果我们抽去自我构成中这两条轴线的约束，那么自我将变得自由而完整起来，一切讨论将回归到西方的自我研究中去，包括其中的社会互动与自我形成的关系。可惜，儒家式的自我不是这样的自我，唯有给出纵横这两条轴线，中国人随处可见的自我表现方式才能得以合理解释。

（原载《南开学报》2018年第5期。）

---

[1] 翟学伟：《耻感与面子：差之毫厘，失之千里》，《社会学研究》2016年第1期。

[2] 参见余安邦：《成就动机与成就观念：华人文化心理学的探索》，载杨国枢、黄光国、杨中芳主编：《华人本土心理学（下）》，重庆：重庆大学出版社2008年版。

[3] 翟学伟：《中国人的人情与面子：框架、概念与关联》，《浙江学刊》2021年第5期。

[4] 详见本书中《中国人的人情与面子：框架、概念与关联》一文。

"语言游戏"与作为社会学方法的训诂学

【导读】中国传统学术要成为现代学术研究的方法，不仅在于学者从宏观上把中国作为方法或者把文史哲作为方法，而且在于从社会科学意义上走入哲学讨论的方法论及其延伸出可操作的方法。在此方面，比较哲学中提出的中国人所具有的关联思维与西方哲学中的语言转向为中国社会学寻求本土方法提供了可能。其中，训诂学及其现代延伸可为寻求中国社会的运行法则提供方法上的可行性。通过对"伦""人情""信"，尤其是中国人面子理论建构的举例，本文指出，从中国字词的搭配及其在自然情境中的使用和排比，可以在某种意义上获得中国社会学在其他方法上难以得到的理论框架与研究模型。

> 假如社会学当初处处效仿语言学家的榜样，那么它现在肯定会先进得多……
>
> ——马歇尔·莫斯（Marcel Mauss）[1]

一、引子：方法在哪里？

当人类社会尚处在以人文（学科）方式认识和解释世界的阶段时，方法问题并未受到重视，因为人们并不介意这一认识和理解是描述的、虚构的、教条的或是遗训的。据此，人文知识所构造的世界既可以通过神话传说、宗教教义，也可以通过诗词歌赋、寓言故事乃至于熟语谚语等来得到。即使人文学科中的史学传统需要如实记录或详加考证，但也避免不了强烈的价值涉入[2]与文学渲染，导致文史相融[3]。更何况，在很长一段时间里，人们了解历史的意义更多的未必是想还原真相，而只是想以史为鉴，从中接受教训或者提升智慧，以利于当下。既然意图如此，添油加醋又有何妨？

人文学科对方法论与方法的反思是17世纪以后的事，它更多的来自自然科学及数学发展所获得的启示。最为显著的标志也许要从笛卡儿（Descartes，也译笛卡尔）开始。从他在《谈谈方法》这本薄薄的小册子及其《探求真理的指导原则》中所讨论的各种议题来看，他所

---

[1] 转引自克洛德·列维－斯特劳斯：《结构人类学1》，张祖建译，北京：中国人民大学出版社2006年版，第35页。

[2] 卡尔·雅思贝尔：《历史的起源与目标》，李夏菲译，桂林：漓江出版社2019年版，第355页。

[3] 斯图尔特·休斯：《历史学是什么？——科学与艺术之争》，刘晗译，北京：北京师范大学出版社2018年版，第28页。

在意的是知识的正确性和可靠性问题，而他想到的根本之法就是对"理性"的强调。[1]这点亦刺激社会科学从诞生起就正视了同样的问题。这是实证主义发生的知识背景。

对于人之研究采用何种方法最为妥帖的讨论，开始是由哲学中的不同学说或学派推动的。虽说 A. 孔德（A. Comte）的实证哲学在哲学体系内部不占主导，却在很大程度上推动了社会科学的发展方向，从而引发其他相关讨论，诸如 W. 狄尔泰（W. Dilthey）、E. 胡塞尔（E. Husserl）、L. 维特根斯坦（L. Wittgenstein）、K. 波普尔（K. Poper）、H. 伽达默尔（H. Gadamer）等，社会科学领域的 M. 韦伯（M. Weber）、J. 皮亚杰（J. Piaget）、M. 福柯（M. Foucault）及史学上的 L. 兰克（L. Ranke）与 H. 怀特（H. White）等，在影响人文与社会科学方法方面，不得不形成持续而繁复的争论态势。虽然有人试图从"两种文化"[2]意义上加以区分，可实证主义的巨大影响力造成社会科学倾向以自然科学研究为典范并开始与人文学科保持距离。也就是说，社会科学为了强调自己的"科学性"，尽力运用实验、测量及其他数学手段来描述和说明人类社会各种现象。这种趋势在大数据时代到来之际，越发甚嚣尘上。一些持有科学主义信仰的学者甚至认为，没有数据，就没有社会科学的研究。而经验材料的含义在他们那里已经被限定为数字表格，并在发表方面一再受到鼓励。如今，在实证主义的推动下，社会科学中的人文取向已被挤到了一个角落，并被当作一种过时的、非科学的研究方式。如果说人文取向的社会科学家尚有挣扎余地，那主要原因在于数据分析并非无所不能。且不说它们无力处理过多或复杂的变量关系，单说面对人的主体间性及其社会、文化、心理与

---

[1]　参见笛卡尔：《谈谈方法》，王太庆译，北京：商务印书馆 2000 年版；笛卡尔：《探求真理的指导原则》，管震湖译，北京：商务印书馆 1991 年版。

[2]　参见 C. P. 斯诺：《两种文化》，纪树立译，北京：生活·读书·新知三联书店 1994 年版。

行为所展现的那些意义、结构、功能、过程与机制以及那些无法量化的心理与社会运行，我们就需要回归深邃的人文思考。毕竟，数据所能对应的社会现象是可以物化的那一部分。当然，实证主义者并不甘心于此，他们试图突破的是扩大其数据化范围，也就是让不带物化特征的社会或心理现象也物性化，比如幸福本是人的一种主观感受，但依然被心理学家量化了；另外，对于原本属于文本性质的史料，随着定量研究的侵入，也不再从传统史学意义上加以考辨，而期待转化成计量史学中的数据被重新研究。[1]可对于人文取向的社会科学家而言，只要人类需要活在自己编织的意义之网中，还有共享的信仰、象征、仪式、互动、谋划、情感等来构筑其生活方式，那么对于这一部分的研究就得另寻他途，而这点在社会科学内部，形成了与定量研究相对应的质性研究。可出于定量研究的强力挤压，质性研究自身也不得不重视起原本定量研究中才讲究的假设检验和信度、效度等问题。[2]

以上讨论表明，一个学者采用什么样的研究路径，与他赞同和接受什么样的哲学预设及方法论有关。虽然这一点并不构成每一个学者必备的知识体系，但他们终究会自觉不自觉地处在某种预设中。就当下中国学人采用的各种研究方式方法来看，西方哲学、科学哲学及其相应方法论均成为不同取向的学者采取某种具体研究方式的基础，只是其间没有中国传统学术的影子罢了。以中国台湾学术界社会科学研究情况为例，即使许多人同意社会与行为科学本土化，但却不曾有学者撼动实证主义主导下的实验和测量，即使有所变化，也是要么强调

---

[1] 相关问题可参见王笛：《从计量、叙事到文本解读——社会史实证研究的方法转向》，北京：社会科学文献出版社2020年版。

[2] 陈向明：《质的研究方法与社会科学研究》，北京：教育科学出版社2000年版，第99—100页。

西方科学哲学的多元典范[1]，要么走向现象学[2]，即使有学者试图从"修养"进入社会学，这里的"修养"含义亦没有儒家的意味，而是在考察了西方社会学的"结构—行动"之困境后，希望走出另一条不为其所左右的道路[3]。如今摆在中国学者面前的问题是：中国传统学术究竟能不能给现代学术提供方法论和方法，或像有的学者坚称的那样——本土化在概念、理论及具体研究上尚有一定的可能，但在研究方法上是不可能的？显然，这是一个大话题。在对于它的讨论中，我们不能单凭自己的主观臆断，而应当采取开放的心态进行尝试。至少就我个人的阅读范围而言，在这方面显露端倪的国外学者就有瑞士学者胜雅律（H. Senger）的《智谋》[4]、法国汉学家 F. 朱利安（F. Jullien）的一系列作品[5]和日本学者沟口雄三的系列研究成果[6]等。

---

[1] 黄光国：《批判实在论与多重哲学典范：建构含摄文化的心理学理论》，台北："中央"研究院 2013 年版，第 47—78 页。

[2] 参见余德慧、李宗烨：《生命史学》，重庆：重庆大学出版社 2016 年版。

[3] 参见叶启政：《进出"结构—行动"的困境——与当代西方社会学理论论述对话（修订二版）》，台北：三民书局 2004 年版；叶启政：《迈向修养社会学》，台北：三民书局 2008 年版。

[4] 参见胜雅律：《智谋》，袁志英、刘晓东等译，上海：上海人民出版社 2006 年版。

[5] 参见朱利安：《功效：在中国与西方思维之间》，林志明译，北京：北京大学出版社 2013 年版；朱利安：《从存有到生活：欧洲思想与中国思想的间距》，卓立译，上海：东方出版中心 2018 年版；余莲：《势——中国的效力观》，卓立译，北京：北京大学出版社 2009 年版；朱利安：《论普世》，吴泓渺、赵鸣译，北京：北京大学出版社 2016 年版；弗朗索瓦·于连、狄艾里·马尔塞斯：《（经由中国）从外部反思欧洲——远西对话》，张放译，郑州：大象出版社 2005 年版；弗朗索瓦·于连：《迂回与进入》，杜小真译，北京：生活·读书·新知三联书店 1998 年版等。

[6] 参见沟口雄三：《作为方法的中国》，孙军悦译，北京：生活·读书·新知三联书店 2011 年版；沟口雄三：《中国的公与私·公私》，郑静译，北京：生活·读书·新知三联书店 2011 年版；沟口雄三：《中国前近代思想的屈折与展开》，龚颖译，北京：生活·读书·新知三联书店 2011 年版；沟口雄三：《中国的冲击》，王瑞根译，北京：生活·读书·新知三联书店 2011 年版。

二、思想与经验引发的方法鸿沟

中国传统学术如何作为方法，是对中国学界长期以来依赖西方哲学、科学哲学及其相关方法论的一次重要反思。这样的反思意味着中国学术界期待中国传统学术能够形成自己的研究路径。虽说这样的路径在当代中国文史研究内部也是有的，个别学贯中西的学者完全可以按照自己的研究风格及特征，发展出较为独特的研究方法，诸如陈寅恪的《柳如是别传》采取"诗史互证"[1]，钱锺书在《管锥编》中采用"中西互证"[2]等，可由于这些方法极具个人研究属性，借用J.德里达（J. Derrida）的说法，也就是不可"传授"或"难以重复"[3]，因此也不可能化成中国传统学术的一般性方法，只能停留于个人自享的层面。

目前中国学术界对所谓"方法"的讨论，尚处于宏大的层面。许多学者对方法的理解并不统一，也没有在哲学方法论上形成争论，更没有进入社会科学意义上的方法创新，只表现出一种大而化之的研究道路之探索，即集中于学科的相互借鉴、视角的转换、传统学术与现代学科的结合等。即使回到中国现象及其问题的研究上来看，我们对方法的认识也是大方向的讨论。就如同当年费正清在邀请一批文史学者参与其编写的《中国的思想与制度》的写作时，他只希望这些汉学家能够和社会科学相交叉，以便借鉴其思维方式和技术手段。正是由此意识，我们能看到包括杨联陞等在内的历史学家是如何在具体研究中向社会学靠拢的。[4] 又比如，我们也更愿意在类似沟口雄三的《作

---

[1] 参见陈寅恪：《柳如是别传》，北京：生活·读书·新知三联书店2001年版。

[2] 参见钱锺书：《管锥编》：北京：中华书局1979年版。

[3] 张宁："访谈代序"，载雅克·德里达：《书写与差异》，张宁译，北京：生活·读书·新知三联书店2001年版，第16页。

[4] 费正清编：《中国的思想与制度》，郭晓兵等译，北京：世界知识出版社2008年版，第13—14页。

为方法的中国》[1]、柯文的《在中国发现历史》[2]，以及最近项飙在《把自己作为方法》[3]等方向上寻求改变研究中国问题的视角或道路。比较而言，社会学方面的方法含义显得更为明确，也直接关乎其背后的哲学与方法论以及研究者直接关心什么样的研究程序、工具和如何操作等。也就是说，在社会学者看来，哲学上的实证主义、现象学或解释学等之所以能够成为方法，都是因为它最终会形成一套比较完整的可操作的方式及手段。

就这点而言，中国传统学术思想很难开辟出新的可被现代学者直接使用的研究方法。这点是横在中国思想学术传统与现代社会科学之间的鸿沟，或许有一条较为宽泛的通路可称为阐释学，因为中国传统学术对经学的解释与西方传统学术对《圣经》的解释等都有在自身文化中如何解读的方法论基础，即使在中国这边没有形成所谓的"阐释学"学科，但其实践性及技巧也有漫长的积淀。可如果这一传统与重视实证的社会科学相碰撞，我们便能看出中国传统学术过于偏重思想性阐发（文史哲）而极少注重经验性（经济、社会、心理）研究之法。中国传统学术要能作为方法，在很大程度上应不再是从思想史内部寻求新的解释方法，而是要走向经验性研究，并最终返回理论而非思想。如果这一点意见是成立的，那么我们方法讨论的重点一方面就是如何克服用直觉和"悟"来言说人生与社会，另一方面是需要突破对于圣贤语录的解释。从中国历史上的古今经文之争事件来看，引发中国学者争论的（文本解释）方法问题不是历史事实的问题，而是圣人言论

---

[1] 沟口雄三：《作为方法的中国》，孙军悦译，北京：生活·读书·新知三联书店2011年版，第125—133页。

[2] 参见柯文：《在中国发现历史——中国中心观在美国的兴起》，林同奇译，北京：社会科学文献出版社2017年版。

[3] 参见项飙、吴琦：《把自己作为方法——与项飙谈话》，上海：上海文艺出版社2020年版。

传承中的正宗性问题。这种思考方式同时导致中国文化始终存在一种所谓不可颠覆的正统学说，它使得实然性总要服从于应然性。实然本身，包括历史演变本身如何不是关键，反倒是符不符合圣人之意才是关键，进而历史记录中的春秋笔法大受赞赏（这本身也成为中国历史研究的一种方法）。在这一方法论指导下，假如实然不符合应然，那么实然要么应被当作反面案例加以谴责，要么应被从历史中抽掉或有意忽略，这导致传统学术难以回到对人物事件本身所展现的生存法则及其提升为理论之可能。

中国思想与历史研究所呈现的这一特点，也不可避免地让那些试图理解中国社会的西方社会学家难以从经验的角度，而倾向从儒家角度来认识中国。比如 M. 韦伯和 T. 帕森斯（T. Parsons）在讨论中国社会文化时，大都集中于考察儒家思想的部分。[1] 可如果我们有一天回到社会学所重视的经验层面上去，那么问卷和统计所描绘的中国社会与人文所描绘的中国社会就构成了反差。比如在实证主义者所展现的中国社会中，那种存在于文史哲研究中的儒家影响难觅踪影，进而人们看到了两种截然不同的中国社会。比如，儒家的价值重点之一是"重义轻利"，商人也不能例外，于是文史传统为我们描述了一种从价值理念到现实行为上的统一性；但社会学的经验研究却直接告诉我们，中国人身上具有的自私自利倾向（功利主义、自我主义等）十分明显。也许为了化解这一困惑，我们不得不慎重地将调查人群区分为"读书人"（深受儒家思想影响的文化人）与"普通人"（几乎未受文化教育的文盲），其中暗含了接受儒家训导者和黎民百姓之间的差异。但社会学依然能从经验研究中得出，即使那些读过儒家经典的知识人，包括走马上任的官员，也很少会重义轻利。但这样的结论是否定儒家文化

---

[1] 参见马克斯·韦伯：《中国的宗教　宗教与世界》，康乐、简惠美译，桂林：广西师范大学出版社 2004 年版；帕森斯：《社会行动的结构》，张明德等译，南京：译林出版社 2003 年版。

对传统中国人，包括当今中国人的影响吗？显然，社会学即使有经验调查也不能这么说，更不能随意将自私或自利问题说成是市场经济发展的结果。我们知道，在市场经济尚不发达的民国时期，中国知识分子所开展的乡村建设运动，就有改造农民四大毛病（贫、愚、弱、私）的意愿。[1] 但在人文学者讨论的中国人的义利观中，的的确确存在社会学经验研究观察不到的儒家影响。于是，无论是思想研究还是经验研究，建立一个什么样的理论框架来讨论这个问题就都很重要了。这是我的本土化立场。如果缺失了这样的概念或者理论框架，那么文史哲研究与社会科学研究显然会各奔东西。

为此，撇开理论框架，凭借位于其间的既重视经学又倚重史料的史学能否给出更加合理的解释呢？从史学家所能提供的人物个案和历史片段来看，我们只能遗憾地说，这是很难做到的。因为史学学者在这一层面上，要么用历史事实去证明孔子区分的"君子喻于义"和"小人喻于利"都是存在的，要么按照自己的意愿或挑选重义轻利的人物事迹进行描写，或挑选重利轻义的人物事迹进行描写，却不可能用计量史学得出多少人重义和多少人重利，以及这些人与何种自变量关系很大。所以史学学者看起来是用史实说话，但实际也是在为其所设定或希望追求的某种目标说话。同样的复杂性也发生于后人对"差序格局"概念的使用方面。原本费孝通提出的"差序格局"在概念意义上是可能弥合思想与社会经验之间的差距的，也就是说费孝通在建构"差序格局"概念时，本希望能用一个概念来整合中国人同时发生义利的问题。例如他认为：

> 如果我们要讨论私的问题就得把社会结构的格局提出来考虑一下。

---

[1] 杨雅彬：《中国社会学史》，济南：山东人民出版社1987年版，第179页。

> 我们一旦明白这个能放能收，能伸能缩的社会范围，我们可以明白中国传统社会中的私的问题了。我常常觉得："中国传统社会里的一个人为了自己可以牺牲家，为了家可以牺牲党，为了党可以牺牲国，为了国可以牺牲天下。"这和"大学"的：
>
> ……身修而后齐家，家齐而后国治，国治而后天下平。
>
> 在条理上是相通的，不同的只是内向和外向的路线，正面和反面的说法……[1]

而后来的社会学者在推崇这个概念的同时却不再关注这个格局和"私"的关系，导致其内在的人文丰富性下降，只成为一种可测量的亲疏远近概念。

可见，人文与社会科学的结合中应该有一种好的研究视角、框架，或者概念、理论。如果缺乏这些，那么在学科的划分、学科的研究取向、学者的价值立场等中就容易出现对社会现象的各自裁剪。当然，我在指出中国学术缺乏社会科学意义上的经验研究的同时，绝不意味着实证研究自身可以化解这个问题。如果我们过于相信通过收集数据进行统计，或者采取质性研究才能看懂中国，那也是一种偏执，因为社会学者在调查中首先要能处理的技术难题就是中国人在问卷填答中所表现出的情境性、策略性以及迎合他人的问题。而更为吊诡的是，中国被试在调查中所表现出的情境性、策略性及迎合性也是儒家文化影响下的人们的举措，这也深刻地说明了儒家影响力不在调查中，而在调查外。可见，如果说美国史学家怀特在方法上对历史的真实能否被揭示表示怀疑，那我们一样可以对社会调查能否揭示社会真相表示怀疑，尽管社会学教科书努力想给这些方法一个完美的论述。史学家唐德刚的一个有趣提问是：鲁迅笔下的阿Q纯属虚构，但他却代表了千千万万

---

[1] 费孝通：《乡土中国》，北京：生活·读书·新知三联书店1985年版，第22—27页。

个中国人，而胡适笔下如实写出来的丁文江却只能代表他自己。[1]

三、从日常词语到本土概念

既然建立一种视角、研究框架或概念和理论那么重要，那么如何可能呢？我个人的看法是，它需要经过几次方法论意义上的转化才有可能。比如某种思想学说内含的方法论基础先要经历哲学讨论、学科定位、视角确立、方法论提炼及理论建构等，然后再来寻求其研究的技术路线。而具体到中国传统学术则意味着，现代学术研究的本土方法论需要经历从经史子集到文史哲重建，再进入相应社会科学寻求适合的方法，最后进行经验研究。而我自己在方法上得到的启迪则更多的来自比较哲学，因为它的研究重点是从思维方式上的差异入手来考察中西哲学在本体论和方法论上的不同点。这类讨论会对我们在因果关系、超越性及二元对立等方面都有很多提示性作用。[2] 虽然中国学者已经借鉴"本体论"这个概念，建立了中国哲学自身的本体性，形成了对"仁""情""道"等一些概念的重新思考，但这种本体性已经具有了延伸的或变异的特征，因为比较而言，中国思想体系中的确没有西方哲学讨论的本体论问题，进而许多学科的理论和方法问题，都需要重新来过，而不是径直沿着本体论与认识论进行方法论上的临摹。比如中国的阴阳既非本体论，也非简单的二元对立，却是一种包

---

[1] 唐德刚：《史学与文学》，上海：华东师范大学出版社1999年版，第21—23页；翟学伟：《事实再现的文学路径——一种人文与社会科学研究方法之建构》，载翟学伟：《人情、面子与权力的再生产（第二版）》，北京：北京大学出版社2013年版。

[2] 参见葛瑞汉：《论道者——中国古代哲学论辩》，张海晏译，北京：中国社会科学出版社2003年版；郝大维、安乐哲：《汉哲学思维的文化探源》，施忠连译，南京：江苏人民出版社1999年版。

含主客观的对人与世界的一元性（共同原则）思考。[1]这些讨论在思想界当然是老生常谈，但中国社会科学界还是处于冬眠或者排斥的状态。或许在坚持西学的学者看来，既然这样的思维方式与现有的方法论完全不匹配，那就让它作为一种前科学的看法封存于古代思想之内吧。可是在比较哲学中，当西方学者发现自己思考世界的方式是本质主义，而中国文化是"关联性"思维时[2]，方法论意义就逐渐显现出来了。据此，我在形而下的社会学方面所构建的儒家"对偶生成"理论，也是为了说明传统学术开发出中国社会学本土化视角与理论之可能。[3]当然，这里所谓视角与理论所拥有的方法含义，依然是广义上的。

狭义上的方法论思考也来自20世纪以来哲学界的语言转向。维特根斯坦、列维－斯特劳斯（Levi-Strauss）、福柯、德里达、布尔迪厄（Bourdieu）等都关注到了语言使用（或话语分析）的问题。这一转向进入中国学术界后，中国学界通常是将其作为西方哲学自身的演进来加以评介，或进一步关注其操作性进展[4]，却不去考虑这一转向本可以启动中国社会科学的方法论及方法之建立，因为从阐释学角度看，中国古代经典文本中自带的阐释方法潜在地与此相关，只不过此种方法更多地囿于中国语言文字本身，受限于其间的互训，但这并不影响我们从中创造性地建立一种社会科学中具体的可操作的研究技术。从一般意义上讲，

---

[1] 艾兰：《中国早期哲学思想中的本喻》，张海晏译，载艾兰、汪涛、范毓周主编：《中国古代思维模式与阴阳五行说探源》，南京：江苏古籍出版社1998年版，第58页。

[2] 安乐哲著、温海明编：《和而不同：比较哲学与中西会通》，北京：北京大学出版社2002年版，第58—82页。

[3] 翟学伟：《儒家的社会理论建构——对偶生成理论及其命题》，《社会学研究》2020年第1期。

[4] 参见詹姆斯·保罗·吉：《话语分析导论：理论与方法》，杨炳钧译，重庆：重庆大学出版社2011年版；冯·戴伊克：《话语 心理 社会》，施旭、冯冰编译，北京：中华书局1993年版；乔纳森·波特、玛格丽特·韦斯雷尔：《话语和社会心理学：超越态度与行为》，肖文明等译，北京：中国人民大学出版社2006年版；诺曼·费尔克拉夫：《话语与社会变迁》，殷晓蓉译，北京：华夏出版社2003年版。

这属于布尔迪厄之"建构的结构主义"所关注的话题。虽然语言哲学的转向发生在西方学术界,但我更愿意相信,中国社会科学在此方面可以大有作为。也就是说,西方哲学的语言转向对本土概念与理论只具有启发性,而真正的操作方法需要从中国传统学术中去寻求。

语言转向及其使用研究如何开启认识中国人与中国社会研究,需要返回传统的训诂法及其现代延伸。训诂法在传统意义上本是对字词之义的解释,诚如黄侃所说:

> 诂者,故也,即本来之谓。训者,顺也,即引申之谓。训诂者,用语言解释语言之谓。[1]

仅就这点,训诂法便开始与话语分析分道扬镳。在西方社会科学的符号学、常人方法论及言语行为理论等[2]中,话语分析的基本单位主要是谈话、对话、语言行为资料等,在福柯那里是话语结构及其与权力的关系等。但训诂学更多的是指向字词互释和理解。这意味着什么呢?这意味着虽然中国思想阐述在理解上不像西方哲学传统那般严密,尤其是没有定义上的内涵与外延,但训诂又在很大程度上弥补了概念定义缺失前提下的语境与理解。一般而言,训诂法是在文字的形、声、义等方面来寻求其语境中的最确切含义,而其现代性延伸就在于它和阐释学相结合后所发生的新的可能性,比如钱锺书把它扩展到了对作者内心、读者理解及其文化背景与时代的阐释方面[3],而我认为如果将此方法放入社会学,其所延伸出的可能性正在

---

[1] 陆宗达、王宁:《训诂方法论》,北京:中华书局2018年版,第129页。

[2] 乔纳森·波特、玛格丽特·韦斯雷尔:《话语和社会心理学:超越态度与行为》,肖文明等译,北京:中国人民大学出版社2006年版,第7—25页。

[3] 季进:《钱锺书与现代西学》,上海:复旦大学出版社2011年版,第78页。

于在关联思维前提下，研究者通过对字词的义训、构成与排列，可为寻求中国社会学的本土概念和理论发挥作用。布尔迪厄说：

> 事实上，只要语言学家们还没有认识到构成其科学的这种局限性，他们就只能无望地在语言中寻找某种实际上是印刻在社会关系中的东西——而语言正是在这些社会关系内部发挥功能的，或者说他们是在从事一种社会学的工作但却对此一无所知；也就是说，他们冒着一种风险，即在语法本身中去发现其自发社会学无意中引入语法的某种东西，而除此之外，他们别无选择。[1]

我认为，关联思维中的中国文字互训，未必总凭借经典解读或历史事件之探索，从中国社会文化中可以获得深层次的揭示，并为构建本土理论提供原动力。如何理解这一点？正如列维-斯特劳斯所言："有一点毫无疑问：语言学家通过把那些已经消失的关系在语言里的顽强存在揭示出来，为找到问题的解决办法出了力。与此同时，社会学家为语言学家解释了后者的词源学的来由，并且确认了其有效性。"[2] 阐释学告诉我们，凡是人所理解的存在，就是语言。[3] 社会学的调查与统计看起来用的是数学，其实基础也是语言。而言语与语法的关系，按照N. 乔姆斯基（N. Chomsky）的心理语言学或者弗迪南·德·索绪尔（Ferdinand de Saussure）的普通语言学理论等的基本看法，那便是千变万化的言语背后总是有稳定的语法构成，由此

---

[1] 皮埃尔·布尔迪厄：《言语意味着什么：语言交换的经济》，褚思真、刘晖译，北京：商务印书馆2005年版，第7页。

[2] 克洛德·列维-斯特劳斯：《结构人类学1》，张祖建译，北京：中国人民大学出版社2006年版，第35页。

[3] 季进：《钱锺书与现代西学》，上海：复旦大学出版社2011年版，第59页。

观点，结构主义认为，纷繁的文化现象背后是有规则的文法。这意味着，我们通过汉字训诂，在社会学研究方法上得到的不只是对中国文本经典的理解，而是有望寻求到中国文化的深层结构或中国社会运行的法则。

在人类学方面，通过亲属称谓来研究特定社会中的亲属结构，显示了其方法上的成就。而更为有力的本土例子是费孝通的"差序格局"。对于这一概念，我们有充分的理由认为它受到了潘光旦研究成果的启发，或按照其本人说法，也源自"释名"[1]，因为潘光旦一直认为，"社会学"虽是引进的学科，却同儒家思想形成连接，甚至认为其更好的译法是"伦学"。可如何理解"伦"字呢？潘光旦从汉字字形开始了他的论证，他认为："伦"的关键是"仑"，"仑"（侖）的组合是"亼"和"册"。前者是条理之合，后者是条理之分，进而"仑"的意思就是条理和秩序。如果将此字与其他偏旁组合，含义中就有了偏旁那一层意义的条理或序次。比如"论"是言字旁，那就是说话有条理，引申为辩论；"沦"，水字旁，表示水纹、文貌，也表示序列；"纶"，绞丝旁，有纲、琴弦之意；"抡"，提手旁，有择的意思，引申为选择和辨别；而"伦"，人字旁，表示人的类别和关系。由此不断地排列组合，我们从中得到了"伦""既从人从仑"，而"仑"字又从亼从册，亼是合，册是分，自条理或类别的辨析言之是分，自关系与秩序的建立言之是合，便已包含了社会生活的全部。[2] 最终，费孝通把"沦"结合于相关讨论转化成了"差序格局"。[3]

潘光旦对"伦"字的训诂采用的是"以形索义"，而我自己更偏好"比较互证"。[4] 受结构人类学的方法启发，我不仅看重词语之间的

---

[1] 费孝通：《乡土中国》，北京：生活·读书·新知三联书店1985年版，第25页。
[2] 潘光旦：《儒家的社会思想》，北京：北京大学出版社2010年版，第254页。
[3] 详见翟学伟：《伦：中国人之思想与社会的共同基础》，《社会》2016年第5期。
[4] 陆宗达、王宁：《训诂方法论》，北京：中华书局2018年版，第121页。

同源字搭配、排比和串联，更看重其在社会实践和自然语境（而非单纯的经典文本）中的表达所体现出的社会意义、预设及运行方式。具体做法是，对于某一被研究者关注到的概念，在其字词的搭配中，通过收集它在自然语境中或者文本所展现的场景中构成的排列比较，我们构造出了某种社会结构及其运行方式。这里就以最小单位词语分析为例，比如为什么"孝"字要和"顺""敬"等字搭配。显然，这种搭配的背后有文化上的行为期待与规范。或者我们就此可以认为，任何人都活在特定语言中并借助该意义系统来构筑其生活方式。例如，我们说中国是一个人情大国，我们固然可以在哲学意义上提出"情本体"的概念[1]，但要在经验层面理解这里的"情"指什么、是如何发生并限定了中国人的行为方式，那就得通过"情"字的搭配、日常用语来排列它所涉及的范围及其内在的社会构成。具体而言，首先这里的"人情"不能译为"emotion"，也不能译为"feeling""affect""sentiment""passion"等。[2] 或者说，后者的词汇指向的是另一种社会成员的另一种生活方式。那"人情"究竟为何意呢？通过梳理，我们大体得到三个层面的表达方式：

人性层面：天理人情、人情冷暖、性情中人、于心何忍、人心都是肉长的、人非草木孰能无情、铁石心肠、没心肝、伤天害理、狼心狗肺等。

社会或心理层面：风土人情、风情、民情、交情、骨肉亲情、故乡情、友情、世情、事情、情面、情投意合、合情合理、情理交融、通情达理、触景生情、情调、情怀、情景、疫情、人情世

---

[1] 李泽厚：《实用理性与乐感文化》，北京：生活·读书·新知三联书店2005年版，第62页。

[2] 史华罗：《中国历史中的情感文化——对明清文献的跨学科文本研究》，林舒俐等译，北京：商务印书馆2009年版，第13页。

故、闲情逸致等。

交往操作层面：不情之请、感情用事、情何以堪、不近人情、冷酷无情、讲人情、做人情、欠人情、送人情、顺水人情、交情、求情、领情、情分、矫情、难为情、手下留情、酌情处理、得饶人处且饶人等。

在这三个层面中，虽然每一个层面的"情"字组合都相当丰富，但社会要表达的运行法则也隐藏其中，我们可以据此形成一个研究中国式"人情"的社会学框架。[1]

又如，我们一直对中国文化中的"信"如何衔接现代社会科学中的"信任"困惑不已，西方社会科学在此方面的大量研究是否可以直接套用在国学之"信"的研究中呢？我们先不急于回答这个问题，而从"信"的词语排列中发现：在汉语中，"信"可以延伸出的词语有："诚信""自信""信心""信念""信仰""信息""信赖""信誉""信任""信托""信贷""亲信""信使"等，而英文中有关"信"的含义则来自不同的词汇，比如"belief"（信仰）、"confidence"（信心）、"faith"（信念）、"sincerity"（忠实）、"reliance"（信赖）、"honesty"（诚信）、"trust"（信任）、"information"（信息）、"reputation"（信誉）、"credit"（信用）、"dishonesty"（不诚实）、"distrust"（失信）等。两相比较，足以说明有一种文化下的社会设计及治理是以"信"字为中心来运转整个社会的，正如《管子·枢言》所说："诚信者，天下之结也。"《吕氏春秋·离俗览·贵信》亦言：

君臣不信，则百姓诽谤，社稷不宁；处官不信，则少不畏长，贵贱相轻；赏罚不信，则民易犯法，不可使令；交友不信，则离散郁怨，不能相亲；百工不信，则器械苦伪，丹漆染色不贞。夫

---

[1] 翟学伟：《人情与制度：平衡还是制衡？》，《开放时代》2014 年第 4 期。

> 可与为始，可与为终，可与尊通，可与卑穷者，其唯信乎！

而另一种社会则在各自不相干的"信"字含义中分别展现其意义。通过比较，可以看出中国人对"信"的使用是从一个中心向四周散开，有天下治理上的纲举目张之意。而对应这一分析框架，我们可以得知中国人对"信"的危机表述中也有一个整体观，特点也是连续性的。比如所谓"诚信危机"意指道德滑坡、无道德底线乃至丧尽天良；所谓"信任危机"则指社会关系状况恶化，人心惶惶或人人自危；而所谓"信用危机"偏重说社会运行机制和体制出现了问题。至于三者为何会混用，是因为这个社会视角采取的是一种连续体框架，即道德不好会引发社会关系不好，社会关系不好会引发国家制度执行不好，国家制度执行不好会引发天下大乱。这就回到修身、齐家、治国、平天下的理念上去了。由此，一个原本被西方社会科学分割在不同领域中的各种各样的"信"，在中国社会文化研究中却是彼此相容的，明白了这一点再生硬地将其套在不同学科中各自给出答案，就不合适了。[1]

最近，我还根据"信"字及其排列，认为其中既有"人言为信"的字形索义，也存在构词上的两个延展方向：一个方向是关于人自身的心理与表现或承担；一个方向是关于事况的言说，即涉及信息或者关于信息的载体。比如前者的相关词语有："信仰""信念""信心""信奉""自信""诚信""信任""信誉""信用""威信""亲信""信使"及"信徒"，以及"信誓旦旦""信口开河""信马由缰"等；后者的用法是"信息""书信""信函""信箱""信据""信号""信物""信条""信托""信访"，以及"通风报信""偏听偏信""杳无音信"等。当然，这两个方向也不是截然分开的，比如"相信"或"轻信"作为动词既可以指向对人的信，也可以指向对事的信。而上述部分词语看起来指

---

[1] 详见翟学伟：《中国人的社会信任——形式主义的心理动因与社会表征》，即出。

的是人，其实也包含了人办事，比如"亲信""信使"以及"信托""信访"等。人与事的结合即表明无论什么事都得由人来办，无论什么信息都得由人来传达。可是，同样都是办事，明明只要信息对就可以，又为何非要有亲信或信使呢？这涉及在我们的社会文化中，信息准不准确或者真不真实，都取决于人的言说。我们通常在生活中假定：人可靠，说出来的事就可靠；人不可靠，说出来的事就不可靠。可见一件事情是否真实很大程度上取决于人的性格、人品、观念、态度等，尤其是信任关系的建立。比如两个人的能力或信息源一样，但关系不一样，所说出的情报或消息就很可能不一样。据此，人们在各个社会和政治活动中的托付对象就有了选择性，诸如"可靠人选""你办事，我放心"或者"临危受命"等。不过，人和事在"信"字上也有分离的时候，比如一个人一旦拥有了信仰或信奉了什么学说，他们就会排斥或自动屏蔽那些不利的或动摇自己立场的信息，甚至对一些事实视而不见，又或者有的时候，人们只关心事实真相，而不管是谁说的。于是，根据人与事在信任上的组词及表现，便可得到"信"的两个维度：基于人的"表现性"信任和基于事的"实情性"信任，从而获得一种认识中国社会的信任如何变迁的坐标和图景。[1]

有关这些词语上的研究，回到哲学上不得不提到维特根斯坦后期哲学，虽然很多西方哲学家都重视语言，但我认为他所提出的"语言游戏"对上述讨论具有本文所重视的方法论基础作用。维特根斯坦认为，语言和世界事物不是对应关系，而是一种游戏。这样的游戏所要遵循的法则不是对客观世界的反映，只是语言的规定及其与实际事物的联系，进而，不同的语言所能关联到的是不同的生活形式。唯有在语言使用及其与生活形式的实践中，才能理解行为的含义。[2] 通过这

---

[1] 翟学伟：《互联网时代社会信任重构：以武汉疫情的发生为例》，《学海》2020年第2期。
[2] 维特根斯坦：《哲学研究》，李步楼译，北京：商务印书馆1996年版，第340—345页。

一思想，我们进一步体会到：一个连接生活形式的本土词语之所以在其他语言中无法找到对应的译法，恰恰说明了其他社会文化中的人们缺乏这样的生活及感受。而一个不在此游戏中的人，即使经过观察多少看懂了一些这样的游戏规则，也未必能玩得了这样的游戏。

四、在语义互释中建构面子理论

为了进一步讨论训诂及其所延伸出来的字词排列研究方法，我想详细讨论一下我是如何建构出中国人"脸面"理论并在此基础上与拟剧论对话的。我们不妨先做一下这样的设想（实际上也的确如此）：如果我们不用训诂法来研究中国人的脸面观，脸面研究该如何进行？那便是按照实证主义方法，为了便于后面的实际操作（比如设计问卷或量表），我们首先需要给"脸面"下个定义。五花八门的定义就这样应运而生了。比如我们会把"脸面"拆解为面具、互动、角色、表演、赞许，或自我、自尊、地位、名声、虚荣、道德等。经过这一分解，我们似乎得到了"脸面"含义的实质或基本元素，并发现其意义将关联所谓普遍主义，却不再顾及"脸面"本身所含有的本土内涵。此时我们一方面制作问卷、抽样、发放、回收及统计，另一方面也昭示它是具有某种普遍意义的文化现象。那么请问，这一系列操作有助于我们理解中国人的脸面观吗？我想不但没有，反而阻碍了中国人的脸面研究。我们也可以反过来思考一下，这样的研究方式及其结论想贡献给人们什么知识，是想说全世界的人都讲究脸面，还是示意我们其实无须研究中国人的脸面观，只要研究自尊、地位、声望之类足矣？

可如果我们对此采取训诂法，脸面研究就会走上另外一条道路。

首先通过收集中国人的自然日常语境中或文史描写中的词语[1]，我发现，从"脸面"的本意上看，它原本是生理学意义的"面孔"，但作为一种隐喻却在特定文化中展现出了某种生活形式。远在《诗经》的年代，它就被用于对一些生活现象的评判与规范，比如"巧舌如簧，颜之厚矣"，其丰富的文化含义需要通过词语梳理和排列才能获得。意识到这一点，我便开始排列该语词的用法，这些用法不单是对字义的理解，而且是对自然语境中用法及其关联到的行为意义的理解，而这一工作不得不说只能由熟悉该文化中语言游戏法则之人才能完成。例如：

脸等同面目、颜、颜面、脸皮等，诸如：有何面目见××、无颜见××、没脸见××、脸皮厚、厚颜无耻、丢脸、丢人现眼、露脸、有头有脸、不要脸等。

由此排列得到："脸"在中文语境中更多指向个体展示的"形象"（同类表达有："争气""争光""丢人""无耻""体面""体统"等）。

面子等同分、情分、体面、地位、排场及摆谱等，诸如讲究面子、看在××的面子上、看在××的分（情分）上、拂面子、给面子、有面子、没面子、挽回面子等。

由此排列得到："面子"在自然语境中更多指向人们所期待提升的"心理地位"（"情分""丢分""抬举""捧场""抬爱""瞧得起"或"瞧不起"等）。

从这里看出，"面子"不指向前人所定义的社会地位或声望。比较

---

[1] 翟学伟：《中国人的脸面观——形式主义的心理动因与社会表征》，北京：北京大学出版社 2011 年版，第 84—91 页。

于心理地位的概念构建,社会地位显得更结构化、标准化,也更稳定,而心理地位则更具有期待性、感情性和关系性,自然也就更具变化性,所谓"翻脸不认人"或"给个面子"等短语的意思中,几乎没有社会地位的含义,却有显而易见的心理地位的含义。

> 脸和面子的复杂关系:在"争脸"和"争面子"、"赏脸"和"给面子"、"丢脸"和"丢面子"等方面,基本同义;但从自然语境中看,在"没脸"和"没面子"、"不要脸"和"不要面子"上又有较大的差异。[1]

而当 E. 戈夫曼(E. Goffman)的拟剧论将这两个中文字词的意思合并成一个英文词"face"时,其两种指向性就自动消失了。这时,"脸面"在另一种语言中成为一体性的概念,其理论建构的方向也就转移到"face"与"自我"及其展示的关系上去了。可中国人的真实且鲜活的实践表明,"脸面"生活的重点不是"自我"问题,或者说,为了"脸面",牺牲"自我"也在所不惜,而重点在于"脸"和"面子"的内在同质性与异质性如何建立(见图1)。

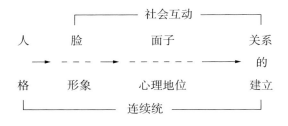

图 1 脸和面子的统一体关系

---

[1] 详见翟学伟:《中国人的脸面观——形式主义的心理动因与社会表征》,北京:北京大学出版社 2011 年版,第 100 页;翟学伟:《中国人的日常呈现——面子与人情的社会学研究》,南京:南京大学出版社 2016 年版,第 115 页。

由图1可知，中国文化所提供给西方的"face"表达，充其量停留于"脸"的含义上，也就是说它大体相当于西方文化中的"人格"本意，即"面具"。表面上看，面具也具有关系特征，因为它一样需要被观看，但其重点是强调个体面对他人时的行为举止得失（自我实现情况），或引申为个人的成败等，其含义与戈夫曼所谓的"印象整饰"概念近似。而"面子"在中国语境中既可与"脸"一体，又可与"脸"分离。也就是说，个体的表演所得到的他人赞许，诸如喝彩、赞美、捧红，或他人的取笑、羞辱、拆穿甚至捧杀等，未必总来自他本人的特质和表现，也可能来自关系。也正因为如此，当"脸"和"面子"的含义发生同质化倾向时，戈夫曼的理论便很好地解释了"脸""面"重叠时的社会现象，让中国学界感受到了其理论的解释力，但我们所忽视的关键点在于"脸""面"的分离。尤其是，当人与人的互动凝结而成的关系状态重于个人表现时，那么关系社会运行出来的法则会导致对个人表现的忽略或蔑视（通常这样的关系状态是天然性的，而非交往性的），这造成关系自身成为社会运行的起点（见图2）。

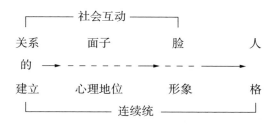

图2 关系造成的面子理论

我们在此需要思考一下中国社会的一个流行说法，即"说你行，不行也行；说你不行，行也不行"之机制。所以真正的面子理论的核心议题不是拟剧论中所希望展现的自我行动逻辑，而是关系运行逻辑。也就是说，为何现实中的中国人更关心自己有没有"面子"，而非自我有没有"脸"？显然，这一社会中的人们明白的一个普遍法则是：个人表演的缺失可以在关系上得到弥补。这也是为什么 A. H. 马斯洛（A. H. Maslow）的"自我实现需要"听起来很诱人，但很难真正成为中国人的最高需求，除非我们将其含义扩展为善于结交、八面玲珑、溜须拍马或懂得人情世故也是一种自我实现。在中国，没脸之人或者厚颜无耻之徒也可能获得成功，原因就在于他虽然没"脸"却有"面子"。所以，研究中国人脸面观的理论重点应该是：什么样的社会机制推动了"脸"向"面子"转移以及从中产生了什么样的权力游戏？黄光国在其《面子——中国人的权力游戏》的中文版封面上写了这样一句话，"'总是要给点面子的嘛！'这是解开中国人权力游戏密码的重要术语"。是的，"给面子"的确是一个中国人权力游戏的密码，但他自己所提供的人情和面子模式并没有解开这个密码，为什么？因为他的解释基础是西方社会学理论。

我们不能强辩称戈夫曼不懂中文，不也一样建立起了他的拟剧论？这是否意味着撇开中国本土语言的使用及语境，在"face"基础上抽象出人类普遍性理论也是可行的？我认为不是的。拟剧论因受中国人脸面研究启发而形成的"普遍性"，应该归属于维特根斯坦的"家族相似性"。虽然拟剧论中有很多观点同中国人的脸面观有部分的重叠性，但也正因为有这些重叠才带来了该理论对面子文化应有之义的遮蔽。显然，戈夫曼的"face"研究因为不知道中国人的"语言游戏"，只能在英语世界的语境及语言游戏中来寻求"face"的行为法则。[1]可中国人在此游戏中所表现出的"脸"和"面子"的差异，让我们明白了一种涉及"关系"基础才可能形成的理论，也明白了为何这个社会要强调人情世故的一面，而不强调自我实现的一面。这时，我们再回到话语分析中来考察，比如常听到家长教育孩子的话是"我们家没背

---

[1]　E. Goffman, "On Face Work," *Psychiatry*, Vol. 18, 1955.

景，没本事，你要好好学习"。这就是说，如果家庭有背景，学习不好就是可以通过关系和面子来弥补的。而从面子理论回溯到"脸"的含义，还意味着在中国文化中本不存在一个为自己展示的表演者，其表演冲动本身也来自相关他人的期待，即一个人的成败得失总是会连接到期待者的成败得失上去，诸如光宗耀祖、辱没祖先或为国争光等，从而整个社会都将网络化，致使个人与社会、国家与社会的一体性成为可能。

五、结语

总结本文的讨论，也许我们尚不能只在广义层面上讨论如何回到中国，以中国为中心，以中国为视角和以中国为方法，而应该回到具体研究手段和技术上去探索新的可能。而若想获得这一种可能，需要先在比较哲学中看清中国思维方式才得到启动。

以中国传统学术为方法，需要相应的方法论基础。目前，从实证主义、现象学社会学与阐释学等发展情形来看，它们最终能在社会学内部生根，在于都完成了从思想到方法论及研究手段的全过程。如果说中国传统学术也要实现这一可能，那么从比较哲学的关联思维与西方哲学的语言转向中我们看到了希望，具体而言，通过训诂学的现代延伸，从建立一系列本土概念到建构某种社会学理论等都具有了可操作性。

无论是潘光旦对"伦"的训诂为"差序格局"概念所做出的贡献，还是我自己对中国人脸面观所进行的理论建构及其他相关研究，从中都能真切地看到一种语言游戏是如何在一种文化中连接其生活形式的。而唯有借助一种文化类型的特定语言密林所编织起来的社会构成，我们才可以窥视到行动意义及其背后的文法，而不再像一个旁观者那样只产生一般意义上的认识论。由此讨论，我认为如果建立开放的心态，深入挖掘中国传统学术中的资源和养分，寻找到一条通往现代社会科学之研究路径，是完全可能的。

（原载《开放时代》2021 年第 2 期。）

儒家影响下的日常生活

实践篇

中国人的人情与面子：框架、概念与关联

【导读】人情与面子的研究不能脱离中国文化脉络，只作为两个抽象的概念来进行理论建构。本文认为它们的含义和运行深嵌于中国社会网络，尤其以网络中处处弥漫的关系和权力运行作为前提。由于大多数情况下，"人情"和"面子"含义模糊，且经常混用，故本文探讨了它们作为两个重要的本土概念，应该如何区分，各自特点及其相互关联，以探究它们作为中国人日常生活的基本原则。这样的原则与儒家建立的"耻"和"名"之人性预设亦有深层次的联系。

一、引子：中国传统概念的问题

长期以来，在我的中国人社会交往问题的研究中，本土化的研究策略是尽可能地使用本土概念。本土概念的产生可以来自中国文化所传承的价值体系，比如仁、义、孝、忠等；也可以是人们日常使用且经历了多年积淀的词汇，比如"人情""面子""关系"等；或者是研究者出于研究需要而创立的概念，例如"差序格局""情境中心""社会取向"等。显然本文即将讨论的本土概念属于中间一种，也就是由人们日常生活中所使用词汇而提升的本土性概念。在这一类词汇当中，最为基础、重要而令人迷惑的两个相互纠缠的概念，即"人情"和"面子"。它们不但彼此关联，似乎也同第一种情况相联系，也就是它们各自的含义也同中国文化价值体系，尤其是儒家思想有关。为了更好地研究它们各自的含义及其与儒家的连接，我想先探讨一下本土概念本身，因为中国学术史所体现的概念特征与社会科学所强调的概念之间有诸多差异。

根据我多年的研究经验，我们面临的问题是，传统文化中的这些价值体系概念，或日常概念如何可能接入社会科学知识体系？

众所周知，中国有自己漫长的学术史，自然也有自己的一套概念体系，随着这些概念被投放于社会以及被后来者所接受，有些概念逐渐成了日常用语，有些概念还是学术概念。但无论在哪一种情况中，中国人在使用词语或概念上的一大特征就是：它往往是多义的、模糊的，许多含义都是在一个特定情境或语境中才可以确立的，而很难在一般意义上确立。这一点同西方学术概念的使用非常不同，比如儒家所讲的"仁""义""孝""礼"等，其含义就很复杂，有很多种解释。当然，我们或许可以认为，一个词语或概念有许多含义是很正常的，许多语言中都有这个现象，但中国人使用的多种含义中不但会混杂着多种意思，而且更麻烦的是这种多义性还会彼此交叉，并存在多种层次，导致理解者很难分清它们的微观与宏观范畴。比如，"角色"或者"君臣"（关系）这两个概念在社会学中是微观概念，只表示一种人际关系，到了宏观社会学就得探讨它们所叠加或聚集的"阶层""阶级"和"社会结构"的问题；可在儒家概念中，"角色"与"君臣"既是微观的，也是宏观的，更体现出一种社会结构，反之，"阶层"问题在中国社会中也可以回到微观，在"角色"的等级加以理解。这无形中就打通了宏观与微观的壁垒，甚至不会出现西方社会科学中常区分的宏观分支与微观分支各自讨论的现象。

在讨论儒家思想和中国人的"人情"与"面子"问题时，先认识到这一特点，是很有必要的，因为我们不能戴着西方社会科学的有色眼镜来对待这两个概念，比如总想着划定它们的微观层级或者将其定格在一种范畴中去使用，或者面对西方社会科学，把它们归为什么非正式的人际关系，似乎这样就可以区别性地寻求到正式的人际关系。这样的认识一开始就产生了认识偏差。另外，中国传统文化中的一些经典概念很难定义，一种偏西化的研究方式就是对这些概念进行不断的诠释，而且只限于思想史与比较哲学，无法像社会科学的概念那样与生活经验相联系；如果必须联系，那么就要求先有明确的定义，甚至需要编制量表。一旦做到了这一点，那么此类研究便可以归结为一种实证方面的研究，在跨文化方面与其他社会相比较，这种被一再限定和一再定义的方式将给我们理解它们在中国的基本含义及运行带来不少误解。如此一来，我们首先必须意识到，下面要讨论的"人情"和"面子"问题，应该是多义的、多层次的和多情境的以及交叉性的。当然，我这样说，不是说这样的研究不可行，而是说遵循现有的社会学或心理学框架，我们看不清"人情"和"面子"的实质。

那么中国传统概念为何会出现或高或低，没大没小的问题呢？因为其思考问题的方式本源于一套天人关系架构，其社会结构则是家国同构,其社会认知在语言上具有明显的语境特征。也就是说,中国人对于人的思考,需要放入对于天的思考,抑或放入对于天下、国家、家族的思考,或者反之,对于天的思考又要回到对于人的思考,天之宏大与人之具体,乃至于人的本性与具体的一个个有名有姓的人,都被纳入这个框架。比如算命,即从天到人性再到具体的个人,都是浑然一体的,这就是或高或低,或宏观或微观,或一般或个别的原因。比如我们说谈天说地,却是在谈天下大事,又联系到自己的生活;我们说对父母的孝道,也可以扩展为以孝治天下;等等。而家国同构是说,"家"原本属于"微观生活"层面,而"国"应该属于"宏观治理"层面,但家国同构把这两者合并到一起,便可以以家事推论国事,以国事连接家事,即所谓"风声雨声读书声声声入耳,家事国事天下事事事关心""天下兴亡匹夫有责"与"国家兴亡匹夫有责"经常混用,最终浓缩成"修身齐家治国平天下"等。从历史事实上看,中国各个王朝也是由家族统治的,反之,中国人的治家经验也经常延伸到国家治理的方法中去。在此,中国人的思维方式含有从微观到宏观构成的连续统特点,而"差序格局"所想表达的社会结构也就是这样一种社会布局,指中国人的关系是从个人开始一步步进行关系推论,即以个人为中心,层层放大,从个人推向家再推向整个社会,直至全天下。这一布局方式受到中国学术界的普遍认可,因为它构成中国人关系上的亲疏远近,也构成从个人层面到抽象层面的联系模式。

回到社会学的框架内来看,如果说一种国家的建立模式是仿造家庭的,那么其中每个人的天然的与后天所结成的关系上的亲疏远近,将给他们带来一种网络化的认知及其实践模式。虽然这一点未必总是符合社会事实,因为客观上国家的建立不可能只满足于网络状的结构,它依然在事实上也具备西方政治学和社会学当中讨论的政治架构、官僚制度、组织方式、社会阶层与阶级等,但由于认知模式的影响,人们依然维持着以网络化来想象他们所处的社会,并在实践中依照网络来建立社会。虽说作为一个地缘广阔、人口众多的国家,其社会网络化只能是一种想象,事实上最多只能形成地方社会网络,也就是说尽管每一个人和每一个家庭、家族、宗族都处于地方网络之中,也参与构造地方网络化的连接,但这样被不断地强化的认知所达到的社会事实只能是地方上的。

二、从社会结构看人情和面子

地方网络化的前提条件是农耕社会生活以土地和房屋为基础。拥有此资源的家庭成员只能生长于此,这构成中国人的家乡观念。家乡观念也叫乡土观念,其社会学意义就在于生活于家乡的人们往往不发生社会流动,而是聚族而居。按照我曾给出的关系向度理论[1],稳定的社会交往最容易引发"人情"和"面子"问题,反之,松散的社会交往则很难触及"人情"和"面子"问题。这一点是从结构意义上讨论的,可以不涉及儒家思想的问题,或者说,即使不受儒家思想的影响,牢固的社会关系即人情和面子滋生的土壤。当然,要想形成中国式的人情和面子,还需要有相应的文化观念。粗浅地讲,所谓人情原本是指人与人在交往中产生的情感,在血缘和地缘关系中最容易建立。

大体而言,所谓面子问题,可以理解成人们彼此如何交往并由此产生"别人如何看我"。也就是说,人情和面子问题的发生,往往是在一个相对封闭的社会中,人们会因为彼此非常熟识而建立起情感生活,

---

[1] 详见翟学伟:《中国人的关系向度及其在互联网中的可能性转变》,载翟学伟:《中国人的关系原理——时空秩序、生活欲念及其流变》,北京:北京大学出版社2011年版。

并造成他们在交往中非常关注他人如何看待自己的问题,俗话说就是"抬头不见低头见"。

通常,我们完全有理由认为人情是人情的问题,面子是面子的问题,可以分别讨论。但这里放在一起讨论,正是因为它们在含义上出现了交叉,比如中文词汇中有"情面"的说法。有关这样的交叉性,比较经典的研究是台湾大学心理系教授黄光国提出的"人情和面子模式"[1]。以我个人之见,这个模式的重要意义在于他从众多的本土概念中寻求到了这两个概念,并对两者之间的关系进行了理论说明。但我并不同意他在其中使用符号互动论、社会资源理论、社会交换理论和社会正义论等来支撑对这两个概念的理解,因为以这些理论来说明人情和面子及其相互关系恰恰扭曲了中国人所理解的人情和面子。黄氏之所以要这样做,是因为他想和主流社会学对话,也希望主流社会学关注中国人的行为方式。在这点上他是成功的,但作为一种理论,其中没有说清楚中国人的社会交往的特点。

我这里的研究采用的是一种脉络观,试图从"人情"和"面子"的本土含义及其所承载的社会文化背景出发,即把人情和面子放在中国社会情境中去理解,而这一社会情境首先需要启用的就是地方网络,因为地方网络的稳定性形塑了人情和面子发生的背景,而当地方网络扩大时,人情和面子也随之扩大,所以这个地方网络作为一个家族、村落、地方乃至整个中国等都是可能的,相应的,人情和面子问题也能从个人一直扩展到一个国家。其相关性可以制图如下,见图1。[2]

---

[1] 参见黄光国:《人情与面子:中国人的权力游戏》,载黄光国、胡先缙等:《面子——中国人的权力游戏》,北京:中国人民大学出版社2004年版。

[2] 原载翟学伟:《中国人的日常呈现——面子与人情的社会学研究》,南京:南京大学出版社2016年版,第7页,这里做了修订。

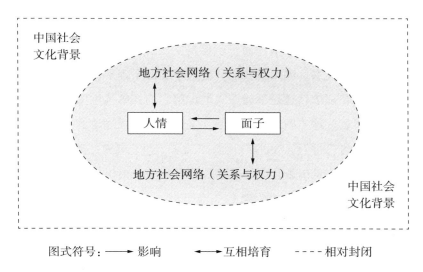

图式符号：──▶ 影响　　◀──▶ 互相培育　　- - - - 相对封闭

图1　面子、人情与社会网络构造图式

在图1的这一图式中，我们看到"人情"与"面子"是嵌入地方社会网络的，而地方社会网络又受制于中国社会文化大背景，其间的所谓文化当然以儒家文化的影响最大。这里需要解释说明的是社会网络的结成，其中最重要的因素是"关系"和"权力"。其中，关系是网络形成的基础，而权力说明这样的关系不是简单的人际关系或者社会互动，而是充满着交往中的等级地位、权威及张力，至于这样的等级和张力是如何形成的，只要先理解中国人的家庭在纵向上所建立的家长制、辈分体系以及在横向上建立的亲属制度，包括在家庭日常中实施的平均主义分配方案，便可以获得关键性的理解。[1] 顺着这样的理解，如果关系和权力扩张到国家层面，就一样可以在宏观上获得由社会地位及其分层产生的更为宏大的张力。虽然本文在此不讨论中国家庭结构中的等级和权威问题，但我们在讨论人情和面子的

---

[1] 翟学伟：《中国人在社会行为取向上的抉择》，载翟学伟：《人情、面子与权力的再生产（第二版）》，北京：北京大学出版社2013年版。

问题时应当意识到权力的重要性，意识到权力的重要性便意识到社会资源的重要性，因为人情和面子不但是交往的法则，其背后还有实际利益上的交换关系。如果说我们只把人情和面子理解成中国人交往的一般性规则，那依然还是不能深入地理解它们在解读中国社会中的关键意义。再者，这一图式的另一层含义也是对黄氏理论的批评，这是说，中国人的"面子""人情"以及"关系"和"权力"都必须放在中国社会文化的背景中来理解，不建议将其从中抽离出来或者迫不及待地借用西方社会学理论来解读。

具体而言，图1的图式想表达的内容有：（1）理解人情和面子需要将其放入一个半封闭半开放的社会网络去认识。在大多数情况下，只要缺乏相对稳定的社会网络，面子和人情的意识就会被稀释，就会被忽略，也就是说"人情"和"面子"是熟人社会中的概念。（2）滋生于关系中的人情与面子彼此之间也有着相互的联系：人情可以产生面子，面子也可以形成人情。一个人没有了面子，很难讲什么人情；一个人没有了人情，也很难有什么面子；很多时候，面子是通过人情体现的，人情也是通过面子体现的。显然，在现实生活中，一个人没有人情和面子是完全可能的，但由于他天然地处于社会网络中，因此他自己即使失去了人情或者面子，依旧有机会通过关系，寻求第三方来帮助他获得人情和面子，这样的含义在中国日常词汇中叫"看在××（另一个人）的面子上"。（3）看起来，以上这些表述很难区分人情和面子，这都是因为两个概念的多义性和彼此交叉的关系。下文会做出区分。（4）处于地方网络中的个人一旦获得了面子，就无法独享，或者说，独享恰恰说明了他没有面子，这表明面子的含义本身就是得到网络成员共享或捧场。共享或捧场如果发生了就是讲人情的意思，也就是说，有面子的人在面对他人的抬举时，需要回报他们，而回报同时也为自己及家人带来荣耀感和自豪感。

以上的图式解释或许依然有点含混，而且似乎想说明面子的最终获得同一个人的功成名就有关，普通人不需要讲究面子。这又是一个误解，其实人情和面子是中国社会运行的基础。为了理解它们的含义，我们先来看一个十分常见的乡村事例。新华网一则关于《农村"面子文化"令人愁》的报道如下：

> 近来浙江某农村一个村庄内拔地而起多栋装修气派的别墅，这些别墅占地面积至少300平米，高达5层，造型似宫殿，外墙精美的瓷砖煜煜生辉。可这些装修款逾百万的别墅内竟然大都无人居住，院子布满杂草，鸟鼠做窝，甚至小偷光顾的次数都比主人要多。据了解，别墅的主人都在外地打工，租住地下室，每天省吃俭用，每日每夜的赚钱只是为了还建造和装修别墅的钱，或者让空着的别墅再奢华一些。那么，我们不禁要问，为何大家争建别墅，即使自己一年住不了几天，即使要负债累累？[1]

此例的普遍性在于文中提及的打工者并不是做出成就的名人，而是许许多多默默无闻的老百姓，这是想说非但成功人士想有面子，就连普通人也有面子意识。该报道最后给了一个自以为很简单的答案，即"面子文化"。可是，对于这么一个简明的回答，我们或许还是无法理解，因为这个现象完全不符合市场经济运行的基本规律，也就是说，好不容易挣到手的钱，为什么要这样浪费掉？其中的蹊跷在于，盖这些房子的主人不仅要去外地打工，而且他们宁可天天咸菜白饭，也要勒紧裤腰带把房子造得好看一点。为什么呢？有的是为了和邻居"明争暗斗"，"我的楼比你的楼高一层，人就高你一等"，有的是兄弟之间较劲，"我的房子比你大就显得比你有本事"。房子的高矮大小和装修豪华程度，在农村俨然就是一张张"面子"名片。

---

[1] 参见 http://politics.rmit.com.cn/2014/0506/265116.shtml，2018年7月9日访问。

现在我们需要想一想以下几个问题：(1) 一个人在外地打工，只吃咸菜白饭。这样的生活有面子吗？当然没有，但为什么他可以照样过这样的生活，因为外出打工者已经不在自己的地方网络中了，所以不存在有面子或丢脸的问题。可是一旦回到家乡，面子问题就出现了。可见，"面子"只在家乡人面前才有意义。(2) 在中国乡村，普通人家能盖个漂亮的房子即证明自己很有面子，但如果该家庭的经济实力不够，要向亲朋好友借钱，那么一家人能借到钱，而且别人还不急着要账，就是中国最常见的人情，也就是借钱方欠了被借方的人情。假如一家人没有经济条件却非得盖豪华房子，就会积攒下不少人情债。如果每个人都因为这样那样的原因欠着人情债，那么人情和面子就成了一种看不见的流通货币，每个人都在使用它们。为何没钱还要盖房子？因为盖出一栋漂亮的房子说明了此家是面子上的成功者。如果越来越多的人家追求这样的成功，就会给村落带来表面上的富裕和繁荣（中国很多城市建设也是这个思路）。可面子文化所透露的却是戏份，因为村子里很多人都知道，一栋豪华房子的背后欠着很多人情债，但有趣的是谁都知道面子的运行不允许去戳穿这样一种表面现象。而它所引发的外观效果又是，"浙江某地农村的人家简直就是生活在天堂里"，进而也就提升了整个地方经济和文化实力。(3) 显然，人情和面子问题不能用经济学来讨论，因为它们完全不符合经济学的任何原理，而显示出了社会学意义，即一个人的一生就是要在其生活的社会网络中活得有意义。也就是说，人情和面子在某种意义上是中国人证明自己存在的价值和意义的方式。反过来说，一个人如果放弃了对它的追求，比如平时吃得不错，不借钱，不欠人情，不需要辛苦外出打工，但就是不打算盖豪华的房子，那么他的人生意义将大打折扣。具体而言，他所在的社会网络中的其他人会看不起这样的人家，这样的人家自己也觉得低人一等，与此同时，因为不盖房，那么很容易不欠人情，自然其本身也就被孤立于自己所处的网络。(4) 房子盖成什么样子，不只是出于家庭人口与实际生活的需要，而且要和邻居或者兄弟攀比。这正说明地方网络中存在着一种权力上的竞争关系。在传统社会，住房是身份等级的象征，在市场经济的社会，住房是财富，也就是经济实力的象征。显然，谁家的房子盖得最豪华，谁家就在当地最有钱有势，可面子的意思是说，即使事实上无钱无势，人们也可以通过面子来表现出有钱有势的样子。所以，我的观点是，讨论一种价值观或者行为方式，不能脱离它所处的社会文化背景，而讨论人情和面子问题，不能脱离它所处的地方社会网络来解释。

三、人情与面子的基本含义

为了深入探讨并区分"人情"和"面子"这两个概念，本文这里先将两者拆开，再将它们合并起来进行研究。

先讨论"人情"。以人情来解读中国日常社会，首先意味着这个社会的现实基础是家庭或者亲人，价值基础则是儒家思想，因此我们这里需要讨论这两个方面的问题。上文提及，中国传统社会是一个由家、族、宗及村落所形成的网络社会，聚族而居构成了社会网络内成员通常叫的"乡亲们"，也就是内含彼此都有血缘和地缘的关系。当然，有血缘和地缘的关系，互相之间并不因此就没有矛盾或者冲突，但该网络突出了人情的重要性，从而使得矛盾与冲突发生的方式产生了改变，比如双方不能正面冲突或公然决裂，而是面和心不合，彼此有很多积怨，但不到万不得已，始终维持着表面和谐(其实，"表面和谐"的意思，已经符合"面子"的含义了)。中国人现实生活的运行方式当然需要一套价值观的支撑，这套价值观本身即儒家思想，而其中的道德现实化路径竟然和社会网络的核心——家人关系保持着高度的一致性，也就是说，儒家思想的根基是从亲情推导出来的，比如"仁"和"孝"就是儒家两个最核心的概念。在《论语》中孔子说："仁者，爱人。"但这里的"爱"不是说任何人之间都要有爱，而是等差之爱。爱有等差是从家庭扩展出去而形成的，进而儒家也就认为"仁者，亲亲为大"。既然"亲亲为大"是以等差来体现的，那么孝道也就是在等差中所形成的服从长辈的行为。显然，"亲情"的意思不适用于宗亲以外的人际关系，所以从更广泛的意义上讲，"人情"就更为适用于表达更多场景中的关系运行。"人情"，作为中国社会的现实基础，还具有更加一般性的含义，用来表达中国人对世态或者人世间的认知，比如天理人情、风土人情、人情世故等。总之，所谓"人情"是对中国人人性、人格与关系的基本理解。

　　本文这里先提出"人情"作为认识中国人关系的社会基础，意义主要在于希望读者区分一个在现代性社会，或者工商社会使用得比较多的概念，即"理性"。我认为，"理性"首先是一个充分化了的"个人"概念，也就是说，当社会行动的主体是个人的时候，我们才会有理性和非理性的讨论。但如果一种社会行动还原不到个体身上，"理性"这个词基本上就失效了。当然这不是说，处于关系中的个人就没有理性，而是说处于关系中的个人必须要在考虑理性的同时考虑他所处的关系状态与理性是什么关系；而关系状态在基本面上则是人情状态，于是，个人理性总需要与人情进行调和或妥协。所以在中国社会，我们很难依靠理性来建立一些规章制度，而是需要用"情理"来建立一些行事规则。比如一个人在理性前提下可以预测自己的投入与回报之间的关系，当然也可以理性地预测到其中所承担的风险。但在情理社会，一个人就无法通过投资人情来预测其收益，或者说得更极端一点，一项人情投资即使在理性上已经预测出是有去无回的，但在关系社会，还是要投资，因为在这样的社会，根本上，人们的价值观在于不破坏彼此的关系。当然，我们也有理由认为，因为没有理性计算，所以很多时候人情的投资所带来的回报也是无法估量的，它比理性投资的回报率要大得多。人情不可计算的另外一层含义是，中国人对人情意味上的帮助的含义理解很宽泛，通常情况下，最容易计算清楚的是金钱上的帮助，或者物品上的帮助，但一旦上升到非实物方面，就算不清楚了。比如一个人在职务升迁时，有人为其美言，并发挥了作用，这就无法计算；又比如一个人在生病期间，有人守护床前，细心照料，使之痊愈，这也无法计算。但其中都有情义在。于是，中国人倾向认为，涉及人情的账是算不清的，即使物质账面算得清，也必须回到算不清方面去，否则就是斤斤计较，或者说良好的关系所应该遵循的原则是"情义无价"，否则便说明他们的交往还只是利益交往。

  人情处于地方网络中，也可以合并起来叫作"人情网"。其中一个非常重要的前提条件就是这张网的相对稳定性，所以我前面说它是半封闭的。当然，从实际情况来看，人情网越封闭越好，因为在此网中所发生的人情必须要有回报，虽然这个回报无法预期，但不能没有。如果一种交往中的助人行为不是"人情"的意思，那么我们就必须换其他概念来表达，比如"捐助""施舍"或者"慈善"。所以人情是一定要有针对性的回报的，谁报答谁、谁欠谁，都很清楚。正因为人情网比较稳定，所以如果一个人这辈子还不了，也可以由下一代来偿还。设想，如果人情网不那么稳定，其中的成员处于社会流动中，也就是说，需要报答的人或者欠人情的人离开了，那么人情运行也就终止了。当然，在现代社会，人群的确发生了比较大的社会流动。这个时候，我们就得看一看家乡观念或者原有的网络是否还存在，如果存在，那么一个人或一个家庭虽然整年几乎都在外面流动，比如打工、上学或移居城市，但他(他们)在一些特定的时候还是要回到家乡，比如"春节"的含义就非常重大，是中国人回家的日子。在很多情况下，无论一个人流动到多远的地方，都会在春节之时回到他的家乡，那里有他的父老乡亲，也有"拜年"活动，也就是在春节期间，人情网中的成员都需要通过人情往来稳定其网络，更不用说还有一些类似的活动，如结婚、生子、生日或者清明节的祖先祭扫，这些重大的活动都需要回到人情网中去进行。如果一个移居外地者无论如何都不再回到家乡，那么就等于宣告他在这里的人情没有了。

这时，我们发现其实"人情"不单是说家乡里面的成员彼此之间有一种特定的情感，而且其中包含着彼此间的资源交换。说起"交换"，我们马上想到的就是社会交换理论。但如果以社会交换理论来解释中国人的人情，那人情充其量只是社会交换理论中的一个事例，其目的是讨论人类社会交换的一般性问题。但人情中的"交换"有其特定的含义，也可以形成自己的模式或理论。人情交换的重心往往落在以下几个方面：首先，它不完全是一种交换或者助人行为，而是体现一定情感的行为，这不是说体现情感就一定积极，而只是说这样的交换中必定含有情感的体验，无论是喜悦还是痛苦；其次，人情交换不完全是因为生活上面需要他人的帮助，而是维系彼此关系的一种方式，即使人情网中没有人需要帮助，人情交换也有必要发生。所谓送礼的意思不是说对方缺少这样的货物或者金钱，而是说其目的在于强化或者维系这一网络的存在。由于目标与真正所谓交换的含义（比如获得自己想要的资源）有所变化，因此其运行的具体方法就是"互欠"，而不是"等价"交换。在中国人的人情理解中，当彼此的人情交换坚持等价原则时，就是向对方暗示人情的结束，而互欠就是不结束的意思。那么如何实现互欠呢？最常见的方法就是回报的总是比施与的要多一些。比如一户人家的孩子过生日，朋友送了一个蛋糕，那么过一段时间，朋友家的孩子也过生日，这家人就可以买一身衣服作为回报，通常这身衣服比蛋糕贵，那就构成了隐含的"欠"，然后再过一段时间，这家人请朋友家出去游玩，所有的花费都是这家人承担，又比衣服还贵，由此互欠就发生了。当然，这样的关系不是做数学加法，不是说每一次来往一定要比上一次贵重，最后负担越来越重。其实，如果双方经常互惠，也就不必算清楚彼此的花费，上面说了，算不清才是人情的含义。可见，互欠是人情中的一个原则，即使漫长的人情交换最终基本也是持平的，但这只能是一种总体性含义，不是每一次的含义，至少每一次的人情都有欠的意味，也就保证了后面一次又一次的循环往复。可以想象，如果其中一方回到理性，那么人情就终止，或者结束了。

现在，我们再来讨论"面子"。如上所述，"面子"这一概念同"人情"具有交叉性，进而造成理解上的困难，而另一个难点在其本身的转喻中所发生的理解上的困难，因为在中国人所使用的"面子"词语中，完整的组合形式是"脸面"。也就是说，讨论面子问题还不是"面子"本身，需要联系着"脸"这个概念一起讨论。"脸"原本是指面孔，其含义带有非常明确的相貌识别以及一些行为导致的面部反应，比如中文词语中有"面红耳赤""羞涩""羞愧"等，都是因害羞或者羞耻感而产生的面部反应。由此引申出中国人的道德感，而建立起了一系列有关个人道德或者做人方面的要求。但我前面已经讨论了，中国人的各种社会行为都是在社会网络中发生的，因此关于道德方面的讨论往往不是一个个人话题，而是一个关系话题。在这一点上，我同意 R. 本尼迪克特（R. Benedict）的观点，她认为日本文化中有一个"耻"的概念。"耻"的确与中国人所理解的"脸"有对等的、可替代的含义，"脸"的道德含义充分体现出"耻"的含义，要脸表示知耻，不受辱没，不要脸即无耻。但本尼迪克特认为耻的发生需要面对他人，而非内在的反省。同样，"脸"也是一个面向他人的概念，而非一种内在的负罪、内疚或者道德的概念。由此，"脸"的定义似乎应该在于一个人在他人面前所公开展示的形象或者品德。只是这里的"他人"当然是熟人社会中的他人，而不泛指任何其他人。而"面子"的含义又是接着"脸"的意思的，也就是说，一个人展示出来的形象或者人品究竟如何，不是由展示者自己去判断的,而是由他人去判断的。所以,"面子"的含义更多的是指他人如何评判方面。或者说,任何一种他人的看法——赞扬、吹捧,或嘲笑、羞辱等,都是"面子"所要表达的一种内容。所以说,"脸"和"面子"的关系就是,脸是个人塑造的,而面子是他人塑造的。通常的理解是,他人如何塑造一个人的"面子"取决于此人如何塑造自己的"脸"。见图2。

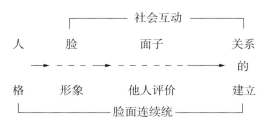

图2 脸和面子的统一体关系图式[1]

这样的理解其实也是社会学家E.戈夫曼(E. Goffman)的戏剧理论的逻辑,也就是说,我在图2中给出的从人格到形象,再到他人评价,最终建立起来的人际关系,和戈夫曼从自我到面具和表演,再到与观众建立良好的关系,是相吻合的。或者说,如果一个人的脸来自他自己的努力奋斗而获得的荣誉、名声及声望,那么一个人在从脸到面子中就会得到一种连续性的表达,但中国人的面子问题没有那么简单。作为理论,虽说戈夫曼对于"戏剧"的认识受到中国人"面子"的启发,但戈夫曼的"戏剧"含义是理论视角,是给研究者的一套解释社会互动的框架,而对于中国人来说,"面子"的戏份则是切实的社会行动,行动主体需要以此方式来获得自身的存在感与人生意义。前者是从学理上为社会学家提供的一种研究框架,而后者是说,每

---

[1] 翟学伟:《中国人的日常呈现——面子与人情的社会学研究》,南京:南京大学出版社2016年版,第115页。

一个中国人都意识到生活即演戏（人生如戏），从而导致每一个深谙中国社会互动模式的人都明白人与人的互动就是要演戏给对方看。中国现代社会有一个热词叫"装"。中国人不需要戈夫曼的戏剧理论来提供一种看社会的视角，但人人都知道在网络中如何装扮生活，而这样的生活更重视形式而不是内容，或者说许多行为不是自己想要的，是做给别人看的。为此，在中国人看来，在人与人的关系中，"当真"是没有必要的，因为剔除彼此的"情面"，而回归"理性"，人情味就大大地减少了，而有意义的生活就是在日常中追求人情味。

当然，我们在此讨论"面子"的含义，不单是为了区分中国人实际表现中的戏份和戈夫曼给出的戏剧理论的差异，最重要的是再次回到社会网络或者人情网中去领会"脸"和"面子"的深意。这就是说，从关系的视角去看脸和面子的统一体（或叫连续统）的关系，可以发现此时的人格塑造如果停留在荣耀的层面，那么和人情没有多大的关联，但又为何会关联上呢？因为在做给他人看的动机驱动下，中国人的社会行动框架不是那么强调自我，不认为人人都需要一个确定的自我，并在互动中构成社会，而认为"关系"才是社会建立的基石。也就是从逻辑上讲，血缘、地缘、家乡共同体等优先于个人的表现，反之，个人的表现也是在为关系服务。中国非常著名的《孝经》里说，一个人的身体、毛发和皮肤等都是其父母给的，所以他最终在社会上的表现也是要给父母、家人增添光彩。从文化价值上讲，中国社会并没有纯粹的自我实现，或者个人成就动机，而儒家所希望的在做人方面树立的道德品质，看起来是在说个人的修为，其实也因关系或人情的介入，发生了某种程度的转向。关于这一点，孔子就受到了楚国封君叶公的挑战。叶公曾经问孔子，他那里有一个人的父亲顺手偷了别人家的羊，这个人因为人品正直，就告发了他父亲，孔子做何感想？孔子回答说，他不认为这样做是对的，这个时候，儿子要替父亲隐瞒这件事，父亲也要为儿子隐瞒这件事，这才是正直的。

在这个小故事中,孔子给出了一个重要的价值观,这就是在亲情方面、在家人方面,保护彼此的关系,比个人的正直更重要。可见,这时儒家在道德面前强调关系,或者说,关系危机才是真正的道德危机。[1]

现在我们既可以用"关系",也可以用儒家的这种思想来看个人表现发生的转向问题。比如以道德为例,所谓个人道德解体的意思不是说此人道德败坏,或不守道德,而是说即使他坚守道德,到最后如果把所有关系都得罪完了,那这样的道德也就无意义了。或许,这是由于"关系"在任何时候都比个人重要。由此一来,当个人名声无论如何都如此被他人看重时,那么中国人明白了一个更深层次的道理:"脸"的获得往往未必来自个人的打拼,而需要他人的配合或抬举,这就造成了上述模式的反转,见图3。

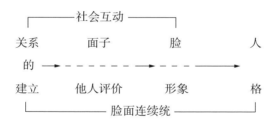

图3 脸和面子的关系倒置图式[2]

也就是说,在一个人自己不足以提供"脸"的表现之际,"面子"可以促成"脸"的获得。中国人的脸面观中有两个使用频率极高的词,一个是"不要脸",一个是"给面子"。其中,"不要脸"是骂人最严重的用语,通常对那些没有良心、不知羞耻的人,才会用这样的词

---

[1] 翟学伟:《"亲亲相隐"的再认识——关系向度理论的解释》,《江苏行政学院学报》2019年第1期。

[2] 翟学伟:《中国人的日常呈现——面子与人情的社会学研究》,南京:南京大学出版社2016年版,第119页。

语；而"给面子"的意思通常是指社交场合中以关系为重、以人情为重，对对方的行为举止和言辞表现出赞赏、支持或者最低限度是不反对、不揭穿其虚伪与谬误等。看起来这两个词分别用于不同的社会情境中，如果放入相同的社会情境，就会面临两难：如果一个人的人品或表现好坏是由他自己承担后果的，那就等于在说"脸"的问题很重要，一个人做了"丢脸"或者"不要脸"的事情，会受到他人的谴责；但如果一个人的人品不好或表现不好，做了"丢脸"或"不要脸"的事情，人们却不去谴责他，这是因为他们给了他"面子"。可见，如果"脸"的获得不来自他自己，需要他人抬举，那么"给面子"的行为就是人情的发生。当此人心知肚明地知晓谁给过他面子时，他就是欠谁的人情。可是，这种运行方式中的问题是为什么那些人一定要给他面子呢？最浅层次的理由是，他们共处于一个稳定的地方网络，得罪一个人又不能为此而愤然离去，他们必须面对今后的交往。而说得再复杂一点，如果此人在其网络中拥有一定的权力、地位或资源，或者在关系中能够找到社会资源，乃至于具有未来发达的机会等，就都潜在地影响着这样的关系无法断裂。这个时候我们看到，在个人表现和关系表现方面，关系表现显得比个人表现优先，这就是人情和关系的重要性。从这一角度来看，一个人表现不好本应受到道德谴责，而关系或人情的运行却造成直截了当地谴责他人反而是不对的，因为人们竟然不懂得要给此人面子？可见，在重视关系的社会，不给他人面子的行为比个人丢脸甚至不要脸的行为更为严重。

讨论至此，我们便可以比较一下"人情"和"面子"之间究竟有什么差异了。首先，通过上面的讨论，我们应该可以清楚为何图1中说，人情和面子之所以会纠缠在一起，是因为中国人所具备的关系网络中发生的社会互动是不可解体的。面子是各种关系的润滑剂。但比较于戏剧理论——该理论的整个观点都集中于个人如何表演，中国人的面子意识是，个人表演的重点不是个人自我和技艺的展示，而取决于观众如何反应。通常，戏剧理论所理解的观众反应是根据表演者的水平来决定的，但中国人的面子理论认为，虽然观众反应要看演员表演的水平好不好，但如果表演者与观众之间建立了良好的关系，那么表演者的演技就不重要了。通常，彼此良好的关系会引发"给面子"的行为，即使表演者表演失败，依然可以得到喝彩。其次，当要脸需要给面子来支撑时，人情现象就会发生。为此而脸上有光之人会给予给面子之人以回报。据此，面子与人情混合起来，表示一种非常微妙而缺乏价格衡量的社会交换。再次，当脸和面子的含义统一的时候，其含义偏向声望和名声，比如德高望重、地方权威或某方面的名人，具有广泛的影响力和传播力，这些都不涉及人情。而人情的发生只限于相对封闭的互动关系，其主要形式是资源交换，并从中体现出人与人之间情感与利益的交织关系。在一个地方网络中，如果一个人成为名人，那么不但他的全家会享受到他的荣耀，而且全村人，乃至整个地区的人都会以和他同在一个家乡而感到自豪。这一点通常构成中国人努力奋斗的成就动机，即中国人的成就动机往往不是个人的，而是连带许多相关者的。他们往往试图通过自己的成功来带动更多人的荣耀，当然失败也会导致更多人感到丢脸。所以一个人一旦功成名就，就会用人情的方式让他的相关者来分享他的成果；反之一个人一旦身败名裂，就会连带其他相关者，并且断绝其人情往来，当然更常见的情况是许多人都想和他撇清关系，产生"不给面子"的行为，以表明他们之间没有人情往来。情况如何，通常取决于脸面上的成功与否，当然也有这样的情况：一个失掉脸面之人或被羞辱之人会因此被激发斗志。这是中国成语"卧薪尝胆""东山再起"的一种恰当注脚。最后，对于处于网络中的个人，天然性的网络是他的基本关系保障，即意味着无论一个人如何失败，只要能够保持这个网络，某种特定的（机缘性的、意外的、命中注定的）人情就都会使他有重新发迹的机会，这在中国叫"有贵人相助"，从而也产生了根本意义上的恩情和报答。

据此,"人情"和"面子"的分别与关联,可以做如下小结:(1)"人情"的含义在于稳定的地方网络中人们在感情或利益上所发生的交换关系。(2)"脸面"的本义是指一社会单位(如个人、家族、地区等)的形象塑造及其所产生的社会名望或地位。(3)从理论上讲,其相互关联在于当一个社会单位的名望或地位不来自其努力、实力或名副其实,而来自他人捧场、抬举和给面子时,人情便同面子发生了关联,反之,则没有关联。(4)从现实上讲,现实中的脸面运行很难和人情没有关联。因为在以地方网络为背景的社会,个人的奋斗本身就含有光宗耀祖、为地区争光的驱动意义,也就是说,只要有人能够争光就会有人想要沾光,因此"人情"和"面子"在起点上已经纠缠在一起了。

四、余论:人情、面子与儒家、现实社会的关联

人情与面子作为一项重要研究,尚没有对一些问题进行澄清。其中最为重要的几个问题是:(1)它们同儒家经典是什么关系?(2)它们为何不太受现代学者关注?(3)随着现代化的进程,中国人还会讲究人情和面子吗?我下面一一加以回应。

首先,虽然儒家经典并没有直接涉及人情和面子的问题,但我们深入地认识人情和面子的含义及其运行后,便可以寻求到两者之间的关联。其一,我发现儒家与这两个概念都是在"关系"的框架下进行思考的,两者之间的区别只在于儒家是在伦理上说的,而人情和面子是在心理和行为方式上说的,但两者的融合将聚焦于伦理性关系的运行,也就是梁漱溟所谓"伦理本位"或"关系本位"。[1]其二,我们在它们的交汇处看到儒家对关系的一个重要预设便是"耻",而追求的则

---

[1] 梁漱溟:《中国文化要义》,上海:上海人民出版社 2003 年版,第 109 页。

是"名实相符"或"实至名归"的做人框架。虽然这样的框架在《论语》等书中或隐或现，但通过梳理下列言论，我们就会发现儒家在阐述其核心思想同脸面连续统时都会回归到"耻"或"名"上来：

君子去仁，恶乎成名？（《论语·里仁篇》）

君子疾没世而名不称焉。（《论语·卫灵公篇》）

不降其志，不辱其身。（《论语·微子篇》）

古者言之不出，耻躬之不逮也。（《论语·里仁篇》）

恭近于礼，远耻辱也。（《论语·学而篇》）

道之以政，齐之以刑，民免而无耻；道之以德，齐之以礼，有耻且格。（《论语·为政篇》）

敏而好学，不耻下问。（《论语·公冶长篇》）

而到了孟子那里，"耻"已经成为人性的四端之一。但值得注意的是，比较于本尼迪克特的"耻感文化"，应该说，儒家思想更希望"耻感"是一个内化的概念，而非她所看到的"外部的强制力"[1]，这种对于"耻"的不同见地还有待下一步的研究。虽然人情和面子从现实意义上涵括了这样的话题，但必须指出的是，儒家思想与之还是有差距的，或者

---

[1] 鲁思·本尼迪克特：《菊与刀——日本文化诸模式（增订版）》，吕万和等译，北京：商务印书馆2012年版，第202页。

说人情和面子在现实生活中越来越走向了孔子所不愿见到的"乡愿",因为"乡愿"是一种表面化的、老好人式的、形式主义的道路,却也是中国人关系运行的结果。所以我们不得不承认一个生活于地方网络中的中国人,是很难摆脱关系与权力的影响,只一味地按照儒家要求去做人的。

其次,人情与面子在本土社会学研究中是重要的,这点当然能够得到承认,可为什么对它们的研究开展以来,并没有受到更多学者的重视?其中一种非常吊诡的现象是,虽然生活于现实世界的学者几乎每天都在遭遇,甚至也常用人情和面子与人交往、处理各种事务,但他们在研究方面却看不上它们。其根源主要还在于中国学者习惯于把生活与学术隔离,不采取学术来自生活的研究策略。似乎学术有其自己的正统,不应与日常生活有瓜葛。他们倾向认同对任何理论问题的思考最好能回归到西方理论所提出的核心问题,而不是自己现实生活中的问题上去。这也是黄光国的心病,显然,如果符号互动论、社会交换理论、社会资源理论和社会正义论不能成为他研究人情与面子的理论基础,那么这样的研究就失去了理论意义。

最后,一些当下研究此话题的学者倾向认为,人情与面子是一个传统乡土社会的话题,但随着社会的现代化、市场化及都市化,这个话题显而易见地衰落了。这种观点最致命的地方就是把人情与面子的研究放入了传统与现代的二元对立框架。我需要强调的是,人情与面子的研究不能被当作一个独立的领域,也不是用来考察传统中国与现代中国的一项重要指标(或社会行为变项,比如特殊主义或普遍主义),而应该理解成由中国文化所孕育出的研究中国日常社会的一个独特视角(戈夫曼的戏剧理论在一般意义上做到了这一点)。有了这样的视角,我们不应该研究中国人的人情和面子现象的兴衰,而应该关注人情和面子如何渗透在日常行为中的各个方面或各个环节,并成为日常行为的基础。比如我们读官场小说,这显然不涉及什么乡土传统之类,其中有情节提到，在一些决议形成过程中各级领导深谙发言先后的重要性，有的时候为了让一种意见占上风，现场的最高领导先表了态，那么调子一定，人情和面子就会使得后面的发言者跟着这个调子走，决议也就一致了；如果现场最高领导不先表态，而让其他人表态，那么人情和面子的运行就会迫使到会者揣摩上级意图。于是，在人情和面子作用下，每个发言人都会说一堆连他自己也不明白的正确的废话，也就是无论领导最终怎么说，他的表态都能附和于此。这就是权力所左右的人情和面子，它们也影响了学术评价、博士学位答辩等方面。这说明，当我们研究中国人的人情与面子时，不要总在传统与现代的框架中去解读它们，而应深入日常工作、学习、求职、面试、晋升、评分、发奖金、捧红一些人等一系列生活事件，或者说，中国人的日常生活中透露着人情与面子的精神，而不是说唯有清楚地意识到一种人情面子现象，比如送礼、排场或者搞关系等，才算是人情与面子的研究。我所谓的人情与面子研究是说，在我们研究清楚它们是什么的时候，其实我们也看到了它们是如何构筑我们的社会、影响日常决定，甚至重大决策的。

可见，研究中国人的关系模式应该看到人情、面子与权力之结合所展示出的社会生态。它们是中国社会运行的基础，不是传统基础，而是一种持久而稳定的基础。当然，如今中国进入了人口全面流动的时代，同时也进入了互联网的时代，人情和面子的地方网络正在发生深刻的变化，城乡结构也因为城市扩张、农民工进城、大学生融入各种企业组织等因素而发生着改变。相对稳定的传统社会大背景正在消失，人情和面子的地方网络转移到了社群组织内部，比如政界、商界、学界，乃至于特定地区；另一种趋势是移置于虚拟社会，在公众号及微信群中发生变异。但是，只要其运行的基本逻辑没有变，中国社会的各方面扩展就依然离不开人情和面子的运作。

（原载《浙江学刊》2021年第5期。）

人情与制度：制衡抑或平衡？

兼论个案研究的代表性问题

【导读】"人情"是中国文化的核心概念，其基本含义似乎与"规范"和"制度"相对应。正因如此，当今中国社会寄期望于通过加强制度建设来遏制人情的泛滥。本文以大学里一件小事为个案，借助功能现实主义的方法，提升到公设、前提和推论上，对中国社会中的人情运作进行了比较系统的讨论。由此得出中国人情与制度的关系并非简单的一方压倒另一方的关系，而可以是彼此相安无事的动态平衡。这一特点极易造成社会运行的"名实分离"。在公设层面，人情是中国社会的底色。当它泛滥到制度无法抵制的程度时，社会很难借助制度本身的修复来加以遏制，通常只能发动周而复始的"运动"，来维持共存的动态关系。以上这些特征可以回到个案比较层面同其他以制度为底色的社会进行比较。另外，本文借此还对个案如何具有代表性以及如何上升为抽象的理论议题进行了讨论。

一、引言

"人情",如果不作为"人的情绪""人的情感""人之常情"讲,而径直被理解成"天理人情""人情世故""骨肉之情""不近人情""讲人情""亲亲相隐"抑或"人之所以为人"等诸如此类的含义,则表明其无疑是中国文化中的一个核心概念。这个概念的发端,源自儒家思想对它坚持不懈的思考、探究与体悟,以及中国人历来坚持从亲情和世情(血缘和地缘)出发而体会到的那部分生活形态。近代以来,中国思想家在讨论其思想文化时依然对它抱有同情式的理解[1],乃至于近来又有学者最终把整个中国哲学思想归结为"情本体"[2],或从社会学意义上把中国看成"人情超级大国"[3]。

可是,由中国文化自己发展出来的学术概念一直存在一个很大的问题,就是缺乏定义。[4]显然,将"人情"理解成心理学中的"情绪"或"情感",会造成很大的误会。即使西方学者对此有所意识,准备下大力气来研究中国人所谓的"情"为何物,但他们看到的依然是"emotion",而不是中国人的那种由人情而制礼所建立的"社会责任"。[5]如果"人情"不是现代心理学所研究的"emotion",那究竟为何意?我根据中文词汇中的常用情况加以梳理,认为它在中国文化中至少有

---

[1] 钱穆:《现代中国学术论衡》,北京:生活·读书·新知三联书店2001年版,第22页;梁漱溟:《东西文化及其哲学》,北京:商务印书馆1987年版,第153页;冯友兰:《三松堂全集》第4卷,郑州:河南人民出版1986年版,第401页。

[2] 李泽厚:《实用理性与乐感文化》,北京:生活·读书·新知三联书店2005年版,第55页。

[3] 韩少功:《人情超级大国》,《读书》2001年第12期。

[4] 参见翟学伟:《儒家的社会建构》,载翟学伟:《人情、面子与权力的再生产(第二版)》,北京:北京大学出版社2013年版。

[5] 史华罗:《中国历史中的情感文化——对明清文献的跨学科文本研究》,林舒俐等译,北京:商务印书馆2009年版,第43页。

三层含义：

　　人性层面：天理人情、人情冷暖、性情、情理、通情达理、情同手足、于心何忍、人心都是肉长的、人非草木孰能无情（反义：铁石心肠、没心肝、伤天害理）等。
　　社会或心理层面：风土人情、民情、骨肉之情、故乡情、亲情、友情、世情、情面、情感、感情、难为情、情调、情怀、情境、情思、痴情、交情、情义、情投意合、情不自禁、人情世故（反义：不近人情、冷酷无情）等。
　　操作层面：讲人情、做人情、欠人情、送人情、顺水人情、说情、求情、徇情、酌情、隐情、领情、情分、不情之请、手下留情、得饶人处且饶人（反义：不通人情世故、不讲情面）等。

　　在这三个层面中，每一个层面的内容都相当丰富，且又上下贯通，彼此联系，构成了我下面讨论中国式人情与制度关系之基本框架，也说明了人情在中国社会的全覆盖。至于较为准确地把握其中的"人情"含义，也出现了相应的困难。在中国文化当中，人们对概念的理解和运用往往来自对生活、常识以及实践的感悟。如果一定要从范畴及内涵上说清楚"人情"，还有一种认识途径，就是将这一概念同其他概念构成配对或比较的关系，类似的情况比如阴与阳、公与私、义与利、君子与小人，等等。有了这些相互对应或比较，至少概念的指向性就明确多了。可见，对于"人情"的理解，也可以在其配对中发现端倪，比如情与理、情与法、情与义、人情与制度、徇私情与讲原则，等等。可这样一一配比下来，我们又发现，不同概念之间的配对使"人情"的含义依然不如直接定义来得清晰，但多少可以看出，"人情"的指向似乎更加偏重人与人之间与生俱来的关联性和心理需求，而同其相对应的，则是来自社会或群体方面对欲望的克制与疏导。

可麻烦的地方是，在一个力主天人合一、中庸或折中主义的社会，对应性不是对立性。回顾一下儒家思想，其特征似乎是只想引导人情，而非遏制人情，即寄期望于以"礼制"使人之自然情感成为人伦中的"人义"（《礼记·礼运》）。即使宋代朱熹倡导"存天理，灭人欲"，也应该解读成灭掉违背天理的人欲，而留下顺应天理的人情。再看中国的法律史，其中有一个很重要的命题是"法不外乎人情"，也即中国法律精神应该是在法律裁决过程中充分体现人情或合乎人情[1]，而这样的人情应该广泛地存在于法官、当事人和听众的心灵深处或曰无意识之中，而比较不通情达理的、低水平的裁决才体现出法律无情。

如果我们同意上述说法，那么今日中国社会如此大动干戈地强调依法办事、制度建设，就是寄希望于在规章和执行方面撇清人情。因为一旦放纵或者介入人情，很多事件就会愈演愈烈。人们将随心所欲、目无法纪、贪腐、徇私舞弊，至少也是浪费国家财产、公款大吃大喝等。而在制度的一边，则应设立各式各样的法律法规，出台林林总总的政策条例，以确保社会正常、有序、健康地运行。当然，即便如此，似乎还不够。为了抵制人情干扰，还得加强监管。制度同人情的对立关系给我们建立起来的思考框架是：严格按章办事，虽冷酷无情，但可以维系社会秩序与公正；感情用事，虽合乎人情，却破坏社会秩序与公正。可见，任人情泛滥是现代社会正常运行的羁绊，而制度的制定与执行是克服人情的最有效方法。作为一种社会共识，这已然成为常识。但在一个以情为本的社会，特别是面对一个人情超级大国，这两者之间还有没有其他的可能呢？即当严厉的规章制度纷至沓来时，人情究竟如何？消失，变通，还是二者相互抗衡？这个问题似乎有点大。我这里要聚焦的问题是：制度可以管住人情吗？或者说，制度和人情究竟是什么关系？

---

[1] 梁治平：《法意与人情》，北京：中国法制出版社2004年版，第233页。

为了避免这一疑问的讨论依然走向泛泛而谈甚至空谈,本文打算借一件小事来回答这一问题。这里把我的研究称作"小事",也是迫于要回避研究方法上的纠缠,因为社会学定量研究的强势会抵制我这样不合规矩、随意的小题大做。可我依然以小事作为切入点,是想表明以下几层意思:(1)这样的事情每天都在发生,不属于社会学家刻意寻求或制定的大问题。如果有人看完后也同意此类事情的确很常见,那么恭喜你,你的确生活在一个讲人情的社会,我也无须添加更多的个案来加以说明,因为我说的小事足够饱和;如果有人读下来的结果认为,此类事情非常个别,那么还是恭喜你,你的生活已经制度化了。(2)既然我说它是习以为常的小事,就无法拉开架势,兴师动众地做一次大规模的社会调查,获得一整套看似科学的数据来说明——原本用一件事情就能说清楚的研究不一定非要经过问卷和数据才能证明的确如此。(3)自定义为"一件小事"也是想主动坦白,我不太可能把由此而生的相关的大问题(人情和制度的关系研究实在是一个大问题)说透,说完整。因此我虽然承认,人情与制度的复杂关系不可能通过一件小事讲明白,但我准备讲明白的地方未必需要借助问卷调查,而是从这件小事中去提升的。(4)一件小事本身不体现社会学研究上的代表性和普遍性企图,只是让我们从中窥视中国人的人情是如何讲的、与制度是什么关系。

做这样的声明,也是为了避免定量与定性之间的没完没了的争论。如果有学者对我采取的研究方法持有异议,完全可以按照自己的喜好乃至规范程序来从事研究,而用不着指责我的不是。其实,在我看来,采用什么样的研究方法不应该是去关心社会科学里现有哪些方法供我们使用,而是要问我们想研究的问题是什么。当一件小事经常发生、明摆着的时候,我们关注它,是想知道它的发生事理、机理或原理,而非其总体规模、变量关系、数据描述和分析等,即使回到预测方面来看,对机理与法则的认识也不输于数据的预测。

说白了，本文想提供的是对中国社会中人情运行的一些洞见。我常想，既然经济学可以讲寓言，社会学为什么不能讲故事？为什么不能从故事中挖掘出社会机制运行的特征？[1] 费孝通晚年也曾说过：社会学要"讲故事"（tell stories）；又说，社会学要研究活的人，会讲话的人，会哭会笑有感情的人。[2] 当然，一件小事真的没有代表性吗？我们依然可以拭目以待。

二、一件小事

事情的经过是这样的：中国的各大学为了提升在校大学生的知识广度以及综合文化素养，或者说得更高调一点，培养复合型、创新型人才，推出了供全校大学生选修的通识课程。我在我的高校承担了其中一门课——"如何理解中国人与中国社会"。选修人数在200人左右。这样的人数规模带来了考评上的难题：首先，文科类的课程不宜闭卷考试，因为没有什么标准答案，所以只能以写课程作业作为最后的成绩依据。其次，虽然到课率也可以作为平时成绩，但这一部分成绩很难测评，因为每堂课都点名不是很现实，随机抽查一下自然是可能的，但自信的授课者也不想用这样的方法浪费课堂时间。最后，小组讨论发言也可以计分，但如果老师课上有很多内容要讲的话，一般拿不出这样的时间来给学生分组讨论，而课后讨论很难组织，也很难计分，评分标准也不统一。总而言之，在我的通识课上，完成我布置的课程作业是取得成绩的关键。

在我的教学观念中，学生作业有好坏之分，有认真与否、诚实与

---

[1] 参见翟学伟：《事实再现的文学路径——一种人文与社会科学研究方法之建构》，载翟学伟：《人情、面子与权力的再生产（第二版）》，北京：北京大学出版社2013年版。

[2] 李银河：《李银河：我的生命哲学》，北京：中华工商联合出版社2013年版，第4页。

否之分，因此他们的成绩应有高低之分。但既然不是闭卷考试，没有标准答案，只要提交了符合我规定题目的小文章，我会将评分幅度控制在 60—95 分之间。当我按此设想批改完作业，登分提交教务处后，我接到了一位学生的电话。他在电话中质问我为什么只给他 60 分？我没有马上回应。在问完名字、学号、院系之后，我重新查阅了他的文章，发现他的文章语言不文明（也可以说比较下流），文章写得既没层次，也没内容，只是用恶言恶语谩骂中国人，所以我就以一个负责到底的心态约他在学校饭堂见面，可以边吃边聊，因为我有充分的理由告诉他，这个成绩是合理的。

在食堂见面后，该学生先是赞美了我课讲得好，然后就说 60 分对他来说是一个耻辱的分。这个分数意味着他本不及格，却得到了及格的成绩。我说我承认这份作业的确应该是不及格，但还是给了及格成绩。理由很简单，作为一篇文章，用口头粗话来谩骂中国人是不允许的，何况文章写得也不好，所以只能是这个成绩。该生坚持该文写得好，只是我没有看懂，而且这样的语言在"90 后"看来不是粗话，我们之间有代沟。我回答道，如果代沟是存在的，那么还是这样的成绩，因为我自己变不成"90 后"的人。但我看他对自己的文章如此欣赏，就问该生，他自己认为我该给他多少分为宜？他回答，95 分。我认为这个学生狂妄自大，而且还不知道自己的错误，即刻打断他，告诉他不可能。他又说，92 分也行。他说着说着，泪珠开始在眼眶里打转，显得很难过的样子。他告诉我，他目前专业课成绩是全班第一名，现在正准备申请硕博连读，如果通识课是 60 分，平均下来，别人就超过他了，很大可能是保研一事就黄了。我同情地说，分数调整还有余地，但也一定是在 70 分以下。他得知了我的态度后，恢复了常态，丢给我一句话：那我就放弃这门课。我回答：可以。

我以为事情就这样结束了。但过了一段时间，该生又给我发短信说要见我，因为学校教务处按公选课规定不允许他放弃这门课。我说：那我无能为力了。他说不行，他要求我帮他改成绩。我依然说70分以下可以调整，但他此时语气十分坚定地说：我不是来要70分的，而是来要不及格的。他顺带谴责我做人不诚实，既然我在食堂承认这篇作业不及格，为什么我还要给他及格？这样的要求顿时让我一头雾水，难道我把一个不及格的成绩给到及格还错了？真是好心当成驴肝肺。该生接着说，他现在已经拿到了修改成绩表格，问我何时有空见面，他想尽快改回不及格。于是我们再次约会，他给了我一张教务处下发的成绩变更表，其中有几项选择如"笔误""改错""补交"之类。我选了"改错"一项。没想到，教务处又打回来，让我在表中详细说明当时成绩改错的原因。那我还能有什么原因，就是不该把一个原本不及格的成绩写成及格。也就在此事发生的同时，另外一个学生也电话联系我，又质问我为什么给她那么低的成绩，我又查了她的卷子，是70分。我回答，因为这份卷子中有一部分内容是从网上抄袭的，为了严肃纪律，所以不能给高分。该生此时在电话中说，我把她毁了，因为她大学毕业后是准备出国留学的，这样的成绩，她很难找到好学校了。因为前面发生的事情，我没有再搭理她。但接着我院的教务员给我打电话，告诉我这个学生正在校教务处哭闹，要求改成绩，校教务处责令我院教务员找到我，解决这个问题。过了一会儿，教务员派一个学生助理焦急地来到我上课的教室（估计是修改成绩的限期要到了），他拿着相同的表格，让我改成绩，我还是选了"改错"一栏。然后写的理由是有抄袭，所以改判不及格。

现在所有问题都集中在为什么学生认为成绩不理想，就想不及格呢？我请教了教务处的负责人。原来这里面有一个窍门。按照教务处的相关制度规定，学生课程成绩如果是及格的，那么这个成绩就被记录下来，变成学生在校学习总分的一部分；如果不及格，那么虽然原始记录消不掉，但对于无论是出国深造还是免试保送，这个成绩都由各院系自行处理，可以不算在成绩内，或者不显示在成绩单上。于是，学生听课的策略就是如果成绩好就留着,如果成绩不好就先改不及格,然后再取消这门课的成绩。我后来算下来,这次通识课成绩出来后,通过邮件和短信质问我成绩的学生大约有六位(对于为何没有更多的学生来找我,我的解释是,不是制度有效,而是我给的分数令他们比较满意,因为想出国深造或者能直博的人毕竟是少数),而直接找我改成绩的是上述两位,还有一位学生家长质问我怎么回事的。

三、人情和制度:初步的讨论

现在我有必要亮出我下面的研究方法了。以日常事件来分析社会运作的法则源自我受人类学家 E. A. 霍贝尔(E. A. Hoebel)提出的功能现实主义之启发。[1] 这一方法论的意义在于,它批评实证主义看似研究社会现实,实是讨论变量间的数学或逻辑关系,却并不反映社会运行。功能现实主义希望能在整体联系的意义上提出社会运行的前提原理,具体做法是从事实中去寻求现象发生的前提,然后进行推论。当然也有一个比较相似的观点来自美国人类学家许烺光的方法,他曾通过"公设"(基本假设)来推导中美文化模式的差异。[2] 依照这一方法的要求,我先来梳理一下这件小事当中显现出来的人情和制度问题。

第一,我本人作为通识课程的老师,事前没有学习了解学校教务处的有关规定,当然教务处也没有下发有关规定(或许有的规矩也是潜规则,需要口头交流,心中有数,灵活掌握),所以在批改作业的时候不知道"及格"与"不及格"的含义是什么,只知道如实地批改作业,但又考虑到不要为难学生(因不及格而影响其前途或者重修)而预先

---

[1] E. A. 霍贝尔:《初民的法律——法的动态比较研究》,周勇译,北京:中国社会科学出版社 1993 年版,第 17 页。

[2] 许烺光:《文化人类学新论》,张瑞德译,台北:联经出版公司 1979 年版,第 99 页。

定下了分数范围。这等于是说，我给出的分数是实情和人情的结合。

第二，学生在选修通识课的时候，也没有好好学习教务处的选修课条例，或者先不考虑自己提交的作业会给自己带来什么后果，甚至与任课老师共同预设了不会不及格。一旦发生麻烦，他们才聪明地研究教务处相关规定中有什么漏洞或者余地，可以钻空子。

第三，老师在给成绩的时候，有人情上的考虑。他在设置打分的幅度时就已经把不及格排除在外了。也就是说，学生只要做得不太过分（太过分的事件是平时旷课、不交作业，但依然哭着闹着问老师要成绩），无论怎样胡乱应付作业，老师在人情上都能保证其及格。

第四，学生基本上能预计到无论自己如何胡编乱造、抄袭乃至于用不文明的语言来完成作业，老师也不会为难他们，因此学生认不认真完成作业取决于其学习态度，不取决于制度。一旦老师真给了他们不想要的分数，学生可以理直气壮地要求老师加分。

第五，学生的未来发展是老师给学生好成绩的最终理由，而非学生作业做得如何。如果制度能毁掉一个人的前程，人情能促成一个人的前程，那么为什么不用人情，而用制度？

第六，制度本身的设计当中，也有人情的成分。不及格可以不算总分，或不显示，或放弃，说明了制度看起来是对一种活动的规定和保障，实际上也是从人情出发来加以制定的。

总结出事件中的六条有关人情和制度的关系之后，如果我们得到的最重要结论是，以后必须制定更加详细的制度和条例，并要求人人都得认真学习，然后加强监管，或者说，为了避免各式各样的、没完没了的人情问题，上课的老师和学生都必须按照相关规则办，否则后果自负，那么人情现象就可以根绝了。可是实际情况是，如果我们多少懂得一点人情运作的方法，就会发现这个结论不正确，更不是好的建议。比如对我来说，如果我事先了解了这些规定，我就当真如实打分、按章办事了吗？我估计我倾向做的事情是，不再把给分幅度限于

60—95分，而是上调为75—95分。理由是，这是一个皆大欢喜的结局，换句话说，都给学生打75分以上的成绩，既不违反制度，还没有人打电话骚扰，又无须赴约解释，再无人又哭又闹，更不需要我编撰一个什么理由来详细写明改错成绩的原因，何乐而不为？但是，虽然后者回避了制度设置给我们带来的种种麻烦，却在根本上必须承认一个事实，即"名实分离"。而由此引发的一个深层次问题是，在共有的价值观或文化主旨层面，该社会是否认可或容忍"名实分离"？所谓"名实分离"是说，在形式上，制度自始至终都在发挥着其应有的作用，而在内容上，真实社会并没有依照制度所发挥的作用运行。或者通俗地讲，面子文化的意义在于，你所看到的不真的是你看到的。[1] 而具体到这件小事中，即一个人取得的在校成绩单不反映一个学生真实的在校学习或作业情况。

作为一项探究性的思考，我在其中首先遇到的一个问题是，这样的小事何以能上升到如此这般的高度上来讨论？依照社会学的研究方法，学者可以异口同声地说：这是你的事情、你的处理方式及你自己的一些感想：一件事不过是一件事，可整个讨论方式都说明你没有用社会学方法来处理这一事件，不懂个案是没有代表性的。好吧，先说一件相关而有趣的事情：因为部分老师在打分中多少有些问题，在我参加的一次学院教学会议上，分管教学的副院长给老师传达的指示是，教务处发现有些老师上完一门课后给学生的成绩都在90分上下，希望引起注意。我不明白，这里"引起注意"是什么意思。一种最直接简单的理解就是，不会一个班的学生都学习那么好吧？按照这样的理解，我还得反思我自己：为什么我的班上没有这么多好学生，或者他们一到这些老师的课堂里就那么优秀，而一到我这里来就不好好学，

---

[1] 参见翟学伟：《中国人的脸面观——形式主义的心理动因与社会表征》，北京：北京大学出版社2011年版。

难道我在误人子弟？或许，从事社会学方法研究的学者又要教导我：研究这个问题，要学会设计问卷并寻求很多变量并计算这些变量的关系，比如学生的年龄和性别、学生的专业兴趣、学生的学习动力、老师的个人魅力、老师的讲课内容、老师的表达能力、老师的普通话水平、此门课的重要性等，然后根据回答来进行统计分析，结果就出来了。可在我看来，把这些乱七八糟的变量同人情相比后，我得到的就是一句很省心的大实话：这些给高分的老师无所谓自己的课程、动机、魅力、内容、表达力如何。这里面什么变量都不重要。重要的在于这些老师太聪明了，他们知道给一个令学生满意的成绩可以得到一个皆大欢喜的结局。通过这样做，他（或她）就用人情解决了制度上的难题，即因为很多学生上这门课后可以得到高分，于是他们反过来也把这门课的老师夸得像花一样作为回报。这时，当我们设计了一些变量来问这些学生时，他们可以在问卷上告诉我们：这位老师讲课真好，内容真丰富，工作真认真。然后社会学家再用这些调查出来的数据"铁证如山"地说服我：有的老师上课很好，有的老师上课不好。可在中国高校工作的老师心里都清楚，在课程中做人情、做好人可以导致师生之间互相抬举。这是一个"人情"的游戏，不是一种调查统计里要区分的各个变量的关系。

上述事情是否普遍？2003年，教育部轰轰烈烈地开启了一次大规模的普通高等学校本科教学工作水平评估活动，后面又进行了多次。为了迎评，各高校首先是自查，结果查出一大堆需要整改的地方。但这不妨碍自查在短期内迅速见效。等评估专家组到了，大多数高校都得到了优良的成绩。但请注意，这不能简单地理解成是制度的胜利，而只能理解成是借助大检查，高校把已经名存实亡的制度恢复起来，否则依人情运行下去，教学质量就无法保证。如果说，这无论如何也是制度的胜利，那么请问，接待与评估过程中是否也有人情运作？

四、中国日常社会运行的基本法则

很多读者或许对"通识课""选修""给成绩"及"保研""硕博连读"等说法很陌生。我前面说了,这不过是一件小事,重要的问题在于我能否把这件小事提升到一个社会运行法则的高度上来思考,以获得对中国社会运行特征的某些洞见。

借用人类学家提出的公设、前提和推论的方法,我认为,以上小事实际上透露出了中国日常社会运行中的基本价值、轨迹和方向。

前提Ⅰ:虽然每个人的行为方式均不同,但即使差异再大,每个人都可以把人情作为评价、处理、奖惩人事的最终依据。(可对照的世俗表达:人心都是肉长的;人非草木,孰能无情;于心何忍。)

推论1:没有什么规划是不可改变的,任何规划都可以视情况而定。

推论2:对人事的判定很难有绝对的对与错。讲人情的好处在于酌情处理。

前提Ⅱ:制度的约束是有针对性的,因此是具体的、局部的,而人情是根本的、整体的、全局的。在任何时候,顾全整体、大局要比具体、局部重要。(可对照的世俗表达:人情大于王法;对事不对人;顾全大局;以大局为重。)

推论1:在考量对一个人的行为过失如何处罚时,不应当只考虑相关条例,而应当考虑给他带来的后果。后果不是当即后果,而是对他各个方面带来的影响。

推论2:一个人的过失不但是一个人自己的过失,还需要考量影响相关他人的得失和感受。

前提Ⅲ:制度都是人来制定的,执行者也是人。人都应该有情,有情就得有人情味,没得商量的人都是没人性的。

推论1:既然人有情,那么是非、真伪、诚实与否都不重要,合适、识相、态度好最重要。

推论2：在制度与人情之间一定存在一块回旋的余地。

前提Ⅳ：纵观人的一生，每一个人都会犯错，所以人要将心比心。（可对照的世俗表达：人非圣贤，孰能无过；惩前毖后，治病救人；得饶人处且饶人；不要一棍子把人打死；高抬贵手；手下留情；网开一面；留点面子。）

推论1：当一个人违反制度的时候，重点不是惩罚，而应该吸取教训。

推论2：制度设计本身要为一个人的一生负责。

推论3：求情、讲情面或手下留情不是对抗制度，而是对一个人的一生负责。

推论3′：同理，该罚不罚者在精神或物质上应懂得悔改和感恩。

前提Ⅴ：如果每个人的本性善良，社会就会美好；但有时，好心也会办坏事，而只要出发点是好的，就情有可原。（可对照的世俗表达：情满人间；天地良心；人间自有真情在；与人为善；少得罪人；出发点是好的；好心办坏事；改邪归正。）

推论1：一个人做任何事都不能被他人谴责为没有良心。

推论2：一个人实际表现再恶，也要从善来推论。

推论3：惩罚不是目的，接受教训、成为好人才是最终目的。

前提Ⅵ：制度与人情不是矛盾体，而是可以兼顾或融合。（可对照的世俗表达：法无外乎人情；情理交融；合情合理。）

推论1：制度是死的，人是活的。

推论2：感情用事或者严格执法都是对平衡与和谐的破坏。为了不走极端，人要中庸一点，必要的时候，形式同内容可以分离。

推论3：平衡或融合将满足大多数人的社会需求（从中看不出是人情或是制度的作用），只有少数人不满足。

推论3′：任何一味地按制度办事的人都被看成是古板的、不通情理的人。

推论3″：以不通情理的行为来对抗不通情理的行为会导致事件恶化。

前提Ⅶ：人情有亲疏、远近、深浅及相应的冷暖之分。（可对照的世俗表达：骨肉之情；手足之情；打断骨头连着筋；手心手背都是肉；一家人不说两家话；大水冲了龙王庙，一家人不认得一家人；亲不亲，故乡人；打狗还得看主人；不看僧面看佛面。）

推论1：人情关系差异将决定人情的波及范围。

推论2：没有人情关系时也同样可以"用情"（套近乎）来拉近关系。

推论3：当人情关系无论如何也不可及时，社会亦不体现为制度运行，而表现为冷漠或冷酷无情。

现在，我们可以把上述的前提和推论统统回溯到中国社会建构的一个以情为基本的公设上去。

公设：社会构成的出发点应该是：人皆有等差式的恻隐之心，或不忍人之心。

应该说，就如何给社会运行定一个基调而言，孟子成功了，儒家成功了，而且他们在现代中国社会依然获得了广泛的成功。用现在的话来讲，在一个讲人情的社会，任凭我们如何想方设法地建立、完善和执行制度，我们社会的底色依然保持着人情的基调——与人为善。虽然对所有的社会而言，制度或者对于其社会成员的行为规范是必需的，但这不妨碍中国人用自己的方式来协调它同此"公设"的冲突。当然，当这样的人情泛滥到导致制度失去控制的时候，制度本身则不再可能自动恢复到其原有地位及作用上来，而唯有借助一次（又一次的）所谓"运动"或"整顿"才可以恢复到原有的平衡点上来。这时，我们看到人情与制度之间有一个动态的平衡点，而非对立或冲突关系。其含义是人情很有弹性地穿插于制度之中，避开制度，而不同制度相抵触。众所周知，针对情的滥用而兴起的各项"运动"或"整顿"在性质上具有无情的特点。但依人情前提原理Ⅰ、Ⅱ、Ⅲ来看，无论如何，搞"运动"或"整顿"也要适可而止，一旦过了头（所谓残酷打击、无情斗争），触及了人情之人性层面的基础（人心底线），就会出现民众怨声载道的现象或发生更大的社会危机。更何况，为了在"运动"或"整顿"中过关，打点人情本身也在所难免。所以从某种意义上讲，人情与制度的关系是理论上所维系的动态平衡关系和实践中所体现出的此起彼伏的循环往复。进而我们也可以发现，在一个以人情为本的社会，社会对人情泛滥的整治如果不借助"运动"或"整顿"来一次次地调整两方关系，别无他法。

以上讨论会引发一个疑问，那就是哪个社会不讲点人性，或者不以人情为基础？以我的浅见，西方社会建构倾向把人情看成是个人自己的事情，而让它同制度设立无关，制度只用来保证或控制社会（或组织）程序的有效运行，个体也只被要求在制度框架内实现他的自由，仅此而已。一旦对抗制度，将一次性改变命运，比如在美国，违规行为即被视为信用破产，没有机会翻身。为了说明这一点，我们来看一则在西方高校工作的一位教授给出的反例。此例同我上面的故事有得一比，显然是从一个有中国文化背景的外籍教授口里讲出来的：

> 我有一个学生叫威廉，是个黑人学生，很有礼貌，也很聪明，一年前选过我的逻辑课，可上了几节就不来了。期中考试，威廉考了个不及格。他跑来跟我求情，说他爸爸死了，所以缺了很多课。华人教授通常都比美国教授讲情意，我立刻很同情。这不仅是缺不缺课的问题，而且是他能不能付得起以后的学费的问题。威廉说，学费他倒不担心。因为他是现役军人，军队替他交学费。我一听，也放心了。我说："你可不能再缺课了。"威廉依然缺课一直缺到期末考试。他请我不要给他不及格，给他一个"课目未结业"，他说他的部队要到伊拉克去打仗了。我一听，立刻同

意。威廉才二十多岁,谁知他还能不能回来呢?威廉从此消失了一年。

可突然有一天,我接到军人驻校办公室的一个电话。一个军人问我:"为什么威廉一年前的课到现在都没有结业?"我说:"威廉到伊拉克去啦。"那边立刻提高了嗓门:"他到什么伊拉克?他撒谎。他知道在他读书期间,部队不送他去前线!"我一听,当然很生气,立刻给了他一个不及格,送到成绩部去了。

没想到部队不让这事结束。他们三番五次打电话来,要我起诉威廉"学术欺骗"。威廉也来找我,依然彬彬有礼。他说,如果他父亲还在,他就让部队取消他的合同好了,可是他父亲死了。他不想失学。

对这样的是是非非,我一听就头疼。我是教授,我只管给学生成绩,学生的德性由他们自己负责。我没理部队的要求。

一天我下课回来,办公室门口站着一个高大的军人,没有一丝笑容。他说:"戴博士,我是团长詹姆斯,我得找你谈谈。"我一看这么一个大家伙站在我办公室门口,第一个反应就是:"我做了什么坏事?"团长詹姆斯倒是开门见山:"我们要把威廉送上军事法庭,因为他撒谎。"

我一听事情这么严重,就说:"我已经给了威廉不及格了。他已经得到了惩罚……"团长詹姆斯打断我的话,脸严肃得像个门板:"戴博士,我请您认真想一想,如果您不起诉,他就可以从这所大学毕业。他毕业后,就可以当排长。32个美国的儿子和女儿的生命就要掌握在他手里。如果他不诚实,您能放心把32个美国的儿子和女儿交给他吗?"

这话儿说得不紧不慢,但很有威胁力。好像如果我不起诉威廉,这32个美国的儿子和女儿死在他手上,我也要有责任似的。32个美国的儿子和女儿的生命可不是小事。我想了一个星期,依然决定不起诉威廉。我当然不放心把32个美国的儿子和女儿的生命交在他手里，可为撒谎起诉自己的学生，却也不是我能做出来的。

过了几个月，我在校园里碰见威廉。我问他有没有被送到军事法庭。他说："倒是没有上军事法庭。可我自己要求退役了。因为我不诚实。"

以后，我就再没见到威廉。他不再是军人，也不再是学生。"32个美国的儿子和女儿"的生命算是安全了。威廉最后对我说的那几句话却真使我看到了"诚实"在美国的位置。[1]

在这个故事中，我们看到了一个无情社会是如何运行的。其中的前提原理就剩下社会的正常运行需要制度的保证，处于制度中的人所能做的就是按照制度来行事：缺课、惩罚、结业、合同、起诉、军事法庭、退学，等等。作者作为华人，内心有人情的特质，对发生的许多事情还充满了怜悯与同情，也有我在人情社会前提推论中提出的为此学生未来着想的希冀，只是当地的相关制度最终迫使他去尝试改变，也让他的心肠变硬，并尽量无情地按章办事。在中国社会，极少有人会把一次原谅或把一个人的不诚实同其未来会发生什么人命关天的事情联系在一起。如果有人给我们说这样的道理，我们会认为这是"小题大做""别有用心""不可思议"或太富有想象力了。从人情的立场上看，人们都相信，给这样的人一些教训是必要的，但没有必要"一棍子打死"。

颇为凑巧的是，我本人也教过美国学生五年左右，也教过美籍华裔学生，当然更多的时间是教中国学生。在我的记忆里，我教过的美国学生也比较计较分数，但的确没有发生过要求改分数的事情。当他

---

[1]　青梅：《"诚实"的地位》，《文化博览》2006年第8期。

们对自己所得的分数不满意时，他们会来找我，要我说明为什么是这个分数，提问中也包括同其他学生比较的意思（比如其他人有缺课现象，但依然同自己的分数一样等），显然他们想要的是一种公平。我教的美籍华裔学生有点差别，有人会在交给我作业的时候附上一张条子，告诉我他的境况以及他如果能得到好成绩会有什么样的好结果，这样就会让我在给分的时候考虑他的请求，当然他们本身的作业质量也不错。而在我教中国学生二十多年的时间里，从来没有发生过上面的事情。中国学生比较自信地预计到，他的认真或不认真，乃至是否胡来都不太可能产生一个不好的结果（这可能是中国一个广为流行的词"混"的意思，比如"混文凭""混日子"等）。当然一个中国学生如果对自己要求比较高，也不在于制度怎么规定，而是有自己的追求。可见，从各个方面比较来看，中国社会运行当中的确会以人情作为基础，这点造成了制度从设立到执行上的复杂性。

五、结论

迄今为止，几乎所有人，包括学者自己对生活与社会的认识大都来自对自己经验到的或对他人口中以及媒体报道的事件的体察或思考。一个再强调用抽样的方法来看社会的学者，也会在表述中情不自禁地通过举身边的事例来说明一个观点。反过来说，一种被数据证明可以作为代表的研究结论，很多时候也只因为是数据结果而避免了其代表性的争议。至于它是否因为是数学表述就真实地代表了某种现象，其回答难度同个案一样大，只是各自的难度重点和技术不同而已。那么个案不能具有代表性，困难究竟在哪里呢？为了探讨这个问题，也为了让本研究所获得的结论在一个合理的研究框架内，我必须先来讨论一下这一问题，否则上述的整个讨论方式都将面临质疑。

首先，我必须承认，在数量意义上，个案研究本身的确没有代表性。在现有的社会学方法中，其实无论再增加多少个案，只要不做规模性的社会调查，其代表性依然受到怀疑。显然，这不是一个增加个案数量可以解决的问题。讨论以小见大、小题大做、以点带面的研究方法，乃至于从具体上升到抽象的问题，需要撇开数量统计。以这一个认识来看：究竟什么是社会学家，或者社会学家意味着什么？社会学家一般可以理解为具有社会学专业知识并从事社会学专业研究的人。可是专业知识的意思难道是指专业书本上编排的或记述的那些内容或者是指会操作社会调查与统计的方法吗？我想不是。社会学专业学习必须培养出具备专业敏感性和相应能力的人（而非使用专业工具的人，今日有人悲哀地发现，社会学不研究社会，只强调方法）。这好比美术专业、音乐专业、摄影专业乃至舞蹈专业等。对普通人而言，线条、颜色、声音、肢体动作等就是这些现象之本身，可专业人员却能在其中发现"美"并进行再创造。中国有句俗话叫："外行看热闹，内行看门道。"这个"热闹"即丹尼尔·卡尼曼（Daniel Kahneman）所谓的"快思考"，而"门道"则是其"慢思考"。[1] 其实，思考之快与慢并不取决于时间，而取决于专业素养和训练。比如，一个象棋高手瞥一眼棋局就立刻知道大势已去或如何才能反败为胜，一个文物鉴定专家瞬间就可以知道一件古玩的真假等。那么，一个生活事件对于社会学专业的要求是什么呢？就是社会学的想象力[2]，即专业社会学者应该有能力把个人的事情同社会结构或运行联系在一起来加以思考。

其次，具有社会学想象力的人即使具备了个别事件与社会的联系的思考，他们对生活事例的捕获也不是有一个算一个，而是有所考虑

---

[1] 参见丹尼尔·卡尼曼：《思考，快与慢》，胡晓姣、李爱民、何梦莹译，北京：中信出版社2012年版。

[2] 米尔斯：《社会学的想象》，张君玫、刘钤佑译，台北：巨流图书公司1996年版，第34—37页。

的。无论一个人是不是专家,生活事件每天都在没完没了地发生着,但这不意味着一个社会学家会把它们统统纳入自己的思考或研究范围,更多的可能是他用他的专业不断地筛选,选择他多年思考、积累、熟悉的,可以从事的议题。一个生活事件最终被确定下来后,就意味着此事具备了可以作为社会学研究对象的特质或要素,也隐含其代表性的诞生。但这毕竟还是一种主观认定,究竟是否具有社会性意义尚需要进入下一个程序判断。

最后,检验这种代表性是否成立的关键不在于社会学家自己的看法,而在于这个事件同他的研究对象所包含的社会结构与文化价值是什么关系。任何一种可以称为文化模式的都为该文化的历史所积淀、倡导,并已成为一种习惯或思维方式。如果一个事件同该社会的结构、文化价值或行为模式相吻合,那么它就有机会具有代表性或普遍性。对于一个职业社会学家而言,熟知他所研究的社会的文化特征、社会运行、经典作品或者生活趣味等都是必备的,否则他的个案研究乃至于从定量研究中所得到的数据,只能停留在对事件的小心翼翼的描绘方面,作者既不能解释、讨论,也不敢判断这个事件中所蕴含的社会运作法则。霍贝尔说:

> 当一个人类学家作一种文化和其习俗的报告时,他就被推定提供了一套经过统计的行为方式。我用"推定"一词,是因为他很少真正在一段有限的时间内对全部行为作数据的统计,从而以数字的方式精确地表示行为所发生的频率。一般说来,这既不实际也不可能。因此,进行田野工作的人类学家观察到一种看起来十分一致的行为方式,便说"这是习惯",意即"这是规范(的方式)"。[1]

---

[1] E. A. 霍贝尔:《初民的法律——法的动态比较研究》,周勇译,北京:中国社会科学出版社1993年版,第14—15页。

也就是说，文化中的某种习惯或规范本身就是由社会方面提供的典范，所谓代表性或典型性就是指一个生活事件同它的吻合度或者逼近程度。当然，纵使一个人违背这样的习惯或规范，也不意味着此人不能在此社会中生活，只意味着此人的所作所为得不到该社会的认可，或令人反感或被声讨、唾骂等。于是，个案研究具不具有代表性，未必需要考虑抽样与总体之间的数学关系，而在于一个事件能否被拿到文化模式中去讨论。如果答案是不能或者牵强附会，那么此代表性就自动消失了；如果符合文化模式的要求，那么代表性就在其中。

回到正题上来。本文将一个日常事件放入中国社会的文化模式来考察，通过事件提取出来核心要素，在该文化模式的公设、前提原理和推论中进行了讨论和检验，再结合该社会民谚的世俗性表达（中国人的社会与世俗价值观），发现了人情在中国社会文化中的底色意义。原本传统中国社会运行就有很明显的情、理、法三位一体的倾向[1]，而从现代意义上看，说中国社会因为走向法治化、制度化，所以不讲人情了，显然不符合事实，也是一种乐观主义者的自娱自乐；说中国人因为讲人情，所以没有约束，恣意妄为乃至于无法无天，也不真实，因为中国有史以来一直在不懈地建立各式各样的规章制度。就真实层面来讲，人情和制度的关系所构成的对中国人智力的挑战就是，如何在其中寻求一条出路。由此出路而显现出来的社会运行特征导致我们怎么评价中国社会都有一定的道理，可下什么结论也都未必正确。很多人试图把人情划归为组织（社会）运行中的非正式因素，然后在正式和非正式的二元对立的框架下来讨论中国人的人情问题，这显得过于天真了一点。其实，人情大国更希望有严格的规范，所谓国有国法、家有家规，否则将混乱不堪；但如果说有了制度就得按章办事，那也

---

[1] 范忠信：《中国法律传统的基本精神》，济南：山东人民出版社2001年版，第362—369页。

低估了中国人的智慧、习性及其能量。

我们在这一高校学生改成绩的事件中看到，参与此事的师生心中都有人情在起作用。人情成为我们判断与运作一切相关事情的基础。讲人情的人们固然承认制度存在的必要、遵守制度的必要，但他们不甘心于受制度的摆布，而希望通过一切可能，包括制度漏洞、制度余地、制度的人性化一面绕回到人情上来。可以说，制度的设立在某种程度上起着引导人情向哪里去的作用，而不是消灭人情的作用。评价一个人"不近人情"看似温和，却是对中国人做人方式的一种严重贬损。显然我们不能为此认为"大凡是人就会这样"，即把人情当作普遍的人性来看待。要想了解一种不讲人情的文化模式，可以看看爆料出来的中国留学生在海外耍小聪明的后果，比如考试作弊、成绩造假、抄袭作业等所受到的开除处理，就可以知道中外文化公设与前提不同，处理方式就大不相同。当然，在一个讲人情的社会，文化主旨、价值观对这些行为也持负面或否定的评价，但关键在于以人情为基调的社会如何来处置这样的行为。

本文对人情与制度的关系研究中，我认为最值得思考和玩味的地方在于，人情完全可以不同制度相抵触，因为中国人在其保留的人情底色中所采取的行动策略完全可以让人情与制度相安无事，两全其美，互不碰撞。这种互不干扰的状态看起来是对两者关系所做出的游刃有余的把握或曰拿捏，属于一种把玩人情世故的高超境界，但它们客观上则不可能不发生实际的社会效果，即所谓的"名实分离"。名实分离并非人情社会的成员尤其是制度设计者不能意识或预见到的问题。但预见到又能如何？有法不依、执法不严，制度是死的、人是活的，上有政策、下有对策等一系列说法，成为中国人展开人情与制度之"智斗"的常识。它们给社会民众的一个重要暗示就是人情和制度是一种平衡关系，也隐含了在功能意义上它的处理方式无法靠建立健全制度本身来完成。于是，各项政治或社会运动（清查、检查、检举、揭发、过关等)将以不同的、有节奏的方式周而复始地进行,其目的是让人情与制度重新回到平衡点上来。可是,当这些运动被民众称为"轰轰烈烈走过场"或者叫"雷声大雨点小"时,我们将会看到一种人情社会的必然逻辑(其中,"轰轰烈烈"或者"雷声大"是运动使然,"走过场"或者"雨点小"是人情使然)。

显而易见的是,中国业已成就的社会文化价值及其规范正面临着改革开放。在西方社会、文化及经济制度与国际市场接轨之际,尤其是在以整体性的企业或管理模式进入中国社会之际,或者是在中国自愿地融入世界体系之际,其冲击之大是可以想象的。但谁又敢说,这个社会因此就变得没有了人情的底色或没有了人情味?

(原载《开放时代》2014年第4期,有修订。)

耻感与面子：差之毫厘，失之千里

【导读】本尼迪克特在《菊与刀》中提出的耻感文化与罪感文化引发了很大的争议，也触动了国民性研究的方法。许多学者都把"耻感文化"看作解释中国人与日本人的重要概念。虽试图有所区分，但均未有理论建树。本文试图摆脱国民性研究的困境，从社会规则入手，借助作者亲身经历的事例，以社会学的想象力，在中国人脸面异质理论的基础上，对耻感文化为何造成中国人与日本人的不同行动逻辑进行了深入的比较，并建立起了研究耻感文化内在差异的模式。与此同时，也在视角和方法上对"总体性""比较性""亲和性""社会规则"及"社会容忍度"等概念进行了较为深入的探讨，为事例如何可能上升为有效的解释性典范提出了探索性的思路。

一、引言

当实证主义社会学家声称，他们想通过实证数据来反映一种国民或社会状况的时候，一种可能性就消失了。这就是对反映该国民或社会特征的概括。大多数社会学家都承认社会是一个整体，而且这个整体可以通过类型比较或者一个（或一组）特定的概念来表达。就社会学及其所依赖的统计应用而言，以实证材料来认识一特定社会的总体原本基于这样一种设想，即社会总体和社会细节之间是有机组合而成的，如果能在数据上得到细节，那么汇聚到一起，社会总体便会呈现出来。这点很像有机体研究。有机体作为一个完整体，意味着其具有特定的形态和功能，而对其形态与功能的测量最终可以说明有机体的状况。可这一比喻的误区在于，有机体是相对完备的体系，其研究是自上而下、化整为零的，进而各项测评可以上下贯通地汇总到一起，为得到一个总体性的认识服务。虽然社会也被视为一个体系，可它仅仅是一个类比，其研究方向却是自下而上的。研究每个领域或课题如同盲人摸象，随着研究的深入，摸象的人非但无法呈现总体，反而会否定这一总体特征的存在，因为在他们看来：社会就是社会，不同的只是人口、婚姻、受教育程度、阶层、职业、流动与贫富等方面，当然有时会捎上文化等。而说清楚这些方面，就已经在表明社会差异了，何必再论及社会总体上的不同？由此一来，社会总体性特征便消失了。要说社会还有其总体性，则往往得另寻他途。

这一途径其实是由非实证的哲学、法学、社会理论或者文化研究等方面提供的，而在社会学内部，理论研究者也为此进行过各种尝试。比如，机械团结和有机团结，社区与社会，神圣与世俗，特殊主义与普遍主义，身份与契约或者个人主义以及市民社会，等等。这些概括虽然为人们认识社会形态及其总体演变带来了可能，但从社会的文化性上看，尚没有给出特定的社会性特征。在这一点上，文化人类学家的努力似乎更进一步,其中一个争论不休的国民性研究虽已式微,却依然能给我们一些有益的启发。在国民性研究所引发的争议中,最大的问题在于从事该研究的学者假定了人格与文化的一致性关系或曰人格的典章性放大。[1]这将意味着不是文化影响人格,或是人格形塑文化,乃至于两者之间还有冲突,而是"一个意思,两种表述",即前者为个体性的表述,属心理学,后者是总体性表述,属人类学。[2]另外,由于受到实证主义的强烈影响,尤其是在社会学家的参与下,当时的研究倾向是,某一社会的国民性如何,需要通过调查数据来呈现和检验。这点几乎困惑了所有国民性问题的研究者,因为直至今日,没有哪个社会学家宣称他可以通过统计方法来一体化地描述国民性,即找到所谓众数人格。于是,"国民性"概念是否合理,本身便遭质疑。

虽然国民性研究不够成功,但本文在此检讨有关社会的总体性特征以及统计学尚无法解决的问题后,依然认为以往的研究经验教训具有学术思考的余地,因为毕竟其中有些作品所概括出来的总体性概念仍富有启发。比如就本尼迪克特的《菊与刀》而论,一个值得深思的问题是,作者在缺少实地调查或根本不考虑数据的情况下如何表达对某一社会的整体概括?或者说,一种相对缺少实证材料乃至于数据的整体研究是如何可能的?本尼迪克特本人在书中的回应是:

> 美国的社会研究,不常对那些文明化的文化所赖以建立的前提进行研究。大多数研究都认为这些前提是不证自明的。社会学家和心理学家们只专注于意见和行为的"分布",主要方法便是统计学。其统计的内容有:人口普查、问卷或访谈数据、心理量表

---

[1] 参见玛格丽特·米德:"序",载本尼迪克特:《文化模式》,张燕、傅铿译,杭州:浙江人民出版社1987年版。

[2] 埃尔曼·R.瑟维斯:《人类学百年争论:1860—1960》,贺志雄等译,昆明:云南大学出版社1997年版,第329—331页。

等等。他们希望从中找出某些因素的自变量和因变量。

> 他们之所以这样做，有一个显而易见却被忽视的前提，那就是他们都熟知美国生活方式并且认为其理所当然。所谓研究结果不过是对那些已知的事情再深入一点而已。可要了解另一个国家，对该国民习性和观念做系统的质性研究则是最基本的……如果我们对这些国民见识一无所知，那么这些调查又能告诉我们什么呢？[1]

当然，我在这里重提此旧作（或许因为没有借助调查统计和田野工作，有人不认可它是成功的，或因一些判断没有数据支持，实证研究者通常不赞同这种研究方法），判定它是一部成功讨论日本国民性的著作。她所提供的日本人的文化诸种模式持续地影响着后来的学者，并使之对相关问题进行更加广泛而持久的讨论。这里我不得不说，我一向认为人本主义心理学家 A. 马斯洛（A. Maslow）是一个杰出的学者，而马斯洛又认为本尼迪克特是一个杰出的学者[2]，这便令我对她的杰出性更为好奇。思来想去，这些学者的杰出性很可能在于，在很多情况下，一种人，包括马斯洛本人的或社会的总体性认识是靠极具洞见的学者提炼、抽象和概括得到的。

按照实证主义的研究标准，虽然本尼迪克特的成果没有实证的，尤其是量化的材料支持（因为第二次世界大战期间她无法前往日本），但她对日本侨民的访问和文献阅读多少弥补了这一不足，所以对这一

---

[1] 此段中译我参考了几个译本，发现都有误译之处，因为很重要，我自己核对原文做了重译。英文参见本尼迪克特：《菊与刀（英文版）》，北京：中央编译出版社 2010 年版。

[2] 爱德华·霍夫曼：《做人的权利——马斯洛传》，许金声译，北京：改革出版社 1998 年版，第 128、175 页。

方面的不足,应该予以原谅。可我自己的看法是,本尼迪克特的研究方式其实意味着一种研究旨趣的改变。这种改变是指研究者此时不再关注民众中有多少人对一系列问卷问题怎么填答而得到众多变量之间的相关性如何,而是关注一个社会的基本预设及其相应的运行法则是什么。[1] 当然,即使有学者也同意这样的研究取向,依然会有不同的理解。比如有人认为,这样的旨趣应该更加关注社会制度、典章、伦理、道德、习俗、规范等;或者实证主义者依然坚持,这样的研究仍然需要由数据来呈现;抑或又有人认为,这样的领域未必是社会学的,完全可以在其他学科中进行研究,比如历史学、政治学、法学、伦理学及文化研究等,而文化人类学自身也一度将其学科定义为研究习俗的学科。[2] 但我在此想转化研究思路的地方是,社会学所想要找到的社会根本运行法则不是制度、法规、规范和习俗本身,也就是说它不偏重研究社会制定的或约定俗成的并强加于其成员的那一部分,而是偏重研究社会成员既需要适应、遵循、使用的,又要为自身生存与发展而计策性地调整或改造乃至滥用的那一部分。我还认为,任何制度典章的顺利运行,都是要靠该社会成员的内在持久而稳定的价值观做支撑的。有些制度典章运行不起来或者运行得不好,就是因为没有该社会成员的价值观支撑,其背后的深层问题便是社会预设不同;反之,有些规则可以大行其道却为制度典章所不容,又是因为它们符合该社会民众自己的文化与价值。由这一思路转化下来,我下面的研究将不再属于国民性的研究。

在人类学中,研究者依然有理由以为,这样的讨论即表明了习俗研究之重要。但考察一下"习俗"的含义就会发现,该含义过于泛指,

---

[1] 参见 E.A.霍贝尔:《初民的法律——法的动态比较研究》,周勇译,北京:中国社会科学出版社1993年版;许烺光:《文化人类学新论》,张瑞德译,台北:南天书局1990年版。

[2] 参见鲁思·本尼迪克特:《文化模式》,张燕、傅铿译,杭州:浙江人民出版社1987年版。

并偏向文化的地方性,而"规则"更带有社会性、一般性或理论性(目前一个比较接近的说法叫"行为语法"或"行为法则")。请注意,这里的所谓"规则"不是规范,也不是制度,它应该是个人的表现方式和社会结构的衔接点,是人的行动和社会运行之间真正起作用的那部分。单从社会运行的需要来看,社会希望每一个人都遵纪守法,这样才会顺达、有序、稳定;可从个人动机来看,每一个人都希望自己的欲望与利益能实现,唯有如此,个人才会满足、愉悦、幸福。正是在这样的衔接点上,一种由 T. 霍布斯(T. Hobbes)提出的无休止的社会矛盾便出现了。我想,日常社会的最大可能是在社会和个人之间形成一种自发或自动的协商地带,而"规则"是其长期协商下来的相对稳定部分,或许有时双方还会进一步妥协,发展出"潜规则"。

如果我们认定"规则"很重要,那么社会学所讨论的规则应当排除对制度、伦理、道德等规范原则的文本解读,也要排除单纯地考虑个人的愿望,诸如利益驱动或者利益最大化之类,同时更需要摒弃唯有数据才能反映真实社会的迷思。也就是说,当我们在讨论社会规则的时候,我们不可能知道有多少人在执行和违背,也不知道有多少人在抗拒,更无法知道有多少人被潜规则。可是我们又不能说因为无法知道,就认定此规则不存在、不真实或者因没有数据而妄加摒弃。当然,如果实证主义者依然坚守必须让数据说话,倒是可以在一个特定的时空点呈现一下当下按这个规则办的人是多还是少,是喜欢还是厌恶,是坚守还是放弃,等等。

于是,我发现,一种关于社会总体性特征的研究其实是关于社会基本预设、社会运行法则及其相关机制的研究。而社会的文化性则表明,这些规则的发生和运行必然与其文化特征相联系。我们如果能找出这样的联系性特征,就能找到一特定社会的总体性特征。

二、视角与比较

社会运行加上其文化发挥的作用,导致不同的社会偏向使用不同的运行法则,换句话说,社会成员对规则的使用有文化性依赖。这样的文化性依赖之所以能够被认识、总结和概括,是因为其中主要的方法是比较的方法。"比较"作为方法似乎成了研究常识,所以很少有人专辟章节将其写入社会学研究方法,但对文化人类学者来说则是一种训练,一种(他者)眼光,一种自觉使用的方法。关于这一点,许烺光给我们做过多次的示范。[1]我们几乎可以判定,事物的特征都是比较的结果,而所谓社会学理论概括的机械团结与有机团结,社区与社会,神圣与世俗,特殊主义与普遍主义,或者个人主义以及市民社会等,也常被用于分辨社会的传统与现代维度,而其中的个人主义社会或者市民社会等社会性的总体概括,其实正是一种含有文化性依赖的概括。

以寻求社会规则为己任的社会学研究的困难在于,它们并非一目了然地摆放在那里,或者直接写在一些规章制度中,而是需要通过现实观察、体会、领悟、阅读或者访问及逻辑推导等方式来获得。其实,一种更有效的寻求路径也就是本尼迪克特所用到的文学、影视、报告、他人陈述等。既然是社会的规则,那么其必定包含了社会成员的惯用手段或实现路径,即使一件日常小事看似平淡无奇,其中也能折射出它的运行方式,尤为重要的是可以据此发现社会的容忍度。可是,我们如何判定这些规则在该社会中的重要地位呢?这是仁者见仁智者见智的问题,其中的疑惑其实同实证主义者对数据获得上的疑惑一样多,至少在质性方面,不得不依赖研究者自身的敏锐度与

---

[1] 参见游国龙:《许烺光的大规模文明社会比较理论研究》,北京:社会科学文献出版社2014年版。

洞察力。

　　两种文化的比较看似一种常见的方法，但如何确定需要比较却有很多的讲究。如果我们选择两个反差很大的社会，那么比较出来的文化特征自然相当清晰。近代以来，绝大多数学者都把比较的重心放在东西文化或中西文化的比较上，比如梁漱溟用"关系本位"对应"个人本位"[1]、费孝通用"差序格局"对应"团体格局"[2]、许烺光用"情境中心"对应"个人中心"[3]等，我们为此得到了很多中国人与中国社会的特征。阅读他们的著作，中国文化乃至东方文化都清晰可见、特征分明。我们从中吸取了很多见解和养分，并可以进一步延伸下去。可是，只要我们将比较的对象做些调整，有些特征便消失了。比如，如果中国文化是梁漱溟说的关系本位，而西方文化是个人本位，那么日本文化是什么？答案很可能是团体本位。假如日本文化是团体本位，那么同费孝通概括的西方社会是团体格局有什么不同？于是为了细加分辨，又有学者提出日本人更重视"场"。[4] 看起来"场"是一个对日本人具有解释性的概念，可是这个概念和许烺光所概括的中国人是"情境中心"一样吗？于是，类似这样的讨论便陷入泥潭。又比如，中国人在中日文化比较中喜欢说：一个中国人是一条龙，三个中国人是一条虫；而一个日本人是一条虫，三个日本人是一条龙。按照这个说法，中国人有个人主义倾向，喜欢单打独斗，而日本人有集体主义倾向，强调团结一致。那么，请问如果中国人是个人主义，那么美国人是不是个人主义，或者在美国人看来，为什么中国人还是集体主义？这时，我们要么对这些概念和认识浅尝辄止，只限定两两比较，要么将中国

---

[1] 参见梁漱溟：《中国文化要义》，载《梁漱溟全集》第3卷，济南：山东人民出版社1989年版。

[2] 参见费孝通：《乡土中国》，北京：生活・读书・新知三联书店1985年版。

[3] 参见许烺光：《中国人与美国人》，徐隆德译，台北：南天书局2002年版。

[4] 中根千枝：《纵向社会的人际关系》，陈成译，北京：商务印书馆1994年版，第12页。

人和日本人混为一谈,或者将日本人和美国人混为一谈,又或者将中国人和美国人混为一谈,要么回到一种无可奈何的认识,也就是比较总是相对的,或者回到量化,对不同文化下的人群进行测量。事实上,有关个人主义或集体主义的量表一直盛行不衰。

我的观点是,解决这样的问题需要先解决概念之间的亲和性问题。这就是说,一个社会文化的核心概念如果没有其他一些概念做配合,就很难独自运行。亲和性是社会学研究方法论上需要讨论的一个问题,比如 M. 韦伯(M. Weber)试图证明新教伦理与资本主义精神之间具有亲和性[1],又如自由、民主、偏好、选择及社会统计之间也有亲和性等。所谓"儒家文化圈"一说,其实是一个比较懒惰的解释性概念,它无形中将日本与中国变成了相同或相似的社会与文化。当我们在很多方面发现日本和中国文化比较相似时,这个概念就被拿来做解释;当两种文化彼此不一样时,这个概念就假装休眠。一些阅读、观察、体会或者了解过日本的人会发现,把中国和日本放在一起认识是很危险的。可是以东西文化对比来看,这个危险似乎又不存在。

所以,我认为即使在采用比较的方法来研究社会的总体性时,借助差异明显的社会作为比较的参照系固然需要,但也是不够的。唯有在亲和性内部进行异质性的辨认,才可以找出那些被忽略的重要的或者关键的特征。同样的情况也出现在韦伯的命题中,比如他论证了新教伦理与资本主义精神之间有亲和性,可在有新教伦理的地方会不会没有资本主义精神,或在没有新教伦理的地方是不是也有资本主义精神呢?[2] 于是,亲和性不是既定的,需要不断寻找,并发觉变异,也许一些文化密码就在其中。

---

[1] 参见马克斯·韦伯:《新教伦理与资本主义精神》,于晓、陈维钢等译,北京:生活·读书·新知三联书店1987年版。

[2] 参见余英时:《中国近世宗教伦理与商人精神》,合肥:安徽教育出版社2001年版;山本七平:《日本资本主义精神》,莽景石译,北京:生活·读书·新知三联书店1995年版。

三、耻感、面子及其相关比较

虽说洞见不同的学者在总体上都想寻求到一个特定社会文化的概念，但各个学者的专业、专注点和特长均有不同，最终落脚点也就不同。[1] 显然，社会学的专业所要求的概念应该具备经验性的特征，而不同于哲学、伦理学、法学及文化研究。在《菊与刀》一书中，本尼迪克特令人印象深刻地提出了"耻感"和"罪感"这一对概念。她指出：

> 真正的耻感文化依靠外部的强制力来做善行。真正的罪感文化则依靠罪恶感在内心的反应来做善行。羞耻是对别人批评的反应。一个人感到羞耻，是因为他或者被公开讥笑、排斥，或者他自己感到被讥笑，不管是哪一种，羞耻感都是一种有效的强制力。但是，羞耻感要求有外人在场，至少要感觉到有外人在场。罪恶感则不是这样。有的民族中，名誉的含义就是按照自己心目中的理想自我而生活，这里，即使恶行未被人发觉，自己也会有罪恶感，而且这种罪恶感会因坦白忏悔而确实得到解脱。[2]

这一总结也散见于该书其他多处，显然作者希望这样的对比引起高度的重视。作为对东西方人的心理与行为差异的一个总体性把握，至少我本人对此表示赞赏，虽说在后来的反响中有这样那样的议论，但这样的概括是需要的，是高屋建瓴的。日本思想家中村雄二郎说："在《菊

---

[1] 比如李泽厚的《中日文化心理比较试说略稿》（参见李泽厚：《己卯五说》，北京：中国电影出版社 1999 年版）看起来讨论的是文化心理，但主要比较的还是思想文化，是哲学方面的探讨。

[2] 鲁思·本尼迪克特：《菊与刀——日本文化诸模式（增订版）》，吕万和等译，北京：商务印书馆 2012 年版，第 202 页。

与刀》一书出版发行之后,围绕此书的内容,日本社会展开了广泛而热烈的讨论。而此书也因其缺乏具体考证上的历史性观点而常常成为批判的对象。但是,由于此书自觉地站在'类型论'的立场上,所以产生了巨大的影响。尤其是其中的'耻感文化'这一对于日本文化的定义,对后来的日本思想界提出了巨大的问题。"[1]亦有不少学者认为,耻感理论是解释日本人行为的最重要理论。[2]在日本,还有学者做了进一步的发挥并将其延伸到更广泛的话题中去。[3]比如松本一男在他的《中国人与日本人》一书中专门辟一章讨论日本人的耻感问题,并区分出日本和西方公司领导面对下属犯错误的时候有知耻和知罪的差异[4];又如正村俊之在此概念基础上发展出了秘密和耻辱的关系,将此问题引向纵深[5]。可令人遗憾的是,尽管有学者认为耻感文化其实源于中国[6],可鲜见中国学者的重要研究。比较接近的讨论来自中国台湾社会学家朱岑楼的《从社会、个人与文化的关系论中国人性格的耻感取向》及其引发的一点讨论。[7]朱岑楼的论文并未提到《菊与刀》,他这一见解来自其他西方学者把自己的文化看成罪感文化。因为缺乏比较和参照物,此文其实没有研究出所谓中国人性格中的耻感

---

[1]　中村雄二郎:《日本文化中的恶与罪》,孙彬译,北京:北京大学出版社2005年版,第103页。

[2]　参见吕万和:"译者序言",载鲁思·本尼迪克特:《菊与刀——日本文化诸模式(增订版)》,吕万和等译,北京:商务印书馆2012年版。

[3]　参见土居健郎:《日本人的心理结构》,阎小妹译,北京:商务印书馆2006年版;南博:《日本人的自我——社会心理学家论日本人》,刘延州译,上海:文汇出版社1989年版。

[4]　参见松本一男:《中国人与日本人》,欧阳文译,台北:新潮社1988年版。

[5]　参见正村俊之:《秘密和耻辱——日本社会的交流结构》,周维宏译,北京:商务印书馆2004年版。

[6]　森三树三郎:《名与耻的文化——中国、日本、欧洲文化研究》,《中国文化研究》1995年夏之卷。

[7]　参见朱岑楼:《从社会、个人与文化的关系论中国人性格的耻感取向》,载李亦园、杨国枢主编:《中国人的性格》,台北:桂冠图书公司1988年版。

渊源和特征，更多的是梳理了儒家"四书"中关于耻的论述，让我们部分地看清了儒家所谓的耻不完全来自外部的力量，而有修养方面的内控性特征。我的看法是，本尼德克特通过外控性和内控性来区分耻感文化与罪感文化，不够确切。但用它们来区分东西方文化，有进一步深入挖掘的必要。

深入挖掘耻感文化需要入口，而中国人的脸面观则是一个很重要的入口。众所周知，"耻感"和"脸面"是一对亲和性很高的概念，它们有的时候似乎就是一枚硬币的两面，比如无耻之人就会不要脸，而要脸是指一个人要维系害羞或者知耻的状态。耻和脸面的关系亦可以作为因果关系来表述，比如一个人因为知耻，所以要面子，或一个人因为无耻，所以就不要脸。启用脸面概念，会引发的另外一个亲和性概念是"名"，也就是名声、名望、名誉或者荣耀。按照 T. 帕森斯（T. Parsons）的说法，中国人活着就是为了获得一个好名声。[1] 而这一话题的讨论同样可以回到脸面的研究中来，因为几乎所有比较中日耻感差异的学者都试图说明日本人重视耻，中国人重视名。中国人因为重视名，就好面子。比如松本一男曾语焉不详地认为："中国人的爱惜名声和日本人的知耻有异曲同工之妙。不过中国人在心理上比较开阔。爱惜名声的感情也包含了知耻之心。……此外，从'爱惜名声'的心理衍生出中国人特有的'面子'问题。"[2] 森三树三郎也认为，由耻而产生的"名"在日本和中国有所不同，日本的政治形态中出现的武士阶层强调了荣誉心，而中国的科举产生了面子。[3] 荣誉心来自个人的尊严意识，面子是一种朝向社会的外在的意识。这些泛泛的议论很随意，也自相矛盾。比如森三树意识到，儒家的耻不是外控性的，为何

---

[1] 帕森斯：《社会行动的结构》，张明德等译，南京：译林出版社 2003 年版，第 611 页。
[2] 松本一男：《中国人与日本人》，欧阳文译，台北：新潮社 1988 年版，第 190 页。
[3] 森三树三郎：《名与耻的文化——中国、日本、欧洲文化研究》，《中国文化研究》1995 年夏之卷。

追求"名"就成了面子,就是外控性的?为何日本人的名誉心是内控性的,却又如此怕人嘲笑?可见,这样讨论耻与名的关系混淆了尚武也可以"花拳绣腿",尚文亦能"真才实学"。尚会鹏认为,中日在耻各方面的差异可以通过宗族和集体的比较、个人与集团的比较、是非原则稳定与变化的比较等来区分[1],可这样比下来,也缺少说服力,比如不辱没自己祖先和不辱没所属集团,是辱没内容上的差异,不是耻内涵上的差异。

尽管疑惑重重,但我认为,以"脸面"研究作为耻感文化的入口是合理的,因为它与"耻""荣辱""名声"等概念相互纠缠。的确,不少具有洞见的学者都将它作为研究中国社会文化心理的切入口。比如 A. 明恩溥(A. Smith)在总结中国人性格之际认为,面子是中国人的第一特征,其他特征是面子特征的体现[2];鲁迅也认为,面子是中国人的精神纲领[3];而林语堂亦将脸面看作统治中国人灵魂的三位女神之一[4],等等。只是,如果单从耻来认识脸面的重要性,会导致我们比较轻率地演绎出中国人和日本人都爱面子,差别只是源于各自的历史、政治或者宗族和集团等不同。可难道因为这些不同,就造成了耻和名的差异?我对此深表怀疑。所幸的是,这些疑虑直到我在日本亲历了几件事情,我才开始释然,才发现,学者在理论上给出的结论往往太想当然了,而实际情况是,一些看似细微的可以忽略不计的地方才是需要较真的地方,它们导致了看似相似的社会行为,其实是"差之毫厘,失之千里"。

---

[1] 尚会鹏:《中国人与日本人》,北京:北京大学出版社 1998 年版,第 294—300 页。

[2] 参见明恩溥:《中国人的特性(全译本)》,匡雁鹏译,北京:光明日报出版社 1998 年版。

[3] 参见鲁迅:《说"面子"》,载《鲁迅全集》第 6 卷,北京:人民文学出版社 1981 年版。

[4] 参见林语堂:《中国人(全译本)》,郝志东、沈益洪译,上海:学林出版社 1994 年版。

四、亲历耻感文化

2010年初，我应邀前往日本大阪大学经济学研究科和东京大学东洋文化研究所讲学，终于有机会踏上日本国土去感受日本人的食、住、行及其背后的文化含义了。

在访日期间，因为不懂日语，邀请我的日本教授特意将一名能说一点中国话的日本硕士生派给我做向导，还把自己的一套公寓房让给我住。在我到达的当天晚上，出于礼节，我们一行四人——我和一个大阪大学邀请我的教授（下文称之为日本教授），一个东京大学的会说点中文的教授及那个日本学生，一起吃了一顿韩国餐。选择韩国餐纯属偶然，因为我们讨论去哪里吃的时候，我给他们出了难题，比如因为我不吃生鱼片，所以放弃了日本料理，因为不吃半生不熟的牛排之类，所以否定了西餐，又因为来自中国，不想吃日本这边的中餐，最终总得吃饭，所以就定下了韩国烧烤（其实我也不喜欢）。坐定后，服务生端上了小烤炉和生肉片，他们开始将肉片一片一片地放在炉上烤。第一片烤好了，日本教授礼貌性地将它放到我的碗里。其实我心里暗自着急，但又很无奈，因为我不吃这样的烤肉，但前面为吃什么讨论了那么久才坐下来，再不吃就无法交待。于是我硬着头皮把那片肉放到嘴里，勉强吃了一口，然后把剩下的放到了自己的碗里。随着上来的菜越来越多，那片肉终于被盖住了。

总算吃得差不多了，碗里的菜也吃完了，日本教授提出离开。我随即起身。但没想到，那个日本教授没有迈步，盯着我的碗说："翟老师，你那片肉为什么没吃掉？"面对着碗里那片剩下的已经凉了的肉片，我只好说："我已经吃饱了，不吃了。"没想到这位日本教授竟然不依不饶，又说："没关系，如果你不想吃的话，我让我的学生把它吃掉。"此话一出，让我羞愧难当。我猜想她或许并不知道我吃了一口，只是认为菜不该剩下吧？我连忙说道："不，不，那片肉我吃过一口。"

终于回到了日本教授的公寓房里,因为日本教授全身而退,我既感陌生,又无事可做,坐在沙发上同那个差点帮我吃肉片的硕士生聊天。聊到一半,我起身下地穿上拖鞋去上厕所。没想到打开厕所门,门内还放着一双拖鞋。我虽感麻烦,但还是换上进去,上完厕所出来,准备回到沙发上继续聊天。可那个日本学生从沙发上跳下来,指着我的拖鞋说:"老师,你怎么能把卫生间的拖鞋穿到房间里面来呢?"我低头一看,果然是这样,但事已至此,我认为不必大惊小怪,就回了一句:"这没什么吧,不都是房间里的拖鞋?"可这个日本学生却很郑重地说:"卫生间的拖鞋是不能穿到房间里来的。你现在回去换一下,下次一定要记得。"这句话让我有点恼怒。我想,有什么大不了的,就是真的把地面弄脏了,拖一下就好了,也不至于这样告诫我吧?

几天后,他们商量带我出去参观游玩,但需要坐好几站地铁。那个日本学生因为中途有事,所以决定在把我送到站后移交给另外一个同事。坐在地铁上,我因为不知道在哪一站下,也想关心一下那个接我的人到没到,或许就是没话找话讲吧,我就让那个学生打电话和他的同事联系一下,看看他的同事到了没有。可他只是满口答应,就是不打,我当即觉得这个学生不太听话,不懂礼貌。到站后我们下车,他才开始打电话,打完后抱歉地解释道:日本人不在地铁里打电话。

我们不要误以为,日本教授和学生这样对我是不是别有用心。其实,我在日本的两周时间里,他们很体贴,很多地方考虑得非常周到,否则我会寸步难行。

五、三种行为法则的探讨

为了先易后难地进行文化比较,我们先来讨论一下"耻感"与"罪感"的差异。本尼迪克特是这样讨论"罪"的:

在人类学对各种文化的研究中，区别以耻为基调的文化和以罪为基调的文化是一项重要工作。提倡建立道德的绝对标准并且依靠它发展人的良心，这种社会可以定义为"罪感文化"。不过，这种社会的人，例如在美国，在做了并非犯罪的不安之事时，也会自疚而另有羞耻感。比如，有时因衣着不得体，或者言辞有误，都会感到懊恼。在以耻为主要强制力的文化中，对那些在我们看来应该是感到犯罪的行为，那里的人们则感到懊恼。这种懊恼可能非常强烈，以致不能像罪感那样，可以通过忏悔、赎罪而得到解脱。犯了罪的人可以通过坦白罪行而减轻内心重负。坦白这种手段已运用于世俗心理疗法，许多宗教团体也运用，虽然这两者在其他方面很少共同之处。我们知道，坦白可以解脱。但在以耻为主要强制力的地方，有错误的人即使当众认错，甚至向神父忏悔，也不会感到解脱。他反而会感到，只要不良行为没有暴露在社会上，就不必懊恼，坦白忏悔只能是自寻烦恼。因此，耻感文化中没有忏悔的习惯，甚至对上帝忏悔的习惯也没有。他们有祈祷幸福的仪式，却没有祈祷赎罪的仪式。[1]

将西方文化与罪感联系起来，这点引发了一些学者的争论。大多数学者都认为几乎每一个社会文化中都有耻感，也都有罪感，所以不必这样划分。但我个人认为这样的划分是需要的，这不但树立了两个没有亲和性的概念作为分析不同文化的起点，而且还可以延伸出各自的亲和性概念是什么。那些只在表面上轻易地得出不同社会都有耻和罪的结论的人，就好比有人时常告诫我，很多社会里面的人都讲面子，所以不必认为只有中国人才爱面子。这样的议论如果不是坚持人类只有一种活法的话，就属于泛泛而谈。显然，在学理上讨论它们，首先需要对其进行定义。作为日本社会学界一部重要的著作，日本学者正村

---

[1] 鲁思·本尼迪克特：《菊与刀——日本文化诸模式（增订版）》，吕万和等译，北京：商务印书馆2012年版，第201—202页。

耻感与面子：差之毫厘，失之千里

俊之的《秘密和耻辱——日本社会的交流结构》一书通过对"耻"与"罪"进行详尽的定义和讨论后认为，"耻"在日本文化中的确占有优势地位，他最终得到了这样的结论："耻与罪，虽然有部分重合，但在（1）从规范脱逸的方式（无意识的脱逸／有意识的脱逸）和（2）规范本身的性格（微观规范／宏观规范）上区分开来。"[1]言下之意，日本人更看重无意识的脱逸和微观规范。虽然正村俊之在此努力想突破文化的差异，在一般意义上寻求"耻"与"罪"的差异，但这样的区分还是让人意识到，有关"耻"与"罪"的讨论还是存在文化理解上的差异，从而也有文化定义的问题，比如本尼迪克特所谓的西方人之"罪感"（guilty）是"原罪"（sin）引发的，这对于东方人来说是陌生的，而日本人所理解的"罪"[2]，也不同于中国。

在中国学者中，针对朱氏（朱岑楼）提出的中国耻感文化，有学者认为"耻"是对人的，"罪"是对事的，有人认为"罪"是正式的，"耻"是非正式的，而朱氏本人还认为"耻"是视觉的，"罪"是听觉的，不一而足。[3]我想对于这一问题的中国式理解，需要回到儒家的经典中去。《论语·为政篇》中说："道之以政，齐之以刑，民免而无耻；道之以德，齐之以礼，有耻且格。"从这一句话中，首先，我们的确看到"耻"在中国文化中的地位以及它未必是外控性的，完全可以是内心建立起来的一种道德。其次，在"罪"的含义上，社会为了有序、安定，建立了许多规范和制裁条令（包含成文和不成文的），大凡涉及对于众所周知的规范尤其是典章的违背，便是"罪"的概念，对于规矩的违背，便是过或错，但不涉及"耻"。中国有一句古话，叫作

---

[1] 正村俊之：《秘密和耻辱——日本社会的交流结构》，周维宏译，北京：商务印书馆2004年版，第47页。

[2] 参见中村雄二郎：《日本文化中的恶与罪》，孙彬译，北京：北京大学出版社2005年版。

[3] 李亦园、杨国枢主编：《中国人的性格》，台北：桂冠图书公司1988年版，第125—131页。

"士可杀不可辱"。在这句话的语境中,"可杀"是因为触犯法律或复仇时所面临的境况,但"辱"则是另一种制裁的方式。它无所谓依照法令、按程序行事或解决生死问题,而是以百般羞辱他人为目的,诸如唾骂、游街、扒光衣服或进行人身攻击,其文化意义在于想让此人脸面尽失,生不如死。这种方式常被一种文化使用,便表明该文化中的人认为这种方式比单纯的置人于死地更解恨或更有快感,反之则是便宜了此人,只是罪有应得。由"罪"向"耻"的转换,是社会制裁方式的转换,即期望把一种原本条例上的"违背"变成一种内心上的"愧对自己的良心、家人或天地"。通常在耻感文化中,害羞、不好意思及腼腆等是正面的,不害臊、老脸皮厚、不识相等是负面的;"辱"是外在的,"耻"是内在的,而内在的"耻"的激发往往来自外在的"辱"的刺激。最后,如果该社会在法律用词上也喜欢用"光天化日之下""众目睽睽""丧尽天良""禽兽般的""无耻的"之类,那则表明法律本身不仅要求对方依法服罪,而且要激发所有听众和观众的耻感。可见,在儒家思想中,"耻"具有绝对的优势地位。孔子又有"博学以文""行己有耻""知耻近乎勇"等说法,都在说明"礼义廉耻"是中国精神文化的核心内容。

以上讨论可以先回到脸面模式的扩张或引申来表示。根据我原先对中国人脸面观模型的研究[1],我得到的脸面模型是图1:

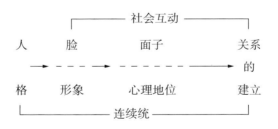

图1 脸和面子的统一体关系图式

---

[1] 参见翟学伟:《中国人的面具人格模式》,《二十一世纪》1995年12月号;翟学伟:《中国人的脸面观——形式主义的心理动因与社会表征》,北京:北京大学出版社2011年版。

耻感与面子：差之毫厘，失之千里

这一图式表明，人人皆有其人格特征，表现出来就是"脸"的意思，也即"形象"。当"脸"产生后，由于社会互动的作用，他人会对此人的"脸"进行评估或留下特定印象，这就是"面子"，即心理地位或心理效应，最终无论此人的脸面表现如何，都会建立起"关系"，诸如有面子、有点面子、没面子、不给面子等。现在根据上述的讨论，既然要深化东方人的人格塑造，那么可以在该模式的基础上增加一个源头，以此更加清晰地指明脸面模式中的"人格"同其文化渊源之间的关联。根据儒家文化的阐述，耻感所塑造出来的人格特征之源头是一个人的良知，而良知的文化假定在天人关系，即所谓天地良心（善、诚）。一个人有了良知，其内心或者其人格中就会有羞愧、惭愧、羞涩、羞耻、负疚等感知和体验，反之，如果一个人不要脸或老脸皮厚，即表明这样的感知和体验已经不再，由此可以反推他是个无耻之徒。回到人性上来讲，便是良心泯灭。很多时候，这一模式也是用程度来表达的，比如良心发现、良心未泯、存些体统、有点爱面子等。故此，我将上述模型扩展为图2：

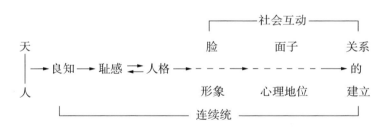

图2　东方人的耻感、脸和面子的统一体关系图式

这里为了同罪感文化做比较，我可以将本尼迪克特的罪感文化与E.戈夫曼（E. Goffman）的戏剧理论相融合，相应绘制出另一个图式，见图3。

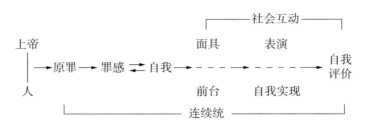

图3　西方人的罪感、自我和自我实现的统一体关系图式

罪感文化来自基督教文化中的原罪意识,原罪意识则来自西方文化中的神人关系。原罪所塑造的自我将导致一个人将自己投入自我隐藏、自我展示或自我实现的过程,其中包括成就动机、自我独立、自我效能[1]乃至忏悔与救赎等方面,而自我评价则意味着一个人的反思、自救、忏悔、解脱以及对自己的表现情况或者成败的评价。我在一本被作为教材和培训手册的美国文化读本中看到这样一段话:

> 尽管个人和集体都可以通过成就的取得和对外在环境的控制表现其特性,但美国人比较接受成功即把握自我的观点。成功与否并不取决于物质的条件、他人的反应、政府机构的干预或者命运的好坏。正如清教教义所示,凡心怀愿望且努力工作的人,必须得到成功的报偿,即所谓"有志者事竟成"。[2]

再回到前文的耻感文化模式讨论中,我们发现"耻感"对中日都适用,但为何中国人与日本人的行为方式差异那么大?比如回到我在

---

[1]　"自我效能"是美国社会心理学家A.班杜拉(A. Bandura)提出的概念。他认为同人格相比,自我不是那么确定而处于变化中,它会随时处于社会认知的信息加工中,以便对特定情境中的自我能力进行判断。

[2]　爱德华·C.斯图尔特、密尔顿·J.贝内特:《美国文化模式——跨文化视野中的分析》,卫景宜译,天津:百花文艺出版社2000年版,第110页。

耻感与面子：差之毫厘，失之千里

日本经历的事例，排除我的经历是偶发情况，或者同教授个人性格有关，我刻意观察了日本人吃饭的情况，发现所到之处，包括学生在饭堂里吃饭时所有人都把饭菜吃得一干二净。又比如，一个留学日本的中国同事告诉我，他在日本的大学饭后洗手时无意识地把水洒到了地上，边上就会有同学让他站开，帮他擦干净。而在中国，如果一个客人或朋友做错了什么基本上会受到他人的礼遇，如果是在公共场合则无人问津。比如客人在主人家不小心把杯子打翻了、把地面弄脏了，或者人们在公共场所随地乱扔垃圾、当众吸烟等，都少有人劝阻。要说后者也会当场指责的话，更多的可能是社会赋予指责者以特定角色和职责，否则便是多管闲事。在绝大多数情况下，访客在主人屋里有点过失时，主人通常会说"没关系"。当然这不是真的没关系，而是当着客人或朋友的面需要给他面子，抱怨的话只能等客人或朋友离开后再说。又比如中国人在会场上经常旁若无人地接听电话，包括主持人自己。即使会前已经宣布了请关闭手机或者将手机调成震动，会中有人手机响或当场接听，也极少被制止。

我现在的问题是，在耻感文化中，为什么中国人不为这些事情感到羞耻？关键是耻感指向（"以什么为耻"或"不齿于做什么"）的不同吗？当然不同文化中会有耻的内容差别，但这里的事例都不是，因为它们的确属于羞耻的事。我发现，至关重要之处就在于耻感模式在解释上是否应该把脸和面子放在一致性的关系中。脸面的一致性会导致我们想当然地以为：有脸就有面子，要脸就要面子；反之，没脸就没面子，不要脸就不要面子。可复杂的情况是，没脸可以要面子，要脸未必有面子。脸面的一致性关系似乎可以解释下面的行为：一个人做了没脸的事，那么他会感到羞愧，同样也丢了面子、坏了自己的名声。但如果启用脸面的异质性理论[1]来认识，那么一个人做了没脸

---

[1] 翟学伟：《中国人的面具人格模式》，《二十一世纪》1995 年 12 月号。

的事情，他即使感到羞愧却未必丢了面子。为什么呢？因为这里的转折点在于关系中的他人给不给他面子。给面子也叫"赏脸""抬举""捧场""给人台阶下""让人下得了台""不得罪人"，这些含义作为一项重要的处事原则使中国人的整个生活富有戏剧性。我们在逻辑上可以看到，如果脸面之间是一致的，此人很容易会为自己的过失感到羞耻。如果人们这时给了他面子呢？那么此人明知自己错了，有愧，但面子依然没丢。可见，异质性的脸面观重点不在于知耻与否，而在于有没有人给面子。于是，看上去都是耻感文化，其内部却有微妙的变化。其中一种行为法则始终以耻感为本，如果有人公然违背或挑战此文化中公认的耻感，就会受到警告、被嘲笑或被谴责，让他回到耻感上来。而另一种行为法则认为，任何人都会犯错，一个责备他人的人自己也不能例外。本着这样的认识，一个人这时不给他人面子，那么他们也会不给此人面子。可见，与人相处要学会得饶人处且饶人、不看僧面看佛面。这样的社会强调与人为善，做人要厚道，不要得罪人。以中国人的面子观看我在日本的经历，得到的结论是日本人只一味守住耻感，不太懂得要给此人面子；而以日本人的耻感文化来看我的做法，他们会认为我的行为已背离了耻感，需要提醒。

　　论证至此，我们要问，在中国的耻感文化中，耻感是否会因给面子而消失呢？如果我们坚持脸面一致性的理论，那耻感还在，因为给面子使耻得到了很好的保护。如果承认脸面关系会有异质性，其实更应该意识到耻感重心发生了转移。原本耻感在脸面一致的模式中来自良知，现在却转移到了关系。也就是说，在中国社会，人与人之间的相对礼节性的、和气的以及顾全大局的社会互动，预设了"给面子"要发生的氛围，即所谓"人嘛，总是要给些面子的"，可结果是一旦没有给面子，那么一个人感到的耻辱不在于他做错了，而在于他没有得到面子。显然，这样的耻辱只表明关系上的失败，即做人的失败，使他意识到了他是一个没有面子的人。反观日本社会的规范互动，其预设在于人人遵循设定好的社会规则，而非特定情境中的给面子。可见，耻感文化虽然都看重关系本位，但中国人的社会互动更加重视维护面子，而日本人更加偏重事情的对错，这点和日本的"义理"含义是吻合的。

六、社会差异与不同耻感效果

有关日本人的心理，我因为没有研究过，不敢妄加分析。但为此阅读了影响极大的土居健郎医生的《日本人的心理结构》[1]，想从中看出一些端倪，却依然找不到答案。土居除了坚守用日语本土概念"依赖"（"amae"，又译娇宠、矫情、依爱）来展开对日本人的心理分析之外，书中所举的许多事例在中国人身上也一样发生过。要不是因为这个词比较特殊，或许其中藏有一种日本人心照不宣的特殊感情。仅就"依赖感"所代表的一般含义而论，也是许烺光研究中国人的概念。[2]同样，中根千枝的"纵向人际关系"[3]概念也较为适合分析中国人际关系的特点，比如许烺光提出的"父子轴"[4]就属于纵向的人际关系的范畴，至于浜口惠俊提出的"间人主义"[5]则在比较西方个人主义上有鲜明的特点，但在比较中日人际关系上，就未必明显了。的确，我要不是有机会亲身感受日本人的社会与生活，单纯地阅读研究日本人特点的著作和文章，很难在理论上加以区分。

结合上面的事例，中国人或许认为，日本教授和学生怎么可以在他们邀请的客人面前不给他面子？例子虽然很小，但它让我看到了不

---

[1] 参见土居健郎：《日本人的心理结构》，阎小妹译，北京：商务印书馆2006年版。
[2] 参见许烺光：《宗族·种姓·俱乐部》，薛刚译，北京：华夏出版社1990年版。
[3] 参见中根千枝：《纵向社会的人际关系》，陈成译，北京：商务印书馆1994年版。
[4] 参见许烺光：《文化人类学新论》，张瑞德译，台北：南天书局2000年版。
[5] 浜口惠俊（1982）『间人主义の社会 日本』（東洋經濟新報社）。

同社会的容忍度，也就是说，我吃饭时的表现已经越出了日本人的容忍度，而日本人的做法也越出了中国人的容忍度。有关容忍度的讨论不是个案代表性的讨论，是有关社会规则边缘在哪里的讨论，通过这样的讨论大致可以了解一个社会的张力有多大。比如，我所在的工作单位也邀请过一批日本学者来做学术交流。当时一桌相当丰盛的美酒佳肴让日本学者坐立不安，甚至他们为难地想着下一次在日本如何平等地回请我们，因为这样的吃法在日本不可能。单凭视觉估计，这桌菜是肯定吃不完的，而对好客的中国人来说，吃不完就对了，因为吃光会让中国人没面子。如果真能被吃完，为了挽回面子，中国人就会要求加菜，一直加到吃不完为止。这样的事情如果发生在中国人内部，为了给对方省费用，作为给面子的策略，只能是故意不吃完，才可以让请客者既省去加菜，又有面子。

回到图2给出的耻感与面子的连续统图式，我认为日本人的耻感过于强调了由耻感的发生而带来的社会效果。也就是说，既然一个人知耻，后果很严重，那么就不要做羞耻的行为；如果一个人不知耻，做出了无耻的行为，那么他人的积极性应对策略就是制造耻感，让他意识到自己的羞愧为止。所以我这里需要建立一个"制造耻感"的概念来解释日本人的日常行为，意思是说，如果一个人的行为有过错，尤其是在他浑然不知的时候，其他人可以通过"制造耻感"，来逼迫他意识到自己的羞耻，并有向他人道歉的冲动。当然这样的情形在中国社会也有，但从"善"的倾向性上说，这不是与人为善的做法，更会被斥为不通人情世故，不会给人台阶下，所以应该极力避免，于是"面子"出现了。那么面子在此时会起什么作用呢？我的模式表明，脸是人格的体现，有了面子才建立关系。比较两者，显然后者涉及人情，显得更加重要。[1]从理论上讲，处于耻感文化里的人们本以为要想建

---

[1] 翟学伟：《中国人的面具人格模式》，《二十一世纪》1995年12月号。

立良好的社会关系，必须先从自己有品质、有修为做起。虽说儒家的君子理想人格也是这样要求的，但中国社会对关系之中的人的预设不在这里。这个社会假定是："人非圣贤孰能无过"，"金无足赤，人无完人"。也就是说，该社会假定，一个人没有缺点是不可能的，没有丑事也是不可能的，没有一些不可告人的秘密也是不可能的。在这一点上，圣贤虽可例外，但君子尚不能例外。于是，要求一个人没有毛病，就是要求一个人做圣人、做完人，这不是为人处世之道。所以在这些种种不可能的时候，如何处置？最佳方案当然是彼此"掩盖"与"保护"。而依照戈夫曼的戏剧理论[1]，面具就是用来起保护作用的，因此"印象管理"正是为了把好的一面留给观众。隐私，在西方也受到法律的保护。而在日本，自罚、自嘲或由武士道传统所形成的雪耻等也是一种保护；自杀，则是一种极端的一了百了的保护。

当然，这绝不意味着该社会没有留出耻的宣泄余地。耻的压抑导致日本人会寻求另一种场合下耻的放纵，其醉酒、祭的民俗、低俗文化与色情漫画通常都成为宣泄口。[2] 而中国文化则未有耻的放纵，即其整个文化处于"乐而不淫"的状态。比较而言，面具的遮蔽是自我的保护，耻的放纵是社会性保护，而面子的保护是相关他人的保护。所谓一个人要求他人给面子，就是要求与知情者彼此心照不宣。在这样的保护圈内，人们彼此可以玩笑，但不得对外宣扬。中国有一句家喻户晓的谚语："家丑不可外扬。"这句话的意思显然是说，家丑每家都有，关键在于不要让外人知道。

在中国社会，能确定给面子的人不是外人，而是那些相处得好的人——家人、自己人、好朋友、好同学、好同事等。显然，关系好的

---

[1] 参见欧文·戈夫曼：《日常生活中的自我呈现》，黄爱华、冯钢译，杭州：浙江人民出版社1989年版。

[2] 参见伊恩·布鲁玛：《面具下的日本人：解读日本文化的真相》，林铮顗译，北京：金城出版社2010年版。

人越多，得到面子的机会越多；反之，关系好的人越少，失去面子的机会就越多。于是，中国人明白了一个非常通俗的道理：人都是活在关系中的，关系可以决定一个人的社会意义上的生与死。关系的建立和累积最终会形成一个人的社会圈或者人脉。一个人有什么样的圈子是一个人成败的关键。在这样的圈子中，中国人可以深刻领会彼此"与人为善"与"不得罪人"的深意。也就是说，当一个人的丑事发生的时候，他的圈子有义务掩盖此事或让此事限于最小范围的人知道，并在程度上力争做到大事化小、小事化了或者一笑了之。假如社会中的每一个人都有自己的圈子，各个圈子就会彼此重叠，就会发生信息跨界流通的情况，造成保护与宣扬之间的悖论。这个悖论的社会运行法则是处于不同圈中的中国人必须懂得公开与私下、面上与面下、人前与人后的区别，进而导致外人对于许多事件的认识永远是扑朔迷离的，甚至是无真相的。很多时候，看一个人的人品，是看他维护面子的自觉性。有了这样的自觉性，即使在没有社会圈的场合，一个人的面子，尤其是权威者的面子，依然是安全的[1]，比如下属会给领导面子，学生会给老师面子，听众会给发言人面子等。反之，当高高在上的权威者不得不批评下属时，也会以给面子开场，最常见的话是"我这里是对事不对人的"；如果真的要批评某人了，又会说"我这里要不点名地批评一下"，而"指名道姓"则被视为严重事件，有"撕破脸"的意思。于是，回到中国人所谓的做人道理上，往往是指要学会分场合行事。值得提示的是，一个人的社会圈不是集团性的，不是组织性的，也没有正式成员以及相应的规章。它是散漫的，是个人经营的结果，是私人交情的体现，又因为各圈子相互重叠，而且盘根错节，最终一个人的面子大不大，未必是其身份和地位高不

---

[1] 参见翟学伟：《在中国官僚作风及其技术的背后——偏正结构与脸面运作》，载翟学伟：《人情、面子与权力的再生产（第二版）》，北京：北京大学出版社2013年版。

高，而是给他面子的人多不多。为此，一个成功者通常会用其一生来经营他的关系网络，以保障他自始至终都能有一个好名声。或许这里有一个容易产生的问题是，如果有头有脸之人的社交圈很多，彼此交叉，那么一个社会圈所要维护的真相不是很容易传播吗？是的，的确很容易传播，但在一个重视面子的社会，几乎每一个人都知道这样的传播是私下传播，如果这个传播变成了公开传播，那么这将不再是一个讲面子的社会，也就是说"知不知道不重要，公不公开才重要"。即使有的事情人人都知道，但不公开说，即给面子的意思了。

一个人要想关系经营得好，最主要的方式就是人情。要想得到面子，关系的双方必须用人情来维系[1]，必要的时候可以施与金钱。但金钱在圈中的流通不是"收买"，而是"施恩"与"回报"[2]，可一旦跨越了社会圈，"收买"或"封口"的含义就出来了。既然圈中一个人出了问题需要大家来维护他的面子，那么圈中人则有权利分享他的耻，这点几乎成为面子维护的必要条件。如果一个人坚持不愿与圈中人分享之，则意味着他不给圈中人面子，那么他的保护层将自动消失，这时的危机处理只能由他一人担当。所以在中国人的社会互动中，不能分享隐私和丑事的人不能算好友。或者说，这是中国人对"好友"的定义。隐私或丑事的分享不仅让中国人有自己人的感觉，更重要的是可以彼此牵制，即所谓彼此都有对方的"把柄"。而一旦某人将他人的丑事外泄，即意味着将自己置于危险境地。所谓"撕破脸""翻脸"或"互相拆台"是指其中有人决定不再给面子了。

或许，不通过面子保护的西方人、日本人及其他社会的人一样承认"人无完人"，每个人都有缺点和过失，都有隐私、丑事或对耻的偏爱。这种承认并不一定要掩盖什么，而是在社会角落为他们提供相

---

[1] 翟学伟：《人情、面子与权力的再生产》，《社会学研究》2004年第3期。

[2] 翟学伟：《报的运作方位》，《社会学研究》2007年第1期。

应的温床，诸如酒吧、夜总会、夜店、色情文学、私人笔记等，这是公私划分的一个契机。那么业已处于关系本位中的日本人为何不发展自己的小圈子呢？我从他人的研究中得知，当日本人做了有损名誉的事情之时，他所在的集团一样会抛弃他，或者共同背黑锅。可见，日本人在耻的问题上是面对社会的，即所谓"愧对社会"。[1] 由于中间缺少给面子的保护地带，因此其容易被逼着向社会道歉、谢罪，集体辞职乃至用自杀来洗刷自己的罪名，以保全自己、家人、集团的声望。这样的社会行为方向亦有不给他人添麻烦的意思；而中国人的生活就是要经常麻烦别人，顾全圈内人的面子是圈内人义不容辞的责任，否则关系的建立便形同虚设。至此，我将上述的模式进一步调整为图4：

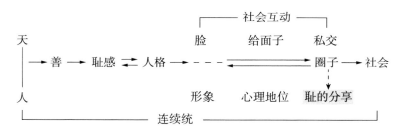

图4 中国人的耻感、脸和面子的统一体关系图式

而日本人的耻感图式为图5：

---

[1] 尚会鹏：《论日本人感情模式的文化特征》，《日本学刊》2008年第1期；山本七平：《日本资本主义精神》，莽景石译，北京：生活·读书·新知三联书店1995年版，第42页；作田启一（1967）『恥の文化再考』（筑摩書房），175页。

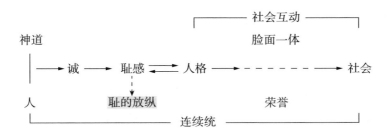

图 5　日本人的耻感和荣誉的统一体关系图式

从这两个模式的比较来看，大体上说文化背景即天人关系中产生人性的说法没有多少差异[1]，可是人性中的"良知"则分化为"善"和"诚"。本尼迪克特敏锐地意识到："近代日本人在试图建立某种统治一切领域的道德标准时常常选择'诚'，……中国人把一切道德归之于出自仁爱之心。日本则不是这样……"[2] 而中村雄二郎进一步指出，诚等于忠信[3]，也可以延伸出纯粹、洁净的意思。仔细分析"善"和"诚"的差异，将能体会出其行为的不同走向，以及日本耻感模式为什么很难发展出"面子"问题。此时，在日本的耻感模式中，中国人强调的圈子在日本人那里相当于他们所归属的集团，而集团的耻感和社会的耻感近乎是一种一致的价值共同体，至少知耻者在主观上会把它们想象为一致的共同体。对中国人而言，一个人无论有没有自己的单位组织，都必须

---

[1]　总体上讲，中日可以被共同放在天人关系中是因为，它们都属于泛神论和无神论（见本文引森三树三郎：《名与耻的文化——中国、日本、欧洲文化研究》），也有学者希望对日本人的神话进行探索，以找到其精神的原型（见伊恩·布鲁玛：《面具下的日本人：解读日本文化的真相》），还有学者希望从天人关系和神道教角度加以区分（见李泽厚：《中日文化心理比较试说略稿》），我这里忽略了这样的讨论。

[2]　鲁思·本尼迪克特：《菊与刀——日本文化诸模式（增订版）》，吕万和等译，北京：商务印书馆2012年版，第193—194页。

[3]　中村雄二郎：《日本文化中的恶与罪》，孙彬译，北京：北京大学出版社2005年版，第97页。

有自己的圈子。通常,圈子内部的价值观与社会的价值观是情境性的,乃至内外有别的,否则面子的保护作用就会消失。结合我自己的日本经历,也可以说日本社会是大原则优先,而中国社会是小原则优先。比如在日本的地铁上,朋友之间不交谈、不发出声响是大原则,于是日本学生克制了师生之间的交流;而在中国的地铁上,即使大原则规定车厢内禁止喧哗,但朋友间却按小原则办,即放声交谈,让大原则形同虚设。

由此一来,不同的耻感文化导致两种社会在从个人行为直至政治、法律、教育和经济建设乃至消费等方面都有了极大的差异。在中国这边,单从中央电视台2014年每天播放的一个公益广告中便可略见一斑。该广告称,目前中国人每年在餐桌上浪费的粮食价值相当于2000亿元,可以供两亿人吃一年。请注意,这里说的是浪费部分,为何浪费?因为浪费才有面子。如果我们为此设计问卷询问被调查人浪费是否可耻,估计大多数人在大原则上会有肯定的回答,但实际的面子运行中的小原则则要求一部分食物必须浪费掉,因为请客吃饭或圈里人在一起吃饭时,很难有人会不顾面子地批评招待的一方如此浪费,而是客气地说让他"破费"了,反之,如果这样的批评真地出现,将使得批评者自己从圈子中出局。现如今,中国人的耻感面临的最大挑战是互联网中的各种平台。在这样的虚拟社会,一个人的行为表现方式更接近日本式,因为互联网的传播结构让他失去了保护层,于是曝光开始层出不穷,让被曝光者措手不及。一开始,一些自以为熟悉真实社会圈规则的人,包括政府部门的国家公务员尚未意识到他们在互联网上已门户洞开,"给面子已经失效",结果丢脸的事情不断发生。如今,互联网上的人肉搜索、隐私外泄、检举揭发、丑闻曝光、诽谤攻击等已成为让人没面子的利器。但对于那些希望靠面子保护的名人来说,也没有走到绝境。一方面,因互联网而形成的更为广泛的"粉丝"群会来保卫他们,并对揭发者群起而攻之。"粉丝"都知道丑事人人有,可以对其进行"人肉搜索"。而"人肉搜索"之所以让不给面子的人害怕，也是因为其建立于人无完人的假设上。当挖出一个人的缺点去揭他的老底时，原来作为揭露者的这个人就会偃旗息鼓，进而恢复到彼此要给面子。由此，在虚拟社会，团结一批广泛且忠实的"粉丝"是许多名人的必备工作。而另一方面，互联网时代的到来也会让中国人的私人圈子更加紧密和牢固，以共同防范彼此分享的秘密信息外漏。

七、结语：事例呈现的方法论意义

　　国民性研究伊始直至衰落，其国家、民族或社会的整体性研究一直受到质疑。比如20世纪90年代初，罗斯·摩尔（Ross Mouer）和衫本良夫对"日本人论"及其研究方式再一次进行了猛烈的攻击。[1]大凡研究过日本国民性的学者，比如中根千枝、土居健郎、傅高义、石田雄等研究日本人与日本社会的名家都在批评之列，本尼迪克特只被提及，但未做评论。摩尔和衫本良夫虽然重点阐述了对日本人论的质疑，但其基本观点便是对社会科学中的总体性研究的否定。他们认为，有关国民性的研究属于同质论或同调论，没有哪一个社会的国民是均质的。不同的阶层、不同的职业等都有自己的价值观，而这些价值观可以在世界上其他国家的同等地位的人群中看到，于是值得倡导的关于社会的研究只能是分散论或对立论的研究，而这样的研究正是实证主义所做的工作，通俗地讲，也就是用数据来证明阶层的分流。

---

　　[1] 参见衫本良夫、罗斯·摩尔：《日本人论之方程式》，袁晓凌编译，上海：华东师范大学出版社2007年版。

首先，我逐渐明白了许烺光为何在研究一种社会文化的总体性时提出"引导性原则"的方法。这个原则强调了在从事田野研究前，虽然社会有各种不同的面向，但其中都透露出一种总体上可比较的文化特征[1]，比如本文所讨论的耻感与面子，就在日本与中国的日常社会中都有各自的总体表现。但应当承认的是，如前所言，国民性研究的最大失误就是当年的文化与人格学派把国民性看成人格的典章性放大。在这样的思考框架中，一个相当致命的问题是，在实证主义者看来，他们需要从社会中的个体身上找到所谓国民性的那些特点，结果很失望。那么接下来的问题是，社会上究竟有多少人符合这些特点呢？于是众数人格就是他们希望找到的数据，可惜情况还是很难说。一旦什么都说不清，质疑声就出现了，而这时，国民性研究者就会举例说明或通过本土概念来寻求其性格特征。对于这样的做法，实证论者将其归结为"实例主义"和"语言主义"等，并表示这样的研究无效。[2]我很好奇的是，经过他们的批判，他们是否能给出一些更好的办法呢？结果也就是用调查和统计来实现他们的"多元化阶层模型"。可我的问题是，为何是"阶层模型"而不是其他模型？显然，坚守"阶层模型"的解释力也是一种主观判断。要说用实证，为什么不是性别模型、代际模型（所谓"80后""90后"）、区位模型，抑或受教育模型？当然，他们又会说，其实各式各样的模型早已全面开花地应用了，可这表明什么呢？用哪种模型或视角去区分社会，还是由各研究者的个人偏好决定的。而为了让数据说话，大量的量化研究往往只能"就事论事"，因为研究者只想解释数据。显然，社会的总体特征是一种主观判断，所有问题只纠缠于没有数据的判断如何可能？以往的回答是排

---

[1] 许烺光：《文化人类学新论》，张瑞德译，台北：南天书局2000年版，第59—90页。
[2] 同上书，第88—89页。

斥性的，并引发了质性研究方法中的个案研究的再讨论[1]与解释性交往行动主义的突围[2]等。而本文的回答是，社会基本假设及其运行法则的确不是由数据决定的，但却是重要而稳定的。当然，这不是说社会的基本假设和社会容忍度不会发生变化，可变化了的假设还是假设，容忍度还是容忍度，可以用同样的方法不断寻找。

有关社会规则的研究不需要用数据来体现，不意味着反对数据，当然有数据更好，因为它可以告诉人们该规则的调查情况。只不过需要指出的是，数据呈现和法则探讨不是一回事。比如，如果问被调查者"搞关系"对不对或是赞同还是反对，统计出来的数据无论如何都不能说明关系规则不重要，或者如果调查中国人的人情债，讨厌和否定的人再多也不能说明他们不会按此规则去做。我想，社会总体性研究更加看重历史和文化，而这点很难用数据来一一说明。虽然举例、个案、故事和语言讨论被实证主义者所鄙视，但它们都只是一种认识和理解规则的方式方法，并可以顺藤摸瓜地挖出其背后的社会预设。或许，有人会对此提出代表性的问题。其实，所谓代表性是实证者建立于量化意义上的研究要求，可采用上述质性研究方法的人不必关注这一点，他们只需表明社会规则是这样运行的就可以了。明白了这一点，也就明白了所谓事例的代表性问题在此已转化为规则的代表性问题，而这样的问题不是平均数和离散度上的，而是需要在社会基本假设的契合度上得到检验。因此，为了得到基本假设上的契合度，一组亲和性概念便会被发现，一种理想型的分析也会产生。

---

[1] 参见罗伯特·K.殷：《案例研究：设计与方法（第3版）》，周海涛等译，重庆：重庆大学出版社2004年版。

[2] 参见诺曼·K.邓金：《解释性交往行动主义：个人经历的叙事、倾听与理解》，周勇译，重庆：重庆大学出版社2004年版。

C. W. 米尔斯（C. W. Mills）所谓"社会学的想象力"是希望一个人要学会把他的个人事件同整个社会相连接[1]，而我的看法是，其具体的连接方法之一是由此事例来勾连一个社会之相对稳定的容忍度，并由此发现社会的预设与运行。社会容忍度通俗地讲也就是社会规则运行的底线和上限。一种在某个社会无所谓的举动换一个社会就可能有所谓，甚至会导致严重后果，或被禁止。由此一来，研究者给出一个事例或者故事或许并不是要表示这个例子具有代表性，而是想表示这个社会会"奇怪"或"荒谬"到什么地步。读懂了它们的"奇怪"或"荒谬"，也就读懂了这个社会。比如"二十四孝"的故事在现代社会是"奇怪"或"荒谬"的，但读懂了它的"奇怪"或"荒谬"才能读懂中国传统社会。其实，包括中国古人在内，没有人认为这些故事是有代表性的，但这不妨碍我们对孝道实质的理解，即它们想告诉人们的是，那么高难度的孝行都可以做到，普通的行孝是不难做到的。以容忍度为基础来跨越不同社会的容忍度，通过事例和事件的讲述，不同社会的基本预设及其运行上的特征便呈现出来。对我而言，虽然事例是个别性的，换作其他邀请我的教授和学生接待我也许不会发生这些事。又或者有人告诫我，吃光饭菜也需要设定变量，看看是什么性别、年龄或者什么阶层的人这样吃？以及一节地铁车厢中的乘客保持安静是否也属于上流社会或中产阶级的行为，而一旦走到平民车厢里，就会人声鼎沸？社会开化了，而我除了在香港地铁见过 VIP 车厢，其他地方没有见过这样的车厢，因此我说不上来。我只知道，我所经历过的在中国的大小"饭局"没有吃干净的，也没有看出其中有什么阶层和职业的区别；我所乘坐的国内大中城市的地铁，无论在哪种车厢，人们都会放开嗓门说话、打电话，也没有什么高低贵贱或男

---

[1] 参见赖特·米尔斯：《社会学的想象力》，陈强、张永强译，北京：生活·读书·新知三联书店 2001 年版。

女老少之分。我还听说,我的一个韩国同事在南京怎么也上不去地铁,后来好不容易上去了,可到站了却怎么也下不来,因为他不知道这边的规则不是先下后上,而是"车门打开后勇者胜"。

　　还得提示的一个关键点是,从一个社会中寻求到的行为法则并非专属于该社会。显然中国为耻感或丢人而自杀的例子也不少[1],近来亦有一些报道说一些中国地方官员也改变了行动策略,但无论中国社会出现什么样的变化,我这里给出的解释就是回到我的中国人脸面模式中看,如其保护层消失会发生什么。而日本人同样也有小团体对个人过失的保护,只不过他们这样的小团体大多发生在集团内部。[2] 总之,行为法则的研究虽不反映所有国民的行为特点本身,但它们比国民行为特点更重要,也更具有模式性。当其前提假设、发生条件和逻辑关系清楚时,便可以解释各个社会都有此类行为的人群,哪怕这样的人群在其社会不占主导。

(原载《社会学研究》2016年第1期,有修改。)

---

[1]　吴飞:《浮生取义——对华北某县自杀现象的文化解读》,北京:中国人民大学出版社2009年版,第207—209页。

[2]　中根千枝:《纵向社会的人际关系》,陈成译,北京:商务印书馆1994年版,第112页。

"亲亲相隐"的再认识

关系向度理论的解释

【导读】近十多年来,"亲亲相隐"在中国人文思想界成为一个争论的焦点。作者将此论战引入社会学研究,通过对争论各方观点的回顾,认为如果将此议题置于作者自己建立的关系向度理论中,便可以看出,"亲亲相隐"背后所具有的文化预设是"关系"先于"个人"的假定,而儒家所提倡的五伦及其价值则是从其中的"固定关系"出发向"约定关系"与"友谊关系"延展,却难以达至"松散关系"。由于五伦的运行方向十分确定,因此发生于其间的道德往往具有结构性的嵌入特征。由此可以解释为何孔子会认为人们应该"亲亲相隐"。

一、引言

儒家思想中的"亲亲相隐"议题在近些年来成为中国哲学界的一个争议焦点。学者们在讨论中形成了两派意见，并形成了对峙与激辩的局面。其激烈程度在现代中国学术界是比较少见的。[1] 通常学术界的争议，只限于原作者与商榷者间的对话，而这场论战却卷入了不少学者的持续参与。撇开其他情绪的或背景的因素不谈，至少有一点可以肯定，这就是"亲亲相隐"是儒家道德及其社会化路径中的一个重点，如何对其做价值判断已成为中国思想史上的一个"心病"。

为了比较完整地还原争论的缘由，也为了本文自身的完整性，我们还得回到源头，先来理解一下《论语·子路篇》中的这段话：

> 叶公语孔子曰："吾党有直躬者，其父攘羊，而子证之。"孔子曰："吾党之直者异于是：父为子隐，子为父隐，直在其中矣。"

如何解读这句话，本文这里先选择几个有影响力的白话译本来做说明。

杨伯峻译：

---

[1] 这场争论起因于刘清平在《哲学研究》2002年第2期上发表的《美德还是腐败？——析〈孟子〉中有关舜的两个案例》，引发了由郭齐勇带领的数位学者展开的一场大辩论，辩论最终汇集成70万字之多的《儒家伦理争鸣集——以"亲亲互隐"为中心》（长沙：湖北教育出版社2004年版）。接着，邓晓芒加入了这场辩论，发表与回应了一系列观点，其论文收集在《儒家伦理新批判》（重庆：重庆大学出版社2010年版）一书中。而郭齐勇则对此又结集出版了《〈儒家伦理新批判〉之批判》（武汉：武汉大学出版社2011年版）及《正本清源论中西——对某种中国文化观的病理学剖析》（上海：华东师范大学出版社2014年版），并在复旦大学上海儒学院编的《儒学与古今中西问题》刊物上继续发表相关论文，与其他学者展开对话。此场辩论陆陆续续开展达十四年之久，发表论文百余篇，出版论文集多部。

叶公告诉孔子道:"我那里有个坦白直率的人,他父亲偷了羊,他便告发。"孔子道:"我们那里坦白直率的人和你们的不同:父亲替儿子隐瞒,儿子替父亲隐瞒——直率就在这里面。"[1]

钱穆译:

叶公告诉孔子说:"我们这里有一个能行直道的人,他父亲盗窃人羊,他出来证明了。"孔子说:"我们的直道和此相异。父亲替儿子隐瞒,儿子替父亲隐瞒,直道便在其中了。"[2]

李泽厚译:

叶公对孔子说,"我们那里有正直的人,他父亲偷羊,儿子出来揭发。"孔子说,"我们这里正直的人不这样,父亲替儿子隐瞒,儿子替父亲隐瞒;正直也就在其中了。"[3]

李零译:

叶公跟孔子说,我家乡有个直率的人,他爸爸偷羊,被他检举。孔子说,我家乡也有个直率的人,可不一样:父亲为儿子隐瞒,儿子为父亲隐瞒,"直"在其中。[4]

---

[1] 杨伯峻译注:《论语译注》,北京:中华书局2009年版,第137页。
[2] 钱穆:《论语新解》,北京:生活·读书·新知三联书店2002年版,第341页。
[3] 李泽厚:《论语今读》,合肥:安徽文艺出版社1998年版,第314页。
[4] 李零:《丧家狗——我读〈论语〉》,太原:山西人民出版社2007年版,第241页。

翻阅其他白话译本译法，意思大体如此。

那么这段文字为何值得争论呢？这里面的关键点是对于"亲亲相隐"，孔子所持的肯定态度。比如李零在译完这句话后评论道："孔子是亲情至上主义者，他提倡为尊者讳，在中国是个坏传统，至今仍很有市场。领导、父母、老师，干什么坏事都得遮着，居然以为美德。谁不遮，谁倒霉。"[1] 显然，孔子的这一态度意味着，儒家原本对道德、法律及做人有一套特定的价值导向。由于儒家思想早已成为中国文化的主流，也成为官方意识形态，因此儒家的，尤其是孔子的言论在很长时期内是被作为正确的话来理解的。但随着西方文化的进入、国家本身的现代化，中国社会在市场化中出现了贪腐现象，有学者以现代性反思传统文化。他们认为儒家一些言论应对此类现象承担责任，自然也对这句话的价值导向严重质疑，并明确指出它是"腐败"的根源。[2] 我们知道，相较于对儒家的质疑，彻底的清算肇始于新文化运动，历经后来的几次思想运动，儒家几度受到贬损。可如今兴起的"传统文化复兴"与"国学热"却又将儒家推向新的高度，那些捍卫儒家的学者也自然重登学术舞台。那么，是继续对儒家进行反思与批判，还是继承与维护其合理性并与现代性融合，将成为当下中国学术界的一个深层次议题。的确，学术界的辩论也是围绕这些方面展开的。

二、争论的焦点

翻阅最近十几年来对"亲亲相隐"的争论，各参与者的讨论大致

---

[1] 李零：《丧家狗——我读〈论语〉》，太原：山西人民出版社2007年版，第241页。
[2] 刘清平：《美德还是腐败？——析〈孟子〉中有关舜的两个案例》，《哲学研究》2002年第2期；邓晓芒：《再议"亲亲相隐"的腐败倾向——评郭齐勇主编〈儒家伦理争鸣集〉》，《学海》2007年第1期。

是围绕以下几个方面进行的。[1]

首先,争论的最大焦点是中西文化比较上的优劣。文化比较是争论双方都喜欢采用的方式方法,但结论有所不同。保守的一方认为"亲亲相隐"的观念不仅是儒家传统,而且也存在于古希腊的哲学当中。其中争论最为激烈的,是对柏拉图在《游叙弗伦篇》中有关苏格拉底与游叙弗伦的一番对话的理解。保守方认为作为古希腊思想源头的苏格拉底也反对儿子告发父亲,可见这是中外文化史上都有的现象;而批判方认为,这曲解了苏格拉底的意思,苏格拉底应该是赞同儿子告发父亲的,他的质疑只是告发背后的虔诚问题。[2] 显然,双方都认为,这一讨论之所以值得一辩,是因为关系到"亲亲相隐"是一个人类社会比较普遍的问题,还是中国文化特有的问题。其潜在的逻辑是如果批判方说儒家是腐败的根源,那么西方文化中也有这样的根源,是不是表明西方文化也存在腐败的根源?而批判方反复强调苏格拉底完全没有保守方的理解之意,驳斥他们解读出的苏格拉底的意思是错误的,即证明西方文化中没有这样的根源。当然,更为复杂的问题还在于,即使不讨论苏格拉底的本意为何,现代西方法律中也的确有"容隐"的条例,一样需要对西方人也有不揭发亲人的传统进行解释。由此,争论的阵地又转向即使西方法律中也有"亲亲相隐"的条例,其背后对权利和责任的基本设定也与儒家不同。

其次,争论的双方,尤其是保守方试图通过对文字的训诂来领会孔子的原意。从学者们的讨论来看,儒家一贯推崇的做人要正直同"亲亲相隐"之间多多少少有一定的矛盾,也就是说儒家学说长期以来被当作一种成为正人君子的道德体系。那么做一个正直的人与父子相隐

---

[1] 本文是综合讨论,不做文献综述,故不一一列举各讨论者的观点。
[2] 参见邓晓芒:《再议"亲亲相隐"的腐败倾向——评郭齐勇主编〈儒家伦理争鸣集〉》,载邓晓芒:《儒家伦理新批判》,重庆:重庆大学出版社 2010 年版。

是什么关系？怎么做才是对的？这个问题不仅是当代学者的设问，也是传统儒学者（比如孔颖达、朱熹等）一直想化解的矛盾。由此一来，古今学者对孔子这段话中的"隐"是什么含义，"攘"及"直"又是什么含义，都进行了文字上的反复考辨。尤其在"隐"字上，保守方认为，"隐"的意思是藏、匿、不语，但并不意味着孔子赞赏这样的行为，从而派生出的理解是，"亲亲相隐"意指可以"几谏"，但不应该告发；而批判方认为，"隐"的意思是包庇，是帮罪犯逃脱法律的制裁。

还有一些讨论涉及历史与逻辑的关系问题，历史、文化的局限性问题以及用什么样的眼光看待，比如是历史地看，还是现实地看的问题。对于前者来说，对待儒家的评论不能用现代的立场，而应该回到那个时代中去，而后者认为一切历史都是现代史，以现在的眼光来认识儒家才可以看到它是如何阻碍中国社会现代化的，而且后者的批判性还在于试图对儒家进行更为完整的思想评价。例如，如果"亲亲相隐"会造成腐败，那么延伸下去将触及儒家的根本思想，诸如"仁""义""礼""孝"等概念就都脱不了干系了。其实在批判者看来，他们也正是冲着这一根本思想而来的。反之，保守方也意识到，守住对"亲亲相隐"的辩护，也就维系了儒家思想的正面价值。

由于"亲亲相隐"本身十分重要，即使没有这场争论，许多儒家研究者在自己有关儒家伦理的论述中也会提及对这一问题的理解。因为这些作品不参与争执和对抗，他们的阐述更显从容及圆融。[1]

虽然"亲亲相隐"的讨论牵扯出来的学术方面（诸如文化、哲学、伦理、法律、历史、逻辑、文献等）越来越多，但回顾各个方面的讨

---

[1] 例如劳思光在其《新编中国哲学史（一卷）》（桂林：广西师范大学出版社2005年版）中对此有所议论，影响了金观涛、刘青峰在《中国思想史十讲》（北京：法律出版社2015年版）中的讨论。而安乐哲在《儒家角色伦理学》（济南：山东人民出版社2017年版）中专门分节加以阐释以及孙向晨在《生生不息：一种生存论的分析》（载复旦大学上海儒学院编：《儒学与古今中西问题》，北京：生活·读书·新知三联书店2016年版）一文中也有精彩的讨论。

论，其根本分歧还是由双方所具有的鲜明立场（包括对儒家及传统文化的情感）决定的。其中，保守方千方百计地启动各个领域的知识来证明儒家，尤其是"亲亲相隐"的观点不是腐败的根源；而批判方也启动各个领域的知识来证明儒家一些思想就是会产生腐败。虽说学术讨论是以理服人，但我们在阅读中总能感受到辩论者背后事先预设好的价值立场。而本文试图从社会科学的角度来认识这一话题，想表明还有一种研究立场，即尽可能回答"亲亲相隐""是什么"和"为什么"。这样的研究立场一般不涉入作者的价值判断，也就是研究不直接回答作者本人对孔子这句话（在今天看来）怎么看，而是说明孔子这样说的理由何在。

　　本着这样的研究立场，本文不卷入哪一个阵营去支持哪方的观点，只是想为这样的话题提供一种社会学方面的认识。众所周知，社会学原本是一个西方的舶来品，又倾向研究现代社会，极少关注传统文化，尤其是思想文化方面的问题。的确，在上述的论战中，我们也没有看到社会学家的身影。但我认为，此话题其实具备了社会学讨论的必要性。无论是在论战的一些观点中还是在其他讨论相关问题的书籍中，我们多少都能够读到作者有意无意地涉及了社会学的内容。在西方主流社会学理论中，虽然涉及中国问题的极少，但只要讨论到中国人的思想与行为，儒家则是一个必须讨论的问题，比如韦伯在《中国的宗教》[1]、帕森斯在《社会行动的结构》[2]中就专门讨论了儒家思想。可见，以社会学来看待儒家也是一种对此问题的求解路径，它可以帮助我们建立起一个关于认识"亲亲相隐"的社会学框架，并从中寻求到儒家社会理论性（非思想性、文献性）方面的答案。

---

[1]　参见马克斯·韦伯：《中国的宗教　宗教与世界》，康乐、简惠美译，桂林：广西师范大学出版社2004年版。

[2]　帕森斯：《社会行动的结构》，张明德等译，南京：译林出版社2003年版，第616页。

三、一个社会学的解释模型

"亲亲相隐"的首要条件是以"亲亲"为基础。在中国传统社会，亲亲关系通常限定于血亲与姻亲关系，也被这一场争论说成是"血缘宗法团体"。由此，几乎所有学者都认为儒家立论的出发点是"亲亲"，借用孔子的话说即"孝弟也者，其为仁之本与"（《论语·学而篇》），或"仁者，人也，亲亲为大"（《中庸·第二十章》）。而以往学者对于"亲亲相隐"的认识也正是来自对这一家族伦理的社会学式的认识。例如，金观涛等将儒家看成"以家庭、家族为中心的等级秩序的道德化"。他说：

> 我之所以高度强调儒家伦理是一个等级秩序结构，是因为国人把家庭的父子关系以及血缘亲疏视为道德关系，从而导致中国人与西方人对道德的理解上有极大差别。《论语》中有个"父子攘羊"的著名故事。……孔子在向弟子解释什么是合于道德的行为时，爱用"直"这个词，他说："父为子隐，子为父隐，直在其中矣。""直"的原意就是道德，与今天讲的正直之意相差甚远。今天看来，这种亲亲互隐的行为不太合法，但对古人来说则是天经地义。[1]

还有一种值得关注的观点是"生生不息的生存论"。孙向晨指出：

> 在中国文化传统中，"父子天伦"确实是道德教化的重要基石，孔子特别设计了非常巧妙的"隐"的机制来应对法庭上这种极端情况的挑战。根据传统的论说，人们当然可以搬出各种理据，引

---

[1] 金观涛、刘青峰：《中国思想史十讲（上卷）》，北京：法律出版社2015年版，第7页。

经据典为"亲亲相隐"辩护。我们这里则从一种新的视角来理解这个问题，如果我们确定的生命的基本单位并不只是"个体"，而是着眼于"生命的连续体"，那么霍布斯对于个体"沉默"（自隐）的论证，同样可以顺理成章地演变为"亲亲相隐"的论证。既然基于最初进入政治社会的动机，人们没有义务向国家揭发自己的罪行，那么作为一种"生命连续体"，人们同样没有理由揭发自己的亲人。由此可知，基于"生生"之生存论基础的"亲亲相隐"的问题，在现代政治的结构中并没有违逆之处。[1]

作者这里所提出的由"并不只是个体"而发展出来的"生命的连续体"含义，已触及了中国社会学与西方社会学研究上的一个关键点，这样的关键点对于"亲亲相隐"的话题讨论尤为关键。可惜此文意不在此，最终只关心不同的源头是否结出了相同的果实。

家族伦理何以成就了儒家的"亲亲相隐"思想？劳思光给出的理由是这种道德中存在"理分"，也就是说不同等级地位上的人都将按照自己的规范去做自己的事情，由此可以解释父亲攘羊，举报不是儿子该做的，而隐瞒则是他该做的。[2] 对于这一点，近来安乐哲提出了一个解读儒家的整体框架——"儒家角色伦理学"。在这一框架中，对于为什么要"亲亲相隐"，作者指出：

> 人，作为关系的构成，其人格的持续不断改善与"价值"提高，只能在人们的分享性生活与共同经验环境内发生，而且这种行为，在

---

[1] 孙向晨：《生生不息：一种生存论的分析》，载复旦大学上海儒学院编：《儒学与古今中西问题》，北京：生活・读书・新知三联书店2016年版，第68页。

[2] 劳思光：《新编中国哲学史（一卷）》，桂林：广西师范大学出版社2005年版，第95页。

以关系发展为最大考虑鼓励之下，所求则是获得最大意义。[1]

儒家"角色伦理"不是抽象理论，不是指对那些我们经常碰到的特殊情形的错误状况，根据"原则"做出道德判断；"角色伦理"也不是把主导地位交给为达到一定道德目的，而刻意去开拓的理性手段。在总结伦理"理论化"背后那些一般假设的特征过程中，"理论化"是把作为相关因素理由的家庭角色排斥在外的……[2]

从上述各位学者的观点中，我们看到了对于"亲亲相隐"的几个解释重点，这就是以家族中心为道德起点的社会构成，在思考其理论问题时不能回到个体的普遍抽象原则上去对待。在家庭关系中，原则是为特定的关系发生的。这一点被社会学家帕森斯概括为"特殊主义"。[3]而在中国社会学界，与"特殊主义"相呼应的其他概念还有"差序格局""伦理本位""情境中心""关系取向""熟人社会"，等等。但总体来看，这些概念的解释性均是文化取向的。文化取向的研究一方面可以让我们清楚地看出中国社会文化的基本特点，另一方面却限定了我们对其他社会基本构成的思考，从而造成中国思想、中国社会与中国人问题的解释始终是一种文化上的内在解释，反之，这种解释方式自然也总是针对中国，而不能在理论上有所提升。所谓理论上的解释是我们寄期望于，在一种理论内部应可以在同等水平意义上看清不同文化的特征是怎样的，比如我们就不能只顾强调中国传统文化重视家庭，而不顾及西方文化重不重视家庭。一种理论只有可以回答中国人重视家庭与西方人重视家庭是一样还是不一样，才可以解释家庭结

---

[1] 安乐哲：《儒家角色伦理学——一套特色伦理学词汇》，孟巍隆译，济南：山东人民出版社2017年版，第177页。

[2] 同上书，第181页。

[3] 帕森斯：《社会行动的结构》，张明德等译，南京：译林出版社2003年版，第616页。

构及其运行上的异同问题。在中国传统社会，用家族观念、等级与制度来解释"亲亲相隐"当然没有错，但西方文化中的"容隐"现象如何解释？或许需要一种更加普遍的理论回答。也可能是因为我们不清楚其他社会如何对待家庭，当我们在发现西方法律中也有类似亲亲相隐的条例时，只好回到西方传统文化内部去另找答案。又或许，更为复杂的问题是，如果有一种理论（比如霍布斯的理论）可以在抽象性上解释两种不同文化中的"容隐"，我们便就此满足，接受这样的解释（比如前引的孙氏的观点）吗？

显然，既克服对文化表现特征做对应性研究的局限性，又打通文化性与一般性理论的关系，是有待努力的方向。为此，我近来提出了一个"关系向度理论"。[1] 我认为，血缘、地缘、家人、老乡、熟人等表述虽说可以回归于一种社会文化，但在理论模式上看其实是一种时空性研究框架。从时空上回看社会构成，人间的各种交往都可以在时空上建立分类。为此，该理论的基本观点是，大凡人间的社会交往都可以在时间和空间两个维度上发生、定型与拓展。其中，时间维度指一社会中的交往者所认知到的交往时间上的"短程"或"长程"。而交往时间的长短又取决于交往者所认知到的空间维度中彼此关系的稳定性。关系稳定与否在于一个人一生中的流动性。如果个体在社会空间中频繁地发生流动，那么其交往的选择性就会增加；如果他一生很少流动，其关系的选择性将大大降低。以此两个维度，我们得到了一个社会交往的四分图，见图1：

---

[1] 翟学伟：《中国人的关系向度及其在互联网中的可能性转变》，载翟学伟：《中国人的关系原理——时空秩序、生活欲念及其流变》，北京：北京大学出版社2011年版，第297页。

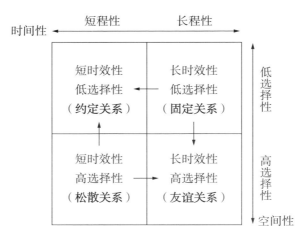

图1 关系向度理论

首先需要说明的是，上述四种关系向度及其内涵具有韦伯所说的理想类型的特点，而不表示人们在真实交往中遇到的各式各样的复杂问题。从表中单向箭头的指向可以看出，人间发生交往的两个逻辑起点是"松散关系"与"固定关系"。所谓逻辑起点的意思是指一种现实社会在文化预设上的偏向，而非各种实际发生的可能。比如虽然世上每一个人都是母亲所生，但有的文化起点是讨论该个体的生命意义及其相关的权利问题，有的文化起点是讨论这种天然的关系连带及其相应的情感问题。这样就导致有的文化关注自我，始终思考自我如何与他人建立交往，而有的文化关注天然的关系以及个人在这种关系中如何成长。其次，无论是"松散关系"还是"固定关系"，都能各自进入"约定关系"或"友谊关系"，但人们在进入时的表现则深受其文化预设的影响。比如，当松散关系向度中的个人分别进入"约定关系"和/或"友谊关系"时，其交往方式总是伴随着个人的意志乃至权利，他可以加入俱乐部、社团、企业或政府等，即他可以在一定时间内成为某个群体的正式成员或选择退出，亦可以根据自己的意愿同他人建立熟人关系、朋友关系、恋人关系等。而"固定关系"里的人也能进入其他关系，但它想表达的运作模式是,社会应该仿造天然关系来建立,而这种社会中的组织、团体等往往是血缘、地缘的变种,诸如同乡会、商会及家族企业等,且其所建立的友谊关系也是来自固定关系的推广,比如结拜、投名状或称兄道弟等。在这样的社会,个体的意愿性往往受到压制,一个人也很难我行我素,处处要考虑他的网络位置以及他人的感受、意见或评价。由此理论,我们看到虽然两种文化逻辑起点都可以进入"约定关系"和"友谊关系",可从"松散关系"进入的人们更看重契约,而从"固定关系"进入的则依然重情义;前者更多地强调人的理性或自我实现,后者则更看重地位和名声。

四、儒家人伦的运行方向

关系向度理论中所呈现出的"固定关系"及其文化预设,回到文化解释上看,就是中国人最看重的家人关系。具体而言,所谓"亲亲"即"固定关系"的儒家式表达。而上述提及的家族等级秩序、生生不息生存论、理分及儒家角色伦理等,也都是在此框架中发生、发展的。

为了后面解读"亲亲相隐"方便,我先用此理论来解读儒家的"五伦"含义。《孟子·滕文公章句上》曰:

> 人之有道也,饱食、暖衣、逸居而无教,则近于禽兽。圣人有忧之,使契为司徒,教以人伦:父子有亲,君臣有义,夫妇有别,长幼有序,朋友有信。

这段话是后来儒家核心思想中"五伦"的由来。在这里,孟子首次提出人与人的关系几乎来自这五种,至此后来大量的儒学者认为,这五种关系基本上涵盖了其他各种类型的关系。比如婆媳、师生、师徒等关系虽不在其中，但可归属于父子的伦理；而同伴、同事、同学及其他各种社会关系，则可以归结到兄弟或朋友那里，即所谓"四海之内皆兄弟"。显然，分析"五伦"的关系性质，非常有助于我们看清楚儒家有关"关系"运作的逻辑。

回到上面图1给出的关系向度理论，我们可以看到，父子、夫妇、长幼（兄弟）三伦都位于"固定关系"中，"君臣"一伦位于"约定关系"中，而"朋友"一伦位于"友谊关系"中。由于儒家通常不讨论陌生人关系，或者说，在儒家看来陌生人之间没有关系，因此松散关系与儒家的人伦几乎无关。我试作图如下：

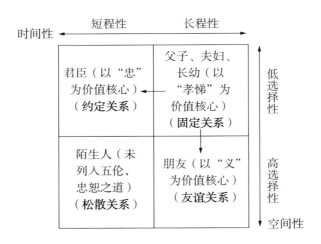

图 2　"五伦"在关系向度中的走向

在这一图式中，"固定关系"是其他关系的逻辑起点，其他关系具备什么特征，都是由"固定关系"的特征派生出来的。当然，需要区分的是，由于"约定关系"与"友谊关系"分属两个关系向度，其表现方式也有所不同。虽说它们都来自"固定关系"，但由于"固定关系"更强调时间的长程性，在这点上，"友谊关系"会比"约定关系"更加人情化一些；反之，"约定关系"则比"友谊关系"更制度与规范化一些。比如汉儒建立起来的"三纲"就是从"固定关系"到"约定关系"，因为其中更加强调国家的制度化建立，而中国社会中的"江湖"则是从"固定关系"延伸至"友谊关系"，其中的"义气"成分很重。

我们有理由认为，充分地讨论"固定关系"如何运作，是理解儒家人伦的关键。首先，最为重要的一点是，当人与人的关系被血缘和亲情连接在一起时，"关系"本身会成为人之为人的基本前提。也就是说，固定关系的文化预设假定了关系先于个体而存在。在这样的关系中，任何突出个体的观念和行为都将受到抑制，其潜在理由是，个人离开关系便没有意义。而且在关系突显的社会，如果任由个性充分展示，将导致血亲淡化，诱发个人私欲，致使家庭分崩离析。这一点至少在农耕文明中是被高度防范的，否则大家都将无法存活。由此，关系在任何时候都优先于个人，也是该社会成员思考一切问题的出发点。儒家在这点上认为，凡是不在关系中讨论的人的话题，本质上不属于"人"的话题，这就可以明白为什么孟子在说"五伦"之前，先要说："人之有道也，饱食、暖衣、逸居而无教，则近于禽兽。"个人身体上求得温饱、安居都不是对人道的讨论，是对人的禽兽那一部分的讨论，而对人的讨论则应该是从"关系"开始。

其次，关系的维持虽然在客观上有理性计算的成分，但更多地被定义为情感的发生。其理由是，如果我们公开强调用理性来交往，处处摆出凡事都得讲理的姿态，或斤斤计较于个人对错，那么看起来道理越辩越明，但关系却越来越僵，彼此感情受损、伤了和气。所以几乎所有中国人都知道，家不是一个讲道理的地方，也信奉"清官难断家务事"。我们固然承认，中国的家庭制度中也有严格的家训、家规及家教这一部分，但它们更多的不是用来催生人的理性行为，也不是引导人的决策要多从理性出发，而是用来建立并引导情感行为的走向，以保证家庭成员关系的和谐与稳固。比如以"孝"为例，孝道是一种道德规范，但这样的规范根本不在于指向个人的是非观念，更不鼓励自由表达爱的方式或者厘清彼此的责任，而是处处体现着如何报答父母的养育之恩。可见，儒家所谓的"情"在人性层面上是特指在"关系"层面发生的"情"。《礼记·礼运》在给"人情"下定义的时候，先在天然层面定义"情"是"喜、怒、哀、惧、爱、恶、欲"，但回到人道的层面后就成了"父慈，子孝，兄良，弟弟，夫义，妇听，长惠，幼顺，君仁，臣忠"。情感被规训的过程就是情理交融的过程，从而也使得儒家文化的特点不导向纯粹的理性主义。

再次，长久性与低选择性关系连接要以建立与维护关系秩序为首要原则。而儒家的理论与实践证明，以等级排列的人际结构远胜于平等交往，因为后者恰恰凸显了个人意志和自由，而不能像前者那样将自我认同于上下结构中。我们这里不能片面地认为，儒家思想的最高原则就是维护做人的道德。长期以来，有太多的儒学学者都认为儒家是一个弘扬道德的价值体系，其最为突出的是道德至上原则，我对此有保留意见。儒家固然强调道德，但这只是相对于反思社会中出现"礼崩乐坏"的情形或者社会治理中出现偏重"法"的情形而言的，但无论如何强调道德却都不能突破等级秩序的框架。等级秩序一旦被突破，那么原本嵌入结构性的道德就成了道德本身，比如"洁身自好""独善其身"或者有"自我修养"等，也就是只剩下了个人自身判断事物的是非准则，这不是儒家期望的道德含义，至少是其低层次的道德含义。《论语》："有子曰：'其为人也，孝弟，而好犯上者，鲜矣；不好犯上，而好作乱者，未之有也，君子务本，本立而道生。孝弟也者，其为仁之本与。'"（《论语·学而篇》）《论语》中，子路对洁身自好的评价是"欲洁其身，而乱大伦"（《论语·微子篇》）。孟子曰："人莫大焉亡亲戚君臣上下。"（《孟子·尽心章句上》）在儒家眼中，不应该看重个人所讲的道德，道德是面向秩序的，也是保证秩序的。

最后，我们还能从关系向度的分化中看到儒家价值观强调的重点不同。"固定关系"强调的是以孝亲为基本的价值观，其中包含了亲情之间的等级地位序列；而其进入"约定关系"之后移"孝"作"忠"，导致儒家寄期望于将家庭中的情感及等级转化至"约定关系"中；而由孝亲为主导的价值进入"友谊关系"后，则发展出重"义"的价值观念。当然本文所谓的主导性意思只表示各价值在关系向度中的偏向，在儒家体系中并没有那么泾渭分明。由于它们都来自"固定关系"中的孝亲思想，因此在各自延伸中也是含混的，比如很多时候，"忠义"是合在一起讲的。

现在，借助关系向度理论，我们从中可以看到的一个重点问题是，为什么学术界会在"正直"与"亲亲相隐"之间发生疑惑？根本原因是人们把"道德"与"秩序"看成了两个不相干的问题。也就是说，从表面上看，一方面儒家道德要求做人必须光明磊落，另一方面又提倡"亲亲相隐"，似乎很矛盾。殊不知，道德就是用来维系秩序的。如果一个人光明磊落到把家庭解散了，这就背离了秩序的维系；反之，维系秩序也得讲道德，没有了道德，这样的秩序维系则是外在的、表面上的、不堪一击的。理解了这一点，就可以看出，有关个人道德问题不单纯是要争出个是非曲直。通常情况下，维系个人道德即守住了秩序；而在特殊情况下，维系个人道德则会破坏秩序。"亲亲相隐"即属于这种情况。那么，孔子的态度就在这里了。

五、"亲亲相隐"的社会学分析

《论语》中一开始提及，直躬是一个耿直的人。杨伯峻译成"坦白直率"，钱穆译成"行直道"，李泽厚译成"正直"，李零干脆译成"直率"。这些译法似乎都关乎"直"的意思，只是这些"直"的意思中是否有内涵与层次上的不同？我认为，叶公提问的"直"在理解上应归为"坦诚""坦率""忠厚""不拐弯""有什么说什么"等，这些词的含义不怎么偏向道德，而更多的偏向人的秉性，比如中国人在日常中形容某人的个性时会说："他是个直性子"，"此人心直口快"或者"他生性直率"。这样的做人方式就是实情相告，是什么就是什么，不隐瞒，不说假话。而其复杂性又在于，"直"性子与道德中所要求的"正直"有暗中吻合之处。叶公以这样的"直"来设问孔子，如果父亲偷了别人家的羊要不要告发，就等于以一种混淆于道德却又体现个性的"直"，来考问孔子所倡导的道德上的"直"应该如何。

我想，孔子此时给予了很明确的回答，这就是，儒家所谓道德上的"直"不是这样的。在孔子的回答中，我们必须注意到"直在其中矣"。这是说，儒家所要回应的不是"直"字是什么意思，而是"直"在什么地方（脉络下，情境中）。情境中所要求的"直"不应停留于人的个性，也不应止步于一个人的品德，而是要放入关系去表现。如果关系中置入一个"直"的人品，导致关系本身遭到破坏，那么这样的"直"就是错误的；反之，如果关系中置入一个"直"字而起到了维持乃至加固关系的作用，那么这样的"直"是应当被肯定的。所以在儿子要为父亲"隐瞒"、父亲也为儿子"隐瞒"这件事上，就"隐瞒"的字面来理解，怎么说都不带有正直的意思，但仍然这样做的道理就在于它维护了父子关系，所以也就体现了"直"。换句话说，孔子这样说的潜在含义是"直"是有层次的，存在一种提升的空间。它可以从个人秉性提升到个人品格再提升到关系的品质上来。原本一个人的"直"是性子上的，也是个人的，说得更难听一点，有其天性（动物性）使然，但如果想获得伦理上的"直"，就不能满足于天性或个人的正直品格，而是要达致人性。人性上的"直"要合"人之道"，即符合人伦之道。这就是在任何情况下都不能让父子关系解体。或者说，一种让血缘关系解体的道德是"不道德"而不是"道德"。这样看来,直躬所犯的错误正是在低层次上做了耿直的事情,即使算作"道德",也不是儒家应有的道德,因为它导致了父子关系的结束。如果在儒家所倡导的道德层次上处理这件事,那么首先想到的应该是儿子怎样才能保证自己与父亲的亲情还在。的确,中国的历史书上也记载了直躬在告发父亲之后,又跑到法庭上去替父亲顶罪,以体现孝心,这就是"直"的提升。遗憾的是,这样做既不能修复父子关系,又有为个人扬名之嫌,也是不可取的,即"异哉直躬之为信也,一父而载取名焉"(《吕氏春秋·仲冬纪·当务》)。可见,人伦是做"人"的底线,而不是先由着自己的性子去做事,然后再考虑如何回到关系上来弥补。

"亲亲相隐"的论战,还涉及另外一个故事叫"窃负而逃"及一个论断"以天下养"。《孟子·尽心章句上》:

> 桃应问曰:"舜为天子,皋陶为士,瞽瞍杀人,则如之何?"
> 孟子曰:"执之而已矣。"
> "然则舜不禁与?"
> 曰:"夫舜恶得而禁之?夫有所受之也。"
> "然则舜如之何?"
> 曰:"舜视弃天下犹弃敝蹝也。窃负而逃,遵海滨而处,终身䜣然,乐而忘天下。"

有关这一段对话的争论也非常激烈。批判的一方认为,舜的父亲杀了人,舜非但没有大义灭亲,反而放弃自己做天子的职责,偷偷地背负其父亲逃到大海边上快乐逍遥去了,属于徇情枉法。而保守的一方认为,舜做天子就是为了孝,既然其父亲出了事,那么他放弃王位而做出孝的举动,符合儒家自己所强调的"大伦"。

其实,在这段话中,孟子是站在第三方立场对桃应的设问进行回应的，属于角色伦理学的立场。[1] 也就是说，孟子的意见是就舜的父亲杀人而论，应当拘捕他，这是一个杀人偿命的司法立场。而就舜如何面对自己的选择而言，他则不能用他的权力来庇护他父亲，因为这是以权谋私，只好在以亲情为根本的立场放弃王位来保护父亲。试想，他放弃王位后，也不过是一介草民，他只做了一件儿子应该（儒家价值观要求）做的事。如果桃应继续往下追问孟子：假如官府找到了父子俩，官府如何处置？那么回到孟子的立场，还是"执之而已矣"，而不是舜想如何就能如何的。可回到舜那里，哪怕这时他已无权无势，他所要坚持的还是"亲亲相隐"。同样的观点也见于"以天下养"的问题。孟子在讨论这个问题的时候，提出了舜的忧愁：

> 天下之士悦之，人之所欲也，而不足以解忧；好色，人之所欲，妻帝之二女，而不足以解忧；富，人之所欲，富有天下，而不足以解忧；贵，人之所欲，贵为天子，而不足以解忧。人悦之、好色、富贵，无足以解忧者，惟顺于父母可以解忧。（《孟子·万章章句上》）

舜是天子，有天下士人讨他欢心，有美女相伴，有钱有势，为什么他还忧愁？那就是因为他愁的是如何孝顺父母。其中有一个社会学的思考，也就是，尊贵、美色、财富似乎是一个人最想得到的，可是它们是一个君子应该追求的终极目标吗？孟子给出的答案是"否"，而是"孝"。所谓天下养的意思是说，一个人无论拥有什么，包括天下，都应该想一想孝顺了父母没有。反之，只顾自己享受，而不顾及父母，

---

[1] 安乐哲：《儒家角色伦理学——一套特色伦理学词汇》，孟巍隆译，济南：山东人民出版社2017年版，第176页。

是最大的不孝。

讨论至此，我们看到以社会学而论，儒家所坚持的是一个"固定关系"及其相应的价值为上的原则。其中包含两层意思，一者是一个人不要只想着追求个人的名利乃至人生价值，直躬的做法既有性情上的一面，又有沽名钓誉的一面，所有做法都没有顾及自己的父亲。同样，舜贵为天子，有享受不尽的荣华富贵，但也不能以为因此而达到人生的顶点，只要没有尽孝（强化固定关系及为此其价值），就是人生的一大憾事。再者是，君臣也罢，犯法也罢，此场旷日持久的"争论"尚没有讨论到的朋友义气也罢，一旦面对"固定关系"，即均为次要之事。以西方社会学所讨论的社会分类来看，社会关系分类不同，会使得每一个处于其中之人按此类关系的社会规范去行事。可在儒家的要求中，虽然社会也各有分类，但一旦遭遇"固定关系"，那么无论如何都应该回归于固定关系的原则。这就是"亲亲相隐"发生的社会机制。

由此，"固定关系"所内含的根本预设是，人总是天然地处于其"天然的"关系中，这是人之为人的基本，而这里的人（性）是靠关系来定义的。一切不在关系中定义的人，都只是在说人的动物性（本能）方面，而唯有在关系中看到的人，才有其人性的一面。正是从这一点上，我们可以回味过来，从"松散关系"进入的"约定关系"和"友谊关系"，只是一个具有个体性特征的人自己试图建立的关系，这里的个人无论是在抽象层面还是在现实层面，都具有自我特征，正如孙向晨在讨论此类问题时所意识到的：

> 在霍布斯（Hobbes）所确立的现代政治哲学中，个体有着终极的意义，为了保全生命，为了免于个体自由冲突中的暴死，于是决定让渡部分个体的自然权利，通过契约方式来建立国家以实现保护个体的目标。因此国家本质上是为了保护个体而建立起来

的。在"臣服－保护"的机制中，隐含的内在逻辑是保护"个体生命"。所以霍布斯得出结论，在国家的法庭上，"个体"没有义务来揭发自己，而是有权保持沉默。这是西方法律中被告有权利在法庭上保持沉默在哲学上的依据。其实这个问题直接与"亲亲相隐"有关，保持沉默可以理解为一种"自隐"。[1]

作者虽然在这里看到了"生命的连续体"问题，但不知为何还是自觉不自觉地不想放弃西方文化传统中的个体性论证方式，最终只能将儒家倡导的"亲亲相隐"放置在有利于个体的论证之上，得出个体的"自隐"理据可以"顺理成章"地推演出"亲亲相隐"的理据。而事实是，"自隐"的文化预设是"个体性"的，即作者所强调的霍布斯的思想。而"亲亲相隐"的文化预设是"关系性"的。前者是个人权利，后者是关系义务，而且后者的更为极端的表现是，如果需要，不但亲亲可以相隐，而且为了保护亲人，还可以互相顶罪。这些行为原本在其文化价值中都是值得赞赏的行为，可在西方法律看来，显然也是犯法的。一部表现中美文化差异的电影《刮痧》正是道出了其中的深意。由此点特征便可以看出，西方文化中的"自隐""容隐"与中国文化中的"亲亲相隐"是两种不同的含义，只是在现实结果上出现部分重叠罢了。

六、结论

本文研究的重点在于以作者自己建立起来的关系向度理论对"亲亲相隐"进行社会学的解释。通过梳理儒家提出的"五伦"关系在关

---

[1] 孙向晨：《生生不息：一种生存论的分析》，载复旦大学上海儒学院编：《儒学与古今中西问题》，北京：生活・读书・新知三联书店2016年版，第68页。

系向度中的位置，我们可以清晰地看到，父子、夫妇、兄弟关系位于关系向度的"固定关系"中，其价值核心是"孝悌"；君臣关系位于"约定关系"中，其价值核心为"忠"；而朋友关系位于"友谊关系"中，其价值核心为"义"。当然，所谓价值核心主要是指其间的价值导向性，而非一定的、绝对的。当不同的关系类型发展出自己的价值核心时，就会因此而形成此关系中的行为模式和社会规范。可由于在中国传统社会，"约定关系"和"友谊关系"及其相应的价值观均是从"固定关系"中派生与扩充出来的，而不独立生成于关系分类本身，因此各价值观的主导性很容易回归，即发生价值上的"认祖归宗"现象。在西方文化中，公共领域与私人领域、组织生活与个人生活等，都分属不同的社会类别，其行为模式和社会规范也各不相同。而在中国传统社会，因其他类型的关系向度都存在回归性，故"固定关系"中的价值将高于其他类型的价值。本着这样的思考与行事逻辑，"以孝治天下"的政治与社会思维就此形成。这也就不再奇怪，即当不同关系类型之间发生冲突时，其最终裁定的依据自然便是以"固定关系"的价值为本。"亲亲相隐"之所以具有其正当性，正是从这一最终原则中得到的。这个原则之所以有时也出现于其他类型的关系中，比如"约定关系"或"友谊关系"中的君臣、朋友，是因为这些关系运行仿造了"固定关系"，但却最终还不是"固定关系"本身。这就给这类派生性关系带来了弹性或余地，比如如果君臣之间发生矛盾，臣终究可以辞官，可以说上一句"道不同不相为谋"，但在"固定关系"中，如果家人之间发生冲突，那么彼此之间则没有退路，尤其在被嵌入等级秩序后只能以敬重、爱戴、服从、隐忍、几谏、忧愁、大哭等来处置。

而尤为重要的是，关系向度理论让我们看清了"固定关系"的文化预设是"关系"本身。在这样的文化中，个人缺乏自由度和独立性，和谐与秩序是其终极追求；而在"松散关系"中，个体性得到增长，个人意识被确认，随之，其自由度与相关权利得到保证。由此来看，儒家对于个体的认知通常是在动物层面，关于人的层面必须回到关系上面去对待。因此，人的定义也就是关系的定义。或者说是关系造就了个人，不是个人形成了关系。基于这样的文化假定，"亲亲"所维系的关系便成了做"人"的底线。一旦固定关系消失，回到了个人层面，那便属于禽兽般的生活。反之，守住关系的底线，无论如何都以保护最终（亲情）关系为最后原则，才是做人的基本之道。至此，我们也可以进一步认为，儒家所强调的道德不是个体自身的品德问题，而是必须嵌入关系的问题。直躬所犯的最大错误就在于放弃亲情关系，而只将道德视为一种与其个性相统一的品德。在孔子看来，这显然不是他所赞赏的道德。此之谓："子为父隐，父为子隐，直在其中矣。"

（原载《江苏行政学院学报》2019年第1期。）

关系与谋略：中国人的日常计谋

【导读】谋略是由中国文化脉络所滋生的一种心智及行为，是依照阴阳思维方式演化而成的。其研究价值不但在于内容的深邃，还来自它不同于西方社会科学方法论与知识论之发展。有关中国人谋略的研究不能只关注它如何争夺利益的一面，还应该看到它在一种社会结构中所形成的适应性方面。由于中国文化假定人心可以相通，日常互动又具有长时效性与低选择性的特征，因此其互动计策便会在以和谐为目标的阳性中表现为隐忍、人情、面子、情境中心、玩阴招等阴性特点，进而演化出戏剧性的特征。最后需要说明的是，有关谋略的现象不是博弈论可以讨论清楚的。

> 一阴一阳之谓道。
> ——《易传》

一、引子：谋略中的方法论表达

谋略，是人类生存与发展之常见与普遍的基本方式。仅就人类早期的狩猎行为来看，如果没有谋略，比如用围、追、堵、截乃至设置陷阱等办法来获取猎物，那么一部族的基本生存都成问题。可见，谋略广泛地存在于人类活动的各个方面，体现了人类自身的智慧性和创造性。谋略作为一个特殊的研究领域，从源头上看，大致是从竞技和冲突开始的，因此它在探讨方向上似乎总是同争斗、利害、输赢等紧密相关。而作为一种智慧，谋略又同个体自身的智力、经历和经验之丰富程度等紧密相关，即更多的可以归结为一种个人的默会知识（tacit knowledge），也就是说，能将客观知识转化为自己心智并加以实际操作的那部分。[1] 或许，由于这样的知识系统常被寄托于交战双方的头领，因此有关此方面的讨论更多的是在军事战略方面。可是，随着社会科技含量的不断增加，现代人似乎倾向认为，决定战争胜败的关键，终究是军事力量，是武器的发明与改良，即所谓军事装备。如果装备悬殊，那么再好的智谋也抵不上先进而强大的军事武器，正如德国军事思想家卡尔·冯·克劳塞维茨（Karl von Clausewitz）所言："当兵力很弱，任何谨慎和智慧都无济于事，一切办法似乎都无能为力的时候，诡诈就成为最后手段了。"[2] 显然，这句话充分地暴露出西方学者对

---

[1] 迈克尔·波兰尼：《个人知识——迈向后批判哲学》，许泽民译，贵阳：贵州人民出版社2000年版，第101—150页。

[2] 转引自胜雅律：《智谋》，袁志英、刘晓东等译，上海：上海人民出版社2006年版，第283页。

谋略的鄙视。翻阅古罗马军事理论家 S. J. 弗龙蒂努斯（S. J. Frontinus）的《谋略》，即使西方军事也讨论谋略，但其智识远在《孙子兵法》之下。由此，就西方发展起来的现代军事科学而言，兵法始终在其次，军备竞赛才是现代化作战的主题。从这一线索窥视西方的文明体系，科学的、技术的、实证的、实验的知识所带来的发明及其应用，总是占据着学术研究的主流。我想，这就是为什么瑞士汉学家胜雅律在对中国谋略的研究中，既看到西方军事研究中也有谋略，却又发现很少有西方知识涉及这一议题。[1]

可是，中国的文明形态则大不相同。中国人的谋略不但异常发达，而且被随处运用。中国人喜欢在各个方面讲究智谋、谋略、计谋、计策或策略，在思维方式上显示出两个特点：一是中国人喜欢用隐喻来贯通天地万物并加以运用，借用《易·系辞》的说法，"仰则观象于天，俯则观法于地，观鸟兽之文与地之宜，近取诸身，远取诸物"。隐喻的实践表明中国人将自己放入宇宙，来实现将一种现象通过启发性的和贯通性的思维以理解其他的活动的倾向。[2] 比如虽然谋略产自军事，但借助隐喻，中国人认为官场、商场、情场、竞技场等统统都可以当作战场做一较量和搏杀。由此，谋略及其运用也就不只限于战场，而是可以推广和比附到其他各种场合中去。这就大大扩张了谋略的使用范围。二是同这种隐喻思维相关的关联思维特征[3]，比较于西方人的理性思维而言，中国人更加重视体悟、体会、联想、经验等个人的默会知识。当然，也由于对这种思考的总结更多的来自个体的智力和悟

---

[1] 参见胜雅律：《智谋——平常和非常时刻的巧计》，刘晓东、朱圣好译，上海：上海人民出版社1990年版。

[2] 乔健：《中国精英的谋略行为——一项人类学分析》，翟淑平译，载王铭铭主编：《中国人类学评论》2011年第20辑，北京：世界图书出版公司2011年版，第128页。

[3] 葛瑞汉：《论道者——中国古代哲学论辩》，张海晏译，北京：中国社会科学出版社2003年版，第360—424页；安乐哲：《和而不同——中西哲学的会通》，温海明等译，北京：北京大学出版社2009年版，第195—254页。

性，因此中国文化也无力将其转化为客观化的原则和原理，其表述方式基本上体现出经验的或感悟的特征，或者说中国人对于这方面的陈述更多的是案例性的、历史性的叙事风格。[1]

以今日社会科学方法论来衡量，中国人这种认识人与世界的方法所得到的真实性完全不符合现代科学研究的标准。但应该强调的是，借助某一事件或活动而启动的智慧，依然是人类获取世界真实性的重要方法。只是由于现今我们获得知识的途径几乎全部让位于实证研究或者实验室，因此这类一路下来的总结性方式方法也逐渐被废弃了。可依我之见，讨论中国人的谋略问题，恰恰需要回到这样的方法上来，因为它能为我们认识人与世界重新打开一扇窗户，让另一种真实性再次进入社会科学的领地，甚至产生一种新的方法论。有关这样一种真实性，福柯有很好的见识。他说：

> 在我们的文明中，原来有着一整套确定"真实"的技术，然而科学实践一步一步地损害了它们的声誉、掩盖了它们，并最终驱逐了它们。"真实"在这里并不属于某种现存的秩序，而属于某种偶发的秩序：它是一种事件。它不是被记录下来的，而是被引发出来的，是 apophantics（这是一个哲学术语，用以描述各种涉及某种真实的东西的命题）场所的一种产品。[2]

> 古代的，被损害了声誉的"真实"，——福柯继续说道，不是由诸如现代实验室所使用的那些工具的中介来提供的，而是直接生产出来的、铭刻在个人肉体和灵魂之中的。这种作为某种"考验"

---

[1] 参见翟学伟：《事实再现的文学路径——一种人文与社会科学研究方法之建构》，载翟学伟：《人情、面子与权力的再生产（第二版）》，北京：北京大学出版社 2013 年版。

[2] 转引自詹姆斯·米勒：《福柯的生死爱欲》，高毅译，上海：上海人民出版社 2003 年版，第 367 页。

的产物的"真实",远不是什么严格的方法规则所能控制的;它是"由仪式激发出来的,是通过窍门来达到的,人们只有凭运气才能得到它,只能用计策(而不是方法)才能掌握它"。所以,〔"真实的"〕发生产生于这样一种人的心中:他躺着等待它,能被打动,能创造一种关系——不是客体对认识主体的关系,而是一种含糊不清的,可逆的关系,一种有着强烈的控制欲,支配欲和征服欲的关系,即一种权力的关系。[1]

而对于这样一种关系,法国汉学家余莲(也译于连)在研究中文"势"的概念时也有所发现,即把"势"看作一种操纵的逻辑。[2]他颇有见解地认为:

是故,操纵与说服相互对立。这点对中国传统之认识深具启发,它显示了中国人在面对他者的时候,不论是集体或是个体,行为之中有某一种逻辑,这个逻辑并不限于政治或战略的范畴。我们于是想观察,在政治与战略范畴之外,它作为社会和善

---

[1] 转引自詹姆斯·米勒:《福柯的生死爱欲》,高毅译,上海:上海人民出版社2003年版,第368页。
[2] 有关操纵与说服的对比,余莲有一段说明:"操纵的逻辑在意识上事先预设了一个观点,即认为我们与其他人的关系是建立在我们可以任意左右他们的思维(把他们视为工具),而不是把他们本身视为一种'目的'(这正好与康德的论点相反)。这种逻辑还暗示拒绝一切说服他人的努力,因其根本上就不信任言说的力量;这个不信任语言的态度亦是古代中国的特征之一,这点与希腊完全不同。当然,西方的修辞学也可视为一种操纵的技巧;而且它至少指出,我们转身面向他人,对他发言并且试图说服他。这么做,也让对方有机会回答,保护他的立场并且为他所持的相反观点做辩护。如此一来,一场双方正反之辩论,目的总是要使真理愈辩愈明,至少,辩者能意识清醒地作出回答。此时,冲突等于时机,因为辩论容许反抗。经由中国文化和西方文化的明显差异,又从后者强调面对面——正好反映了希腊人战场上的布局——的逻辑模式,我们看见希腊式民主诞生了。"余莲:《势——中国的效力观》,卓立译,北京:北京大学出版社2009年版,第48—49页。

恶道德观现象，如何在日常生活里有更普遍的作用；我们甚至想探讨人们在平时的生活里如何使用操纵来建立人际关系，研究这个间接操作控制的策略如何不仅仅用在战事方面，还天天为人使用，并且分析这个受局势限制的政策如何不只牵涉到权力管理，还涉及最普遍的行为规则。在中国文化里，中国人对此逻辑之感受太直觉了，也太习以为常了，以至于没把它发展成为一套理论学说（毫无疑问，正因为大家立刻就接受了它，所以没人会想去阐明它）。[1]

显然，有关谋略的活动是一种偶发的操纵性的关系，是在复杂的社会交往中不停被激发和创造出来的形势或格局，当然也是中国文明孕育出来的一种生活常态。只是西方文明进程中出现了宗教、理性和科学及其法则并被冠以"普适性"之后，中国自身文明所呈现出来的这一常态，在知识层面被压抑了。在这样一种一面得到张扬一面受到压抑的文明进程中，谋略作为社会科学领域研究的衰落是不可避免的，可它在中国人日常生活中的表现依然令人惊讶。如果学术界不能对这一现象进行探讨，那么我们对中国人与中国文化的理解将始终处于"半吊子"的或有所缺憾的境地。

二、为何谋略：个人动机的解释及其不足

在讨论中国人的日常计谋之前，我想先探讨一下谋略或曰相对发达的谋略在什么样的文明生态中容易滋生。就目前许多关于谋略的研究文献来看，似乎比较统一的认识是，谋略的产生主要在于"争利"。

---

[1] 余莲：《势——中国的效力观》，卓立译，北京：北京大学出版社2009年版，第49页。

换句话说，如果利益是人的根本诉求，那么"谋"就是一种很有效的争利手段，即所谓"谋利"。比如有学者认为：

> 凡为谋必有一个与人争利的逻辑背景，如果没有人人之间的利益纷争，谋略就失去了存在的依据。因此，不是出于人我之间的利益协同一致的假定，而是取定人我之间利益的对立和纷争，是谋略运思的典型形态。所谓"达于理者必明于权"，"国之利器不可以示人"，"成败利钝在于筹谋"，"狭路相逢勇者胜，力势相均谋者成"等等，都假设并取定了一个在权谋背后的利益对立，势利纷争的势态。正因为如此，有没有谋以及谋之高下的问题才显得尤其迫切而尖锐。[1]

> 因此，归根到底，谋略的目标是谋利，谋夺的对象是谋人。谋略的实质是通过人我之间的智慧争斗来谋求人我之间利益的重新分割和利害转化。故此，谋略的精神应对态度和方式不是单纯的认知，而是直接的争利，其思维考察的对象不是单一事实性的自然对象，而是在人我利害关系背景下人与事物的价值关联。[2]

众所周知，争夺利益的方式可以有很多种：征服、镇压、豪夺、窃取、威胁、谈判等。但以中国智慧来看，其中有高下和层次之分。如果一个人为了争夺利益而最终让自己付出沉重代价，那这样的利益就不值得去争夺。这是代价论的问题。代价论本来是一个经济学的问题，但在中国却体现在军事和政治方面，比如《战国策》上说：

---

[1] 吴兴明：《谋智、圣智、知智——谋略与中国观念文化形态》，上海：上海三联书店1993年版，第19页。

[2] 同上书，第13页。

> 濮阳人吕不韦贾于邯郸,见秦质子异人,归而谓父曰:"耕田之利几倍?"曰:"十倍。""珠玉之赢几倍?"曰:"百倍。""立国家之主赢几倍?"曰:"无数。"曰:"今力田疾作,不得暖衣余食;今建国立君,泽可以遗世。愿往事之。"

这段话充分体现了在利益问题上,中国人认为政治谋略远胜于经济谋略。又由于政治与伦理本身不做区分,也不设边界,因此所有社会生活领域都可以作如是观。可是,如何算计才是划算的呢?《孙子兵法·谋攻篇》可以成为划分谋略高下的经典:

> 故上兵伐谋,其次伐交,其次伐兵,其下攻城。

> 故善用兵者,屈人之兵而非战也,拔人之城而非攻也,毁人之国而非久也。必以全争于天下,故兵不顿而利可全,此谋攻之法也。

这一段所透露出来的代价高低标准首先是动武还是不动武。当然不动武是高明的,动武是低劣的(理由是后者总要付出巨大成本和代价)。次要原则是不动武本身也分高下,所谓"交"就是外交。比如胁迫、协商、说服、收买等,都可以实现获利的目的,即苏秦所谓:"虽有百万之军,北之堂上;虽有阖闾、吴起之将,禽之户内;千丈之城,拔之尊俎之间,百尺之冲,折之衽席之上。"(《战国策·齐策五》)但与外交和计谋相比,更高明的手段还是谋略,因为它是成本最低的全胜之法。这种被西方人看作没智慧、没本事的最低劣之方法,在中国人看来却是最高明、最智慧的方法。[1]而这种以回报和收益之

---

[1] 胜雅律:《智谋——平常和非常时刻的巧技》,刘晓东、朱圣好译,上海:上海人民出版社1990年版,第283页。

关系来衡量智谋之高下的做法，给人们的直观印象就是其目的在于利益方面。其实，当谋略由军事或政治推广到广泛的生活领域后，其目的也是相当多元的。为了说明这一点，我们先来看看：谋略究竟为何义？

"谋略"在广义上说也叫智谋。明代著名作家冯梦龙为此写了十部共二十八卷的《智囊》。现在这个词已被广泛使用，比如在政治、军事、企业等领域都有"智囊团"的说法。谋略涉及面非常广，广泛且深入到日常生活的最细微处，进而同个人经验相结合，成为一种"日常处世理论"（lay theory）。通常情况下，"谋略"是对动用智慧来解决纷争的总称，而"计策"是指具体事件或情境中的策略。《说文·言部》："虑难曰谋。"《玉篇·言部》："谋，计也。"这表示"谋"的本意是人遇到难事的时候，需要化险为夷，这就涉及计策或计谋，而使用计谋的最经济做法就是所谓"蒙"，即蒙蔽他人，也就是让对方麻痹大意、产生误会、上当受骗、失去判断力等，即"兵不厌诈"。这一表达似乎是在说，人在危险时刻或在想达到自己目的之际，是可以通过技巧、心计或者使诈等手段来取胜的。看起来，这些方法比较于常规的能力、实力和筹划等显得不靠谱、不踏实、走偏锋，但正因为它们超出常规、打破常规，才产生了奇效。当然，要达到这样一种效果，首先要能对对方的"动机"进行解读。的确，谋略特别强调"攻心为上，攻城为下，心战为上，兵战为下"（《三国志·蜀书·马谡传》裴松之注引《襄阳记》）。就我的观点而言，正因为谋略乃至后人总结出来的三十六计涉及一系列关于看懂乃至看透人心的方法，所以它应该是真正的中国式的心理学。而这种心理学不是在实验室里诞生的，也不是在实验室中得出结论的，而是在人类的社会生活中借助事件中的制衡关系发展而来的，是对对方心理进行直接解读的实用性知识。我以为，如果一个人没有经历过战事，很难理解这种看透人心、识破心计的重大意义。

可是，如果说谋略的运用只在于争夺利益，那么哪一个社会都有争夺利益的问题，为什么只有中国人才偏向选择谋略呢？借助上述思维方式的讨论，我们看到的仅是智谋发达及其运用的特点，但若要考察它的由来，还是需要回到中国文化中来。我认为，将谋略的动机定性为谋利本身当然没有什么错，大量的事实也证明如此，但这种看法似乎过于单一。学者对这一方面的思考显然是从谋略者的个体角度出发的，属于一种个人动机性的解释，进而带有很强的功利主义和目的论的色彩。其实中国人乐于谋略，其原因是复杂多变的，也是多元化的。有关这一思考，需要把谋略放入"脉络观"（contextualism）来考察。也就是说，谋略在中国如此发达，是由人所赖以生存的文化脉络与社会结构导致的。

三、谋略的文化脉络

谋略的文化脉络来自思想与社会两个方面。先从思想方面而论，可以说它源于"道"层面上的阴阳家与"术"层面上的兵法。在中国历史上，阴阳观念自成一家要比儒道形成略晚。老子的《道德经》中关于阴阳的论述只有一句："万物负阴而抱阳，冲气以为和。"但至战国末年，此方面的讨论开始充斥各家言论，也就是说从战国后期到汉代，阴阳和五行开始融合，逐渐成为中国人看世界的根本。阴阳五行本属于由对自然变动直观总结而来的规则性思考，但既然人也融会于自然，那么也一样遵循相同的规则运行变化着。有关这一变化，展示最为充分的是《周易》。《周易》重点讨论阴阳是如何依照规则来变化的。它起源于"易有太极，是生两仪，两仪生四象，四象生八卦"（《易·系辞》），最终通过六十四卦来测算事物的变化，或者叫事物的盛衰规律。可见阴阳之间的对立统一，就是象、数、理相互依存之辩证思想，即所谓"一阴一阳之谓道"。在中国人看来，一个人如果能熟练地掌握这一套规则就可以对人与自然的关系以及人与人的关系，即一人、一事件或一现象的天命、天运、时运、运气、机遇、机会等进行预测，或者说，谋不仅在于个人的聪明，有智慧，而的确有一套成就的方法。这套方法既非客观，也非主观，而是借助易，通过对天象、风水、面相（手相）和占卜等的观察、关联和推算，最终找到对付自然与人事的策略。此策略的妙处在于不但可以用来了解一个人当下的心理动态，还可以预测他的未来。可见，谋略不是西方式的计划（planning），而是人算与天算、人谋与天成的结合。其特点是个人一方面针对一个特定的人事，另一方面又掌握了高度抽象与综合的推测方法，最终获得对在发生的或尚未发生的事件之了然于心的估计。当然，由于个体的悟性差异，此方面的个人能力也有高低之分，这点又将回到斗智上来。

依照阴阳观，中国人的智谋相应地分为"阳谋"（法术）和"阴谋"（心计）。但需要强调的是，中国文化中对万物的阴阳划分不是均等性的。所谓阴阳构成是指阴在前阳在后，即表明阴性比阳性重要，又因为它们可以相互转换而表示为阳在阴中或阴在阳中。比如在隐喻的意义上，水是阴性的，冯梦龙《智囊》开篇就把谋略比喻成水运行于土地之上，也象征中国人把阴性当作哲学思想的根本。又比如，君子归阳，小人归阴。但这不意味着君子坦荡荡就可以战胜小人。单看数量，小人已远比君子多，势力也更强大，所以小人更容易打败君子；加上君子怀德，小人玩术，玩术人在暗处，守德人在明处，结果君子常被小人暗算。当然小人的伎俩一旦成功也就到了明处，转换成阳，又有阴险之人来回击，即所谓中国计谋中的"螳螂捕蝉黄雀在后"。由此，比较阳谋和阴谋，往往总是阴谋更胜一筹。可见，中国人所谓的谋略在总体上是偏阴性的，它使蒙蔽、使诈、设陷阱、玩弄权术等方法受到强调，也对老谋深算之人表示敬佩。但无论哪种谋略,其前提都在于试图通过既质朴又繁杂的测算方法,先搞清楚他人在想什么,然后再寻求对付的方法。所谓"质朴"就是其中没有科学延伸出来的实验设备、工具量表、测试方法;所谓"繁杂"就是要综合运用多种术数手段,将天地人(运气、时机、人事)做综合的测算考察,然后据此进行策划。

由此我们可以得到这样一个结论:以主客观相容的方法面对万物变动出来的唯一性发生认识之验证不可能是实证式的,而是实践式的;不是程序化的,而是事件化的。司马谈在《论六家要旨》中说:"其术以虚无为本,以因循为用。无常势,无常形……有法无法,因时为业;有度无度,因物与合。"计谋之所以成功实现在于不可重复,不可重复竟然可以成为知识不在于知识本身,而在于捕捉现象的方式方法,最终可以"知己知彼,百战不殆"。"知己知彼"是说如何能看透他人的心思,"百战不殆"是说看透后能否掌控他人,从而构成社会学意义上的支配性关系。至于知人的目的或动机为何,反倒是因人而异的。

讨论至此,以上有关谋略的讨论涉及一个中国文化心理学上的假定。梁漱溟有一个很重要的观点,他说:谈伦理,谈学派,其背后有一个心理基础。儒家背后的心理基础不搞清楚,儒家思想便会沦为空谈。[1] 那么,特别偏重讨论人与人关系的儒家文化是如何假定人的心理的呢?它倾向假定:"人同此心,心同此理。"这一假定同西方文化传统所假定的神人关系大相径庭,更与今日西方心理学把心理物理化没有相同之处。对于前者,西方宗教没有假定神造人要造出彼此心理相通,否则亚当、夏娃也不会受到撒旦的诱惑偷吃禁果,更不会有原罪意识。或者说,如果人类的心灵是通上帝的,人类就不会做违背上

---

[1] 梁漱溟:《〈人心与人生〉自序》,载《梁漱溟全集》第1卷,济南:山东人民出版社1989年版,第327—328页。

帝意志的事情。至于后者，人心的物理化会导致主客观的分离，或者把一个人主观上面对另一个人的主观客观化。由于这一思维取向，要想知晓一客观化的主观，研究者只有借助实验、测量和仪器来认识这个客观。可回到中国文化的人心假定来看，中国人假定人心设立于天人之际。所谓天命之谓性，又所谓"尽其心者，知其性也。知其性，则知天矣"（《孟子·尽心章句上》）。可见人性来自天性，天性即天地赋予万物的一种相似的德性，最终也就是孔子所谓"天生德于予"。这一德性对于自然与人是一致的、统一的，是通的。正如二程在讨论格物致知时说的那样："天下万古，人心物理，皆所同然，有一无一，虽前圣后圣，若合符节，是乃所谓诚，诚即天道也。"（《二程集·中庸解》）因为天诚，所以造就的人心就有德，有恻隐之心，有同情心。纵观儒家思想史，我们可以发现，儒家在讨论人的时候，倾向把人道同天道紧密关联，其目的在于"以天征人"，后又强调"天人感应"，以达到隐恶扬善之效果。这样一种天人联系，无法不假定人心为善。假如要想论证人心险恶，那么首先要解决的就是天人相分，把人性同天征隔离开来，比如荀子在假定人性本恶时，就说天同人没有关系。

可是，如果儒家假设人心本善，那么它所面临的问题是，社会上这么多心术不正之人如何解释？儒家躲躲闪闪地回避了这个问题，或者把此种现象归结为环境造成的结果。由此，儒家只偏执于对人之阳面的倡导，即匡扶正义，隐恶扬善，做个正人君子。而实际上，既然人乃阴阳化合之物，那么人心中便有挥之不去的阴面，甚至于正因为外在浩然正气的掩饰，心术不正反而得以藏匿，最终造就了更多的伪君子，或者阴阳转化，即所谓的"伪君子，真小人"，以至于"阳奉阴违"在人际交往中大行其道。由此一点来解读中国文化：读经典，内圣外王，读历史，尔虞我诈，这构成了中国文化自身的阴阳特质。既然人性既有阴面又有阳面，那么中国人的心理学在方法论上也无须借助一种外在的测验工具来认识他人，只需要借助"推己及人"，包括自我内省心理上的阴阳两性，就可以推出他人的心理或者阴险所在。从阳的方面来看，儒家总是强调己欲立而立人、己欲达而达人，人皆有恻隐之心，老吾老以及人之老、幼吾幼以及人之幼等能近取譬或忠恕之法。而从阴的方面来看，同样的方法也可以导致以小人之心度君子之腹，或者先小人、后君子等。总之，正因为中国文化对心理的认识是建立在人之心理的相似而相通的基础上的，所以"天地良心""将心比心""心心相印"，抑或"设身处地""揣摩""忖度""琢磨""算计"或"玩弄于股掌之间"等，则被假定皆为可能了。

以上这些认识论和方法论上的准备，最终附着与嵌入中国文化所构建的社会结构，从而实现了谋略的广泛实用性、实践性和操作性，甚至催生了一定的职业，比如纵横家、术士、谋士、军师、师爷等。而这里所谓中国社会结构之主干则是由帝王之学而构成的君臣结构，也就是一大批自认为掌握了五花八门的谋略之法的知识生产者，将为帝王或者地方之统治献计献策。

中国社会结构本源自宗法。家与国的结合使得这一社会对人的控制很自然地通过日常人伦向政治控制发展，所谓修身、齐家、治国与平天下，几乎构成了社会治理的连续性环节，所谓"一家仁，一国兴仁；一家让，一国兴让；一人贪戾，一国作乱。其机如此。此谓一言偾事，一人定国"（《大学》）；再者，这样的结合对于帝王将相治理家国，也构成了一种一贯性的特征，而非分别对待，此所谓"凡为天下国家有九经。曰：修身也，尊贤也，亲亲也，敬大臣也，体群臣也，子庶民也"（《中庸·第二十章》）。当然，不仅儒家一家提供了治国的方略，其他各家也在探讨治国的问题，进而使得仁政、法治、义政、无为等一直处于无休止的争论之中，供帝王参考与选择。其间，大量的知识分子想实现自己的理想抱负，就是去辅佐帝王达成平天下的意愿。由此，权力中心化、为政谋略化与学术政治化以及与此配套的文官系统等，贯穿整个中国历史。当然，其中的危险性在于，各种各样大小不等的谋略也贯穿其间，如宫廷是否祸起萧墙，大臣是否谋反，平民是否造反等。所有这些导致权术与权谋必然弥漫于整个中国历史。

通过以上的讨论，我们可以看到，源自军事活动的谋略从根本上讲就不可能产生于实验室，而当今社会科学的核心知识则来自实验室。这是谋略引发的人生与社会科学引发的人生在方法论上的根本差异。谋略知识是行动中的知识（knowledge in action），社会科学知识是实证性的知识。前者一旦泛化到社会生活的各个角落，那么寻求当下的他人心态或计算未发生的心理轨迹乃至操控他人将成为人们追逐的心法。而当今的社会科学就是要驱散这一可能，想让人们更相信唯有借助实验室或数理统计才可以客观、准确地测量、描述乃至分析人的心理与行为，进而将这一知识用于社会生活的各个角落。当一种文化认定人的心理是可以彼此感应并加以操纵时，这个文化的重点是寻求"计"在哪里，不是"数据"在哪里；当一种文化认定人的心理可以客观化地量化时，这个文化的重点则是只有收集数据才是定国安邦的根本。总之，谋略之所以在中国文化中如此发达而不走向实证化的知识论，是因为中国人在其自身的天—地—人之关系架构中发展出了思维上的主客体兼容、认识论上的阴阳观、方法论上的推己及人以及帝王学中的君臣结构。

四、从关系向度看谋略

以上是以谋略为中心所看到的人与人之间发生计谋的文化渊源及其延伸到各种社会关系中的功能。现在我将这一讨论方式翻转过来，即以关系为中心来看计谋如何在其间运作，换句话说，即讨论在日常互动中,究竟什么样的关系结构及其特征会引发计谋。为了配合我上述有关谋略具有偶发性和操纵关系之思考,我也只能以案例和故事的方式来陈述。我首先认为,大凡社会关系都应有两个重要的维度,一个是时间上的,一个是空间上的。[1] 时间上的维度是指预期交往时程的长短,空间上的维度是指交往者预期彼此交往的稳定性,以此引申为个体在交往中的自主选择性。如果选择性大,那么稳定度就低;如果选择性不大,稳定度就高。以此两个维度,我们得到了一个关系的四分图,见图1:

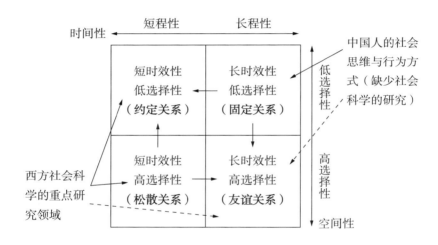

图1 关系的向度及其特征图式

首先需要表明的是,上述各向度中的关系特征作为一种研究上的理想型建构,没有那么严格,只表示人们在交往上的大致类型。从图1的箭头可以看出,其重心是"松散关系"与"固定关系"两个向度。"松散关系"意味着个体自身具有很大的自由度,他不确定同任何

---

[1] 参见翟学伟:《关系研究的多重立场与理论重构》,《江苏社会科学》2007年第3期;翟学伟:《中国人的关系向度及其在互联网中的可能性转变》,载翟学伟:《中国人的关系原理——时空秩序、生活欲念及其流变》,北京:北京大学出版社2011年版。

人具有稳定性的关系，而其行动方向将由自己的意志、人格及偏好来决定。这一特征其实同许多学者概括出来的"个人本位""个人取向""个人主义"或者"俱乐部式的社会"等概念相一致。由此方向上而发生的社会科学研究关注空间与个体的关系，比如心理学中的拓扑心理学、勒温的场论，社会学中的符号互动论、戏剧理论、社会交换理论、布尔迪厄的场域论，经济学中的理性选择论等。与它紧挨着的是"约定关系"和"友谊关系"两个向度，也就是说，随着个人的自由移动及其交往意愿变化，他最有可能进入这两种关系。前者比如从事一些社会活动，加入俱乐部、社团、组织、公司等；后者则发展出熟人关系、朋友关系、婚姻关系等。可"固定关系"是一种彼此捆绑和牵扯在一起的关系。个体无论出于何种原因和目的，几乎都无法摆脱那些被确定的关系。此向度中的个人基本没有自由活动的空间，也很难实现自己的意愿，并要学会处处顾及他人的感受。在此向度上，它也紧挨着"约定关系"和"友谊关系"，一样可以从自身发展出这样两种关系来。只是因进入的方向不同，其内在动机和行为轨迹虽有部分的重叠，但依然会有很大的差异，比如前者更看重契约，而后者更看重老朋友、老交情等。以关系的结构而论，"松散关系"最少使用谋略，最多启用理性选择；而"固定关系"最需要使用谋略，却很少有机会启用理性选择。

中国农耕文化所带来的中国人的交往模式偏重"固定关系"的向度，所以中国人的关系特征及由此而生的计谋也就展现出来了。

首先，"长时效性"意味着生活于其间的人们需要找到让关系长久下去的方法。长久性本是这一文化模式的需要，在一种新的文明形态，比如工业文明、城市生活或者互联网时代等没有构成实质性冲击的情况下，人们不可能挣脱它去寻求另外一种模式。因此这里的问题不是如何变更模式，而是以何种方式来迎合这一结构性要求。长时效性的首要原则是交往的秩序，因为唯有秩序才可以保证交往的顺利进行。从阳性角度看,"礼"是维持长效有序交往最合适的规范。以"礼"建立起来的秩序,会把"和谐"作为其思想的核心。《中庸》里说:"中也者,天下之大本也;和也者,天下之达道也","致中和,天地位焉,万物育焉。"《论语》中也说"礼之用,和为贵。先王之道,斯为美。小大由之,有所不行,知和而和,不以礼节之,亦不可行也"。显然,这里讨论的"和"包含了天地万物与人的关系。而人和,即"天时、地利、人和"中之"人和"才是重中之重。"和""和谐"或者"和合"等说起来很美好,可一旦落实到具体社会运行,情况就没那么乐观了。安乐哲意识到:

> 为了促进真正的社会和谐,儒家思想强调情感方面的默契,这种默契通过合乎礼节的社会角色和行为来表达,这种礼节在意识层面上掩饰了人与人之间的分歧。人们在使用礼节进行交流过程中,重视的是具有很强道德实践意味的"道",而不是去发现某种客观的"真理",在这样一种道德实践中,人们不再简单地流露自己的情感,那种过分随便流露感情的方式一般不为接受。由此可见,在礼仪背后的统一性是很难用语言加以表达的。由于对礼节的实践具有最为基本的美学(aesthetic)特征,所以人们在使用礼节进行交流时可以做到基本不发生争议。[1]

而历史给了我们一个更为真实可信的实例,其中反观了这样合乎礼仪的感情默契具有怎样一种阴面:

> 郓州寿张人张公艺,九代同居,北齐时,东安王高永乐诣宅

---

[1] 安乐哲:《和而不同——中西哲学的会通》,温海明等译,北京:北京大学出版社2009年版,第68—69页。

慰抚旌表焉。隋开皇中,大使、邵阳公梁子恭亦亲慰抚,重表其门。贞观中,特敕吏加旌表。麟德中,高宗有事泰山,路过郓州,亲幸其宅,问其义由。其人请纸笔,但书百余"忍"字。高宗为之流涕,赐以缣帛。(《旧唐书·卷一百八十八·张公艺》)

众所周知,无论是对于一个家庭、一个群体、一个组织还是一个国家,中国人可以公开倡导的价值观都是和谐,而作为中国历史上的一个典型案例,张公艺率领的大家庭也的确做到了。从北齐,历经隋朝直至唐朝,张家一直是帝王表彰的典范。或许如果人们借助旌表,得到的就是一个和睦的大家庭的结论。幸亏有唐高宗路过此地前往取经,让后人得到了张公艺给出的真实答案。显然,这时的张公艺给出的答案不是他在实践儒家所讲的"仁、义、礼、智、信"之类,而是书写出了一百多个"忍"字,这构成了阳性之和谐的阴性一面。

这时我们看到长时效性和低选择性的关系结构给人们带来的和谐、稳定或顾全大局的压力,很容易导致个性受到压抑。在中国,个性太强是一个不好的评价。许多个体为了在这样的关系结构中生存,要策略性地放弃自己的意愿,也不表露自己的真情实感,并适时地、一味地迎合他人的需要。久而久之,中国人在日常交往中会给自己戴上一个面具,造成互动模式上的表里不一以及对人情与面子问题的关注。由此向度,我们再来理解人情,也就不是情感问题,因为它不来自人与人之间的真情,而来自交往形式上的不得已,是"礼"与"面子"的诉求,即"礼数"。所谓礼数是指人们在交往过程中依据平衡性原则[1]所实现的工具性和情感性的混合体;它的运行方式是通过人情来

---

[1] 参见翟学伟:《中国人际网络中的平衡性问题:一项个案研究》,载翟学伟:《人情、面子与权力的再生产(第二版)》,北京:北京大学出版社 2013 年版。

实现获利,也通过获利来增进人情。

在这一礼尚往来的过程中,对等性的交往或者理性的算计都是灾难性的,因为等价交换意味着关系结束,而理性计算意味着斤斤计较。于是为了满足长时效性和低选择性,中国人在互惠中采取了"互欠"的策略,以此让人情没完没了地进展,进而发展出了"报"的概念[1],也就是交往一方的下一次酬谢总是多于先前别人对他的帮助。杨联陞举过这样一个例子:

> 九世纪前期的一个宰相崔群以清廉著称,以前他也曾担任考官,不久以后,他的妻子劝他置些房产以留给子孙,他笑着答道:"我在国中已有了三十个极好的田庄,肥沃的田地,妳还要担忧房产做甚么?"他的妻子很奇怪,说道从未听说过。崔群说:"妳记得前年我任考官时取了三十个考生,他们不是最好的财产吗?"他妻子道:"如果这样说,你自己是在陆贽底下通过考试的,但你任考官时,却特别派了人去要求陆贽的儿子不要参加考试,如果说考生都是良田的话,至少陆贽家的地产之一已经荒废了。"崔群听了这话,自觉非常惭愧,甚至几天都吃不下饭。[2]

崔群惭愧的地方是他为了做清官,竟然没有用人情的原则来报答他的考官,而他自己却用这个原则来要求他的考生。可见,人情运作让一个洁身自好的人很难做人。

现在再来看中国人的面子功夫。从某种意义上讲,面子运作或表里不一是一种阳奉阴违的手法。它使得人的言行之中带有很强的戏

---

[1] 参见翟学伟:《报的运作方位》,载翟学伟:《中国人的关系原理——时空秩序、生活欲念及其流变》,北京:北京大学出版社 2011 年版。

[2] 杨联陞:《报——中国社会关系中的一个基础》,段昌国译,载刘梦溪主编:《中国现代学术经典·洪业 杨联陞卷》,石家庄:河北教育出版社 1996 年版,第 875 页。

份。[1] 请注意，这里的"戏份"不在于社会学研究者寻求到的一种看待谋略的视角[2]，或构成西方社会学理论中的戏剧论，而是说参与日常互动者本人会用一种戏法来设置陷阱，或曰"做局"。19 世纪来华传教的英国传教士麦高温（Dh. J. Macgowan）给我们讲述了这样一件事情：

> 在我所管辖下的一个乡下教堂里，那儿的传教士不受欢迎。……最后，教民们都不喜欢他，想解除他在本地传教的资格。但如何办这件事却很棘手，因为那会让他"丢面子"的。如果让他暂停传教也会产生同样的效果，所以也避而不谈，由于教民们想出的许多办法在实行时都可能伤及传教士的"面子"，因而被一一否决。有几个教民中的首领于是把此事托付于我，让我想法解除这个与他们毫无联系的传教士的职位。这事对我来说也不是轻而易举的，因为我也无法做出有伤他面子的事，于是就编了一套让他觉得莫名其妙的说词把他调到另一教区。
>
> 在给他安排到另一教堂作传教士之后，我让他写了一份辞呈，然后就去通知他原来的教民，告诉他们由于某种原因，他们的传教士辞退了这里的传教工作，因此，他们必须再找一位来作他们的导师。宣布这一决定时，人们脸上的表情装扮得像演戏一样逼真。他们看上去好像惊愕了，脸上呈现出由于惊愕而产生的各种不同的表情。过了一会儿，人们开始抗议并恳请传教士收回辞呈。如果我不了解其中的原委，也不知道教民的真实想法，我真是会被骗的，也和他们一起劝那位传教士看在教民一再挽留

---

[1] 参见翟学伟：《中国人的脸面观——形式主义的心理动因与社会表征》，北京：北京大学出版社 2011 年版。亦可详见本书中《中国人的人情与面子：框架、概念与关联》一文。

[2] 参见乔健：《中国精英的谋略行为——一项人类学分析》，翟淑平译，载王铭铭主编：《中国人类学评论》2011 年第 20 辑。

的份上收回辞呈，但我没有那么做。相反，我宣布说教士的意思很坚决，已没有更改的余地了。一会儿过后，挽留的声音才安静下来，教民最终接受了教堂传教的职位暂时空缺这一已成定局的事实。

现在，这些人不应因其虚伪而受到谴责。他们出于善意的动机而上演的这出戏保全了教士的体面，尽管他们对他的传教方式毫无好感。他们本可以毫无人情味地把报酬交给他，并告诉他教民不再需要他了。这也许将使他几年内在教堂里的名声蒙受羞辱。他们想保全教士的自尊，所以才采取这间接的方式来达到目的。

但整个事件却没有以那天的表演而告终。大约几星期后，仆人来到我的书房告诉我，那几个首领和这个教堂的传教士想见见我。我心里琢磨着他们找我会有什么事，在他们落坐并彼此互致寒暄之后，我很客气地问他们有什么特别的事情要和我商量。其中一个最有身份的人告诉我，他们为失去了教士而深感不安。自他辞去后，整个教堂里显得杂乱无章，情况很让人担忧，他们来就是想和我商量看能否对他重新考虑一下他的决定，请他看在他们一再恳求的份上留下来继续为他们指点迷津。

他们一个接一个地表明了这层意思，并罗列出充分的理由让我劝他撤回辞呈。我被他们搞得不知所措了。就是这些人在不久前还费尽口舌让我设法把他调走的呢。我这样做了。可现在他们又来了，还带着这个他们打心眼里十分讨厌的家伙，就在他们原来的位置上滔滔不绝地陈述着挽留他的理由。对他们来说，幸亏，我没有听他们的话，而那传教士也站在我这边，说他已下决心接受了另一个教堂的邀请准备到那儿传教。又谈了些其他的话题之后，他站起来离开了，因为他还要再赴一个约会。当他关上门后，我冲着那几个人厉声说道："你们能不能告诉我搞出这么些名堂究竟要干什么？你们先开始不想要这位教士，我出于同情给他安排了一份很不舒服的工作,但却成功地照顾了大家的面子,而现在你们又来这儿恳求让你们无法忍受的人继任,这把戏到底是什么意思?"

　　到这个时候,这些人仍保持着一副严肃的表情。他们连眼皮也不眨一下,脸上更没有流露出一丝正在作假演戏的神情。其中一个人的表情最为庄重,他的眼里闪烁着喜悦的光芒,脸上带着出自内心深处的微笑,他仰起头对我说:"我们想摆脱这个人是千真万确的,而他自己也知道这一点。然而,我们不能让大家看出这一切。那样的话会使他丢尽颜面,甚至在今后的几年内也无法挽回。而现在,他离我们而去时保全了面子,人们对他一再挽留的事情也会在他即将上任的教堂里被传扬,他也不再像以前那样,可以抬起头来做人了。"他在慢慢地讲这些话的过程中,笑容在他的脸上一点一点地泛起,最后弥漫了他脸上的各个部位,那双透着点幽默感的眼睛也不时地闪烁着光芒。其他人也为他们一手炮制出的这出喜剧发出了会心地笑。那笑容如导电一般,从脸庞延展到前额直至发根。他们的笑是如此有感染力,连我也和他们一起发出了出自内心的大笑,那笑声在整个屋子里久久回荡。[1]

从这一个案中,我们可以领略到中国人日常计谋的精彩之处了。它集中反映出狡黠的中国教民为了轰走他们的牧师,采用了兵不厌诈的方式,以非常高超的戏份完整地布了一个局。可以设想,这个传教士即使被调离了,一定还信誓旦旦地认为,该教堂的那些教民一定很想念他,希望他什么时候能回来。而尤为复杂的是从面子上来讲,即便该传教士最终识破了这一陷阱,他在面子上也没有损失,因为他毕竟是被调走的,不是被人轰走的。以我前述的隐喻、关联性和扩张性思维

---

[1]　麦高温:《中国人生活的明与暗》,朱涛、倪静译,北京:时事出版社1998年版,第340—342页。

方式来看，这样的事例具有很重要的解读性，我们可以举一反三地理解中国人的日常计谋。由此可见，中国人在日常互动中特别讲究人情和面子，实在是一种重要的计策行为。有了这样的行为模式，人们一方面可以在表面上和平共处，相安无事，另一方面却可以在私底下钩心斗角，想方设法搞垮对手。

这一个案还反映出了中国人对做人原则的强调，体现着中国人为人处世的圆融或者圆滑。中国人在互动中喜欢强调行为表达的恰当与否（而非真假），这点让西方人误以为中国人不讲真话。其实，中国人遵循的处世原则更多的是场合与情境的问题。"情境"是社会学或社会心理学常用的概念。它不同于"环境"，因为它带有人的主观定义性特征，即情境定义。该定义是由美国早期社会学家威廉·I. 托马斯（William I. Thomas）所创。他认为："在任何自决的行为之前，总有一个审视和考虑的阶段，我们可以称之为对情境的界定（the definition of the situation）。而且事实上，不仅具体行为依赖对情境的界定，而且渐渐地一生的策略和个体的个性都会遵循一系列这样的界定。"[1] 托马斯对这一概念的讨论本是建立于对失足少女心理和行为的探讨，但我们可以从中挖掘出另一种含义：当个体对其所处环境做出主观的定义时，他的行动是由自我决定，还是受其所处的环境左右的呢？依照人类学家许烺光的研究，中国人的心理和行为偏向"情境中心"，这点同美国人的"个人中心"的价值取向构成了反差：

> 置身于这种人际网络中的个人，倾向于以一种怡然自在而有区隔的方式对待自己的社会。他之怡然自在是因为：在自己所属的团体中，它具有某种安全感，稳定的位置；他之所以有所区隔，

---

[1] W. I. 托马斯等：《不适应的少女》，钱军等译，济南：山东人民出版社1988年版，第37页。

是因为自己必须以区分"内/外"群体的二元对立方式去理解外部世界。对他来说，团体之内和之外的事物具有完全不同的意义。以这一基本假设为前提，在他一生的经历中，会因情境不同，而存有种种不同的真理。在某些情境中正确的原则，到了别的情境下，可能并不适用。但在每一场合中的原则，都同样值得推崇。[1]

比较而言，情境中心之人的心计更重一点，因为他需要对关系的亲疏远近以及如何在不同的他人面前做出恰如其分的行为举止等，都有很复杂的应变能力，包括如何讨好或者奉承他人，至少最低限度不得罪他人。而所有这些都构成了中国人的"做人"艺术。在西方人的眼里，如果中国人不说实话、不做实事，那么就是欺骗或者弄虚作假。但从情境中心来看，根据场合来调整自己的行为，是一种恰当，或恰如其分、合情合理的心理与行为。所谓恰当，就是一个人可以不考虑自我与行为之间的一致性，只需要考虑如何根据场合来决定自己的行为，并由此隐藏自己的真实自我。胜雅律从《人民日报》上看到一位记者举了这样一个例子：

> 常言道，眼见为实，耳听为虚。……可是近几年来，我对此"理"却越来越疑惑了。记者常常跟随领导视察、检查工作，领导所到之处，面目常是焕然一新。有一次，一位领导检查某市市场，头一天九元一市斤的瘦猪肉，立刻下跌至六元。一到冬季某市上空被烟雾所笼罩，市民常提意见，不见改观。突然有那么几天，晴空万里，空气清新了许多。后来听说那几天恰好是某卫生检查团光临此地，市里布置，大专院校、工厂不得开灶，给学生、工

---

[1] 许烺光：《宗族、种姓与社团》，黄光国译，台北：南天书局2002年版，第2页。我认为，"这种人际网络"即情境中心。

人发放面包、香肠充饥。工厂停产几日换得了奖状;环卫检查团来临之时,某市昔日荒芜的人行道立刻变得绿意盎然,只因上边来检查,一夜之间种上了冬麦草。诸如此类,不胜枚举。然而,便宜的肉,晴朗的天空,路边的绿地都是记者亲眼所见,但的确不是此处的"真实",你说"眼见为实",当今灵不灵,不能不打问号。[1]

其实这里面有两个层面上的计谋:最低层面的计是让领导高兴,无所谓实情上的真假;而更高一层的计则是,如果我们以为领导在视察中常常受骗上当,那就是小瞧这位领导了。更多的情况是,领导自己也是从基层上来的。难道他自己没有用过此计来接待过他的领导?当然也用过。所以这个时候的妙招其实是以一次上下合谋,实现评上卫生文明城市的光荣称号,这样便获得了每个人的表彰和提拔机会,也可以得到更多的投资和奖励。于是乎,面子、人情和戏份还是搅和在一起的。

通过上述讨论,我们可以看到,在儒家大力弘扬修齐治平、君子理想、纲常人伦、以和为贵、礼义廉耻等的背后,人们在策略上遵循的却是做戏、圆通、屈己、隐忍、玩阴招等阴柔之法。总之,中国人的计策不仅表现于利益的争夺,也表现于对一种稳定结构形态的适应。在中国人的关系向度中,许多日常计谋都是针对这种长时效性与低选择性关系的。比如作为领导者,他不单希望自己一直做下去,而且还希望找到自己的接班人,以产生更加持久的控制力或影响力;还比如在做生意方面,中国人也倾向"放长线,钓大鱼"的经营策略,另有赊欠、欠债、父债子还等现象;又比如在婚姻策略中,中国人也很少考虑爱情成分,更不看重一时之爱,而更倾向追求一世之稳定,进而

---

[1] 胜雅律:《智谋——平常和非常时刻的巧计》,刘晓东、朱圣好译,上海:上海人民出版社1990年版,第581页。

讲究"般配"、谈条件等。[1]

五、结语：东方与西方，谋略与博弈

通过上面的讨论，我们似乎得到了一个基本的印象，那就是谋略的问题凸显出了中国文化自身所孕育的人与人的关系问题。虽然作为社会现象，西方文明中也有大量的事实呈现，但似乎没有进入知识殿堂。可是，随着经济学帝国主义的知识扩张，博弈论在成为显学后，很大程度上也被看成一种研究行为策略之学科。那么博弈论中的策略研究同中国的谋略论之间会是什么样的关系？或者说，博弈论可以成为我们将谋略带入知识殿堂的机会和途径吗？

目前中国学界有这样一种倾向，就是把中国的谋略论放入博弈论来思考，比如有一部关于博弈论的书，取名为《博弈论的"诡计"全集》。[2] 翻阅此书可见，作者只是把最常见的中外故事放在"博弈"的概念下罗列一番，尚没有达到用博弈论重新研究"诡计"的水平。虽说此书并没有说清楚这两者是什么关系，但编者至少流露出了"诡计"是可以放在"博弈"的概念下来说明的想法。而另一本书的书名为《博弈论的诡计：日常生活中的博弈策略》[3]，此书对博弈有比较清晰的解析。作者倾向认为，许多诡计在博弈论中是可以得到解释的。由于作者熟知博弈论中的许多原理，因此试图把一些本属于中国谋略的行为，统统用博弈论来做分析。那么究竟博弈论能否解释谋略呢？我们还是需要比较一下博弈论和中国式谋略论的各自关注点在哪里。

---

[1] 详见本书中《爱情与姻缘：两种亲密关系的模式比较》一文。

[2] 参见融智编著：《博弈论的"诡计"全集》，北京：中国华侨出版社2012年版。

[3] 参见王春永编著：《博弈论的诡计：日常生活中的博弈策略》，北京：中国发展出版社2007年版。

首先，类比博弈和博弈论、谋略与谋略研究均需要做一区分。"博弈是指各种策略情形，大致相当于化学中的元素周期表。解析型博弈论是具有不同认知能力的参与者如何在博弈中行动的数学引申。博弈论高度数学化（这限制了其在经济学领域外的传播）并且通常立足于假设和猜测，而不是对人们在实际博弈中如何行动的细致观测。"[1] 依此标准，谋略与谋略论也不相同，谋略也是反映各种策略的情形，比如"三十六计"，而谋略论则希望能在知识体系中找到自己的位置，其可以拓展的内容是研究各人采取谋略所涉及的要素和基本原理，但能否数学化是值得怀疑的，因为它有一部分内容涉及个人默会知识，而不完全倾向客观知识。这一种智识的讨论在西方被称为"quality"（翻译成"良质"），其启示性发源于东方哲学，而对"quality"的知识建构将打破二元对立与主客观的划分问题。[2]

其次，既然博弈和谋略都涉及策略情形，那么它们是不是一回事呢？我个人的看法是貌合神离。从形式或要素上看，博弈论和谋略论都要关注参与者、信息、行动与结果，但其中的内容有差异。博弈过程很像谈判，即尽可能地把对方的条件呈现出来，做到一切都在明处，由此双方才可以根据个人的理性来实现利益最优化，以达到纳什均衡。可是谋略很像魔术，其中一方对另一方采取"蒙蔽"手法，让一切都处于"虚""诈""诱导""意外"之中，其结局不是讨价还价的双赢或"最后通牒"，而是一方误导另一方的设局。比如，在考察博弈论的源头及其呈现的例子时，拍卖会的方式总在启发博弈论的经济学家；而在研究谋略时，拍卖会的研究实在是走偏了，其重点应该是关注赝品如何变成真品（或相反）。这是两个不同性质的问题，但后者也不能做简单

---

[1] 科林·凯莫勒：《行为博弈——对策略互动的实验研究》，贺京同等译，北京：中国人民大学出版社2006年版，第3页。

[2] 罗伯特·M.波西格：《万里任禅游》，张国辰译，重庆：重庆出版社2006年版，第175页。

的价值判断，因为赝品也有其正功能。

再次，对于互动的双方，博弈假定双方都具有理性，当然他们在策略过程中可以体现出各方的判断力之差异或者文化及其他因素影响的差异。但谋略是假定一方的高度智慧和另一方被此智慧搅乱了自己的思维能力，而成为对方心智上的俘虏，换句话说，一方的高度理性化及其一系列解读心智的手法，会导致另一方失去理性或者自作聪明地做出误判。由此，谋略是"以文克武""以柔克刚""智取""智斗""巧胜""四两拨千斤"及"柔弱胜刚强"之法，有阴胜阳的意味，而非两个理性人如何策略性地实现利益最大化。

最后，传授给一个人博弈论的知识，主要是让他学习人们因理性化程度而发生的（可以数量化的）互动模式，比如囚徒困境，由此学者在博弈论中可以用公式精确地做出此类行动的数学模型，并可以通过实验法来验证或修正。而谋略论则需要传授给人一套因势利导的、顺其自然的、顺水推舟的、不动声色的综合运用天人均衡术等方面的知识实践系统。这是默会知识与客观知识的融合。这点很像西医和中医、做西餐和做中餐的区别，前者更加注重精准、程序和测算，后者更加注重重复的经验、窍门和体悟。

由此比较，回到本文给出的"关系的向度及其特征"（图1）中，我们可以发现，博弈论建立的前提是"松散关系"，该理论要回答的是两个有意志力、有理性的人的互动是否有规则可循；而计策行为发生的前提是"固定关系"，该知识需要回答的是当双方建立的关系无法松绑的时候，个人如何施计，才能既不破坏关系，又能让自己从中获得大利或长远之利。由此，我倾向认为，谋略自身需要进行知识的建构，而不是用博弈论来进行解释。

（原载《社会学研究》2014年第1期。）

爱情与姻缘：两种亲密关系的模式比较

关系向度上的理想型解释

【导读】从亲密关系视角来认识人们的婚恋生活，其中是否存在模式上的差异呢？本文由此问题进入，将"爱情"与"姻缘"视为两种不同的理想类型。作者首先将婚姻关系放入关系向度来寻求其方位。在认识到婚姻关系的复杂性与共通性后，则对爱情与姻缘的婚姻线索分别进行了回溯，以此找出各自的基本含义，从而提出了两种可比较的亲密关系模式：爱情婚姻与缘分婚姻。通过比较发现，前者的亲密性具有个体内在性，比如重视吸引力、理想化、激情等，其延续机制在于做加法；而后者则重视关系外在性，比如命定、般配、说媒等，其维系机制在于做减法。二者的差异可以从它们在关系向度上的各自逻辑起点看出。立足于这两种模式之起点与延展，可以使比比皆是的亲密生活现象得到基本的解释，进而实现了对此议题的知识建构。

一、引言

在人类所结成的社会关系中，亲密关系最为根本，因为此种关系意味着个体的存活、归属及发展，也使得个体对人生产生有真切的感受，诸如何为情感、信任、忠诚、责任乃至于共享的生活体验等。而其间的形式与内容之改变亦是人类社会从观念到行为的最根本的改变。宽泛地讲，家人、夫妻、恋人及朋友等都属于亲密关系。而根据社会学与社会心理学者所达成的基本共识，其核心议题主要是围绕情爱展开的。本文所讨论的这一主题将以婚姻为主要线索。其理由在于，婚姻是亲密关系的最常见与最基本的形式，其他关系大多环绕它而成立与延展，诸如性爱、恋爱、友谊，或者由此发生一些相关变种——同居、同性恋及其他爱恋形式。至于那些借由婚姻进入家庭的人们，又会通过生育或养育构成亲子关系。

婚姻对人类生活影响之重大，造成学者会将其本身作为一种人类文明的重要制度来加以探讨。[1]而单就婚姻模式而论，其含义也较广泛。有的时候它被历史学家与人类学家当作一特定时代或地区的传统婚姻伦理、制度或者婚俗[2]；有时又被社会学家用以表示某种婚姻的基本特点。很多情况下，这些特点是借助对一些国家、民族或地区的调查数据得到的[3]，比如了解一定时期人们的婚姻意愿、结婚率或离

---

[1] 参见 E.A. 韦斯特马克：《人类婚姻史（全三册）》，李彬等译，北京：商务印书馆2002年版。

[2] 参见郭松义：《伦理与生活——清代的婚姻关系》，北京：商务印书馆2000年版；王跃生：《十八世纪中国婚姻家庭研究：建立在1781—1791年个案基础上的分析》，北京：法律出版社2000年版；伊沛霞：《内闱：宋代的婚姻和妇女生活》，胡志宏译，南京：江苏人民出版社2004年版；费孝通：《生育制度》，载费孝通：《乡土中国》，上海：上海人民出版社2006年版。

[3] 参见徐安琪主编：《世纪之交中国人的爱情和婚姻》，北京：中国社会科学出版社1997年版；袁亚愚：《中美城市现代的婚姻和家庭》，成都：四川大学出版社1991年版；李银河：《中国人的性爱与婚姻》，郑州：河南人民出版社1991年版。

婚率的高低走势，结婚年龄同周边国家或西方国家的比较，或者是婚姻的年龄结构等；又有一种方向是讨论婚姻的质量及较为稳定的生活方式，诸如夫妻分工、地位、权力、冲突及家务劳动等[1]。婚姻模式的多义还来自学者对它的讨论往往与家庭研究联系在一起。[2]既然家庭是婚姻的必然结果，那我们确有理由将其统称为婚姻家庭研究。鉴于目前中国社会学尚较缺乏对作为亲密关系的婚恋研究[3]，本文在此试图提供一个关系向度理论来探讨这一私人领域，当然其重点也一样会延伸到婚姻框架中去寻求不同婚姻模式上的差异，以期待有理论性的发现。

为了有效地进入本文所关注的问题，我们先来看一看亲密关系中的一些常见话题：

- 婚姻是一个人的终身大事抑或可有可无的事？
- 结婚是否需要有一段恋爱过程？或者唯有一段恋爱过程，婚姻才会持久吗？
- 婚姻（哪怕在形式上）需要介绍人吗？
- 婚姻是男女双方自己的事情，还是涉及其他更多相关者的事情？
- （有美国女学生问我）为什么中国的夫妻可以分开那么长时间（而我则不以为然）？
- （有美国男学生问我）中国女孩谈恋爱时同美国女孩差不多，

---

[1] 徐安琪：《夫妻权利和妇女家庭地位的评价指标：反思与检讨》，《社会学研究》2005年第4期；左际平：《从多元视角分析中国城市的夫妻不平等》，《妇女研究论丛》2002年第1期。

[2] 参见唐灿：《近期国内家庭研究的理论与经验：1995—2007》，载唐灿主编：《家庭与性别评论》第1辑，北京：社会科学文献出版社2008年版；安德烈·比尔基埃、克里斯蒂亚娜·克拉比什－朱伯尔、玛尔蒂娜·雪伽兰、弗朗索瓦兹·佐纳邦德主编：《家庭史》，袁树仁、姚静、肖桂译，北京：生活·读书·新知三联书店1998年版。

[3] 参见阎云翔：《私人生活的变革：一个中国村庄里的爱情、家庭与亲密关系（1949—1999）》，龚小夏译，上海：上海书店出版社2006年版。

为何一结婚就不同了？

- 夫妻之间没有感情也能在一起生活吗？如果能，理由何在？
- 生不生孩子（儿子）对夫妻感情有影响吗？
- 为什么有的夫妻关系名存实亡，但一定要坚持过下去？
- 为什么有人认为离婚不是婚姻解体的好办法，而得让对方身败名裂才行？
- 离婚是正常行为还是反常行为，或者离了几次算不正常？
- 相亲会可以由父母代为前往，甚至成为家长的事吗？
- 为何有人选择同居？
- 为何中国人在学英语的时候被告知不要问及西方女性的年龄？

……

面对这些话题，婚姻研究理应给出理论上的回应，但就目前较有影响的婚姻市场理论、社会交换理论和进化心理学而言[1]，这几个理论在很多地方未能触及或有效地解释上述问题，甚至有些问题的关键点亦被不同学科取向分解掉了，因为作为亲密关系的婚姻，涉及社会、文化、经济、法律、心理、生理等一系列非常繁杂的问题。有的时候从婚姻意愿上看会是一种结果，从实际上看，面对社会压力或自身处境又是一种结果。不仅如此，回应这些问题在很大程度上还需要有文化方面的考虑，而上述几种理论均将文化维度排除在外。另外，同样面对这些话题，更多的研究则停留于实证，很少回到理论上寻求解释。

---

[1] D. T. Lykken, and A. Tellegen, "Is Human Mating Adventitious or the Result of Lawful? A Twin Study of Mate Selection," *Journal of Personality and Social Psychology*, 65,1993; D. T. Kenrick, G. E. Groth, M. R. Trost, and E. K. SadallaIntegrating, "Evolutionary and Social Exchange Perspectives on Relationships: Effects of Gender, Self-appraisal, and Involvement Level on Mate Selection Criteria," *Journal of Personality and Social Psychology* ,64,1993.

有鉴于此，本文的探讨一方面需要带入文化来构建理论，另一方面也将为既有或未来的实证研究提供一个解释性框架。为此，本研究将从逻辑架构或历史方面来开启这一认识（下文中所提供的部分命题已有很多碎片化的实证研究报告，本文会列出一部分。而它们所缺乏的正是给出一种合理的解释框架或者相关理论）。

众所周知，在全球化和中西文化融合的今天，讨论文化差异的难度已骤然增大。本文在此依然持有文化比较的立场，其目的一来是有助于在建构模式时将问题意识和理论探讨清晰化，以寻求亲密关系运行的方向性差异；二来是想提出一种见解，即如今社会的文化融合不意味着文化差异的消失，只意味着文化共识的提升。也就是说，在很多领域，人们虽然享有共同的价值系统，比如大凡现代文明社会都倡导遵纪守法，可文化问题会出现在当某些特殊成员不守法时该社会如何处置的情形中；又如每个社会都期待在校生能品学兼优，但文化的可比性则在于对于混文凭的、作弊的或成绩不合格的学生如何处理；同理，每个社会都希望家庭美满、夫妻恩爱，但有文化比较的地方却在于当夫妻关系恶化时彼此如何相待或社会如何评判；等等。所以，所谓文化问题的凸显很多情况不是在正向性上，而是在反向性上，尤其在我们看不清文化差异甚至误以为没有文化差异时，我们可以在反向性思考中发现文化的重点。

还有一点需要说明的是，文化比较是用来寻求线索和模式的，属于知识的建构。这样的模式一旦建立，往往不应作区域性实践或者地区分割性的结论来看待，更不必做标签化的处理：似乎是中国人就会这样，不是中国人就会那样。而实际情况是，同样在一个社会，尤其是文化融合的社会，有人会这么想，也有人会那么想；有人做了这样的选择，也有人做了那样的选择。如果不同的婚姻模式是存在的，那么在文化融合的今天，同一个社会、同一个社区、同一个群体，甚至同一个家庭中的兄弟姐妹，都有可能采用不同的模式来应对各自面对的处境，比如追求爱情、认命、随缘、单身、逼婚、抗婚、逃婚或婚外恋，等等。现实中的人们对婚姻问题的处置虽千奇百怪，但研究亲密关系模式或婚姻模式就好比讨论菜系，虽然每个人的胃口不同，不可否认菜系还在。尤其从文化比较上看，中国人里有爱吃西餐的，外国人里也有偏爱中餐的。本文讨论的所谓差异显然不是食客各自的口味，而是中西餐各自的做法，尽管它们最终都是为了填饱肚子。一个显而易见的结论是，能够被定义为一种婚姻关系的男女结合一定具有其生物、生理和社会上的共同要素。坚守这一点的人希望将婚姻模式的讨论普遍化。但我想即使婚姻存在许多共同的要素，不同人对这些共同要素的重视及排序也会有差异。比如，门当户对是社会学家发现的大多数社会或不同时代都有的一个特点[1]，择偶的标准在各个社会也都多少存在，婚姻中夫妻双方所具有的感情因素也必不可少，经济要素也深藏于爱情的背后[2]，等等。可是，难道这些要素及其排序中没有观念差异可寻？更不用说一些要素在有的社会或人群中很难出现，或完全被忽略，但在另一人群中则至关重要，比如不少中国人会把男女间的身高配比看得很重[3]，或把学历看得很重，而有的社会中则没有这类想法。

  本文试图建立的参照系主要是指西方。这是因为西方对中国现代社会具有特殊的意义。近代以来，西风东渐，西式亲密关系一再强烈地搅动中国人的心田、激荡中国人的观念，以至于婚纱照已成为中国人结婚的必要环节，甚至老年人也想在结婚纪念日补拍一下。可在学术讨论中，将"西方"作为参照系是一种危险的提法，至少让西方读者感到反感。许多相对严谨的研究不说西方，只说北美或者欧洲。可

---

[1] 威廉·古德：《家庭》，魏章玲译，北京：社会科学文献出版社1986年版，第87页；张翼：《中国阶层内婚制的延续》，《中国人口科学》2003年第4期。

[2] 徐安琪：《择偶标准：五十年变迁及其原因》，《社会学研究》2000年第6期。

[3] 李银河：《中国人的性爱与婚姻》，郑州：河南人民出版社1991年版，第8页。

即便如此,欧洲人也不认为他们是一样的,法国人与英国人可能一样吗?他们常常反问我们:你们所指的西方在哪里?但正如同西方人讨论自己的问题时常以东方社会做参照,也令我们反感一样。我们也会问他们所谓东方社会在哪里?中国人和印度人一样吗?和日本人一样吗?就算他们指明他们要参照的就是中国文化,我们还是可以问中国那么大,南北差异那么大,各地方的人都一样吗?可见,无论东方西方,所谓建立模式的意义更多的都是一种学理上的考虑,而非实际状况。

二、婚姻模式与理想类型

无论是从亲密关系角度出发,还是从婚姻模式出发,或者是如本文期待的从关系视角出发,一种能被称为模式的含义,都主要体现于对某种社会经验或事实加以概括的关系组合及其所具有的整体性与连贯性[1],以期对其特征进行因果解释。[2] 模式有的时候表示一种未经验证的理论假设,有的时候也直接等同于理论。如果一种婚姻模式通过研究发现可以成立,那么它或者成为人们对这一社会的婚姻现象的知识建构,或者可以解释该模式所指向的婚姻现象。当然这里最可能引发辩论的地方是,这里的所谓模式是文化性的还是社会性的?前者希望看到的是婚姻中的社会性差异,后者希望看到婚姻上的趋同现象;前者认为婚姻中有明显的文化观念在起作用,后者认为如今的婚姻已经具有了共同性,诸如人口流动、自由恋爱、网络交友、男女平等等。

---

[1] 迈克尔·奥克肖特:《经验及其模式》,吴玉军译,北京:文津出版社 2005 年版,第 69 页。

[2] 乔纳森·H. 特纳:《社会学理论的结构》,吴曲辉等译,杭州:浙江人民出版社 1987 年版,第 31 页。

这些方面几乎已成为世界上大多数文明地区的普遍现象。而我的看法是，虽然这两种特性都是存在的，或者说，当研究者浏览了大量的亲密关系及夫妻关系的报告后，即使认为全世界围绕婚姻所面临的问题都大同小异，但还是能发现一些现象在一个地方方兴未艾，而在其他地方则不可思议，比如在中国一些大城市公园一角出现的人头攒动的相亲会（父母比子女还着急），不少地方电视台举办的争奇斗艳的相亲节目，亦如父母进入子女小家庭帮着带孩子引发的种种矛盾等，均说明其自身的文化力量依然在起作用。

既然本文试图建立模式，那么我要采取的研究方式便是马克斯·韦伯（Max Weber）倡导的"理想类型"。的确，一种所谓模式的建立，在方法学上来自理想类型的启示。韦伯在考察社会科学方法论的时候对文化科学的特质有自己的理解。他认为，文化科学的历史性特征导致这样的学科研究不应该像自然科学那样去探索"规律"。可是，如果回到社会的、历史的现实中，每个人的动机、目标、手段、价值等又有不同。因此，如何在概念上来认识社会上的类的特征将是必须解决的问题。于是：

> 在指向实用和理论思维意义上的"观念"与由我们作为概念的辅助手段而建立起来的那个时代的理想类型意义上的"观念"之间，总是存在着某种关系。从一个时代的某些具有代表性的社会现象中抽离出来的某些社会状况的理想类型，可能——而这甚至是相当常见的事——在同时代人的心中呈现为实际追求的理想或者呈现为调节某些社会关系的准则。[1]

---

[1] 马克斯·韦伯：《社会科学方法论（修订译本）》，韩水法、莫茜译，北京：商务印书馆2013年版，第51页。

我们知道亲密关系在整个人类文明的进程中不是一成不变的，尤其是存在时代差异。作为社会学研究，本文所要限定的时期仅指延续至今并对今日年轻人依然产生影响的约九百年历史。它们分别主导着中西方亲密关系的各自特点。这里我们可以先来读一段费孝通在20世纪40年代出访美国后的一番议论：

> 以亲子关系作为发展情感基础的社会，性爱时常会被摒弃。我虽不完全承认一个人的感情归根是性的表示，其他都不过是推演出来派生的支流，但是两性之间的感情的确是最原始的和最自然的。我们社会摒弃性爱对于每个人的感情生活健全发展必然有很深刻的影响。
>
> 在我们这文化中，两性之间的结合除了本能的冲动外，被占有欲所支配时，爱找不到它的地位。在传统社会里婚姻是合两家之好的外交结合。在农村里，娶媳妇是雇一个不付工钱的女工。夫妇相敬如宾，使他们之间永远隔着一层亲密的障碍。在我们传统社会里如果有一些近于两性感情结合的却在那些被小说中所描写的风月场中，可是这种建筑在买卖关系之上的感情，真情的流露纯属例外。何况爱和占有是相互排斥的，在男女不平等，没有相等的人格，不互相尊重的关系中，现代西洋式的爱是无从发生的。晚近恋爱这个名字是传入我们的中国了。表示恋爱的行为也多少通行在我们的马路上。可是我们传统的重视实用和占有的欲望却依旧阻碍着我们获得恋爱的真义。[1]

---

[1] 费孝通：《美国与美国人》，北京：生活·读书·新知三联书店1985年版，第100—103页。

费孝通在其后来的《生育制度》一书中对这一观点做了进一步的阐述。显然在中国这边，因受20世纪初五四新文化运动的冲击，妇女解放、男女社交、男女同校、女性地位及人格等议题才被国人提及，才有了中西方婚姻传统的比较。[1] 而追溯各自传统与影响力，我的看法则是中国婚姻偏重"姻缘"，而西方偏重"爱情"。当然，无可辩驳的问题是哪一种社会都有爱情现象。在中国，单是古往今来的爱情诗歌便浩如烟海，如最早的诗歌集《诗经》开篇《国风·周南》第一首诗《关雎》：

> 关关雎鸠，
> 在河之洲。
> 窈窕淑女，
> 君子好逑。

其他还有描写男女一见钟情的、错爱的，亦有相思之苦的，还有在一起嬉戏的等。比如晚唐五代词人韦庄的《思帝乡·春日游》对爱情的表白也很直接：

> 春日游，
> 杏花吹满头。
> 陌上谁家年少，
> 足风流。
> 妾拟将身嫁与，
> 一生休。

---

[1] 参见中华全国妇女联合会妇女运动历史研究室：《五四时期妇女问题文选》，北京：生活·读书·新知三联书店1981年版。

> 纵被无情弃,
> 不能羞。

又如温庭筠的《梦江南·梳洗罢》:

> 梳洗罢,
> 独倚望江楼。
> 过尽千帆皆不是,
> 斜晖脉脉水悠悠。
> 肠断白蘋州。

英国著名历史学家杰克·古迪(Jack Goody)为了打破用西方的历史观念来解释世界上其他历史的藩篱,指出爱情是人类共有的情感特征。[1] 可是,若以传统力量来衡量中国人的爱情历程,我们则发现更多的爱情是以失败而告终的,比如最为中国人家喻户晓的"牛郎织女"的故事、梁山伯与祝英台,以及《红楼梦》中贾宝玉与林黛玉的爱情结局等均是如此。也就是说,中国人的爱情与婚姻之间的连续性常被打断,而人们在模式上更接受的方式是"男大当婚女大当嫁""父母之命,媒妁之言"。其中被强调的几个关键要素不是爱情,而是年龄、父母安排与媒人的作用。冯友兰也说过:"儒家论夫妇关系时,但言夫妇有别,从来未言夫妇有爱也。"[2] 也就是说,爱情同中国婚姻的要素基本没有关系。所谓一桩美满姻缘在中国依然能够发生,不是因为男女相爱在先,而是它完全可能发生于传统规范内,比如年龄合适、媒人

---

[1] 杰克·古迪:《偷窃历史》,张正萍译,杭州:浙江大学出版社 2009 年版,第 345 页。
[2] 冯友兰:《中国哲学史》上册,北京:中华书局 1961 年版,第 432 页。

牵线、父母安排却也彼此相中，等等。从理论上讲，任何婚姻都有幸福的期待，也少有家长要把自己的孩子往火坑里推，只是这样的理想模式变成现实则会带来不可预计的结果，诸如只为搭伙过日子，或者婚姻不幸。

从发生学上看，父母与媒人的干扰作用不是宋明理学的影响，早在《诗经》之《国风·豳风》的《伐柯》中已有端倪：

> 伐柯如何？
> 匪斧不克。
> 取妻如何？
> 匪媒不得。

也就是说，爱情在中国常被定义为私情，而娶妻要有媒人。这点自西周以降就已形成。《孟子·滕文公章句下》中有："不待父母之命，媒妁之言，钻穴隙相窥逾墙相从，则父母国人皆贱之。"《管子·形势解》："求夫家而不用媒，则丑耻而人不信也。"《礼记·曲礼上》说"男女非有行媒不相知名"；《礼记·坊记》又说"男女无媒不交"。《史记·田敬仲完世家》有："女不取媒因自嫁，非吾种也，污吾世。"这一规范后来写进了《唐律》。可见，我们研究亲密关系的模式化问题，不只是讨论其中男女是否有爱情，还要讨论为何不能私定终身，或者该模式的运作方式是什么。韦伯认为：

> 那些支配一个时代的人们，亦即散布在他们之中而起作用的"观念"本身，只要其中涉及任何较为复杂的观念结构，就只能以理想类型的形态被我们用精确的概念所把握，因为它们实际上就存在于无数不定的和变动着的个人头脑之中，而它们的形式和内容，清晰性和意思在这些个体中也有着极其繁复的层次差异。

中世纪某一时代个人精神成分，比如，我们可以提到这些个人的"基督教信仰"，如果能够被完全地描述出来，那么它就自然会是一个包含无数差别和充满尖锐矛盾的各种观念关系和情感关系的混沌，尽管中世纪的教会确实能够使信仰和道德的统一性达到不同寻常的高度。如果我们现在问道：处于这种混沌之中，而人们必须不断地把它当作一个确定的概念来运用的中世纪的"基督教信仰"，究竟是什么？我们在中世纪的制度中所发现的那种"基督教的因素"存在何处？我们便会立即发现，这里人们也在每一个个别事例中使用了一个和道德规范，生活方式的准则和由我们无数联合在一个"观念"中的个别关系的结合。这是一个我们若不运用理想类型的概念便完全不可能毫无矛盾地达到的综合。[1]

韦伯的这段话除了举的例子是基督教信仰之外，正说出了本文所想追求的目标，因为爱情或者姻缘就是这样一种"观念的结构"或者"思想的图像"。[2] 虽然我们都知道，学术研究无法展示这样的真实场景或者男女关系的复杂性，但为了认识一种婚姻模式，这样的发生学或者因果关系是需要的。韦伯在建立他的理想类型时，尤其强调了那些现实中的混沌和矛盾只有通过逻辑性梳理才能够成为理想类型，因为它具备了现实意义上的平均值，也可以体现一时代的人们所追求的价值和理想。

三、关系向度理论

亲密关系作为人类社会关系的一种，我们对其理解可以先回到人类社会普遍存在的交往方式中来加以定位。我曾通过对社会交往的研

---

[1] 马克斯·韦伯：《社会科学方法论（修订译本）》，韩水法、莫茜译，北京：商务印书馆2013年版，第52页。

[2] 同上书，第49页。

究，提出过一种"关系向度理论"[1]。该理论认为，社会交往大体可以在两个维度上进行分类，一是时间维度，一是空间维度。时间维度划分是指交往者所预期交往时间上的短程或长程，而空间维度是指交往者所预期的彼此关系的稳定状态。所谓稳定状态，其最主要因素在于一个人一生中的流动性，由此引申为个体在交往中的选择性机遇。如果个体的选择性增大，那么其稳定度就低；如果选择性不大，其稳定度就高。以此两个维度，我们得到了一个交往的四分图，见图1：

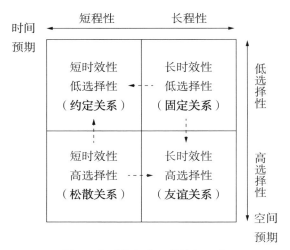

图1　关系的向度及其特征图式

首先需要说明的是，图1中四种关系向度及其特征作为理想型建构，只表示人们在交往上的基本方式。从图1中单箭头的指向可以看出，人类建构关系的两个逻辑关键起点是"松散关系"与"固定关系"，而它们也都能不约而同地进入"约定关系"与"友谊关系"。由此，深入认识作为起点的"松散关系"与"固定关系"便显得尤为重要。首先，

---

[1] 翟学伟：《关系研究的多元立场与理论重构》，《江苏社会科学》2007年第3期；翟学伟：《中国人的关系向度及其在互联网中的可能性转变》，载翟学伟：《中国人的关系原理——时空秩序、生活欲念及其流变》，北京：北京大学出版社2011年版，第297页。

"松散关系"假定社会个体具有独立性,其自身具有很大的自由度,他可以自我确定或者改变自己同任何其他人的关系。而他之所以可以做到这一点,是因为来自社会赋予个人以自由的权利,由此引发了个人意志、理性、人格及偏好等一系列含义。这一关系特征在社会科学中的其他类似表达是"个人本位""个人取向""个人主义"或者"俱乐部式的社会"等。一个人如果以此关系为基础,他可以分别进入"约定关系"和/或"友谊关系"两个向度,也就是说,随着个人的自由移动及其交往意愿的变化,他就可能加入俱乐部、社团、组织、公司等,即在一定时间内成为某个群体的成员;亦可根据自己的喜好同他人建立熟人关系、朋友关系、恋人关系等。而所谓"固定关系"想表示的是社会总是倾向按照血缘、地缘及其相应的价值信念和规范将一些人捆绑在一起。个体无论出于何种原因和目的,几乎都无法挣脱这样的联系,而处处要考虑他人的感受、意愿和评价。相应的,学术界对此讨论也会用"他人取向""社会取向""关系主义""情境中心"等来加以概括。此种社会很少赋予个人自主空间或者自由意志,个人亦很难按照自己的意愿行事。他的很多人生安排与决定往往得考虑多方面的因素。当然,"固定关系"中的个人一样可以走进"约定关系"和"友谊关系",只是因进入的起点不同,人们的思维方式和行为方式有很大的差异,比如从"松散关系"进来的人更看重契约,而从"固定关系"进来的更看重人情;前者更多地强调个人理性或能力所发挥的作用,后者更看重权威、面子的意义等。

关系向度的建立可以很好地区分人类社会中不同交往类型以及各自所面临的问题,也可以较好地解释为什么有些行为在某些向度中发生而不在其他向度中发生,比如有关人情和面子的运行条件其实更容易在"固定关系"的分析框架中得到理解,而在"松散关系"中则不容易受到重视。[1] 可令人惊讶的是,如果我们把婚姻放入该理论,却

---

[1] 详见本书中《中国人的人情与面子:框架、概念与关联》一文。

找不到此种关系的位置，反倒是出现了婚姻关系中的亚文化关系，比如"一夜情"对应"松散关系"，同居对应"友谊关系"，租妻对应"约定关系"，从一而终对应"固定关系"。为什么会出现这样的情况呢？从关系向度的分类特点上可以发现，作为自由恋爱的婚姻既有个人自愿，又有契约性，可若放在"约定关系"中，却又不是短暂性的；但如果放进"友谊关系"，这种关系又缺少契约性；而作为父母之命的婚姻也同样面临这些特点。另外，婚姻关系带来的结果是家庭的出现，也有亲子关系，理应成为"固定关系"。可是"固定关系"的含义并不符合婚姻的实质，因为很常见的离婚现象即表明婚姻内含的固定性并不牢靠。由此一来，关系向度理论能否解释婚姻关系？我认为应该还是可以的，即只要我们把婚姻关系放入各向度的中心位置，就可以较为合理地发现此种关系的实质，见图2：

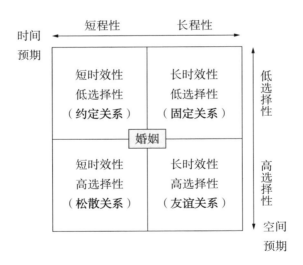

图 2　婚姻在关系向度中的位置

从图 2 中婚姻摆放的位置来看，原本以为婚姻应该位于哪个特定向度的想法其实是一个误区。婚姻关系所走过的历程应该是把两个原先不相识的、各自独立的个体（松散关系）用契约的方式（约定关系）结合在一起，使之在充满感情的基础上（友谊关系）成为一家人（固定关系）。这意味着，婚姻似乎在中心画了一个圈，兼顾了关系的所有向度。如果夫妻双方最终将婚姻进行到底，那等于说他们最终实现了彼此的"固定关系"；如果夫妻双方没有将婚姻进行到底，那等于说，无论如何他们最终回到了"松散关系"。正因如此，我们得到的初步认识是：虽然各个关系向度已经最大限度地考虑到了各类社会交往的形态，可婚姻的复杂性却在于它是各类社会关系在趋于亲密后的集中体现。的确，从事实层面上看，许多人在职业场、权力场、朋友圈、同事圈或老乡亲属圈中尚能游刃有余地处理各种复杂的人事问题，但在婚姻问题上却束手无策，这说明那些善于处理某种关系向度的人未必能处理好婚姻关系，因为婚姻对人们处理关系的要求是全方位的。为此，在婚姻研究上说不明白的地方，就有民间智慧作为补充和劝慰。诸如将婚姻比喻成"避风港"，说什么"成功的男人背后得站着一个伟大的女人"（妻子要有牺牲精神）；又有"婚姻是需要磨合的""小两口吵架不记仇""夫妻吵架不过夜""牙齿和舌头也有打架的时候""情感是可以培养的""夫妻间要学会忍让""宁拆十座庙，不毁一桩婚"，等等。西方在这一方面，有许多相关的手册指南之类一直很畅销，亦有发达的婚姻心理辅导。我们从中所能得到的一种猜想是，或许拥有美满婚姻的人其实不多，而凑合乃至不美满的人更多。而这些民间谚语及手册指南之类的出发点往往是安慰、劝和及介绍一些解决问题的技巧，其目的都是让夫妻婚姻美满。

从学理上看，婚姻兼具四种关系向度的特征，我们是否可以止步于得到了婚姻具有跨文化的、现代文明的共性这样的结论呢？关于这一问题，先需要对婚姻模式做一次文化发生学上的比较。

四、爱情与姻缘：两种理想类型的缘起

虽说男女之间的爱恋从古至今在各个社会中都是存在的，但很长一段时期，人类的婚姻却基本上建立于门第、等级、生计与人口繁衍，而与爱情无关。西方从古罗马到中世纪的婚姻稳定性则来自古罗马社会制度与后来宗教的清规戒律及其社会自身的要求。[1] 而将爱情作为一个与婚姻有关的主题，并演变成一种与婚姻之间所应有的必然联系，是由骑士之爱发端的。恩格斯认为，此种爱情经历了从婚外爱情到以爱情为基础的婚姻的转变，进而其内涵变成了：

> 如果说只有以爱情为基础的婚姻才是合乎道德的，那么也只有继续保持爱情的婚姻才合乎道德。不过，个人性爱的持久性在各个不同的个人中间，尤其在男子中间，是很不相同的，如果感情确实已经消失或者已经被新的热烈的爱情所排挤，那就会使离婚无论对于双方或对于社会都成为幸事。[2]

而这样的婚姻直到资本主义社会出现时才出现，也就是说，爱情与婚姻的衔接需要以自由、平等、个人意愿及契约为前提条件。[3] 这一观点也是美国学者在讨论爱情价值观时的主导性意见。[4] 可见，爱情的

---

[1] 菲利浦·阿里耶斯：《牢固的婚姻》，载菲利浦·阿里耶斯、安德烈·贝金主编：《西方人的性》，李龙海、黄涛译，上海：上海人民出版社2003年版，第157页；E. A. 韦斯特马克：《人类婚姻史（全三册）》，李彬等译，第1201页、第1205页；安德烈·比尔基埃、克里斯蒂亚娜·克拉比什-朱伯尔、玛尔蒂娜·雪伽兰、弗朗索瓦兹·佐纳邦德主编：《家庭史》，袁树仁、姚静、肖桂译，北京：生活·读书·新知三联书店1998年版，第339—340页。

[2] 恩格斯：《家庭、私有制和国家的起源》，载《马克思恩格斯选集》第4卷，北京：人民出版社2012年版，第94页。

[3] 同上书，第92页。

[4] 罗伯特·N. 贝拉等：《心灵的习性——美国人生活中的个人主义和公共责任》，翟宏彪等译，北京：生活·读书·新知三联书店1991年版，第161页。

发生不单是个体本身受到青春期的荷尔蒙作用,尽管这样的作用在生物学意义上一直如此,但如果它不与一种社会结构或者时代特征相联系,往往很难实现。有学者指出,爱情是一种社会建构。[1]意思是原本这样的情感活动是被一种历史时代与特定社会中的人营造出来的。比如在西方文明进程中,"爱"(love)原本被赋予了许多种含义,有博爱、母爱、性爱、自爱与神爱等。[2]又有学者认为,"爱情"的含义在古希腊是指一男子对其他美男子的爱,而在中世纪则是骑士对贵妇人的爱或指婚外种种情爱等。[3]显然,这些爱都说明了其表达对象是各式各样的。那么"爱情"比较于其他种爱,究竟多了什么成分?根据以往亲密关系的研究,应该多了"浪漫"(romance)——一种中国人不易理解的那种不求后果、超越婚姻意味的爱。[4]而在浪漫的内涵当中,激情最为重要。它有生理上的性唤醒,而其他的爱无需激情,比如最接近"爱情"含义的"友谊"则缺少激情,只要产生情感即可。[5]

爱情作为一种特殊的情感,需要一些修饰语来加以领悟,诸如有吸引力的、理想化的、激烈的、嫉妒的、忠贞的、排他的、相思的、受阻的、忧伤的、痛苦的甚至是不顾一切的、死去活来的,等等,而这样一种理想类型的形塑在很大程度上也是拜"浪漫"一词所赐,表现出中世纪的骑士热烈而大胆追求之勇气,其发源地应该在法国。玛丽莲·亚隆(Marilyn Yalom)指出:

---

[1] 潘晓梅、严育新:《情爱简史》,北京:中国社会科学出版社2004年版,第1页。

[2] 艾·弗罗姆:《爱的艺术》,李健鸣译,北京:商务印书馆1987年版,第34—58页。

[3] 罗兰·米勒、丹尼尔·珀尔曼:《亲密关系》,王伟平译,北京:人民邮电出版社2011年版,第241页。

[4] 费孝通:《美国与美国人》,北京:生活·读书·新知三联书店1985年版,第104页。

[5] P. C. Regan, *The Mating Game: A Primer on Love, Sex, and Marriage* (2nd ed.) (Thousand Oaks, CA: Sage, 2008); P. C. Giordano, W. D. Manning, and M. A. Longmore, "Adolescent Romantic Relationships: An Emerging Portrait of Their Nature and Developmental Significance," in A. C. Crouter, and A. Booth (Eds.), *Romance and Sex in Emerging Adulthood: Risks and Opportunities* (Mahwah, NJ: Erlbaum, 2006), pp. 127–150.

骑士之爱的基础是社会准则无法束缚的强烈欲望。激情高于一切，包括与丈夫、家庭和领主的关系，或者天主教会的规定。难怪对世俗爱情的颂扬会引起教会的强烈反应。十三世纪初，教会甚至试图通过宗教裁判所镇压这种行为。但在此之前，对骑士之爱的崇拜无视宗教禁令，并由此创造了丈夫、妻子和情郎的三重型角色。[1]

所以浪漫之爱的发生不但要反抗社会准则或者教会的禁令，而且还被赋予关系上的复杂性。或者说，在爱情意义上，人们试图想分辨的是夫妻之间更多的是责任和义务，而在情人之间才有浪漫之爱。显然，"浪漫之爱"不单指男女之间的爱恋与生活方式，还应表现为男女之间发生了非常令人感动的（惊世骇俗的、不落俗套的、轰轰烈烈的、情节曲折的、过程离奇的、富有诗意的、极其凄惨的）情节，其内涵同精神病气质的用语相当[2]，如癫狂、痴情、迷恋、相思病等。"浪漫"亦有"传奇性"之意，又引申为小说，并在文学上发展出了以爱情作为小说的永恒主题。许多爱情作品发表之后即会成为某一时代的爱情标杆，无数的读者为之动容，亦可能发生竞相模仿的现象。至于爱情的比喻，则首推"丘比特之箭"，因为被箭射中的人将成为爱情的俘虏。其他的比喻还有"毒药"，比喻男女之间的感情起了无可挽救的化学反应，其他还有比喻成燃烧的烈火，或者将其对象化为美丽芬芳的花朵（玫瑰、蔷薇）等。一旦"浪漫"影响了现实生活中的男女交往，那么它有时可能成为衡量情爱能否继续的一个标准，比如在讨论一段爱情或者婚姻能否维系时，如果其中一方指责另一方不懂得浪漫，即意味着这样的交流是无趣的，甚至成为分手的正当理由。

---

[1] 玛丽莲·亚隆：《法国人如何发明爱情——九百年来的激情与罗曼史》，王晨译，上海：上海文艺出版社2016年版，第31页。

[2] 司汤达：《婚姻中的忠贞问题》，载罗宾编译：《思想大师的婚姻智慧》，北京：新华出版社2006年版，第150页。

一开始,浪漫之爱尽可能地回避性爱关系,骑士之爱往往被定义成高贵的、典雅的,但发展到后来的风流之爱时,追逐与放浪的意味逐渐浓厚起来。[1] 而在现实情感生活中,爱欲的最大敌人是对怀孕的恐惧,性爱与生育无法剥离,会致使性爱受到极大限制。[2] 可见,在避孕技术出现之前,许多情爱行为无法施展。直至20世纪,在这一技术真的到来之际,人们在尽情释放爱情的同时也部分地摧毁了浪漫之爱,即当性关系变得相当容易时,浪漫之爱本身也大大贬值了。不过,至少在九百年的时间里,浪漫爱情的发生影响着整个欧洲,自然也影响了北美,例如如今美国人有一个说法是"Love conquers all."(爱情征服一切。)。可是这一观点又有异于法国人,他们不倾向在复杂的关系中寻求爱情,而是希望将爱情作为维系夫妻之间生活的基础。[3] 进而,美国人的婚姻模式更加符合夫妻相爱、相守与捍卫家庭生活。或者说,今日我们对"爱情"的更一般的定义,如果从北美文化来看,似乎不是集中于三角恋方面,而是集中在专一、忠诚与责任方面,只是前提必须要有爱情,而其反面则是不专一、不忠以及不负责任。其实,真实的亲密关系则是其间所构成的张力。[4]

---

[1] 玛丽莲·亚隆:《法国人如何发明爱情——九百年来的激情与罗曼史》,王晨译,第29页、第64页;法拉梅兹·达伯霍瓦拉:《性的起源:第一次性革命的历史》,杨朗译,南京:译林出版社2015年版,第196—202页。

[2] 安东尼·吉登斯:《亲密关系的变革——现代社会中的性、爱和爱欲》,陈永国、汪民安等译,北京:社会科学文献出版社2001年版,第37页。

[3] E. Hatfield, and R. L. Rapson, "Passionate Love and Sexual Desire: Multidisciplinary Perspectives," in J. P. Forgas, and J. Fitness (Eds.), *Social Relationships: Cognitive, Affective and Motivational Processes*(New York: Psychology Press, 2008), pp. 21–37; S. Coontz, *Marriage, A History: From Obedience to Intimacy or How Love Conquered Marriage*(New York: Viking, 2005); J. A. Simpson, B. Campbell, and E. Berscheid, "The Association between Romantic Love and Marriage: Kephart (1967), Twice Revisited," *Personality and Social Psychology Bulletin*, 12, 1986, pp. 363–372.

[4] M. A. Tafoya, and B. H. Spitzberg, "The Dark Side of Infidelity: Its Nature, Prevalence, and Communicative Functions," in B. H. Spitzberg, and W. R. Cupach (Eds.), *The Dark Side of Interpersonal Communication* (2nd ed.) (Mahwah, NJ: Erlbaum, 2007), pp. 201–242.

可是对中国人而言，男女相识相遇更多地同"缘"的观念相关联，也就是说，中国人的设问是，在茫茫人海中，为什么是这两个人彼此结识？即使发生了吸引、相爱，中国式的回答也不指向爱情的力量，而归结为"缘分"或表达成"随缘"性，即一种外在神秘性的关系表达。其含义是偶相遇，只是这个"偶"字不指人与人之间的遇见是因社交活动或由着自己萌发的感情追求，而是前定性的。看起来，"缘"说的也是两个人遭遇，并发生互相爱慕，似乎出自两情相悦，但这一表象已经预示在其未遭遇之前甚至未出世之前就注定了这场遭遇。中国谚语如"前世缘分、今日婚姻""五百年前姻缘天注定""一日夫妻百世姻缘""十年修得同船渡，百年修得共枕眠"等，都想表明男女之间所发生的亲密关系并非来自他们的自我选择。那么，这样的事先安排又是如何发生的呢？中国文化早期的观念似乎更重视表达前定性的程序（如天意、"六礼"），而自唐初以来其本身也被传奇化了。这时，民间虚构出一位"月下老人"，他在为世上男女的婚姻做安排。其出处来自李复言的《续幽怪录》中的《定婚店》。故事大意是：

> 杜陵人韦固年纪不小了，仍然没有娶到媳妇。他在游历中经宋城一客店，有人为他提亲并约定了见面的时间地点。于是他天未亮就起身早早赶往该地，遇见一老翁在该地台阶上依袋而坐，借着月光在检阅书信。韦固是个读书人，凑上去却发现自己一个字也没看懂，便探问这是些什么书。老翁回答说，这不是人间的书，是天下人的婚约。韦固又问，这袋中的红绳是做什么用的？老翁说是用来拴夫妻的脚的。因为在冥冥之中，任何男女只要一出世，无论他们身处何地，高低贵贱，只要这红绳一系上，便终成眷属。韦固因已被人提亲，故探问自己的妻在何处。老翁回答其妻不是那个被提亲的人，不必前往，而将其带入街市拐角，指着一位买菜老太婆怀中揽着的一个三岁女孩说，就是她。韦固感

到被愚弄,问能否杀她。老人说,她注定要母为子贵,怎能杀呢?随即转身消失。韦固恼羞成怒,命仆人刺杀该女孩,没想混乱中没杀掉,只刺中眉间。十四年后,韦固在相州为刺史王泰的副官,王泰很赏识他,要把自己美丽的女儿许配给他。见面后,他发现该女子眉间总贴着一片花子,韦固一一核实才发现她正是当年被仆人刺伤的那个小女孩,而那老太婆是她的乳娘。韦固感叹这是他的命,婚后两人恩爱有加。

在中国民间,婚姻上的所谓"千里姻缘一线牵"或者"有缘千里来相会,无缘对面不相逢",应该都是出自这根看不见的红线之比喻,其他有关婚配的比喻还有鸳鸯、结发、鹊桥、比翼鸟、连理枝等。同时亦可看出,"缘分"的含义并不同"爱情"的意思相悖,只是对爱情发生的再追问,即为什么他们俩会相爱?西式的回答是源自内心的冲动和自我感知,而中式的回答是他们俩有缘分;反之,面对无法成对的男女,西式的回答是他俩不相爱,而中式的回答是他们没缘分。又或者,原本一对恩爱夫妻,为何没有善始善终?西式的回答是他们之间的爱情没了,而中式的回答是他俩缘分尽了。"缘分"作为一种构词,还有其内部的构造,或者说它并不表明,"缘分天注定"就意味着"万事不由人计较,一生都是命安排",其中还有"分"的作用。"分"有"天道酬勤"的意思,说明人自身的作为或者谋划能力,这点将为男女各方的努力以及"媒"的运作留出空间,自然也不会同于宿命论(destiny belief)的解释。[1] 很多时候即使男女间的缘(偶遇)发生了,但依旧未能终成眷属,则可以用"有缘无分"来解释,指人事方面努力或者谋划得不够。可见,缘分的解释框架是中国"天人合一"的传统思想。

---

[1] C. R. Knee, and A. L.Bush, " Relationship Beliefs and Their Role in Romantic Relationship Initiation," in S. Sprecher, A. Wenzel, and J. Harvey (Eds.), *Handbook of Relationship Initiation* (New York: Psychology Press, 2008), pp. 471－485.

在上文回溯西方爱情的发生学时，我们看到了浪漫之爱是在同西方宗教势力的抗争中产生的，而中国人讲究的缘分则基于天地造化、孕育生命直至将生命看作天命这一认识。这一基本认识所建立的天人关系是人将自己的生活图景联系到对"天"的设想和祈福，以及出现大量的占卜算命活动。前者有天象、天道、天理、天命、命理、星象、星宿等所谓谶纬之论，后者则有相应的官方及民间的实践，诸如历书、方术、风水、算卦等。可以毫不夸张地说，男女能否成为一对是中国人对天的各种祈求方式及其实践的集中展示，说明了婚姻乃人生大事，必须用尽各种算命技能。在中国，"天赐良缘"不是口头上的祝福语或为结婚而寻求的一个吉言，而是真的需要用一套具体的操作程序来证明两人之间的姻缘是否存在。比如传统婚姻一开始在"六礼"中的"问名"与"纳吉"两个环节就要确定"和八字"，也就是由算命先生将试图成婚的男女生辰（年月日时）按天干地支组合成的"四柱"、八个字，依"五行"的相生相克做计算。如果双方的八字是相克的，说明八字不合；如果相生，说明是天造地设的一对。其中，年柱之合又和十二生肖相联系，十二生肖也有合不合的问题。通常六岁的差距在生肖排序上被视为不合。又如，结婚的"请期"就是择吉。本来汉字"婚"在构词上就是"女"与"昏"的组合，表明了嫁娶行为是在黄昏进行的。《白虎通》上说："婚姻者何谓也？昏时行礼，故谓之婚也；妇人因夫而成，故曰姻。""所以昏时行礼何？示阳下阴也，婚亦阴阳交时也。"据此，婚姻择吉在其基本原理上是按照天地交泰、阴阳媾和设计的，因此在实际操作上也得按照吉日良辰来选定，尽管它在不同的朝代或地区会有所不同，例如唐宋就发展出了"亥不嫁娶"的避讳。[1]

---

[1] 黄一农：《选择术中的嫁娶宜忌》，载黄一农：《社会天文学史十讲》，上海：复旦大学出版社2004年版，第175页。

上述关于姻缘的讨论，触及天人之间一个至关重要的连接性概念，这就是"命"。所谓夫妻之间的缘分，换一种说法即对男女结合方面的命理考察。傅斯年认为，中国传统思想中的天命说有五种含义：命定论、命正论、俟命论、命运论和非命论。其中命定论是源头，其基本含义是天可以降福祸于个人，这一思想既影响了命运论，也影响了命正论。命正论是原儒的正统，凸显的是人本的重要性，并发展出了俟命论[1]，比如孟子的"尽其心者，知其性也，知其性则知天矣"（《孟子·尽心章句上》）。但我们从董仲舒的儒学思想中看到，由于他倡导天人感应，因此具有回归命定论的倾向，也导致中国文化传统大体接受的是命运论。命运论抱有"天命不易"与"天命靡常"两个方面，即有不变与变、静态与动态的两重性。[2] 或者说，如果将命看作与"天"相连的部分，则倾向不易变；如果将命看作与"人"相连的部分，则易变。只是，这里的"变"不是自身的变不变，而是如何顺应"天"来变，由此造成"命"的迁移性，形成运势。"运"的发生及其内在含义也叫"时"，合成"时运"。中国人所谓"时来运转"，或"时运不济""运气不佳"等，都说明了造化、机缘巧合的重要以及对择机方法的运用，后者推动了中国文化中的"选择术"的发展。由此可见，所谓命运论实际上想表明的是万物都有盛衰、周期及相生相克之理，也有人为改变、协调或克服的作用，而"命"和"运"之间所构成的合一性关系，很大程度上同"缘"与"分"是相呼应的。

如果说西方的浪漫爱情有大约九百年的历程，那么中国人的缘分婚姻之定型距今大约也有九百年。我这样说的理由是，中国人的婚姻模式在不同的朝代略有差异，比如在汉、魏晋南北朝、隋唐及宋早期，离婚与再婚都时有发生，当然，男子的自由度和选择性更

---

[1] 傅斯年：《性命古训辩证》，桂林：广西师范大学出版社2006年版，第104—105页。
[2] 王溢嘉：《中国人的心灵图谱：命运》，桂林：广西师范大学出版社2007年版，第110页。

强，女子也有有限的离婚权利。[1] 所以说，中国人的婚姻模式应该直至宋明理学出现并产生影响时才最终形成，尤其至元明清时期才成为一种相对稳定的模式，当然这依然是理想类型意义上的。宋明理学在婚姻上的最著名论断是"饿死事小，失节事大"。一个女子改嫁即为失节，而同此女结婚的男子也跟着失节。在这一思想的禁锢下，《易·象传》中的"永终"的思想最终形成，而"从一而终""终身相许""相依为命""白头偕老"及"百年好合"也成为中国人美满婚姻的最高理想。

大体上看，集体主义和个人主义似乎是区分东西方亲密关系的一个合理分析框架[2]，其实这一见解更适合于解释婚姻的家庭意义，其重点在于表明，中国人的婚姻生活是由大樊笼与小樊笼共同构成的，个人价值往往得服从家族利益。[3] 可单就婚姻本身而论，我们可以进一步认为，西方人的亲密关系是个体内在性的，而中国人的则是关系外在性的。前者可以从西方社会心理学家R.斯腾伯格（R. Sternberg）提出的爱情三元理论那里略见一斑。该理论认为爱情是由三种成分组成的，它们是亲密（intimacy）、激情（passion）与决定/忠诚（decision/commitment），其一一对应的是感情性、动机性和认知性，由此构成了一种爱情的三角形模型[4]，而不同的爱情类型或者爱情成分的偏离会导致三角形的变形。虽然爱情三元理论自身还在发展演变中或者尚有

---

[1] 戴伟：《中国婚姻性爱史稿》，北京：东方出版社1992年版，第83—89页；陈顾远、王书奴：《中国婚姻史 中国娼妓史》，长沙：岳麓书社1998年版，第149—150页。

[2] H. C. Triandis, "Theoretical and Methodological Approaches to the Study of Collectivism and Individualism," in U. Kim, H. C. Triandis, Cigdem Kagitcibasi, Sang-Chin Choi, and Gine Yoon (Eds.), *Individualism and Collectivism: Theory, Method, and Applications* (London: Sage Press, 1994), pp. 47-48.

[3] 王玉波：《大樊笼·小樊笼——中国传统生活方式》，北京：中国新闻出版社1989年版，第6—10页。

[4] R. J. Sternberg, "A Trianglar of Love," *Psychological Review*, Vol.93, No.2, 1986, pp. 119-135.

争议[1]，但值得重视的正是它的内在性，也就是爱来自个人的内在（性）驱力。由缘分所实现的亲密性虽然不排斥个体内在性，但个人的内生性却始终受到抑制，其内涵是外在性的，即它将人们的亲密遭遇交由其外部因素（命理、父母、媒人等）去处理。或者说，人们自身的婚恋遭遇和质量不需要做内归因，而应做外归因。近来有心理学者对中国年轻人的爱情进行了爱情三元论的实证比较性研究，还是发现在中国人的爱情观测量中位于最前列的不是激情，更非浪漫，而是接纳。[2]

五、爱情或缘分构成的婚姻比较

行文至此，笔者给人的印象是一直在追溯传统，同今日人们追求的亲密关系或婚姻生活并无多大联系。但本文在前面已经交代，为了建立中西亲密关系的不同模式，必须要在发生学和类型学中加以探索。而这样的寻根过程结束后，我们便能理解虽然欲望、性、爱、情感、责任以及契约等构成了爱情与姻缘的共同地带，而随着文化的融合，中国人的更多婚姻也是混合婚姻或叫开明婚姻，即父母的意见、门当户对、爱情至上等都混为一体。但我的问题是：不同文化中的人们婚姻的发生及其维护是一样的吗？尤其从反向性上来思考，当某些要素不存在或失去的时候，不同文化中的人会采取相似的行为策略去解决吗？通过下面的小结，我们将看到各自的文化脉络还是给婚姻或者亲密关系留下了一些偏向性模式。

---

[1] B. Fehr, "A Prototype Approach to Studying Love," in R. J. Sternberg, and K. Weis (Eds.), *The New Psychology of Love* (New Haven, CT: Yale University Press, 2006), pp. 225–246; R. J. Sternberg, "A Triangular of Love," *Psychological Review*, Vol. 93, No.2, 1986, pp. 119–135; A. Aron, and L. Westbay, "Dimensions of the Prototype of Love," *Journal of Personality and Social Psychology*, 70, 1996, pp. 535–551.

[2] 王娟、左斌、孙沛：《中国人爱情心理的结构与测量》，《社会心理研究》2016年第1期。

首先我们常识性地发现，中西方在亲密关系中的感情处理方式导致使用"爱"字的频率大不相同。"我爱你"三个字在西方人那里的表达十分频繁，亦有行为上不厌其烦的亲吻或拥抱，可在中国人这边则极少有这样的言行，甚至不表达。[1] 人们的一些常识判断是，这只能说明中国人比较含蓄。其实未必如此，更主要的原因是缘分婚姻往往缺乏激情，或者说没有这类言行并不影响婚姻生活。中国人在婚姻中最喜欢说的话是"过日子"。夫妻发生争吵时往往不是解决争吵的问题，而只问这样的日子还能不能过。何谓能过不能过？就是彼此日常基本关系的维系。它是一种对姻缘底线的坚持，是指有一种双方都认为"必须如此"（也就是"婚姻可以凑合""大家都是这么过的"）的价值系统，而这样的价值系统对稳定婚姻是极为重要的。如果一种生活要将彼此相爱作为基础，那么便很容易导致个体的情绪化，以至于彼此间感情起伏，乃至于理想与现实脱节，甚至失望。与爱相关的另一点是，由于爱含有激情，因此人们很容易奋不顾身，甚至采用同居的方式，而不拘泥于传统形式。可外在性的婚姻则会特别注重仪式感、场面化与合法性。另外，"我爱你"的反义当然是"我不爱你"，这是爱情婚姻解体时或恋人分手时的常用语。但中国人的所谓男大当婚、女大当嫁意味着年龄的重要性，却不考虑感情的因素，自然也就将婚姻理解成一种过日子的方式，即使感情不和或没有，也不表示男女不能嫁娶或婚姻本身不能维持。如果其中一方或者双方都认为"咱俩的缘分已尽"，即说明恋人或婚姻关系将无法挽回。

其次，婚姻的内归因和外归因会带来不同的认知模式。婚姻的内归因会导致处于爱恋中的人对自己有要求，并不断检讨自己有哪些做得不好的地方，也会因为过失或者对方的不满请求对方原谅。平时他或她在生活中会制造惊喜、浪漫的场景，即使有时这样的举动让人疲

---

[1] 徐安琪：《和谐家庭指标体系及其影响机制探讨——上海的经验研究》，《江苏社会科学》2009年第2期。

意，是不得已而为之，或双方关系逐渐退化为友谊型的伴侣，甚至以失败而告终。可是，所有这些举动对于那些对婚姻做外归因的人们来说，几乎都是多余的。婚姻被想象成一个"保险箱"（天注定的，红绳索捆绑的，或托付终身的）。无论这个箱子是光鲜的，还是生锈的，是清香的，还是恶臭的，都不妨碍它依然是保险的。由此改变什么、不改变什么几乎不影响其保险性。男女双方身处其中，本身就是一种安全。这点会大大降低彼此的努力或者附丽。保险箱式的婚姻最不能容忍的是其中一方的"出轨"，因为这意味着他们的保险箱被打开了，一种潜在的可能是，双方的命运或人生轨迹将由此改道。这点很容易激惹受害一方的斗志，通常他（或她）会以闹个天翻地覆来泄愤或者同归于尽（指双方这辈子都过不好）或软硬兼施逼迫对方回心转意。再者，关系的外在性还意味着借助家人、朋友的介入来修复，其深层含义是其中根本不需要讨论有爱无爱的问题。反之，婚姻双方都力图避免人生轨迹之改变，其本身也在强化婚姻的保险系数。当然，婚姻的解体，对那些坚持爱情至上的人来说也一样会带来深深的伤害，但由于爱情本身虽有誓言，却不具有保险性，进而无可奈何的分手将成为彼此最明智的选择，客观上也导致离婚率的增加、同居的增多，乃至于"单身社会"的来临。[1]

再次，我们看到了这两种不同婚姻模式的质量差异。比较而言，爱情婚姻是高度紧张的，甚至是警觉的、敏感的、时时保鲜的，反之一旦松懈，爱情本身将面临考验。由此，"性感"（sexy）一词集合了这样的内涵。它是一种非常地道的西方式表达（近期被中国人所接受），西方人还为此发明了香水、化妆品、护肤品、内衣等。与此同时，爱情的维持还会导致伴侣或夫妻外出时要尽可能带上另一方[2]，

---

[1] 参见艾里克·克里南伯格：《单身社会》，沈开喜译，上海：上海文艺出版社2015年版。
[2] 费孝通：《生育制度》，载费孝通：《乡土中国》，上海：上海人民出版社2006年版，第313页。

必要时也频繁搬家。但从理论上讲，缘分婚姻不需要做这些事。由于内在吸引力往往不受重视，如体型的改变、暴饮暴食、不修边幅、酩酊大醉、不关注对方乃至于彼此为一些小事大打出手等，因此这些情形都不影响婚姻的延续。自然地，这样的夫妻关系是松懈的、稳定的甚至安逸的；婚姻中的一方外出很长时间，包括去异地打工、旅游、出国进修甚至两地分居等，几乎不影响夫妻关系。或许我们会辩解道，尽管许多增进个体吸引力的商品来自西方文明，但上文所列举的大量生活品在中国亦有广泛的消费市场，是否说明了此差异性已消失？其实不然，从可观察到的层面上看，中国男女对此类用品的使用大部分也是外在性的，也就是说，他们在夫妻生活中依然不怎么维持彼此的吸引，其松懈状态依旧（卸妆，真实而不遮掩），只是一旦外出，面对非亲密关系的人群时，中国人才注重打扮。一个可以比较的事例是，许多日本丈夫抱怨，他从未见过自己的妻子长什么样——日本妇女在家里也不卸妆。这点说明，在日本，一个被整饰过的自我需要面对包括丈夫在内的所有人。而在中国，夫妻则均把对方摆在松弛的关系中，因为婚姻上了保险，彼此魅力如何都不影响婚姻本身。再有，如果说如今的中国年轻人已经认定爱情是婚姻的基础，那么他们在谈恋爱时是浪漫的、紧密的，可一旦结婚便回到缘分婚姻模式，很快就松弛下来。

又次，亲密关系的外在性还体现于夫妻关系状态应该考虑家庭中其他人的期待与感受，由此夫妻都希望其他人看到其婚姻状态的好的一面。对于这一结构性压力，缘分婚姻彼此对矛盾一般具有极高的忍耐度，同样也催生了婚姻双方的自我调节和息事宁人的能力，诸如退让、回避矛盾等。中国夫妻还相当顾及家长、亲属和朋友的看法，有了孩子后也非常顾及孩子的想法及夫妻关系对其成长的影响。[1] 相比较，婚姻的内在性则注重自我的感受，或者说自我感受将决定婚姻的

---

[1] 徐安琪：《离婚风险的影响机制——一个综合结合解释模型探讨》，《社会学研究》2012年第2期。

存亡。很多情况下，其他人的建议和劝阻都可以忽略不计。正因如此，当爱情婚姻解体时，其中一方带着一个子女乃至多个子女可以多次再婚，而缘分婚姻则导致有婚史及带子女者再婚的困难。

最后，我们通过两种亲密关系的理想型分析，的确能够看到一种富有激情的亲密关系与相当平淡的亲密关系之差别，看到一种情感起伏的生活与安稳度日的生活之差别。尤为关键的是，外在性的婚姻在寻思怎样才能安安稳稳地过完一辈子的问题时，是在"般配"的含义上来考虑的。而婚姻本身也被说成"婚配"，婚姻行为亦叫"许配"，而真成了一对则叫"配偶"，以及由此演化出"原配"和"继配"等概念。其间尤为理想的表达是"天作之合""佳偶天成""金童玉女""郎才女貌""天生一对，地设一双"及"投缘"等。"般配"的原意有"合"的意思，"合"在中文里的同音字是"盒"。盒，在制作上一定配有盒盖，盒盖与盒身严丝合缝即稳固。若盒盖丢了，便需要按其大小再配一个。婚姻中的"配"主要是指男女自身及家庭条件相当，现在常见的最低标准是考虑年龄差距和身高比例，复杂一点的是双方根据自身的条件和需求向对方开出一系列要求。这一点可以解释为什么中国人有如此高比例的征婚行为，因为征婚主要是谈条件，这在"配"的意义上是完全可行的。但是爱情上则很难做到，即使目前缘分婚姻和爱情婚姻中均有征婚，但意味有所不同。西方的男女婚姻无论如何结识，都偏重交际的感受。这是西方人喜欢开 party、去酒吧乃至办俱乐部的原因，其中心是交友。而中国意味的"配"更多的是指外在性上的或条件上的合适，其中心是找对象。中国民间为此还有一句戏谑之言："不以结婚为目的的恋爱，都是耍流氓。"很多时候，男女双方尚未见面，父母便可以自作主张或者一些同事、朋友及热心人自以为是地代为张罗。

通过上述讨论，总体而言，所谓爱情婚姻是指由个体的自主性与彼此的吸引力而建立的夫妻关系；所谓缘分婚姻是指由外在天然性所构成的般配而建立的夫妻关系。由此，它们各自发生的起点可以再次

回到关系向度上来加以考察,见图3、图4:

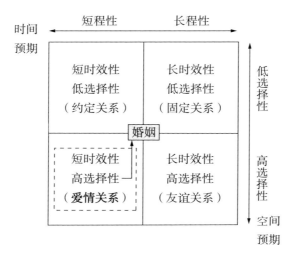

图 3　西方爱情在关系向度中的位置

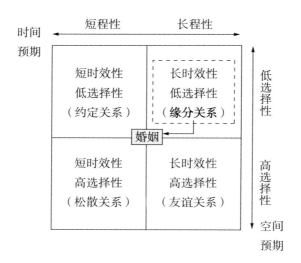

图 4　中国姻缘在关系向度中的位置

由图3、图4可见,爱情关系的出发点是从"松散关系"起步的,它体现了一个人的内在冲动、偏好与自由选择等倾向;而缘分关系是从"固定关系"起步的,它表明了人们对天然匹配、条件相当及他人评论的看重,却不强调个人的内在活力,尽管它们在事实上是存在的。虽然婚姻本身兼具关系向度的各种特征,但起点不同,所带来的行为方式及其结果也有所偏向。比如对于"曾经拥有"和"天长地久",哪种更幸福,并没有肯定或正确的答案,只有对轰轰烈烈与平平淡淡的各自偏袒以及各自出发点上的差异。

或许我们会说,西方人的婚姻也一样可以白头偕老,但从模式上看,这是不能保证的。这也是许多人讨论的"七年之痒"问题。我从关系向度中的"松散关系"得到的推论是:西方人的爱情生活要想得以维系,必须用加法才能进行下去,即从其理论假设上讲,有一天的爱,就过一天的生活,加不下去就结束,当然加到最后也就过完了一辈子;而姻缘婚姻则先要求预定一种关系上的牢固性,双方先做好一辈子的保证,然后将逝去的日子一天一天勾掉,直至最终实现了原本说好的白头偕老,用的是减法。前者的生活方式是制造热烈、频繁亲昵、情感起伏,后者则无需热烈,视亲昵为多余,只需安稳过完一生即最大的幸福。正因如此,从理想类型上看,爱情婚姻也叫"加法婚姻",姻缘婚姻也叫"减法婚姻"。前者的动力来自激情、冒险与爱欲,其中蕴藏的是个体的内在体验;而后者则来自对生活稳定的追求,其中蕴藏的是生活上的终生平静(中国皖南地区为此诉求会在家里堂屋正中的条案上摆上钟、花瓶和镜子以作为"终生(钟声)平(瓶)静(镜)"之象征)。中国人的亲密关系是一系列包括双方父母、小夫妻与孩子在内所共同构成的复杂义务关系,其中表达的更多是亲情与报答。[1]中国人通常将亲密关系排出亲情、友情和爱情的顺序,并将婚后的夫妻感情纳入亲情。此种差异正如同中国妻子最想问丈夫的一句话:"我和你

---

[1] 参见许烺光:《性欲、情感与"报"》,载许烺光:《彻底个人主义的省思——心理人类学论文集》,许木柱译,台北:南天书局2002年版。

妈同时掉到河里,你先救哪一个?"这个问题换作西方人的认知,应分属不同类型的"爱",当然也不会放在一起发问。可中国妻子却因都将其视为"亲情",只想知道谁排第一,自然令丈夫无言以对,因为在亲情上是母亲更亲,却又非妻子所愿听到的答案,丈夫只好选择沉默。

六、余论

　　爱情与姻缘并非水火不容,更不是非此即彼的,就好比我们不能说:因为有父母之命、媒妁之言,婚姻就一定不幸或就始终培养不出感情;反之,通过爱情步入婚姻就一定幸福或能将爱情进行到底。在两种不同的婚姻模式在彼此不发生交集或者压根不知道对方存在之际,原本都是可以用自身的婚姻解释框架来认识一场婚姻的合适与否的。比如一对男女邂逅、相爱(像美英合拍的影片《诺丁山》或中国拍的影片《向左走,向右走》中的男女主角那样),在缘分框架中我们看到了姻缘,给出的合理解释是他俩真个是天赐良缘;而在爱情框架中人们却看到了不可思议的浪漫。我们在此不必为如何表述准确而争执,只能说我们看待婚姻的视角不同。这点令我想起日语翻译的佳话:据说西方人喜欢说的"我爱你!"在日语表达中是一个很让人犯难的句子,因为日本人不这么表达感情。离谱的译法是明治维新时期文学名家夏目漱石的一句:"今晚的月色真美!"而江户时代末期出生的作家二叶亭四迷在翻译屠格涅夫的小说《阿霞》的女主人公回应这样的告白时,竟然将原文中的"I love you"译为"我死而无憾"。也许进入日本文化语境,喜爱含蓄的日本读者会认为此句译得得体,但从中文来看,即使在花前月下做这样的表白也会让人一头雾水。显然,不同文化中都有"爱",本文研究的只是不同文化对爱的遭遇所做的解释框架及其对行为产生的影响。

可见，本文讨论的问题并非生物性上的异性相吸，也较少顾及现代大量的婚姻其实是间于两者的，更没有涉及婚姻的维系也有契约、析产及未成年子女归属上的制约，而只聚焦于通过关系向度上的差异看到两种亲密关系模式的运作特点以及对婚姻生活的理解和实际影响。如果我们一定要问，即便有如此理想型上的差异，那么它们在现实中是如何落地的？应该说，这有赖于一个关键概念的出现以及依照什么路径来操作化。这个概念便是"媒"，也就是说，"媒"在亲密关系中出不出现是两种模式的分水岭。如果它不出现，那么亲密关系的发生需要的是个体自身的努力或展示，其自身的优越性将得到体现，同时也造成人们对自身魅力追求的风气。如果它出现了，那么牵线搭桥、撮合、鼓噪、摆条件等将演化出当事人的含蓄与被动。《说文·女部》："媒，谋也，谋合二姓。"段玉裁注《周礼》"媒氏"注曰："媒之言谋也，谋合异类使和成者。"如果说"缘分"一词始终带有幻化而让人琢磨不透的成分，那么媒人往往是践行者。很大程度上，"月老"的那根红线操控在媒人手里，她在中国的美名叫"红娘"——一个源自元曲《西厢记》中给两位恋人牵线搭桥的人物。不过，"媒"在汉字中的另一层含义是介绍人或中介，这一点又很容易将爱情婚姻与缘分婚姻相混淆，因为即使是爱情婚姻，先有中间人让两人互相认识，也是可能的，因此我们首先可以假定，如果西方人的婚姻真地依照"媒"的方式去操作，也会导致姻缘婚姻。而正是在这点上，我们看到了"媒"在西方文化中的含义只是一个"约会"（dating）机会的制造者或连接者，网络婚介依然如此。这里的连接者是指社会网络上的"信息桥"（information bridge）[1]之意，完全没有一桩婚事得有"明媒正娶"之意。

---

[1] M. S. Granovetter, "The Strength of Weak Ties," *American Journal of Sociology*, 78, 1973, pp. 1360-1380.

由此我们可以认为,"媒"字是否具有规范性及仪式化意味着婚姻模式的走向。我这里借助关系向度理论重新考察"父母之命,媒妁之言"这句话,发现其前半句更具有时间向度上的特征(尽管这里的"命"的含义是"做决定",但如何做出这个决定,还得回到缘分上来考量)。具体而言,在缘分婚姻的框架内,父母给予个体生命一个时间点,围绕这一时间点,中国传统文化为其赋予了许多凶吉祸福方面的测算与预测方法,但如何将这一时间点与另一个时间点相连接,就需要媒人来寻找了。而当媒人牵线成功时则意味着时空结合成功,即将两个不同的生命时间点做了一次空间点上的对接。显然,这是一种将"缘"与"分"合一的过程,符合所谓"谋事在人,成事在天"之理念。

　　以今日中国社会实情来看,人们是用"进步观"来对待这两种婚姻模式的,即缘分婚姻为传统,爱情婚姻为现代。而如今的婚姻法也鼓励后者,即假定了自由恋爱的正确性。显然,这不是本文要研究的问题。本文试图讨论的是婚姻在关系向度上所寻求到的出发点和走向,而从这样的出发点和走向一方面可以看到婚姻问题在关系向度上的复杂性,另一方面又比由个人主义或者集体主义角度、自主婚姻或者包办婚姻所构建的理论有了更加广泛和有效的解释性。尤其本文发现:爱情婚姻有高度的内在性和紧张性,由此导致了婚姻质量的提升,也很容易导致离婚率的提升;而缘分婚姻因松懈、平淡与闲适,反倒使得婚姻波澜不惊。前者具有高风险性,后者具有高稳定性;前者需要展示个人的交际能力和个人魅力,后者需要借助双方的外在条件与匹配。于是,前者内含浪漫体验,后者讲究相依为命。当然,无论从哪种关系向度进入婚姻,处于婚姻内部的双方所面临的两人世界本身所发生的互动、分工、情感、抚养子女等现实议题都是差不多的。只是当一桩婚姻面临解体时,不同的婚姻模式下的人们所调动出来的解决问题的文化资源会大不相同。

必须承认的是，缘分婚姻在"进步论"的影响下一直在向爱情婚姻靠拢，许多中国传统婚姻中的"外墙"在现代化中几乎被拆除殆尽，但"配"依旧是中国人这边最重要的婚姻标准。有了这样的标准，外在已经消失的部分将隐而不显地潜入爱情婚姻，让中国人在体会到爱情欢乐的同时，依然有其稳定性作为保障，即出现一种混搭性的说法："命中注定我爱你！"这样的生活哪个文化不向往呢？

（原载《社会学研究》2017 年第 1 期。）

附录　我的本土研究三十年

【导读】本文原为杨中芳教授主编的《华人本土心理学30年》而作，旨在比较详细地回顾作者从事中国人与中国社会研究的几个重点环节及其历程，即我如何看待社会科学本土化及如何从中国人的脸面观入手，逐渐将我的研究领域扩展到关系理论建设上去。其基本线索是先从学科的角度阐发本土化研究的学理问题以及人情与面子研究为何成为本土理论的重要议题，然后将我所建立的人情与面子理论与其他相关理论进行对话，以凸显人情和面子理论的基本思路和框架。在此基础上，我进一步指出，现有的本土研究所面临的问题是文化解释上的限制。囿于这样的限制，超越的方式和方法就是把文化性理论导向形式性理论，以突破特定文化与普遍主义之间的困境。最终，我提出关系向度理论来化解这一困境。由于关系向度理论是一种类型化的动态性理论，故又可以实现从一般理论回到对特定社会与文化的解释。

一个人的人生感悟同他的人生阅历和生活遭遇是紧密相关的；同样，一个学者的学术立场同他的研究选题与研究历程也是紧密相关的。不同学者的不同学术立场虽然会受教育环境、师承及知识结构等方面的影响，但最重要的还是取决于其自身研究所走过的沟沟坎坎。我的研究立场始于20世纪90年代初开始的对中国人面子问题的研究[1]，然后逐渐扩展到人情、报、关系及权力等方面，又进一步思考了中国社会的微观与宏观之间的关系问题[2]，同时也免不了讨论它们同儒家思想的深层次连接[3]。在这一过程中，面子研究自身也经历过从国民性（文化性格、文化模式）到互动模式的转变，亦经历了从人类学深描到实证主义再到现象学，又到本土化的转变，另外还经历了从本土描述到西方的理论建构再返回到本土概念的转变。除此以外，"面子"概念自身所经历的研究变化是，它如果只作为一个独立的研究议题，是一种表达；如果同人情、报和关系整合在一起，又是一种表达。因此，当一个研究者要面对如此之多的变换，并且他又要在其中表达自己的探究及其成果时，他的学术经历一定与那些按部就班且始终如一地坚持实证立场的学者有很大的差异。在这里，我打算把我的这一过程做一次总体性的反思与讨论。

---

[1]　参见翟学伟：《中国人的脸面观》，台北：桂冠图书公司1995年版。

[2]　参见翟学伟：《中国人的关系原理——时空秩序、生活欲念及其流变》，北京：北京大学出版社2011年版；翟学伟：《中国人的脸面观——形式主义的心理动因与社会表征》，北京：北京大学出版社2011年版。

[3]　翟学伟：《伦：中国人之思想与社会的共同基础》，《社会》2016年第5期；翟学伟：《"亲亲相隐"的再认识——关系向度理论的解释》，《江苏行政学院学报》2019年第1期。

一、本土化的问题

社会科学本土化自20世纪80年代被提出以来一直饱受争议。原本这一争议的范围比较狭小,大致集中于部分心理学与社会心理学学者,而现在几乎扩展到社会学、管理学、法学、经济学及传播学等领域。但扩展并非一定是认可的意思,而是说随着其影响力的扩大,争议也在增多。[1] 表面上看,对于这一问题的争论是:社会科学中究竟存不存在所谓"中国的"或"有地方性差异"的知识?但其背后的完整表述应该是:在中国自己的思想、文化、学术或者历史脉络中是否可能产生某种符合社会科学规范的视角、理论和方法?

对于这一话题的讨论,我们大致可以追溯到20世纪30—40年代一批留洋回国的社会科学家那里。但我认为,30—40年代的讨论与80年代以来的讨论之间还是存在很大的差异。前者讨论的焦点主要集中于那些学成归来的社会科学家如何将其所学的学科知识运用于中国社会,即所学如何所用,而这一讨论又承续着洋务运动以来的"中学为体西学为用"的基本理念。自晚清到民国,中国政府派遣留学生前往欧美甚或一批自费生前往日本学习西学知识体系,他们学成归来后的历史使命不单是要在课堂上加以传授,还有如何重新认识中国,解决中国实际问题。其间,学者的困惑在于他们年幼时大都受过中国传统蒙学的教育,乃至背诵过四书五经,当时需要转换思路,以一种新的学科视角来重新看待现实世界,欣喜会远大于疑虑。回看梁启超、蔡元培、王国维、傅斯年、胡适、吴文藻、李安宅、潘光旦等学者的文

---

[1] 翟学伟:《试论本土性研究的正当性与可行性》,《管理学报》2017年第5期;翟学伟:《社会学本土化是个伪问题吗?》,《探索与争鸣》2018年第9期。

章[1]，便可以窥视出当时一大批学者都受了这一洗礼。但20世纪80年代以来所倡导的社会与行为科学中国化中则少有这样的问题。这一时期的学者从小就接受西方教育（所谓学校的正规教育，而非私塾教育），后来又考入大学接受了相关学科的系统学习和训练，然后去欧美深造回国从事教学科研。他们此时的处境及由此而生的焦虑是对自己曾经坚信不疑的知识体系产生的动摇，也就是说，他们这个时候关注的不是转化与应用的问题，而是因平生所学与现实的落差，进而对知识再生产本身产生了疑问，希望通过反省与改变研究策略，对原本以为理所当然的知识进行修改、调整乃至创新。[2]

众所周知，即使在自然科学方面，知识体系也是要不断推进和更新的，但其客观性和实验性以及研究对象所具有的物性特征保证了发现规律的可能性。可在人与社会研究方面，却存在诸多问题。如果说，这一方向的研究也一样可以进行，那么更多的依然是指人的物性方面（如生物和生理，现在具体到脑神经）。显然，人与社会的复杂性是不单靠其自身的物性求得生存和发展的，更重要的是与环境、历史、文化等发生的紧密联系，否则我们有关人的研究只能是神经学或生理学的，至多是社会生物学的。的确，西方的社会科学中很多理论正在朝此方向迈进，尤其是实证主义者坚持以模仿自然科学为己任，很难正

---

[1] 参见梁启超：《清代学术概论 儒家哲学》，天津：天津古籍出版社2004年版；蔡元培：《中国伦理学史》，北京：商务印书馆2010年版；王国维：《王国维论学集》，北京：中国社会科学出版社1997年版；傅斯年：《中国学术思想界之基本谬误》，载王中江、苑淑娅编：《新青年：民主与科学的呼唤》，郑州：中州古籍出版社1999年版；胡适：《中国哲学史大纲（卷上）》，载姜义华主编：《胡适学术文集 中国哲学史》上册，北京：中华书局1991年版；吴文藻：《论社会学的中国化》，北京：商务印书馆2010年版；李安宅：《〈仪礼〉与〈礼记〉之社会学的研究》，上海：上海人民出版社2005年版；潘光旦：《说"伦"字》，载潘光旦：《儒家的社会思想》，北京：北京大学出版社2010年版；潘光旦：《"伦"有二义》，载潘光旦：《儒家的社会思想》，北京：北京大学出版社2010年版。

[2] 参见杨国枢：《我们为什么要建立中国人的本土心理学》，载杨国枢：《中国人的心理与行为：本土化研究》，北京：中国人民大学出版社2004年版。

视现实社会与文化的差异性或多元性。但其影响力如此巨大，原因有二：一个是在自然科学影响下，其学理上持有本质主义方法论。本质主义的主张最容易形成普遍主义的视角，也就是研究者在进入真实社会时采用的分析思维。他们以亚里士多德在《形而上学》中提出的概念定义上的"种的属"（a species of a genus）为基准，最终将任何复杂的社会或文化都化解为若干要素，导致原本存在差异的对象都还原到一般性（共相）上去。比如我们原本想弄清楚中国社会与美国社会，但本质主义研究者认为，无论什么社会反正都是社会（"种"），而社会的基本要素就是人口、地理、群体（婚姻、家庭、组织、社区等）、阶层、制度、结构及社会成员间的交往和流动等（"属"），于是看似不同的社会在共相上都是一致的；又比如我们想研究中国人的心理与行为，但本质主义者认为，并不分什么中国人、美国人、印度人、日本人等，无论哪里的人反正都是人，其要素就是身体、生命、大脑、认知、情绪、人格与行为等。可见，对于社会文化的研究，一旦采取本质主义的立场，任何差异化都会被普遍化。对于这一研究路线，我们当然不能说它不对，而是想说这一研究方式显然不能拿来作为我们从事本土化研究的基本理念，否则我们将无法走进本土化的研究。或者说，本土化是否可能，争来争去首先在于是否接受本质主义的立场。

的确，从本质主义立场出发建立起来的知识体系是无法顾及历史、文化、环境与民族的差异的。但这一看似科学的学术立场在实际研究中往往又是一厢情愿的，因为由坚持这一导向的学者所建立起来的社会科学知识体系，即使声称具有普遍性，也摆脱不了以自己的文化和历史做主轴。由此导致其间的更大危险是西方学者将含有相当多的自身的社会与文化特征混入本质主义，进而误解为普遍的。而此时此刻的非西方学者则在普遍主义的意义上把它们统统当作基本原理加以吸收，最终构成了今天社会科学的知识体系。而吊诡的是，西方社会科学内部却对其普遍主义争论不休。可在我们这边则永远是他们争他们的，我们要做的就是转述。于是乎，在我们的研究中，我们总是不厌其烦地引用他们的各种"真知灼见"，并在我们的课堂上频频地介绍、述评。尤为可怕的是，熟练地掌握了这一套的学者正主宰着我们的学术共同体。也就是说，大凡能把西方学术娓娓道来的学者最容易成为我们学术界的核心人物，他们以研究西方什么派、什么学、什么主义、什么人物思想及生平自居。而本土化的重大意义就在于，我们需要破除这一格局，让社会科学的一些视角、理论和方法从自己的历史、文化与学术脉络中生长出来。

另一个现实原因涉及人类自身的历史走向。也就是说，任何一个活在真实社会中的人都有可能发现他所学习的理论和现实世界存在多么大的差异，可为何他依然如此强烈地信奉那些理论呢？因为现实世界的走向会告诉他：即便如此也不是理论错了，而是现实世界错了。从常理上讲，原本一种社会中的人们如何行动只涉及其内部的价值标准，也就是说他们如何行动仅仅受制于其自身的历史演变、文化观念、社会规范和利益诉求，故无所谓对错之有。但西方理论之所以依然能够打动人心是因为它给非西方社会的人们带来了这样的认知，即当某一社会与文化的运行不符合某种相关理论时，要改变的不是理论，而是行动者自己，即使当下不能改变，面向"正确"的理论知道自己错在哪儿也是值得鼓励的。比如所谓现代化理论，它明确指出了现代性与传统性的差异。当行动者意识到自己的生活方式因不符合现代化标准而被归为传统时，他们就会追随这一理论。可他们所忽略的是，即使现代化进入中国人的生活，它所带来的变化也不是一种单一的社会文化[1]，

---

[1] 参见孔飞力："中文版序言"，载孔飞力：《中国现代国家的起源》，陈兼、陈之宏译，北京：生活·读书·新知三联书店2014年版；柯文：《在中国发现历史——中国中心观在美国的兴起》，林同奇译，北京：社会科学文献出版社2017年版，第107页。

而是新的多样性代替了旧的多样性[1]。总之，西方理论给非西方社会的学习者留下的印象是，它们在任何时候都是正确的、毋庸置疑的。据此，非西方学者也就不再需要构建什么新的理论了。追随、评介以及在具体操作上照葫芦画瓢就可以拥有无可争辩的或至高无上的合法性，反倒是本土化研究成了不受人待见的、不怎么被看好的方向。当然，西方理论与方法所占据的正统地位，也离不开科研与学校体制（包括发表、出版与晋升等）的配合。正是后者促进和保证了前者的可能。

不可否认的是，社会科学效仿自然科学，是为了期待自己维持住科学的纯洁性。但它与自然科学的不同之处在于，在有关人与社会的社会性和文化性方面，我们找不到类似于物性特征上的齐一性（uniformities），也缺乏运行上的可重复性和预测力（尽管有许多社会科学家在力争这一点的存在）。也就是说，不同社会与文化中的理想、价值、制度、规范、生活方式等不但不一样，而且也难以具有不断反复从而显示其规律之可能。在西方社会科学内部，反对实证主义的学者认为，就社会文化而言，人们没有办法拿着一种社会的价值诉求来衡量另一种社会的价值诉求（如果必须如此，那只能带来永无止境的冲突和杀戮）。不同社会文化中的宗教、意识形态与日常生活都在影响着自己的民众。我们既不能把自己认为正确的强加于其他民族，也不能把其他民族认为正确的强加于自己；而历史现象即使在某一时段有惊人的相似之处，也不能因此以为它是规律，因为人为的与突发的变量层出不穷，随时会改变历史的进程。虽说不少西方哲学家及学者意识到了这些问题，但他们依然认为，即使回到人与社会的层面，人类社会也会共享一些基本现象，而对于这些基本现象的研究就叫道德科

---

[1] 麦克尔·卡里瑟斯：《我们为什么有文化：阐释人类学和社会多样性》，陈丰译，沈阳：辽宁教育出版社、牛津大学出版社1998年版，第35页。

学、精神科学或文化科学。他们认为这些后来一并归于社会科学的内容还是可以在高度抽象意义上建立自己的知识体系的，只是他们不再企图寻求齐一性和预测力，而是转向去理解其内在的社会文化含义方面，此即诠释学。诠释学所反对的只是实证主义模仿自然科学想从外部观察描绘世界的主张，而指望从人自身的内在体验出发，以获得对人与社会的理解。但本土化的研究显然更进一步，其基本提问是，不同地域中，人与社会都有自己的社会结构与生活之道，既然如此，我们就不能把解释权授予其他社会文化中的学者、按照他们的立场及其框架加以诠释，而应交由本土学者来寻求答案。

可这里引发的一个问题是：许多西方学者认为，即使各自的社会文化经验不同，知识体系也不应由当地人建立。理由是当地人的经验所连接着的知识往往是当地人的信仰和巫术，而唯有西方社会科学家用其理论和方法进入当地，才能获得科学上的认识。虽然我不否认这样的说法的确有很多的合理成分，但我的问题是：即使大家都采取社会科学的视角及规范，我们得到的理论和知识体系就应该一致吗？比如有关"自我"，似乎有一系列高度抽象的或经验性的自我理论，但回到文化中，这是哪种文化下的自我或者谁的自我经验呢？至少从文化与自我关系的研究成果来看，现有的自我概念及其理论非常具有西方文化的特点或曰经验性变异，而反过来说，不同文化中的自我经验难道不会促成自我概念内涵的变化吗？[1] 又比如关于社会科学家讨论的社会交往，也发展出许多社会学和社会心理学理论，但在经验上，我们却发现我们所经验到的社会交往不是现有的社会学或社会心理学、

---

[1] 参见 H. R. Markus, and S. Kitayama, "Culture and the Self: Implication for Cognition, Emotion and Motivation," *Psychological Review*, Vol.98, 1991；杨中芳：《试论中国人的"自己"：理论与研究方向》，载杨中芳、高尚仁合编：《中国人·中国心——人格与社会篇》，台北：远流出版公司1991年版；翟学伟：《儒家式的自我及其实践：本土心理学的研究》，《南开学报（哲学社会科学版）》2018年第5期。

文化心理学理论所能解释的。那么是维持现有的理论,还是挑战现有的理论呢?本文下面重点要讨论的关系、人情和面子及其中涉及的自我问题,将会比较清楚地呈现这一点。

二、本土化的选择与困境

这样一来,出于对社会科学学科性质的不同理解,我们对理论如何建立,就有了分歧。第一种观点是,不需要怀疑西方人建立的理论,它们基本上是正确的,我们的任务是学会如何运用(应用)这些理论。当然,结合自己的国情,可以做点修补和检验。第二种观点认为,理论不是由经验过单一社会文化的学者建构的,而需要允许其他社会文化中的学者在其经验中形成理论。还有一种观点认为,最好的学科体系应该是由不同社会文化中的学者共同建立理论完成的,唯有这样才是普遍性的知识体系。[1] 其中,第一点在中国社会科学界最有市场,几乎绝大多数学者、师生都欢迎这种观点,其理论学说占领了中国大学教材与课堂教学的绝大部分,也充斥于学术论文;第二点大体上会寄希望于本土化研究;而最后一点则是对理想学术的憧憬。对于这一学术憧憬,我认为或许只能停留于一种美好的愿望。由于社会科学研究缺乏齐一性,因此其统一范式及大理论的产生基本是不可能的(结构—功能主义的衰落就是最好的证明)。学科内的不同学派之间更多的是竞争关系,而不是融合与覆盖的关系。另外还有一种提法不在本土化之列,而是认为研究本身就会产生新的理论,而无须讨论本土化的问题。看起来后一说法的合理性在于,它避开了特定社会文化的限制,

---

[1] 参见杨国枢:《我们为什么要建立中国人的本土心理学》,载杨国枢:《中国人的心理与行为:本土化研究》,北京:中国人民大学出版社 2004 年版。

本身也符合科学演化之事实。但我们是否想过，我们如此地依赖西方理论，一直满足于照搬和临摹，甚至坚信现有理论之正确，还有可能创新吗？事实也是如此，本土化之所以值得提倡，是因为它能为学术创新提供现实道路与契机。于是，当我们放弃了前后两种观点之后，本土化显然是一条可行的道路。学者可以先建立一套适合于解释自己社会文化的知识体系，然后再讨论它对世界学术的贡献。

可本土化研究一旦启动，则会遇到很多学理问题。其中一个尤为关键之处是，本土化研究必然遭遇文化解释。"本土"或"本土化"的意思中显然包含：一种理论建构是有其文化内涵的，否则我们似乎没有理由说明这个理论是本土的。本土化的研究不满足于以往的那种以一些肤浅且大而化之的文化特点来说明一种具体的心理与行为。所谓好的本土化研究应该强调其研究思路、视角、框架、过程与结论等都是从自己经验到的文化中生长出来的，而非移植的。为了做到这一点，本土研究应该非常重视本土概念，因为本土概念的内涵一方面连接着本土社会与文化，另一方面还可以成为建构本土理论的起点或者曰最小单位，从而实现其理论与社会现实之间的高度契合。[1]也就是说，本土的理论建构在策略上期待使用一系列的本土概念，这些概念可以来自中国思想经典或日常用语，比如"孝道""中庸""缘分""人情""面子""伦""报""送礼"等；也可以来自本土学者自己的构建，比如"差序格局"[2]、"伦理本位"[3]、"情境中心"[4]、"关系取向"[5]、"社

---

[1] 参见杨国枢：《我们为什么要建立中国人的本土心理学》，载杨国枢：《中国人的心理与行为：本土化研究》，北京：中国人民大学出版社2004年版。

[2] 参见费孝通：《乡土中国》，北京：生活·读书·新知三联书店1985年版。

[3] 参见梁漱溟：《中国文化要义》，上海：上海人民出版社2003年版。

[4] 参见许烺光：《美国人与中国人》，沈彩艺译，杭州：浙江人民出版社2017年版。

[5] 参见何友辉、陈淑娟、赵志裕：《关系取向：为中国社会心理方法论求答案》，载杨国枢、黄光国主编：《中国人的心理与行为（1989）》，台北：桂冠图书公司1991年版。

会取向"[1]等。但无论哪种策略,其共同特征都离不开同其他文化的比较,比如后者就尤其明显地对应了"团体格局""个人中心""个人本位""个人主义""个人取向"等。由此一来,特定文化所构建出来的概念或者理论的特定性,会导致其解释的对象与范围受到限定,也就是说,诸如此类的概念或者理论的提出只是用来解释这一特定文化中的人群的。不可否认,这样的努力方向在做文化心理比较、文化人类学以及文化心理学研究时颇具特点,但在进行本土理论建构时则昭示出对其他人群的排斥,或者说不适用于解释文化不同却又在行为表现上类似的人群。当然,从事本土研究的学者可以宣称,本土理论不需要解释其他社会与文化。但其中尚无法回答的地方是,理论本身的出发点应该是没有文化限定的,要尽可能最大化地解释人类社会中的同类现象。如果一开始就被特定文化所限定,那就等于承认了该理论因其文化特征而不需要被其他文化学者所接纳,除非我们先确定其他社会在文化特征上与我们有诸多的一致性或相似性。这一点导致大量的研究者都把个人主义和集体主义作为两个放大了的文化维度来从事各个地区的研究。

这一看似无须多虑的问题其实值得深思,因为同样的情形也出现于 P. A. 柯文(P. A. Cohen)在历史研究中提出的"中国中心观"所面临的各种学术挑战中,包括如何处理中国文化内部之异质性的问题。[2]我本人经常被问及的是:"中国人"的"人情""面子"与"关系"等概念是(特定)文化性的,还是(一般)社会性的?比如所谓的中国人指谁?我当然不能在民族或血统上定义其为汉人(或许提出这个问

---

[1] 参见杨国枢:《中国人的社会取向:社会互动的观点》,载杨国枢、余安邦主编:《中国人的心理与行为(1992)》,台北:桂冠图书公司1993年版。

[2] 参见柯文:《2010新版序言:对中国中心观史学的进一步思考》,张隆志译,载柯文:《在中国发现历史——中国中心观在美国的兴起》,林同奇译,北京:社会科学文献出版社2017年版。

题的人知道我不能如此回答),也不能正面划定其为在中国生活的人,因为还有许多不在中国生活的华人,也有许多在中国生活、接受中国文化的外国人,当然也不能指那些受中国文化影响的人,因为不是中国人也会受中国文化影响,是中国人也可能未必受中国文化影响。如果说中国人是一种文化定义,那么我们能接受儒家文化圈的概念吗?中国文化能用儒家文化来定义吗?本土理论的解释边界与儒家文化圈(的社会文化)相吻合吗?事实上,我在讨论中国人话题的时候,从来也不包含日本人或韩国人。我最近的一项研究还想表明,中国人与日本人的文化心理具有明显的差异。[1] 又比如面子是不是中国人独有的?依此可以接着问下去,人情是中国社会独有的吗?或者,只有中国人才讲关系吗?通常情况下,对于此类问题的抵挡,就是回到文化特征上去回应。例如,什么样的文化产生了面子、人情和关系?这即意味着没有这样的文化,就产生不了这样的现象。但这样回答非但不能令人满意,反而导致更多的争议,因为我们还需要解释为何非此文化社会中的人们也有这样的现象,又或者这一提问想质疑的是,这些概念是不是一种文化特征才可以解释的。另有一种退而求其次的回答则是强调程度,比如我们可以说中国人更好面子,更讲人情,更会搞关系等,或者一种更为广泛的说法是,集体主义文化更容易产生这样的行为方式。如果说程度不同的说法可以成立,那么难道我们所看重的文化解释是用来说明程度差异的吗?如果是,那就表明这些社会现象的发生还有比文化更基础的原因,而这一点不正好又需要回到本质主义上去加以讨论吗?又或者当程度的解释只是一种主观感知时,还会遭到来自其他地区学者的反对。比如有人告诫我,美国人也一样重视关系(其实这是一个含混的似是而非的挑战)。而更难驾驭的地方在于,即使我们采取了特定文化解释的方式,也无法获得确切的此种文化内

---

[1] 翟学伟:《耻感与面子:差之毫厘,失之千里》,《社会学研究》2016年第1期。

涵和外延，更不敢说，中国人表现出的一种心理与行为可以从儒家思想或其他思想流派中获得解答，因为这样的解答往往不着边际。由此，我们只能说，有文化解释会比没有文化解释好，但没法说一种文化解释就一定是合理的解释。

可见，受困于一些尚未解决的学理问题，原本本土理论建构方面的努力一方面演化成文化性的阐释，另一方面又面临不少难以招架之处。而在本土化理论建构步履艰难之际，其研究也随之碎片化。许多从事实证研究的学者仅满足于对一个具体而细碎的本土文化假设进行检验。一开始，这类研究可谓是本土化的展开，但此方面研究增多后，就出现了类似于下面的议论：

> 英国史家杰弗里·巴勒克拉夫（Geoffrey Barraclough）在论及美国新经济史家与新人口史家写出的大量微观研究时，曾警告大家："正如老的实证主义者认为，'历史的事实'一旦为史家收集，就会无形中嵌入人们普遍接受的正确模式的看法，最后证明是一种假象一样，目前确实存在着一种危险，即人口史家与'历史计量学家'们（Cliometricians）的辛勤努力将在大量支离破碎的研究中白白浪费掉，无法取得任何概括性的或最终的成果。"[1]

这时，我们所取得的一些成绩只是，从事本土化的学者因不再承接西方某种研究，对于西方研究似乎也就断奶了。但与此同时，本土化的知识系统依然没有搭建起来。理论与文化解释上的困境估计也是黄光

---

[1] 转引自林同奇：《中国中心观：特点、思潮与内在张力》，载柯文：《在中国发现历史——中国中心观在美国的兴起》，林同奇译，北京：社会科学文献出版社2017年版，第22页。

国目前遇到的问题,因为他的人情与面子理论[1]、曼陀罗模型[2]及文化含摄理论[3]等均不能算成对本土社会与人进行解释的理论。

当然,以上一系列的问题和困境并不意味着我们只好退回到西方知识体系中去,索性让西方学者继续给我们指明道路。其实我们也可以把同样的问题抛给西方学者,只不过他们的做法与我们相反。我们的本土化是收缩式的,而西方理论则是扩大化的或殖民式的。他们能够做到的是把自己的社会文化现象普遍化或普及化。可颇具讽刺意味的是,在这一普遍化的过程中,也有一个被中国学习者喝彩的西方理论——拟剧论[4],它竟然脱胎于中国人的"面子"概念。此时,我们难道不能从中得到这样一个重要启示:一个本土概念未必总是一定要贴紧或守住其原有的文化?所谓本土化或许未必一定是指本土学者根据自己的社会文化提出的知识体系,而是指任何一个学者,只要真正理解或认同某种特定社会文化,并从中建构起那些符合社会科学研究规范的视角和理论。当然,这样一来很容易把那些从事中国研究的西方学者也算进来,但我认为究竟什么研究可以划归于本土化,主要取决于这些学者是在用什么样的话语体系来言说。从现有的情形来看,大多数西方的研究中国的学者都倾向坚守西方中心论[局外人的立场(outsider's perspective)],也就是说,他们仅仅以中国为对象而开展研究。而我这里想表明的是,中国不只是研究者的对象,而是一种可寻求的视角和方法,借用沟口雄三的话说,是一种"作为方法的中

---

[1] 参见黄光国:《人情与面子:中国人的权力游戏》,载黄光国编:《中国人的权力游戏》,台北:巨流图书公司1988年版。

[2] 参见黄光国:《心理学的科学革命方案》,台北:心理出版社2011年版。

[3] 黄光国:《儒家文化系统的主体辩证》,台北:五南图书公司2017年版,第157页。

[4] 参见欧文·戈夫曼:《日常生活中的自我呈现》,黄爱华、冯钢译,杭州:浙江人民出版社1989年版。

国"[1]。在这一点上，我认为法国学者 F. 余莲（F. Jullien）对于中国概念"势"的研究[2]、瑞士学者 H. V. 胜雅律（H. V. Senger）对中国人的"计策"研究[3]以及日本学者沟口雄三对中国人的公与私的研究[4]，都是符合的，而至于拟剧论是一种什么样的理论，我下面会做讨论。

三、从社会统计到社会法则

当然，西方学者在如何建立理论及其背后具有何种科学哲学方面，为全世界学者树立了榜样，只是占据主导性地位的实证主义却鲜有这样的作为。实证主义的最大优势在于提升了社会科学的经验性、精确性和检验性，并寄希望于从中获得预测性，从这几点来看，它克服了思辨性、形而上学以及人文取向上的缺陷；尤为重要的是，它所展示出的经验性和检验性为其如何有别于其他类型的知识提供了重要的参考依据。而经验与检验的关系则是，经验性研究必须可检验，可检验的一定是经验性的。

为此，实证主义社会科学家认为，研究文化、社会和心理行为等的关键是要满足既可经验，也可检验。比如，我们概括：中国文化具有天人合一、内圣外王、君权神授、和合、君子人格或"阴阳""五行""天命观""气""理""心性"等概念，其中经验性与检验性就都没有。又如美国公理会传教士明恩溥在《中国人的特性》一书中罗列

---

[1] 参见沟口雄三：《作为方法的中国》，孙军悦译，北京：生活·读书·新知三联书店 2011 年版。

[2] 参见余莲：《势——中国的效力观》，卓立译，北京：北京大学出版社 2009 年版。

[3] 参见胜雅律：《智谋》，袁志英、刘晓东等译，上海：上海人民出版社 2006 年版。

[4] 参见沟口雄三：《中国的公与私·公私》，郑静译，北京：生活·读书·新知三联书店 2011 年版。

出中国人性格的二十六个特点，它们分别是：面子、节俭、勤劳、客气（礼节）、缺乏时间观念（漠视时间）、缺乏精确习惯（漠视精确）、好误解人意（误解的才能）、好兜圈子（拐弯抹角的才能）、温顺而又固执（灵活的固执）、思维紊乱（智力混沌）、麻木不仁（神经麻木）、蔑视外国人（轻视外国人）、有私无公（缺乏公共精神）、因循保守（保守）、不求舒适与方便（漠视舒适与便利）、生命力顽强（生命力）、富有耐性与毅力（忍耐和坚韧）、知足常乐、孝顺、仁爱（仁慈）、缺乏同情心、好争斗（社会台风）、重责守法（相互负责和遵纪守法）、相互猜疑、缺少信用（缺少诚信）、多神论、泛神论与无神论等[1]，那就属于有经验性却无检验性，因为作者在给出一个特点后所提供的只是几个事例。据此，明恩溥在实证主义的意义上不能算是一个社会科学家，只能算是一个很优秀的社会观察家。也就是说，如果没有检验而只有事例，我们就无法确认这些特征的社会性意义，因为我们不知道它在多大范围内属实，甚至他概括出的"温顺而又固执"（灵活的固执）是一对矛盾，"仁爱"（仁慈）与"缺乏同情心"也是一对矛盾。又或者说，对于这些特征，我们也一样可以在中国人的性格中找到反面特征及其事例，那么哪一种为真、哪一种为假，就需要借助统计和检验。而统计的精确性还在于，可以获得上述某种（某些）特征（因变量）与个人社会属性（自变量），诸如性别、年龄、职业、受教育程度、收入、地区等之间的正负相关，进而可以更翔实地描绘什么样的人与什么样的心理或行为特征之间有什么样的联系。这或许是实证主义征服许多研究者的地方。

社会统计的显著优势使得这一方法一度被用于国民性（也叫文化性格或文化模式）研究，这种研究很希望从统计意义上说明国民的性

---

[1] 参见明恩溥：《中国人的特性（全译本）》，匡雁鹏译，北京：光明日报出版社1998年版。括号里的内容来自另一个译本《中国人的气质》（刘文飞、刘晓旸译，上海：上海三联书店2007年版）。

格特征，于是国民性也成了众数人格。可如此科学的研究方法为什么会衰落呢？原因很多，其中一个重要原因就是我们想获得的不是一组国民经济状况的数据，而是一系列文化与心理的数据。有关后者，且不论我们的样本有多大，抽样是否科学，我们先得在认识上知道一个国家/社会的文化是单一的还是多元的。如果相对单一，那么从样本推论总体的可能性还存在，比如R.本尼迪克特（R. Benedict）的日本文化模式研究虽没有采用统计方法，但在一番不做统计的辩解后她所描述出来的日本国民性特征一样获得了成功，而对于研究中国国民性的学者来说，即使他们使用了社会统计却依然难以获得成功。或许，有学者认为，即使一国国民的文化是多元的，但还是可以找到其文化模式，他们的理由是什么呢？他们发现，在统计上占大多数的中产阶级是其国民性的主力。[1] 可遗憾的是，这两点在中国都不存在，中国既是文化多元的，又没有庞大的中产阶级。那么，我们以什么人为对象，一半对一半吗？这一点可以解释为何迄今为止尚没有出现以统计方法而获得成功的中国国民性研究，大量的讨论只能集中于无需经验和检验的哲学、人文或人类学学科中。再者，且不论调查统计方法上的问题，即使众数人格代表大多数，难道少数人就不重要了？我们知道，精英或者反对者从来都是少数，但不可谓不具有文化代表性。可见，我们有时借助社会统计所得到的结论并不比优秀的社会观察家高明多少。这时，我们反倒念叨起明恩溥的好来，虽然他对中国人的每一个特性只能给出几个实例，但此书的经久不衰足以证明作者的直觉和概括力胜过一些社会调查。正如明恩溥自己所说：

---

[1] 参见爱德华·C.斯图尔特、密尔顿·J.贝内特：《美国文化模式——跨文化视野中的分析》，卫景宜译，天津：百花文艺出版社2000年版。

正是通过数量充足的此类事例，才可以推论出一个总的原则。这个结论或许会遭到质疑乃至反对，但这些被引用的事例却不应被忽视，唯一的理由就是，这些事例是非常真实的，任何一种与中国人性格相关的理论，最终都必须仰仗于这些事例。[1]

大凡从事本土化研究的人也许都经历过对身边事例的观察与思考，只是为了在形式上符合实证主义的研究规范，不得不回到其规范和程序当中去阐述，以此撇清自己与人文的或社会观察者的关系。如 A. 英格尔斯（A. Inkeles，也译英克尔斯）用 6000 份问卷研究三大洲六个国家的国民素质仍能够获得一定的成功，在我看来倒不是因为他的调查方法有效，而是因为他只关注自己设定的传统人与现代人的指标（唯名论的做法），没有落入文化模式的陷阱罢了（唯实论的做法）。[2]

此时，我们也可以好好思考一下，观察日常事例在社会科学方面究竟意味着什么？我本人因受 L. 维特根斯坦（L. Wittgenstein）哲学的启发，认为本土概念看起来反映了某种社会文化性格，需要用统计方法来了解，但在根本上是一种语言的表达和使用。维特根斯坦的前期思想开启了逻辑实证主义的道路，他认为，语言结构与世界结构是相对应的。如果世界的基本单位是事态，那么语言的基本单位就是命题，基本命题描述基本事态，复合命题描述复合事态，即事况。据此，逻辑实证主义寄期望于通过命题语句来反映真实的社会或心理（问卷就是一系列的命题问答，研究者通过统计被问者的回答，描绘出研究对象的总体情况）。但其后期思想认为，语句不具有与真实世界的对应关系，它们所连接的只是相应的生活形式。不同的语言所能表示的就是

---

[1] 明恩溥：《中国人的气质》，刘文飞、刘晓旸译，上海：文汇出版社 2010 年版，第 5 页。

[2] 参见阿列克斯·英克尔斯、戴维·H. 史密斯：《从传统人到现代人——六个发展中国家中的个人变化》，顾昕译，北京：中国人民大学出版社 1992 年版。

不同的生活形式，进而只有从语言的使用及其与生活形式的实践中才能理解行为的含义。[1]一个本土概念在其他语言中找不到对应的译法，恰恰说明了其他社会文化中的人们缺乏这样的现象和体验。这不是一个实证的问题，只是一个体会与领悟的问题。这时我们要做的不是对一些词汇使用的频次进行统计，更不是通过设计问卷来与被试进行问答填充，乃至于被翻译成另一种文字之后又水土不服，而是应该思考，这种语言及其语境与生活形式是一种什么样的实践状况？

从这一点出发，本土概念之重要性在于，除了实证研究外，应该同其本身所具有的文化内涵及其本土社会运行之间建立关联。我们对于一种语言的掌握不是词汇、不是词频，而需要从规则开始。失去了语言规则，语言剩下的就是单词，这会成为 B. W. 罗素（B. W. Russell）的逻辑原子主义。同样，失去了社会规则，社会与心理的研究单位就在普遍化的同时原子化了。比如"社会交换"与"报"这两个概念，前者是无法也无需表达任何文化意味的概念，后者却是表达某种文化意味的概念。[2]西方的交换理论试图在本质主义的意义上研究基本含义，甚至要还原到行为主义的操作性条件反射上去。这不禁让我想起 P. 温奇（P. Winch）说过的一句话：

> 我们若要去解释罗密欧对朱丽叶的爱是如何影响其行为的话，那么这种解释方式，是否可以等同于我们可以用以解释一只耗子的性冲动是如何驱使其越过隔栅奔向性伙伴的行为的方式呢？[3]

---

[1] 维特根斯坦：《哲学研究》，李步楼译，北京：商务印书馆1996年版，第340—345页。

[2] 参见杨联陞：《"报"作为中国社会关系基础的思想》，张晓丽译，载费正清主编：《中国的思想与制度》，北京：世界知识出版社2008年版。

[3] 彼得·温奇：《社会科学的观念及其与哲学的关系（第二版）》，张庆熊、张缨等译，上海：上海人民出版社2004年版，第81页。

所以研究本土概念"报",并不需要回归于交换上的本质主义,而只需要追踪中国文化是如何在天人之际建立报应系统以及如何在人际网络中建立互报模式（包括报恩与报仇）[1]的。由此,启用本土概念就等于获得了一种当地的文化认知图景,而对这一认知图景的理解往往得借助事例的指引。在这一方面,故事（包括历史、文学、报道及地方志等）发挥着极其重要的作用。故事或者事例不可以被简单地归结为定性研究,而应归于叙事研究,否则它一旦被当成定性研究,又将被定性研究的规范所束缚。故事和事例在通俗意义上就是举例说明,举例说明的最大优点就是它能给出文化情境下的剧情主线（story line）,也就是它有情节性、连贯性及完整性,进而经验且鲜活地告诉人们一种相对抽象的文化理念及社会法则是如何运行的。或者说,事例是为理解文化理念和社会法则服务的。一旦某一本土概念及其背后的文化理念只剩下连篇累牍的阐述,那么其经验性与可理解性就大大地减弱了。这也是为何在我们读到的任何一本哲学著作中,几乎都有对其思想论证的举例说明。如果我们反过来使用这一方法,也一样可以明白,要想认识一种社会文化的特征,可以从故事和事例开始,一步步接触该社会文化的核心。

是故,本土化的研究与国民性研究或者更大范围的实证研究不同的地方在于,不是寻求一种社会文化现象所反映出的人数及其统计学意义上的价值观、态度与行为方面的数据,而是对一特定文化中的社会法则及其运行方式加以探讨。这一转向意味着,我们的经验研究的意义不在于获得多大规模的人口在多大程度上同意或不同意、采取或不采取什么心理和行为,而在于弄清楚某一社会文化的预设、机制与原则是什么。此时此刻,即使这个社会中有许多人未必遵守法则,甚

---

[1] 参见文崇一：《报恩与复仇：交换行为的分析》,载文崇一：《历史社会学：从历史中寻找模式》,台北：三民书局1995年版；翟学伟：《报的运作方位》,载翟学伟：《中国人的关系原理——时空秩序、生活欲念及其流变》,北京：北京大学出版社2011年版。

至公开厌恶或反其道而行之,这也在表明,探寻这些规则的运行原理,是我们认识该文化中的人与社会之特征的关键所在。

四、再论如何研究人情与面子

"关系""人情""面子"与"权力"是中国人常用的本土词汇,如果我们采取本质主义加实证主义的研究思路,那我们会如何做呢?我们首先会分解这些概念,比如"关系"可以被分解为个体、互动、角色、期待、连带上的强与弱等;"人情"被分解为本能、情绪、情感、资源、礼物或交换等;"面子"被分解为自我、面具、地位、自尊、光荣、虚荣、道德等。经过这一分解,普遍主义首先出现了,也即表明其实所谓"人情"和"面子"看起来是中国文化的概念,但其实质就是一些广泛存在于各种社会文化中的相当普遍的心理与行为元素,我们再通过实证主义的方法对此做操作性定义,设计量表,制作问卷,抽样、发放、回收,经过统计,我们就知道了一个社会上的人们在这些方面的现实态度与行为表现如何。试问,以这种方式进行研究,我们能获得多少对中国人与中国社会的了解?

维特根斯坦在讨论语言问题的时候提醒我们,组合中的要素不在于这些要素本身,而在于我们组合的方式,在于我们想说什么。这就是语言游戏,而语言游戏的关键是必须找到其规则,否则即使知道这是一种语言,也不知道话该怎么说,说了也不知其意。而知道话怎么说是要联系特定动作的,所以一个掌握语言的人无论是学习、参与还是观摩,都是为了弄懂规则。[1] 现在我试图以此思路来讨论我们如何研究"脸面"。

---

[1] 维特根斯坦:《哲学研究》,李步楼译,北京:商务印书馆1996年版,第30—40页。

首先,"脸面"究竟为何意?在实证主义、诠释学或者现象学那里,它不只一种含义,这就看我们想说什么。如果我们说,脸面在中国文化语境中有"戏份"的含义,那么实证研究的分解方式就不适用于此研究,而接近于诠释学和现象学的拟剧论还可以。戈夫曼的拟剧论就是一个诠释学和现象学的理论,他敏锐地发现了"戏"的意义,使之构成其理论的基本框架。但拟剧论中缺少了什么呢?它缺少的是对语言游戏的认识。哈贝马斯说:

> 根据维特根斯坦的理解,如何应用语言表达的语言游戏的实践,不是取决于孤立的目的行为主体所做出的个别目的行为的结果,而是取决于一种"共同的人类行为方式"。维特根斯坦称"语言游戏"为语言表达和非语言的活动交织在一起的那个整体。构成那种活动和语言行为关联的东西,是主体际分享的生活形式中的先在的协调一致,或受体制和习俗制约的共同实践中的前理解(Vorständnis)。[1]

可见,要想真正获得对人情和面子的理解应当从获悉其词语使用开始。我们固然可以坚持认为,E. 戈夫曼(E. Goffman)不懂中文,不也一样建立起了他的拟剧论?这是否说明撇开中国本土语境或文化情境,从中抽离出人类共有的,包括达尔文在进化论中业已注意到的"face"的意义,一样可以建立相对普遍的理论呢?我认为不是。拟剧论受到"face"的启发而产生一种所谓"普遍"的理论应该归属于维特根斯坦的"家族相似性",也就是说,拟剧论中很多地方同中国人的脸面观有部分的重叠性,但以此来解释中国人的面子现象,则存在不少误区。

---

[1] 转引自张庆熊:《社会科学的哲学——实证主义、诠释学和维特根斯坦的转型》,上海:复旦大学出版社 2010 年版,第 199 页。

为避免走入误区，我还是需要回到本土的"人情"和"面子"上来。

在这一点上，黄光国是有警觉的，因为他把"人情"和"面子"这两个概念放到了认识中国人与中国社会运行的核心位置[1]，从而不再将注意力集中于对人情和面子的实证研究方面，率先转向了社会法则方面。他的这一转向提醒我们，本土概念是可以产生理论的，我们在研究本土社会文化现象时最后不是总要回到西方理论那里去；最后他还努力地将人情和面子与西方相关理论进行了一定的整合，从而使我们一方面看到人情和面子在中国人与中国社会中的基础性（退回到20世纪80年代的华人社会科学研究的大背景中去，这是一个十分大胆的做法），另一方面寻找到了与西方相关理论的衔接点。但以上这些肯定也不能掩盖这个理论模型存在的一些问题。正如前文所言，这个模型的最大问题出在如何看待西方理论方面。该模型的建立基础是西方社会学理论中的社会交换理论、公平理论与社会正义论。[2]这意味着人情和面子模式看起来是一个本土的理论，但由于他没有脱离本质主义的思维方式，因此他依然希望把人情和面子放入一种被误读的"普遍性"去建构。如果说这一点没有被许多人看明白，只是因为如此复杂的理论模型比一般概念定义上所要求的种属关系更加高级罢了。试想，如果本土理论的基础部分是西方这些相关理论，那也就意味着，"人情"与"面子"概念本身并无什么理论价值可言，其理论性是借助西方理论支撑的，换句话说，如果我们把这一模型中的西方理论抽掉，那么人情与面子模式也就随之坍塌了。由此讨论我们发现，黄光国总是在解释人类社会行为的同时兼顾解释中国人的行为。比如他将原本属于中国人的"人情"概念划分成情感性关系、混合性关系和工具性

---

[1] 参见黄光国：《人情与面子：中国人的权力游戏》，载黄光国编：《中国人的权力游戏》，台北：巨流图书公司1988年版。

[2] 参见黄光国：《儒家关系主义：哲学反思、理论建构与实证研究》，台北：心理出版社2009年版。

关系，相应的交往原则是需求法则、混合法则和公平法则。这样的划分在很大程度上已不能算作本土的人情法则了。此模式也成了由本土概念出发而又放弃本土性的模式，用他自己的话说：

> 则《人情与面子》的理论模式，应当是一个可以适用于各种不同文化的普遍性理论模型。它是生物决定的，反映出人类社会互动的普遍心智。[1]

杨国枢为了真正实现人情概念的本土化，又将此法则调整为家人关系、熟人关系和生人关系，对应的原则是讲责任、讲人情和讲利害。[2]

我想，以上这些理论建构中的摇摆，都来自我们对于文化性的疑惑，而尚没有回到本土概念的语义探索方面。其实对于这一讨论，维特根斯坦说得很直接：

> 当听到中国人说话时，我们易于把他所说的话看做一种发音不清楚的咯咯声。懂得中文的人却认出这是一种语言。同样，我经常不能觉察出一个人的人性。[3]

"脸面"的本意虽说是从带有生理学意义的"面孔"引申出来的，但作为一种隐喻，局外人的戈夫曼所看到的框架是自我、面具、前后舞台、表演、戏班及面向观众树立形象的一个完整过程，而沿着这个过程所建构的理论，便是"日常生活中的自我呈现"。可回到作为局内人的我

---

[1] 黄光国：《儒家文化系统的主体辩证》，台北：五南图书公司2017年版，第134页。

[2] 参见杨国枢：《中国人的社会取向：社会互动的观点》，载杨国枢、余安邦主编：《中国人的心理与行为（1992）》，台北：桂冠图书公司1993年版。

[3] 路德维希·维特根斯坦：《文化与价值》，涂纪亮译，北京：北京大学出版社2012年版，第3页。

这里，情况要复杂得多。"脸面"（face）的真实含义在中文词汇里分"脸"和"面子"[1]。前者的相近词汇有"面目""颜""颜面""脸皮"，并构成许多短语用法，比如"有何面目见××""无颜见××""没脸见××""脸皮厚""厚颜无耻""丢脸""丢人现眼""露脸""有头有脸""不要脸"等；而后者可以组词成"讲究面子""看在××的面子上""给面子""有面子""没面子""抬举""捧场""抬爱""瞧得起""瞧不起"等。至于脸和面子的关系，在"争脸"和"争面子"、"赏脸"和"给面子"、"丢脸"和"丢面子"等方面，没什么差异，但在"没脸"和"没面子"、"不要脸"和"不要面子"上又有较大的差异。可见，脸面词语的使用是有特定的文化语境的，而不能误以为这些用法中的意思都差不多。在我看来，从其语境中分辨出使用差异是揭示中国人社会交往的关键。而当戈夫曼合并出英文单词"face"的时候，这些差异就自动消失了。脸面的差异一旦消失，其理论就只能从单一的"face"语义分析中产生。而其理论含义也就回归到西方哲学、心理学、社会学及社会心理学所关注的"自我"中去。可回到中国人脸面观的实践中，人们在日常生活中所想表达的脸面生活并不是自我的问题。

解读中国文化语境中的脸面观需要围绕"脸"和"面子"的使用法进行排比。在收集中国人的不同用法后[2]，我发现中国提供给西方世界学术界的"面子"（face）概念，其实只接近于中国字中的"脸"之义，而它及其同义词中的"颜""面目"或"颜面"，大都体现一单位行动者之心理与行为（包含道德礼节）的成功与失败方面，这一点正好与拟剧论中的"印象整饰"非常近似，是一种个体表演方面的隐喻表述，而另一种作为隐喻表述的"面子"更多用来表示交往中的关

---

[1] 参见胡先晋：《中国人的脸面观》，欧阳小明译，载翟学伟主编：《中国社会心理学评论（第二辑）》，北京：社会科学文献出版社2006年版；X. C. Hu, "The Chinese Concept of Face," *American Anthropologist*, Vol.46, 1944。

[2] 参见翟学伟：《中国人的脸面观》，台北：桂冠图书公司1995年版。

系状况，比如他人的赞许、高看或贬低等。从这两个不同侧重点可以看出，脸和面子的关系其实构成了一个连续体，也就是说，一个人既可以通过优良的表现获得社会的高度评价，也会因卑劣的行径被社会所唾弃。可见，连续性的发生构成了脸面之间的统一性（或同质性）与不统一性（或异质性）。当脸和面子的含义产生统一或同质化的时候，用"face"来表达是可行的，这就是为什么拟剧论给人的印象是可以解释中国的脸面行为；但该理论忽略了两者产生不统一或异质化之际（这一忽略是因为"face"在语义上表达不出这样的含义）。对于这一点，我们不能简单地像胡先晋（Hsien Chin Hu，不译"胡先缙"），那样干脆把它们分开单独讨论。比如，她把面子定义为声望、名声或者荣耀。可是，我们一样可以问道，哪一种社会中的人会放弃其追求呢？于是胡先晋只好反过头来寄期望于所谓中国人脸面观的重点是对脸的研究，而实际上戈夫曼正是在此将其汇合到其拟剧论中去的。可如果我们把脸面的连续性作为探讨中国人脸面观的分析框架，便会突然明白中国社会运行的最大秘诀，即中国人更偏重学习如何在脸的表现力不够甚至没脸的时候获得面子，此谓"人情世故"的实质。或者说，如果有一种本土的关于人情和面子的理论模式，那么这个模式的重点就是什么样的社会机制推动"脸"向"面子"转移以及从中产生了什么样的权力游戏。黄光国在其《面子——中国人的权力游戏》的中文版封面上写了这样一句话："'总是要给点面子的嘛！'这是解开中国人权力游戏密码的重要术语。"[1]是的，"给面子"的确是一个中国人权力游戏的密码，但他自己所提供的人情和面子模式并没有解开这个密码，为什么？因为他所提供的模式太想融入西方社会学理论了，他想配的是一把万能的钥匙。

---

[1] 参见黄光国：《人情与面子：中国人的权力游戏》，载黄光国、胡先缙等：《面子——中国人的权力游戏》，北京：中国人民大学出版社2004年版。

应该承认，戈夫曼的"face"研究[1]和拟剧论也是对社会互动法则的探讨。他也参考了明恩溥和胡先晋等人的作品，但他所能做的，只能是在英语世界的语境及其语言游戏中来寻求"face"的行为法则。可唯有走进中国人的语言、语境及其所关联的生活形式，才能辨析出中国人在使用脸和面子时的微妙差异所带来的这种脸面观。它不是从"自我"出发的，也回不到"自我"中去，而是一个偏重"关系"的理论。或者说，只有在面子理论偏重关系的讨论时，才会引发为什么讨论面子问题的时候要连带讨论"人情"的问题，而一旦人情被翻译成英文的情绪和情感，那么人情的本土性也随之消失了。可见，理解了关系的重要性，再以面子原则来反观"脸"在中国社会的表现，那么"脸"的含义也发生了微妙的变化。这时它也不再指个人印象策略之得失（自我也不重要了），而可以理解为即使一个表演者的个人动机并不在于其行为举止的得失，但他依然必须为脸面而奋斗，因为面子原则及其运行已经将一个人的成败连接到其他相关者之成败上去了。而迫于相关者所施加的压力，一个人的脸面行为也更多的是在为相关者而奋斗。由此，就可以理解什么叫光宗耀祖，什么叫为国争光，什么叫看在某某的面子上就得做自己不想做的事情。

通过以上的探讨，我们可以指明中国人面子理论的重点：在一个重视关系的社会里，如果该社会的成员能够区分出脸和面子的差异，那么他所使用的表演策略很大一部分不是拟剧论给出的方式方法，而在于无论表演者表演得如何都要确保会有观众的掌声，因为他深知，在一个讲关系的社会，表演得好未必一定得到观众的喝彩，反之，观众的喝彩也未必表示表演者表演得好，关键在于表演者与观众之间建立了什么样的关系。如果他们事先构成的关系状态或是亲如家人，或是熟人，抑或经过了"打点"，那么人们也能颇具表演性地

---

[1] E. Goffman, "On Face Work," *Psychiatry*, Vol.18, 1955.

以观众身份前来捧场。反之，如果没有这些观众，即使他竭尽全力地展示自我形象，也很容易以失败告终。所以一个成功者在任何时候都需要自家人、老乡、老相识，同学、同事、战友、好朋友乃至掌权者等来"抬举"他，如果缺乏这样的关系，那么也是需要请客送礼、花钱叫好的。此时，我们如果只限于拟剧论的解释框架而不深谙此道，就会以为观众说"很好"就表明表演者演得好。在中国文化语境中，这显然是太天真了。本土的人情和面子研究想给出的一种理论框架是，在有的社会文化中，一个人有人缘总是比他自己会表演更重要；一个人更多地要靠给面子获得成功，而非个人的出色表现。此为本土人情与面子理论为社会互动、交换及正义理论所能做出的贡献。

五、关系向度理论

当然，换一种角度理解，我们也可以说黄光国的理论建构或许志不在此，他的问题意识在于为什么本土学者就不能建立一种更加广泛的理论呢？而我本人面对人情和面子是不是属于中国人的此类质疑，也遇到了类似的问题，这些问题最终也需要通过理论建构来加以回应。为了构建一个相对宏观或更加宽泛一点的理论，我自己的做法是首先把中国社会文化中的人情和面子现象整合到"关系"研究上去。可回到关系研究上，本土理论的研究难度就更大了，因为它在西方社会学中已经成为显学，并有了"关系社会学"的说法，更不用说有关社会资本和社会网的研究已铺天盖地地进军中国社会科学界了，大有取代中国学者对于关系研究的本土化之势。关系研究的国际化使得本土化学者面临新问题：我们真地只能限定于文化的角度来解读中国人的关系吗？或换一种提问：西方学者所提供的社会网络理论，诸如强关系和弱关系（strong tie and weak tie）、结构洞（structural hole)、小世界（small world）及冥律（power law）等，可以解释中国人的关系含义及其运行吗？或许回到本质主义和实证主义轨道上来，我们有充分的理由认为可以。但由于我所坚持的本土理论是从本土社会文化中成长起来的，再加上我长期对人情和面子的思考，因此我坚持认为：从人情和面子研究衔接到关系研究，也一样可以走出一种更加宽泛的理论模式。

以往的中国人的关系研究从思想层面进入社会科学层面，历经了梁启超[1]、胡适[2]、冯友兰[3]、潘光旦[4]、梁漱溟[5]、费孝通[6]、许烺光[7]、金耀基[8]、乔建[9]、黄光国[10]、何友晖[11]等一批学者的努力。回顾这一路下来的探索，这些概念大体上没有脱离儒家文化、家族文化，或者血缘与地缘上的解释。现在我们需要向西方理论建构学习的地方是，那些原本从其社会文化中生长出来的理论是如何抽象成一般性的呢？此时，我认为"家族""血缘""地缘"及"熟人社会"等所想表

---

[1] 参见梁启超：《清代学术概论　儒家哲学》，天津：天津古籍出版社2003年版。

[2] 参见胡适：《中国哲学史大纲（卷上）》，载姜义华主编：《胡适学术文集　中国哲学史》上册，北京：中华书局1991年版，第2页。

[3] 参见冯友兰：《中国之社会伦理》，载冯友兰：《三松堂全集》第11卷，郑州：河南人民出版社2000年版。

[4] 潘光旦：《说"伦"字》，载潘光旦：《儒家的社会思想》，北京：北京大学出版社2010年版；潘光旦：《"伦"有二义》，载潘光旦：《儒家的社会思想》，北京：北京大学出版社2010年版。

[5] 参见梁漱溟：《中国文化要义》，上海：上海人民出版社2003年版。

[6] 参见费孝通：《乡土中国》，北京：生活·读书·新知三联书店1985年版。

[7] 参见许烺光：《美国人与中国人》，沈彩艺泽，杭州：浙江人民出版社2017年版。

[8] 参见金耀基：《人际关系中的人情之分析》，载杨国枢主编：《中国人的心理》，台北：桂冠图书公司1988年版。

[9] 参见乔建：《关系刍议》，载杨国枢主编：《中国人的心理》，台北：桂冠图书公司1988年版。

[10] 参见黄光国：《人情与面子：中国人的权力游戏》，载黄光国、胡先缙等：《面子——中国人的权力游戏》，北京：中国人民大学出版社2004年版。

[11] 参见何友辉、陈淑娟、赵志裕：《关系取向：为中国社会心理方法论求答案》，载杨国枢、黄光国主编：《中国人的心理与行为（1989）》，台北：桂冠图书公司1991年版。

达的一个含义就是人口的不流动。从人口的流动性上思考中国社会的关系特征,我们可以将上述的所有不同概念都回归到时空两个维度上去,也即所谓文化意义上的"血缘""地缘""家人""熟人"等其实是一种人口的时空状态组合,其时间性可归结为交往的"长久性",而空间性归结为人口的不流动性。[1]据此,如果我们将这两种维度加以逻辑分类,可以完整地得到人际的四种组合方式,见图1。

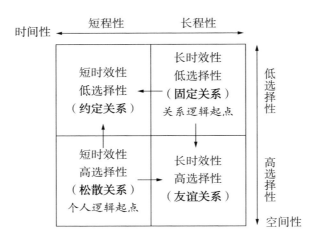

图1 关系向度理论

在图1中,原本具有长久而不流动之义的中国人之"关系"(guanxi)含义,已经被提升到一般性的社会交往上来。其中,时间性是指交往者所认知到的交往时间上的短程或长程,而空间性是指交往者在空间的移动状况。时间性和空间性是相互套嵌的:时间上的短暂反映着空间上的移动,而空间上的不移动又反映着时间上的长久。而回到人的主体性上来看,空间上的移动或不移动会导致行动主体在客

---

[1] 参见翟学伟:《中国人的关系向度及其在互联网中的可能性转变》,载翟学伟:《中国人的关系原理——时空秩序、生活欲念及其流变》,北京:北京大学出版社2011年版。

观上交往的选择面大小：如果个体在社会空间中频繁地移动，那么其交往面扩大，他的关系选择性就会增加；如果个体平生很少移动，那么其交往面很窄，他的关系选择性也随之大大减少。所以图1中的空间性最终用选择性高低来表示。这样，我们得到了一个社会交往的四分图。这里需要说明的是，人际的真实交往是非常复杂的，关系向度理论所能区分的交往类型却是非常基础的，只能算是韦伯所说的理想类型。

从图1中的单箭头方向可以看出，社会交往发生的两个最重要的逻辑起点是"松散关系"与"固定关系"。所谓"松散关系"是指交往者因彼此拥有短时效性和高选择性而体现出的交往意愿上的个体性特征，也就是说，当一个人的社会行动在时空上是短程性和高选择性的时候，他的生活方式是可以由自己来决定的，他的生活世界是一个清晰的自我与他人构成的世界。他与他人之间是亲近或疏远，是友谊或是敌对等，都取决于他本人的自我意识、人格特征与价值观。而"固定关系"是指交往者为了交往意愿能在长时效性和低选择性中共存而无法实现由自我决定的生活。他此时与重要他人的关系已经被绑定，他的生活世界会由许多人安排，当然他也处处需要顾及其他人的感受，甚至互相施加压力，从而双方构成一种互相依赖的生活关系。这样我们就可以在理论上假定，松散关系向度中的交往起点是个人行动的逻辑，相应地，为了保证这一点，社会需要设置许多与个体相关的观念、制度与法则，包括政治的、法律的、伦理的、文化的及生活方式等，以确保个人意志和空间始终存在。而固定关系向度中的交往起点必须从关系开始，如果这点不能保证，那么个体的意愿将瓦解关系。为了保证社会不回到个人，社会也会设置许多与此相关的观念、制度和法则，以确保生活不至于原子化。于是，前者构成了由自我、个体、人格及其社会互动而建立起来的世界，而后者构成了由自家人、亲疏远近、社会圈或地方网络构成的相依为命的世界。

当然，无论是"松散关系"还是"固定关系"，都可以从各自的向度进入"约定关系"或"友谊关系"。只是伴随着各自的文化价值与社会规范的形成和影响，人们在其间所表现出来的行为模式及由此导致的社会运行方式都有所不同。从"松散关系"来的人们所看重的是他们的个人权利，所以他们可以自由地加入俱乐部、社团、企业或工会等，即他们可以在一特定时间选定或退出某个群体，亦可以根据自己的喜好向他人示好或者侵犯他人。而从"固定关系"进入"约定关系"或"友谊关系"的人们，总是以亲疏远近来优先考虑关系连接，比如建立裙带联系，寻找同乡会、商会及形成家族企业，或者在友谊关系中拉帮结派，热衷拜把子、称兄道弟等。深入一步比较，我们还可以看到，"松散关系"中的个人自始至终都是我行我素、独来独往的；而"固定关系"中的个人则深受盘根错节之关系的钳制，并敏感于他人的评价。由此理论，我们可以看到，虽然社会的本质都离不开关系的构成，但因为逻辑起点不同，社会结构、社会形态、社会运行以及其间的文化观念和行为方式等也随之不同，其间一个最为显著的特点是前者更看重契约，后者更看重名声。

以上的理论探讨主要是逻辑的推演，当然也是以社会实际发生的情况做参照的。这时，如果我们据此理论回望中国社会文化特征，便可以发现从时空上组合而成的"固定关系"与中国人的社会文化生活之间拥有高度的契合性关系，而以"松散关系"为起点演化出来的社会运行方式则更接近西方社会，尤其是美国社会，当然就具体的社会生活环境而言，也契合于工业化、城市化与市场化的现代性社会。或许有人此时想反驳的地方是，难道西方人就不是生于家庭、长于家庭，就没有父母亲人，就不想与其家人厮守？我在此想引用一下在美国影响较大的著作《心灵的习性——美国人生活中的个人主义和公共责任》中的几段话来做一回应：

> 分离与个性化是整个人类必须面对的问题，但这并非美国意义上的走出家庭。在许多农民社会，问题是要留在家里——与父母生死相守，一生崇拜父母，崇拜祖先……但对美国人来说，走出家庭是正常的期望；儿童时代在许多方面是走出家庭的准备阶段。
>
> 主张自立的美国人不仅必须走出家庭，而且必须走出教堂。当然，这在字面意义上不一定发生：人们可以继续留在父母的教堂，但正常的期望是，人们在青少年时期的某个时候，将自行选择愿意隶属的教堂。如果这认为仅仅是父母的意见，那是站不住脚的。相反，这一决定完全属于自己的决定。
>
> 走出家庭从某种意义上说就是一次再生，我们自己给自己的再生。如果对家庭是这样，对我们的终极界定性信念就更是如此了。不过这里的矛盾在于，就在我们认为最自由的地方，我们恰好受到了我们文化中主导信念的最大的压抑。因为一个强大无比的文化神话告诉我们，我们不仅能够，而且必须通过隐秘的自我，在隔绝中确定我的最深刻的信念。[1]

从这一现象再回到西方社会科学的知识体系中来看，其契合性内容当然更多的是在关于心灵、自我、交往、契约精神、规章制度、市场或社会竞争与合作、公司运营和企业管理、人际侵犯或攻击、社会资本与交换、爱情、偏好、兴趣、亲密关系及单身社会等方面。但中国社会的文化根基不在这里，自然也就不可能以此为逻辑假设来展开对中国人与中国社会的研究。如果我们寻求到了中国社会的根基在于固定

---

[1] 罗伯特·N. 贝拉等：《心灵的习性——美国人生活中的个人主义和公共责任》，翟宏彪等译，北京：生活·读书·新知三联书店1991年版，第82—95页。

关系，那么我们照搬许多西方理论对中国人与中国社会所做的解释，只能是貌合神离。原本，我们需要关注的重点是关系如何塑造了中国人的社会生活，包括其中为世代延续而考虑的婚姻、家族、生育意愿、聚集而居与祭祖等，以及一人得道鸡犬升天、连坐制度、江湖义气、靠山及保护伞等一系列社会现象是如何发生的，当然我们也可以关注因西方文化的进入，或者因社会的现代化，这样的根基是如何发生动摇和改变的。

也许，这里需要在理论上说明的一点是，关系向度上的时间性在长短上如何限定，比如为何个体加入公司或组织就一定归结为短程的，而建立友谊就一定是长程的？或许更为常见的情况是一个人加入公司的时间很长，但友谊的时间却很短。我的回答是，这里所谓的时间性不是物理上的时间刻度，而是指人们对时间的认知及使用上的主观限定。也就是说，但凡一种能够在关系上被约定的时间长度都是短程性。比如一个老师在一所高校的聘用年限为三年或者指定退休年龄是到60岁，那么这三年或退休年龄都是被限定的，应归结为短程性；但如果甲和乙彼此相识有了交往，却没有限定交往的时间，哪怕事实上不到一年关系就结束了，也归结为长程性。通常情况下，友谊、爱情及婚姻的缔结都是不定义时间的，所以这些关系都属于长程性。

有了关系向度理论，我们终于从逻辑（而不再纠缠于文化方面）上找到了人情和面子的发源地。也就是说，当不具备长程性和低选择性的时空条件的时候，人情和面子的法则是无法运行的，即从社会机制的发生上讲，如果人与人之间的交往没有了长程性，人情和面子几乎就会消失。或许此时我们还是可以在松散关系中坚持认为西方人也有脸面问题。但这个时候我可以清楚地回答，他们的脸面问题就是一个人的自我呈现问题，而非中国人所想表达的脸面问题。反之，当长程性再加上低选择性出现时，那么人情和面子就是必要的，它会成为社会运行的保障,并在自身的运行中走向成熟。所以,松散关系和约定关系所建立起来的社会法则中本没有人情和面子问题,家族相似性的问题只是拟剧论所说的"印象管理"问题;但从"友谊关系"开始,因为长程性出现了,那么人情和面子的含义也出现了,熟人、友人为了维护彼此之间的关系,其言谈举止中都需要顾及这一方面的内容,但毕竟"友谊关系"还是可以破裂的,做不成朋友的人依然可以退回到"松散关系"或者"固定关系"中去。可是,生活于"固定关系"中的人们只能靠人情和面子来维持,因为此种关系是没有退路的。一旦关系真的破裂(中国话叫"六亲不认"),那对所有人都将是绝望的,显然这不是中国农耕及以家庭为核心的文化所能答应的(但却频繁地出现于中国现代化的过程中)。因此,无论该社会中的个人如何强烈反抗,或是屈从、逆来顺受,乃至于社会化到自然而然的地步,都只能表明人情与面子的核心地位。或许从中国人的意愿上看,愿意担负人情债的人未必那么多,我们可以站在个人主义的立场上来理解他们,谁愿意在生活中欠一屁股债呢?但话还是要说回来,不欠人情,不借此套牢彼此关系,又靠什么来维持关系的长久呢?结果人情显然不是个人愿不愿意的事。西方人不希望讲人情是因为"松散关系"中不需要人情来维持关系。这是西方交换理论在个人基础上提出的等价交换的依据,而欠人情则是中国人重视"报"的依据。如果关系可以两清,"报"的文化土壤也就消失了。可见在中国社会文化中,退出人情和面子,就等于宣告退出关系,而退出关系不是说此人回到了个人主义,由于中国文化中没有这样的逻辑起点,因此他只能被定义为一个无依无靠、举目无亲、孤苦伶仃的人。而在"松散关系"结构中,退出关系就意味着独立、自强、自力更生,是自我成长了。所以,所谓西方理论设立的人的现代化就是希望削弱"固定关系",而建立人与人之间的"松散关系"。但我们很容易忽略的问题是,一种来自课本上的个人主义就可以指导我们选择"松散关系"的生活吗?我们有没有想过,一种原本就拥有松散关系的生活方式，和一个原本是固定关系而又想转变为松散关系的生活方式，究竟有何不同？

关系向度理论的形成，已经不再是一个为解释中国人的关系而设的理论，也就是说，这里并不需要从文化内部来解释什么样的文化产生了什么样的交往方式。因为从时空维度上来理解人类社会建立是一种一般性维度上的考量，故任何社会中的交往方式都有机会出现四种或者更多种关系。比如西方社会中的小镇居民也是长期居住在一起，人们之间也有类似"固定关系"的表现；反之，中国社会中也有人四海为家，或外出谋生，居无定所。或者，我还认为，如果有一种约束机制将"松散关系"的人群转变成"固定关系"的，那么即使我们没有给他们灌输中国传统文化观念，该人群也会逐渐建立起和为贵、表里不一、忍让等一些可以用人情和面子涵盖的社会法则；反之，如果有一种社会制度（比如城市化、市场化、居住方式、户籍制度改革等）让"固定关系"变成"松散关系"，那么平等或正义的法则也就会浮现。当然，任何关系类型的改变，都很容易造成生活方式与价值观念上的张力。所谓文化的力量就在于，当它作为一种凌驾于日常行为模式之上的信仰、价值观念及生活习性时，积淀和传承会产生路径依赖，就好比我们不能断定单纯靠"固定关系"本身是否一定会产生"孝"的观念和行为，因为"固定关系"中的文化价值如何孕育、如何确定走向也是由其思想家、帝王的偏向及文化传统所决定的，同时也需要由复杂且持久的历史演变来呈现。[1] 因此，虽然关系向度理论让我们有了认识中国人社会行为方式及其运行的可能性，但如果要讨论其间形成的文化问题，我们还是需要回到中国传统文化，尤其是儒家思想来讨论"固定关系"是如何帮助树立儒家思想的。

---

[1] 翟学伟：《"孝"之道的社会学探索》，《社会》2019年第5期。

六、关系向度理论与儒家思想

从关系向度理论的角度来讨论儒家思想，实际上就是考察一下儒家思想的根基是否真的与固定关系相吻合。作为一个理论，其优势就在于我们对于一种思想的理解有了方向和边界，而不再是不着边际地随意发挥了。我认为，关系向度理论提出来后，我们再来了解儒家到底想表达什么含义也就比较清楚了。具体而论，我发现儒家完整的伦理体系的确是从固定关系出发的，所谓"亲亲"的意思即发生于"固定关系"中的情理关系，其他人伦都从这一理念派生而来。[1] 例如，儒家最为看重的关系也叫"五伦"。《孟子·滕文公章句上》曰：

> 人之有道也，饱食、暖衣、逸居而无教，则近于禽兽。圣人有忧之，使契为司徒，教以人伦：父子有亲，君臣有义，夫妇有别，长幼有序，朋友有信。

在这里，孟子认为人与人的关系（也即人伦）几乎都源自这五种关系，比如长辈和晚辈、婆媳、师生、师徒等虽不在其列，但均可归属于父子一伦；而同族、妯娌、同伴、同事、同窗、好友也不在其列，则都可以归结到兄弟或朋友一伦。由此，解读五伦的关系就等于解读儒家对人伦的认识及其引发的运作方位。

从关系向度理论出发，我们看到父子、夫妇、长幼（兄弟）三伦都处于"固定关系"之中，"君臣"一伦处于"约定关系"之中，而"朋友"一伦处于"友谊关系"之中。五伦当中没有陌生人一伦，表明陌生人之间不构成伦的问题，除非我们含混地把天下人视为一家，所谓

---

[1] 翟学伟：《"亲亲相隐"的再认识——关系向度理论的解释》，《江苏行政学院学报》2019年第1期。

"四海之内皆兄弟",但这点除了反映出儒家想延展"固定关系"之外,并无实际操作之可能。据此我将"五伦"放入关系向度理论,便能得到以下图示,见图2。

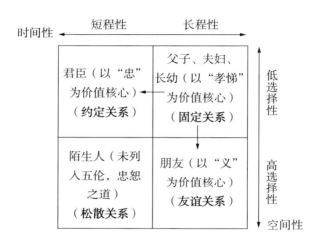

图2 "五伦"在关系向度中的走向[1]

在这一图式中,"固定关系"正好是其他关系的逻辑起点,这意味着其他关系中的价值理念与行为方式都是由"固定关系"派生的。其中,君臣看起来需要遵循的是"约定关系"的行为规范,但这一行为规范的源头在于"孝"的理念与行为,虽然已不再是"固定关系",故存在解约、辞职的可能性;由于君臣理念来自父子,因此又会在忠的价值引导下努力实现长程性和低选择性。反观朋友的情况就有所不同了,由于它处于"友谊关系"中,拥有亲密无间和人情味,因此兄弟间的"悌"之观念也就演化成了"义"。就此,如果我将关系向度理论放大到中国历史中来看,汉儒建立起来的"三纲"是对"固定关系"到"约定关系"的强化,而原先墨家所看重的"义"逐渐演化成了"江

---

[1] 翟学伟:《"亲亲相隐"的再认识——关系向度理论的解释》,《江苏行政学院学报》2019年第1期。

湖"义气，显现出从"固定关系"到"友谊关系"的走向。

我们有理由认为，充分地讨论"固定关系"如何运作，是理解儒家人伦的关键。首先，最为重要的一点就是儒家文化与农耕文化保持了高度的一致，都预设了关系先于个体而存在。在这样的关系中，任何突出个体的观念和行为都受到儒家思想的抑制，因为一旦放任个人与个性充分展示，将导致亲亲不再，妻离子散，家破人亡。由此，关系在任何时候都优先于个人，伦高于一切，并成为人之所以为人的一个标准。唯有如此，我们才可以理解为什么孟子先说了一段："人之有道也，饱食、暖衣、逸居而无教，则近于禽兽。"个人在身体上求得温饱、安居看似是讨论人的生活，而这其实都是和动物一样的生活，只有回到人伦上来讨论，才是人性的开始。

其次，关系的维持虽然在客观上有理性计算的成分，但更多地被定义为情感的发生。这点本身无所谓合不合理，西方人有西方人的看法，东方人有东方人的看法。只是，从理论框架上看，当儒家是从"固定关系"出发认识人时，理性交往的观念就难以推进，导致中国人会用贬义词来贬低理性交往，比如"斤斤计较"或"计较个人得失""打小算盘"及"清官难断家务事"等。可见，"固定关系"中的家庭生活不是讲道理的地方，也不是争论的地方，所谓"家和万事兴"。我们固然承认，中国的家庭制度中也有严格的家训、家规及家教这一部分，但它们大都不是用来催生理性交往的，而是用来确保和谐与稳固的。那么确保和谐与稳固的基础在哪里？那就是儒家在《礼记·礼运》上给"人情"下定义时的一种划分，即何为人情："喜、怒、哀、惧、爱、恶、欲"，何为人义："父慈，子孝，兄良，弟弟，夫义，妇听，长惠，幼顺，君仁，臣忠"。

最后，"固定关系"的维系不能单靠天然的血缘关系，否则也会分崩离析，这里面最有效的方法就是必须要有一套秩序体系。而儒家学说及其实践证明，等级序列远胜于平等交往，因为后者很容易产生个人意志和自由。在儒家思想研究领域，或许受到后期儒家思想的影响（宋明理学），有太多的学者都认为儒家是一个弘扬道德的价值体系，强调的是道德至上的原则，但依我所见，这不是儒家的本意。儒家所重视的是社会秩序，这一观点与当时社会已发生的"礼崩乐坏"有关。那么，为何儒家给后人留下了强调道德的印象？因为在儒家思想的框架中，孔子只寄希望于用"道德"，而不是"法"来维护等级秩序。或者说，凡是用来维护等级秩序的道德都值得肯定，而那种只顾"洁身自好""独善其身"或者"自我修养"的道德却不值得肯定，至于以"法"来维护秩序的主张，那也是必须反对的。所以《论语》从"固定关系"入手，提出了一系列这样的思想。诸如"有子曰：'其为人也，孝弟，而好犯上者，鲜矣；不好犯上，而好作乱者，未之有也，君子务本，本立而道生。孝弟也者，其为仁之本与'"（《论语·学而篇》）；子路对洁身自好的评价是"欲洁其身，而乱大伦"（《论语·微子篇》）；孟子曰，"人莫大焉亡亲戚君臣上下"（《孟子·尽心章句上》）；以及孔子的断语是"道之以政，齐之以刑，民免而无耻。道之以德，齐之以礼，有耻且格"（《论语·为政篇》）。

当然，关系向度理论是从社会科学角度建立起来的，而儒家的言论则是相对散乱并由于后人的不断诠释，已经发生了很大改变的。由此，我们不能苛求凡是儒家对人伦的阐述都可以准确无误地套入该理论框架来解释，比如在儒家思想中，"忠义"二字就经常合在一起说。我们只能说，儒家人伦的基本运行方向是从"固定关系"的价值观念向外延伸，但不一定逻辑地指明它们一定是君臣还是朋友。至于儒家伦理所内在的关系特征如何可能构成一种具有现代学科意义的社会理论，我会另作文加以论述。[1]

---

[1] 翟学伟：《儒家的社会理论建构——对偶生成理论及其命题》，《社会学研究》2020年第1期。

七、结语

在行文即将结束之际,我想概括性地阐明本文的基本观点:本土化历经中国两代学人的努力,两代之间的差异在于后者已经越过了如何洋为中用的问题,而着眼于从学科内部建立起一种地方知识,借此来改变西方社会科学一统天下的局面。如何更加有效地实现这一点?本文认为需要从本土概念入手。这样做一方面可以摆脱对西方理论与方法的依赖,另一方面可以找到建构本土理论之可能。但随之而来的问题是,本土概念所衔接的社会文化,在构建理论过程中会受到解释上的限定,更为困难的是这一限定本身的边界在哪里也含混不清,从而导致反对者的质疑。

本文认为,本土化的重大意义在于思考如何从自身的(或特定的)社会文化及其历史脉络中获得一种符合社会科学规范的视角、概念、理论或方法论与方法,并在其指导下从事具体而有效的经验研究,从而建立起对当地人及其社会的说明、解释乃至预测的知识系统。文化阐释的含混问题不是靠实证研究可以解决的,而是需要从实证研究转向对社会法则的探讨。研究社会法则在方法上希望转变的地方是,一个地方社会文化的特征不是由态度上的赞同或反对、行为上的倾向或不倾向之人数多寡来决定的,而是由我们通过经验生活(包括语言、语境、生活实践等)所发现的文化预设、生活原则及其运行机制来决定的。由此方法的转变,无论遵循此套法则的人数多寡,只要这样的运行是有效的,就都证明此法则体现或者代表了此社会文化的特征。这一转变看起来涉及西方实证主义、诠释学和现象学之间的争论,但本土化理论建构所要强调的是,它经由本土概念所具有的语言及其连接的生活形式来实现。从具体研究方法上看,为了解读与理解一系列本土的抽象价值理念或者基础法则,并可以从中看出其运行的具体步骤、措施与障碍,一种比数据分析更为有效的方法是对事例和故事的陈述。举例和讲故事不是定性研究，而是叙事研究，其任务是获得对法则的理解，反之，通过事例和故事也能寻求到法则及其运行的特点。

在中国社会文化及历史脉络中，"人情""面子"与"关系"是认识中国人与中国社会的非常关键的几个概念。目前已有不少中国人文与社会科学家都对此提出过自己的见解，也形成了一些与西方文化相对照的概念。但我们囿于文化阐释的问题没有讨论清楚这些概念，又囿于实证主义方法论的影响，尚不能对此进行理论建构，而现有的理论建构又倾向越出文化的限定。据此，本文提出的方法是梳理本土的脸面类词汇及其用法。通过对它们进行排列与对照，我们可以看出"脸"和"面子"之间呈现的是一种连续体的关系。其中"脸"倾向指个体所展示的自我形象，这一点接近西方的拟剧论，但"面子"的含义则是指中国人所重视的关系状况。在中国社会，脸面连续体中存在"脸"和"面子"关系上的同质性和异质性两种可能。由于人情和关系运作的影响，在中国人的脸面连续体中，面子原则更为凸显，而脸的展现随即减弱，从而导致这一理论框架的重点不在于表演者自身，而在于表演者与观众之间的合谋，结果，本土的面子理论应该是一个捧场理论，而非自我呈现的理论。

脸面研究中所体现的"人情"与"报"的重要性可以提升为"关系"方面的研究，进而我们在整合这几个概念之后有机会建立了一个更为广泛的本土理论。

更为广泛的本土理论是为了克服文化阐释的局限性，而获得理论建构本身。本文指出，以往在"关系"方面本土概念上的基本文化意义是指"家族""血缘"和"地缘"等概念，这些概念的重点都是说明人口不流动的社会特征，那么其实可以回到时空维度上去讨论这一特征。通过对此关系维度的模型划分，我们可以得出，人口不流动在时空上是指长程性和低选择性关系组合，即"固定关系"，据此逻辑推演，我们还得出了"松散关系""约定关系"和"友谊关系"。此时，一种原本用文化解释的理论已经转化成了一种关系向度理论。我们从中可以找到以个人为起点的逻辑线路和以关系为起点的逻辑线路。此时，本文想进一步表达的意思是，文化未必总是在因果关系意义上解释个人的心理和行为，反倒是对人与社会的不同逻辑预设可以推演出一定的文化特征，当然这只是从理论假设上说的。回到真实社会，我们发现以个人或者关系作为社会的起点，都会有相应的社会文化建制来为此行动铺平道路。当然，一种真实的社会为何要选择个人或关系作为其行动的起点，或许也可以再次回到文化来解释，但也不妨回到人所生存与适应的环境中去寻求答案。

关系向度理论看起来已经跨越了文化的边界，但作为本土理论之一，仍是从本土社会文化与历史脉络中生长出来的。如果不是通过对"人情""面子"与"关系"的长期研究和思考，我们或许会一直满足于用符号互动理论、社会交换理论或者拟剧论，或者社会资本理论来解释它们。而有了这样的本土理论，我们也就有了理论上的竞争性，看到了本土理论对世界理论的贡献在哪里。

参考文献

阿列克斯·英克尔斯、戴维·H. 史密斯：《从传统人到现代人——六个发展中国家中的个人变化》，顾昕译，北京：中国人民大学出版社1992年版。

爱德华·C. 斯图尔特、密尔顿·J. 贝内特：《美国文化模式——跨文化视野中的分析》，卫景宜译，天津：百花文艺出版社2000年版。

爱德华·霍夫曼：《做人的权利——马斯洛传》，许金声译，北京：改革出版社1998年版。

埃尔曼·R. 瑟维斯：《人类学百年争论：1860—1960》，贺志雄等译，昆明：云南大学出版社1997年版。

艾·弗罗姆：《爱的艺术》，李健鸣译，北京：商务印书馆1987年版。

艾里克·克里南伯格：《单身社会》，沈开喜译，上海：上海文艺出版社2015年版。

安德烈·比尔基埃、克里斯蒂亚娜·克拉比什－朱伯尔、玛尔蒂娜·雪伽兰、弗朗索瓦兹·佐纳邦德主编：《家庭史》，袁树仁、姚静、肖桂译，北京：生活·读书·新知三联书店1998年版。

安东尼·吉登斯：《亲密关系的变革——现代社会中的性、爱和爱欲》，陈永国、汪民安等译，北京：社会科学文献出版社2001年版。

安乐哲：《儒家角色伦理学——一套特色伦理学词汇》，孟巍隆译，济南：山东人民出版社2017年版。

安乐哲著、温海明编：《和而不同：比较哲学与中西会通》，北京：北京大学出版社2002年版。

罗伯特·N. 贝拉等：《心灵的习性——美国人生活中的个人主义和公共责任》，翟宏彪等译，北京：生活·读书·新知三联书店1991年版。

本杰明·史华兹：《古代中国的思想世界》，程钢译，南京：江苏人民出版社2004年版。

彼得·温奇：《社会科学的观念及其与哲学的关系》，张庆熊、张缨等译，上海：

上海人民出版社 2004 年版。

彼特·布劳：《不平等和异质性》，王春光、谢圣赞译，北京：中国社会科学出版社 1991 年版。

彼得·汉弥尔顿：《派森思》，蔡明璋译，台北：桂冠图书公司 1990 年版。

边燕杰主编：《关系社会学：理论与研究》，北京：社会科学文献出版社 2011 年版。

边燕杰、吴晓刚、李路路主编：《社会分层与流动：国外学者对中国研究的新进展》，北京：中国人民大学出版社 2008 年版。

皮埃尔·布尔迪厄：《言语意味着什么：语言交换的经济》，褚思真、刘晖译，北京：商务印书馆 2005 年版。

C. P. 斯诺：《两种文化》，纪树立译，北京：生活·读书·新知三联书店 1994 年版。

蔡元培：《中国伦理学史（外一种）》，北京：商务印书馆 2010 年版。

查尔斯·霍顿·库利：《人类本性与社会秩序》，包凡一、王源译，北京：华夏出版社 1999 年版。

查尔斯·泰勒：《自我的根源：现代认同的形成》，韩震等译，南京：译林出版社 2012 年版。

陈来、甘阳主编：《孔子与当代中国》，北京：生活·读书·新知三联书店 2008 年版。

陈向明：《质的研究方法与社会科学研究》，北京：教育科学出版社 2000 年版。

孙尚扬、郭兰芳编：《国故新知论——学衡派文化论著辑要》，北京：中国广播电视出版社 1995 年版。

陈寅恪：《柳如是别传》，北京：生活·读书·新知三联书店 2001 年版。

戴伟：《中国婚姻性爱史稿》，北京：东方出版社 1992 年版。

戴维·贾里、朱丽娅·贾里：《社会学词典》，周业谦、周光淦译，台北：猫头鹰出版社 1998 年版。

丹尼尔·卡尼曼：《思考，快与慢》，胡晓姣、李爱民、何梦莹译，北京：中信出版社 2012 年版。

邓晓芒：《儒家伦理新批判》，重庆：重庆大学出版社 2010 年版。

笛卡尔：《谈谈方法》，王太庆译，北京：商务印书馆 2000 年版。

笛卡尔：《探求真理的指导原则》，管震湖译，北京：商务印书馆 1991 年版。

复旦大学上海儒学院编：《儒学与古今中西问题》，北京：生活·读书·新知三联书店 2016 年版。

杜维明：《现代精神与儒家传统——一套特色伦理学词汇》，北京：生活·读书·新知三联书店 1997 年版。

杜赞奇：《文化、权力与国家：1900—1942 年的华北农村》，王福明译，南京：江苏人民出版社 1996 年版。

E. A. 霍贝尔：《初民的法律——法的动态比较研究》，周勇译，北京：中国社会科学出版社 1993 年版。

E. A. 韦斯特马克：《人类婚姻史（全三册）》，李彬等译，北京：商务印书馆 2002 年版。

《马克思恩格斯选集》第 4 卷，北京：人民出版社 1974 年版。

欧文·戈夫曼：《日常生活中的自我呈现》，黄爱华、冯钢译，杭州：浙江人民出版社 1989 年版。

法拉梅兹·达伯霍瓦拉：《性的起源：第一次性革命的历史》，杨朗译，南京：译林出版社 2015 年版。

范忠信：《中国法律传统的基本精神》，济南：山东人民出版社 2001 年版。

菲利浦·阿里耶斯、安德烈·贝金主编：《西方人的性》，李龙海、黄涛译，上海：上海人民出版社 2003 年版。

费孝通：《乡土中国》，北京：生活·读书·新知三联书店 1985 年版。

费孝通：《乡土中国》，上海：上海人民出版社 2006 年版。

费孝通：《美国与美国人》，北京：生活·读书·新知三联书店 1985 年版。

费正清编：《中国的思想与制度》，郭晓兵等译，北京：世界知识出版社 2008 年版。

冯·戴伊克：《话语 心理 社会》，施旭、冯冰编译，北京：中华书局 1993 年版。

冯友兰：《中国哲学史》上册，北京：中华书局 1961 年版。

冯友兰：《三松堂全集》第 4 卷，郑州：河南人民出版社 1986 年版。

冯友兰：《三松堂全集》第 11 卷，郑州：河南人民出版社 2000 年版。

冯友兰：《中国哲学简史》，赵复三译，天津：天津社会科学院出版社 2007 年版。

冯友兰：《三松堂学术文集》，北京：北京大学出版社 1984 年版。

冯友兰：《三松堂全集》第 5 卷，郑州：河南人民出版社 2000 年版。

弗朗索瓦·于连、狄艾里·马尔塞斯：《（经由中国）从外部反思欧洲——远西对话》，张放译，郑州：大象出版社2005年版。

弗朗索瓦·于连：《迂回与进入》，杜小真译，北京：生活·读书·新知三联书店1998年版等。

傅斯年：《性命古训辩证》，桂林：广西师范大学出版社2006年版。

陈独秀等著，王中江、苑淑娅选编：《新青年：民主与科学的呼唤》，郑州：中州古籍出版社1999年版。

干春松：《制度化儒家及其解体》，北京：中国人民大学出版社2003年版。

葛瑞汉：《论道者——中国古代哲学论辩》，张海晏译，北京：中国社会科学出版社2003年版。

沟口雄三：《作为方法的中国》，孙军悦译，北京：生活·读书·新知三联书店2011年版。

沟口雄三：《中国的公与私·公私》，郑静译，北京：生活·读书·新知三联书店2011年版。

沟口雄三：《中国前近代思想的屈折与展开》，龚颖译，北京：生活·读书·新知三联书店2011年版。

沟口雄三：《中国的冲击》，王瑞根译，北京：生活·读书·新知三联书店2011年版。

郭齐勇主编：《儒家伦理争鸣集——以"亲亲互隐"为中心》，武汉：湖北教育出版社2004年版。

郭齐勇主编：《〈儒家伦理新批判〉之批判》，武汉：武汉大学出版社2011年。

郭齐勇主编：《正本清源论中西——对某种中国文化观的病理学剖析》，上海：华东师范大学出版社2014年版。

郭松义：《伦理与生活——清代的婚姻关系》，北京：商务印书馆2000年版。

哈佛燕京学社、三联书店主编：《儒家与自由主义》，北京：生活·读书·新知三联书店2001年版。

韩格理：《中国社会与经济》，张维安、陈介玄、翟本瑞译，台北：联经出版公司1980年版。

郝大维、安乐哲：《期望中国：中西哲学文化比较》，施忠连等译，上海：学林出版社2005年版。

郝大维、安乐哲：《汉哲学思维的文化探源》，施忠连译，南京：江苏人民出版社 1999 年版。

贺麟：《文化与人生》，北京：商务印书馆 1988 年版。

何平：《中国传统政治思维探源》，天津：天津人民出版社 2003 年版。

杨国枢、黄光国主编：《中国人的心理与行为（1989）》，台北：桂冠图书公司 1991 年版。

黑格尔：《哲学史讲演录（第一卷）》，贺麟、王太庆译，北京：商务印书馆 1959 年版。

胡平生译注：《孝经译注》，北京：中华书局 1996 年版。

姜义华主编：《胡适学术文集 中国哲学史》上册，北京：中华书局 1991 年版。

胡适：《胡适选集》，天津：天津人民出版社 1991 年版。

钱理群编：《父父子子》，上海：复旦大学出版社 2005 年版。

翟学伟主编：《中国社会心理学评论（第二辑）》，北京：社会科学文献出版社 2006 年版。

黄光国：《儒家关系主义：哲学反思、理论建构与实证研究》，台北：心理出版社 2009 年版。

黄光国：《儒家关系主义：文化反思与典范重建》，北京：北京大学出版社 2006 年版。

黄光国、胡先缙等：《面子——中国人的权力游戏》，北京：中国人民大学出版社 2004 年版。

黄光国编：《中国人的权力游戏》，台北：巨流图书公司 1988 年版。

黄光国：《儒家文化系统的主体辩证》，台北：五南图书公司 2017 年版。

黄仁宇：《放宽历史的视界》，北京：中国社会科学出版社 1998 年版。

黄一农：《社会天文学史十讲》，上海：复旦大学出版社 2004 年版。

季进：《钱锺书与现代西学》，上海：复旦大学出版社 2011 年版。

加润国选注：《仁学——谭嗣同集》，沈阳：辽宁人民出版社 1994 年版。

杰克·古迪：《偷窃历史》，张正萍译，杭州：浙江大学出版社 2009 年版。

金观涛、刘青峰：《中国思想史十讲（上卷）》，北京：法律出版社 2015 年版。

杨国枢主编：《中国人的心理》，台北：桂冠图书公司 1988 年版。

金耀基：《中国现代化的终极愿景——金耀基自选集》，上海：上海人民出版社 2013 年版。

金耀基：《中国社会与文化》，香港：牛津大学出版社 1993 年版。

科林·凯莫勒：《行为博弈——对策略互动的实验研究》，贺京同等译，北京：中国人民大学出版社 2006 年版。

柯文：《在中国发现历史——中国中心观在美国的兴起》，林同奇译，北京：社会科学文献出版社 2017 年版。

赖特·米尔斯：《社会学的想象力》，陈强、张永强译，北京：生活·读书·新知三联书店 2001 年版。

劳思光：《新编中国哲学史（一卷）》，桂林：广西师范大学出版社 2005 年版。

李安宅：《〈仪礼〉与〈礼记〉之社会学的研究》，上海：上海人民出版社 2005 年版。

李圭泰：《韩国人在想什么 1》，赵莉译，南京：南京大学出版社 2015 年版。

李零：《丧家狗——我读〈论语〉》，太原：山西人民出版社 2007 年版。

李亦园、杨国枢主编：《中国人的性格》，台北：桂冠图书公司 1988 年版。

李银河：《李银河：我的生命哲学》，北京：中华工商联合出版社 2013 年版。

李银河：《中国人的性爱与婚姻》，郑州：河南人民出版社 1991 年版。

李哲厚：《李哲厚对话集——中国哲学登场》，北京：中华书局 2014 年版。

李泽厚：《新版中国古代思想史论》，天津：天津社会科学院出版社 2008 年版。

李泽厚：《实用理性与乐感文化》，北京：生活·读书·新知三联书店 2005 年版。

李哲厚：《论语今读》，合肥：安徽文艺出版社 1998 年版。

李泽厚、刘绪源：《中国哲学如何登场？——李泽厚 2011 年谈话录》，上海：上海译文出版社 2012 年版。

梁启超：《清代学术概论 儒家哲学》，天津：天津古籍出版社 2003 年版。

梁漱溟：《中国文化要义》，上海：上海人民出版社 2003 年版。

梁治平：《法意与人情》，北京：中国法制出版社 2004 年版。

克洛德·列维-斯特劳斯：《结构人类学 1》，张祖建译，北京：中国人民大学出版社 2006 年版。

林端：《儒家伦理与法律文化：社会学观点的探索》，北京：中国政法大学出版社 2002 年版。

林语堂《中国人（全译本）》，郝志东、沈益洪译，上海：学林出版社 1994 年版。

维特根斯坦：《哲学研究》，李步楼译，北京：商务印书馆 1996 年版。

路德维希·维特根斯坦：《文化与价值》，涂纪亮译，北京：北京大学出版社

2012年版。

鲁思·本尼迪克特：《菊与刀——日本文化诸模式（增订版）》，吕万和等译，北京：商务印书馆2012年版。

鲁思·本尼迪克特：《文化模式》，张燕、傅铿译，杭州：浙江人民出版社1987年版。

《鲁迅全集》第1卷，北京：人民文学出版社1981年版。

《鲁迅全集》第6卷，北京：人民文学出版社1981年版。

陆宗达、王宁：《训诂方法论》，北京：中华书局2018年版。

罗伯特·K.默顿：《社会理论和社会结构》，唐少杰、齐心等译，南京：译林出版社2006年版。

罗伯特·K.殷：《案例研究：设计与方法（第3版）》，周海涛等译，重庆：重庆大学出版社2004年版。

罗伯特·M.波西格：《万里任禅游》，张国辰译，重庆：重庆出版社2006年版。

罗兰·米勒、丹尼尔·珀尔曼：《亲密关系》，王伟平译，北京：人民邮电出版社2011年版。

衫本良夫、罗斯·摩尔：《日本人论之方程式》，袁晓凌编译，上海：华东师范大学出版社2007年版。

马克斯·韦伯：《经济与社会（下卷）》，林荣远译，北京：商务印书馆1997年版。

马克斯·韦伯：《新教伦理与资本主义精神》，于晓、陈维纲等译，北京：生活·读书·新知三联书店1987年版。

马克斯·韦伯：《社会科学方法论（修订译本）》，韩水法、莫茜译，北京：商务印书馆2013年版。

玛丽莲·亚隆：《法国人如何发明爱情——九百年来的激情与罗曼史》，王晨译，上海：上海文艺出版社2016年版。

A.马塞勒等：《文化与自我——东西方人的透视》，任鹰等译，杭州：浙江人民出版社1988年版。

麦高温：《中国人生活的明与暗》，朱涛、倪静译，北京：时事出版社1998年版。

迈克尔·奥克肖特：《经验及其模式》，吴玉军译，北京：文津出版社2005年版。

迈克尔·波兰尼：《个人知识——迈向后批判哲学》，许泽民译，贵阳：贵州人民出版社2000年版。

麦克尔·卡里瑟斯：《我们为什么有文化：阐释人类学和社会多样性》，陈丰译，沈阳：辽宁教育出版社、牛津大学出版社1998年版。

米尔斯：《社会学的想象》，张君玫、刘钤佑译，台北：巨流图书公司1996年版。

南博：《日本人的自我——社会心理学家论日本人》，刘延州译，上海：文汇出版社1989年版。

明恩溥：《中国人的气质》，刘文飞、刘晓旸译，上海：文汇出版社2010年版。

明恩溥：《中国人的气质》，刘文飞、刘晓旸译，上海：上海三联书店2007年版。

明恩溥：《中国人的特性（全译本）》，匡雁鹏译，北京：光明日报出版社1998年版。

诺曼·费尔克拉夫：《话语与社会变迁》，殷晓蓉译，北京：华夏出版社2003年版。

诺曼·K.邓金：《解释性交往行动主义：个人经历的叙事、倾听与理解》，周勇译，重庆：重庆大学出版社2004年版。

潘光旦：《儒家的社会思想》，北京：北京大学出版社2010年版。

潘光旦：《优生原理》，北京：北京大学出版社2010年版。

潘晓梅、严育新：《情爱简史》，北京：中国社会科学出版社2004年版。

钱穆：《现代中国学术论衡》，北京：生活·读书·新知三联书店2001年版。

钱穆：《论语新解》，北京：生活·读书·新知三联书店2002年版。

钱穆：《晚学盲言》，桂林：广西师范大学出版社2004年版。

钱锺书：《管锥编》：北京：中华书局1979年版。

乔恩·埃尔斯特：《社会黏合剂：社会秩序的研究》，高鹏程等译，北京：中国人民大学出版社2009年版。

乔纳森·波特、玛格丽特·韦斯雷尔：《话语和社会心理学：超越态度与行为》，肖文明等译，北京：中国人民大学出版社2006年版。

乔纳森·H.特纳：《社会学理论的结构》，吴曲辉等译，杭州：浙江人民出版社1987年版。

乔纳森·海特：《正义之心：为什么人们总是坚持"我对你错"》，舒明月、胡晓旭译，杭州：浙江人民出版社 2014 年版。

乔治·H. 米德：《心灵、自我与社会》，赵月瑟译，上海：上海译文出版社 1992 年版。

秋风：《儒家式现代秩序》，桂林：广西师范大学出版社 2013 年版。

瞿同祖：《中国法律与中国社会》，北京：中华书局 2003 年版。

融智编著：《博弈论的"诡计"全集》，北京：中国华侨出版社 2012 年版。

萨孟武：《红楼梦与中国旧家庭》，长沙：岳麓书社 1988 年版。

山本七平：《日本资本主义精神》，莽景石译，北京：生活·读书·新知三联书店 1995 年版。

尚会鹏：《中国人与日本人》，北京：北京大学出版社 1998 年版。

胜雅律：《智谋》，袁志英、刘晓东等译，上海：上海人民出版社 2006 年版。

史华罗：《中国历史中的情感文化——对明清文献的跨学科文本研究》，林舒俐等译，北京：商务印书馆 2009 年版。

许纪霖、宋宏编：《史华慈论中国》，北京：新星出版社 2006 年版。

斯图尔特·休斯：《历史学是什么？——科学与艺术之争》，刘晗译，北京：北京师范大学出版社 2018 年版。

松本一男：《中国人与日本人》，欧阳文译，台北：新潮社 1988 年版。

帕森斯：《社会行动的结构》，张明德等译，南京：译林出版社 2003 年版。

唐德刚：《史学与文学》，上海：华东师范大学出版社 1999 年版。

土居健郎：《日本人的心理结构》，阎小妹译，北京：商务印书馆 2006 年版。

W. I. 托马斯等：《不适应的少女》，钱军等译，济南：山东人民出版社 1988 年版。

王春永编著：《博弈论的诡计：日常生活中的博弈策略》，北京：中国发展出版社 2007 年版。

王笛：《从计量、叙事到文本解读——社会史实证研究的方法转向》，北京：社会科学文献出版社 2020 年版。

王汎森：《思想是生活的一种方式——中国近代思想史的再思考》，北京：北京大学出版社 2018 年版。

王跃生：《十八世纪中国婚姻家庭研究：建立在 1781—1791 年个案基础上的分析》，北京：法律出版社 2000 年版。

王溢嘉：《中国人的心灵图谱：命运》，桂林：广西师范大学出版社 2007 年版。

王玉波：《大樊笼·小樊笼——中国传统生活方式》，北京：中国新闻出版社

1989年版。

王玉波：《中国古代的家》，北京：商务印书馆1995年版。

威廉·J.古德：《家庭》，魏章玲译，北京：社会科学文献出版社1986年版。

尾形勇：《中国古代的"家"与国家》，张鹤泉译，北京：中华书局2010年版。

韦政通：《伦理思想的突破》，成都：四川人民出版社1988年版。

吴飞：《浮生取义——对华北某县自杀现象的文化解读》，北京：中国人民大学出版社2009年版。

吴晗、费孝通等：《皇权与绅权》，北京：生活·读书·新知三联书店2013年版。

吴兴明：《谋智、圣智、知智——谋略与中国观念文化形态》，上海：上海三联书店1993年版。

吴文藻：《论社会学的中国化》，北京：商务印书馆2010年版。

项飙、吴琦：《把自己作为方法——与项飙谈话》，上海：上海文艺出版社2020年版。

徐安琪主编：《世纪之交中国人的爱情和婚姻》，北京：中国社会科学出版社1997年版。

许烺光：《文化人类学新论》，张瑞德译，台北：联经出版公司1979年版。

许烺光：《家元：日本的真髓》，于嘉云译，台北：南天书局1990年版。

许烺光：《文化人类学新论》，张瑞德译，台北：南天书局2000年版。

许烺光：《中国人与美国人》，徐隆德译，台北：南天书局2002年版。

许烺光：《宗族·种姓·俱乐部》，薛刚译，北京：华夏出版社1990年版。

许烺光：《宗族、种姓与社团》，黄光国译，台北：南天书局2002年版。

许烺光：《美国人与中国人》，沈彩艺译，杭州：浙江人民出版社2017年版。

杨伯峻：《论语译注》，北京：中华书局2009年版。

杨国枢、黄光国、杨中芳主编：《华人本土心理学（上）》，重庆：重庆大学出版社2008年版。

杨国枢、黄光国、杨中芳主编：《华人本土心理学（下）》，重庆：重庆大学出版社2008年版。

杨国枢、陆洛编：《中国人的自我：心理学的分析》，重庆：重庆大学出版社2009年版。

杨懋春：《近代中国农村社会之演变》，台北：巨流图书公司1980年版。

杨庆堃：《中国社会中的宗教：宗教的现代社会功能及其历史因素之研究》，范丽珠等译，上海：上海人民出版社 2007 年版。

杨雅彬：《中国社会学史》，济南：山东人民出版社 1987 年版。

杨中芳、高尚仁合编：《中国人·中国心——人格与社会篇》，台北：远流出版公司 1991 年版。

阎云翔：《私人生活的变革：一个中国村庄里的爱情、家庭与亲密关系（1949—1999）》，龚小夏译，上海：上海书店出版社 2006 年版。

叶启政：《进出"结构—行动"的困境——与当代西方社会学理论论述对话（修订二版）》，台北：三民书局 2004 年版。

叶启政：《迈向修养社会学》，台北：三民书局 2008 年版。

伊恩·布鲁玛：《面具下的日本人：解读日本文化的真相》，林铮顗译，北京：金城出版社 2010 年版。

伊沛霞：《内闱：宋代的婚姻和妇女生活》，胡志宏译，南京：江苏人民出版社 2004 年版。

尤尔根·哈贝马斯：《合法化危机》，刘北成、曹卫东译，上海：上海人民出版社 2000 年版。

游国龙：《许烺光的大规模文明社会比较理论研究》，北京：社会科学文献出版社 2014 年版。

余德慧、李宗烨：《生命史学》，重庆：重庆大学出版社 2016 年版。

余莲：《势——中国的效力观》，卓立译，北京：北京大学出版社 2009 年版。

余英时：《中国近世宗教伦理与商人精神》，合肥：安徽教育出版社 2001 年版。

袁亚愚：《中美城市现代的婚姻和家庭》，成都：四川大学出版社 1991 年版。

翟学伟：《中国人的脸面观——形式主义的心理动因与社会表征》，北京：北京大学出版社 2011 年版。

翟学伟：《人情、面子与权力的再生产（第二版）》，北京：北京大学出版社 2013 年版。

翟学伟：《中国人的日常呈现——面子与人情的社会学研究》，南京：南京大学出版社 2016 年版。

詹姆斯·保罗·吉：《话语分析导论：理论与方法》，杨炳钧译，重庆：重庆大学出版社 2011 年版。

詹姆斯·米勒：《福柯的生死爱欲》，高毅译，上海：上海人民出版社 2003

张德胜：《儒家伦理与秩序情结——中国思想的社会学诠释》，台北：巨流图书公司1989年版。

张汝伦编选：《理性与良知——张东荪文选》，上海：上海远东出版社1995年版。

雅克·德里达：《书写与差异》，张宁译，北京：生活·读书·新知三联书店2001年版。

张庆熊：《社会科学的哲学——实证主义、诠释学和维特根斯坦的转型》，上海：复旦大学出版社2010年版。

张祥龙：《家与孝——从中西间视野看》，北京：生活·读书·新知三联书店2017年版。

张祥龙：《德国哲学、德国文化与中国哲理》，上海：上海外语教育出版社2012年版。

张仲礼：《中国绅士——关于其在19世纪中国社会中作用的研究》，李荣昌译，上海：上海社会科学院出版社1991年版。

赵汀阳：《天下的当代性：世界秩序的实践与想象》，北京：中信出版社2016年版。

正村俊之：《秘密和耻辱——日本社会的交流结构》，周维宏译，北京：商务印书馆2004年版。

中村雄二郎：《日本文化中的恶与罪》，孙彬译，北京：北京大学出版社2005年版。

中根千枝：《纵向社会的人际关系》，陈成译，北京：商务印书馆1994年版。

中华全国妇女联合会妇女运动历史研究室：《五四时期妇女问题文选》，北京：生活·读书·新知三联书店1981年版。

周荣德：《中国社会的阶层与流动：一个社区中士绅身份的研究》，上海：学林出版社2000年版。

朱爱岚：《中国北方村落的社会性别与权力》，胡玉坤译，南京：江苏人民出版社2004年版。

朱利安：《功效：在中国与西方思维之间》，林志明译，北京：北京大学出版社2013年版。

朱利安：《从存有到生活：欧洲思想与中国思想的间距》，卓立译，上海：东方出版中心 2018 年版。

朱利安：《论普世》，吴泓渺、赵鸣译，北京：北京大学出版社 2016 年版。

Eddington, A., *The Philosophy of Physical Science* (Cambridge Press, 1938).

Sternberg, R. J., and K. Weis (Eds.), *The New Psychology of Love* (New Haven, CT: Yale University Press, 2006).

Kapferer, B., *Strategy and Transaction in an African Factory* (Manchester: Manchester University Press, 1972).

Sprecher, S., A. Wenzel, and J. Harvey (Eds.), *Handbook of Relationship Initiation* (New York: Psychology Press, 2008).

Forgas, J. P., and J. Fitness (Eds.), *Social Relationships: Cognitive, Affective and Motivational Processes* (New York: Psychology Press, 2008).

Kim, U., et al. (Eds.), *Individualism and Collectivism: Theory, Method, and Applications* (London: Sage Press, 1994).

Fairbank, J. K., *The United States and China* (Harvard: Harvard University Press, 1983.)

Crouter, A. C., and A. Booth (Eds.), *Romance and Sex in Emerging Adulthood: Risks and Opportunities* (Mahwah, NJ: Erlbaum, 2006).

Spitzberg, B. H., and W. R. Cupach (Eds.), *The Dark Side of Interpersonal Communication* (2nd ed.) (Mahwah, NJ: Erlbaum, 2007).

Regan, P. C., *The Mating Game: A Primer on Love, Sex, and Marriage* (2nd ed.) (Thousand Oaks, CA: Sage, 2008).

Burt, R. S., *Structural Holes: The Social Structure of Competition* (Cambridge, MA: Harvard University Press, 1992).

Coontz, S., *Marriage, A History: From Obedience to Intimacy or How Love Conquered Marriage* (New York: Viking, 2005).

Wasserman, S., and K. Faust, *Social Network Analysis: Methods and Application* (New York: Cambridge University Press, 1994).

Skocpol, T., and M. P. Fiorina, *Civic Engagement in American Democracy* (New York: Russell Sage Foundation, 1999).